TIMBOUCTOU

Dr OSKAR LENZ

TIMBOUCTOU

VOYAGE

AU MAROC, AU SAHARA ET AU SOUDAN

TRADUIT DE L'ALLEMAND

AVEC L'AUTORISATION DE L'AUTEUR

PAR

PIERRE LEHAUTCOURT

ET

CONTENANT 27 GRAVURES ET 1 CARTE

TOME SECOND

PARIS

LIBRAIRIE HACHETTE ET Cie

79, BOULEVARD SAINT-GERMAIN, 79

1887

Tous droits réservés.

TIMBOUCTOU

DEUXIÈME PARTIE
D'ILERH AU SÉNÉGAL

CHAPITRE PREMIER

VOYAGE A FOUM EL-HOSSAN, A L'OUED DRAA ET A TENDOUF.

Départ d'Ilerh. — Les chameaux. — Agadir. — Nouveau guide. — Pays dangereux. — Amhamid. — Oued Oudeni. — Coupeurs de route. — Source sulfureuse. — Oued Temenet. — Arrivée à Tizgui. — Pétroglyphes. — Ruines romaines. — Le cheikh Ali. — Départ de mes serviteurs et des chourafa. — Lettres de Sidi Houssein. — Départ de l'oued Draa. — Oum el-Achar. — Lit de l'oued Draa. — Pays de l'oued Draa. — Les habitants. — Oued Merkala. — Formes d'érosion. — Hamada. — Chacals. — Pluies violentes. — Le chérif de Tendouf. — Hadj Hassan. — Le guide Mohammed. — La ville de Tendouf. — Les habitants. — Kafla el-Kebir. — Préparatifs pour le voyage du désert. — Bivouac.

J'ai décrit dans les pages précédentes les préparatifs que nous avions faits avant d'entreprendre notre voyage au désert. Jusqu'au dernier moment Sidi Houssein avait manifesté sa mauvaise volonté envers nous par des chicanes de tout genre ; seule la crainte l'empêchait de s'opposer ouvertement à nos projets.

Le 4 avril 1880, vers onze heures du matin, nous pûmes enfin quitter une ville pour laquelle nous avions tous ressenti une crainte plus ou moins grande, et que dès

Marrakech on nous avait dépeinte comme la partie la plus dangereuse de toute notre route. Nous conduisîmes nos chameaux lourdement chargés jusqu'en dehors de la ville, ce qui ne fut pas fort aisé. Soit que mes gens ne fussent pas encore assez exercés au chargement de ces animaux, soit pour tout autre motif, il fallut arrêter notre caravane dans une rue étroite et mieux placer nos bagages, ce qui rassembla une foule de peuple. Nous y trouvâmes quelques Juifs, parents de Mardochai es-Serrour d'Akka. Comme j'avais pour cette famille des lettres de recommandation que Mardochai lui-même m'avait données autrefois à Paris, je les remis à ces gens, qui se déclarèrent prêts à faire tout pour moi. Mais j'avais assez séjourné dans ces pays pour connaître exactement la situation des Juifs : ils peuvent très peu de chose et dépendent complètement des Mahométans.

Enfin nous avions derrière nous la ville d'Ilerh, et nous nous trouvions à l'air libre, sur un grand plateau limité vers le sud par de puissantes chaînes de montagnes. Nous montâmes sur nos chameaux et je dus m'habituer à ce genre de coursiers.

Tout d'abord je ferai remarquer que l'on n'emploie ici que des chameaux de bât, tous à une seule bosse; les rapides *maharis*, que l'on élève plus loin vers l'est, ne sont pas en usage ici. Ces maharis portent de petites selles en bois garnies de cuir rouge; j'avais fait faire une selle de ce genre, mais je ne m'en servis pas. Nous montions sur nos chameaux tout chargés, car je trouvais ce procédé beaucoup plus commode. Leur paquetage est, autant que possible, divisé en deux parties de même poids, reliées entre elles au moyen de courroies et jetées sur le dos de l'animal après qu'une natte en paille, qui garnit également les flancs, y a été placée. Cette natte évite les blessures que produirait le frottement. Sur la charge ainsi répartie nous placions des tapis, des coussins, etc., et nous avions un espace assez large, où l'on pouvait s'asseoir commodément.

Je trouvai le mouvement du chameau assez agréable pendant la marche ; mais, par contre, je fus longtemps à m'habituer à être assis sur un animal aussi haut, sans rênes ni étriers et sans appui d'aucune sorte pour les mains et les pieds. Je ne perdis pas facilement le sentiment de malaise produit par le balancement ; tout d'abord ce mode de voyage me sembla fort désagréable, mais plus tard je m'en accommodai mieux.

A Ilerh les chameaux sont habitués à être montés quand ils sont couchés : au moment où se lèvent ces animaux si étrangement bâtis, on doit avoir soin de se placer dans une direction convenable. Il en est de même quand l'animal se couche et que l'on veut descendre. Les premières fois, à ce moment, je descendais régulièrement beaucoup plus vite que je ne le voulais.

Nous remontâmes d'abord la vallée de l'oued Tazzeroult et nous arrivâmes bientôt au pied d'une chaîne de montagnes qui s'étend du sud-ouest au nord-est. Elle appartient donc au système de l'Atlas et consiste surtout en granit et en schiste. Le versant septentrional est très escarpé. Des roches éruptives y apparaissent aussi çà et là et forment des pics isolés très pittoresques, sur l'un desquels Sidi Housséin possède une citadelle. La vue de cette petite forteresse, nommée Agadir et placée au plus haut sommet de rochers abrupts, complètement inaccessibles en apparence, est imposante au plus haut point. Ce château fort a été construit par les ancêtres de Sidi Housséin, mais on s'en sert peu aujourd'hui.

En cas de guerre, Sidi Housséin pourrait certainement s'y retirer, et les troupes marocaines ne prendraient probablement pas ce nid de rocher. Par contre, les assiégés pourraient être coupés de toute communication, de telle sorte que, faute d'eau et de vivres, il leur faudrait bientôt se rendre.

Après une marche de plusieurs heures sur un chemin fort raide, mais relativement bon et tracé en lacets sans nombre, nous atteignîmes le faîte des montagnes, élevé en cet endroit d'environ 4000 pieds; les sommets environnants ne doivent guère dépasser 5000.

La vue que nous eûmes de ce faîte était fort intéressante : vers le nord on apercevait les pentes verticales et les montagnes ou les rochers isolés de l'Anti-Atlas, ainsi qu'on peut nommer cette partie des montagnes entre lesquelles s'étend le plateau d'Ilerh; vers le sud elles se fondent dans une suite de chaînes de collines de moins en moins élevées. Dans leurs vallées et même sur leurs sommets aplatis la population laborieuse des Chelouh cultive des champs d'orge.

Nous inclinons vers l'est et arrivons le soir à la dernière maison de la tribu des Medjad, qui sont des Berbères, comme les Tazzeroult; nous y passons la nuit.

Le matin suivant, 5 avril, nous nous levâmes de très bonne heure, de sorte que dès six heures les huit chameaux étaient chargés. Nous marchâmes pendant quelques heures vers le sud-est par un plateau pierreux faiblement ondulé, jusqu'à un groupe de maisons. La contrée paraissait très peu habitée, car nous ne rencontrions que rarement des créatures humaines; on voyait très peu de terres cultivées. Le guide que Sidi Housséin nous avait donné nous quitta dans cet endroit, quoiqu'il ait eu mission d'aller jusqu'à Temenet.

Depuis longtemps nous nous défiions de lui, et il demanda tout d'un coup, avant de partir, 30 douros pour l'étape et demie qu'il avait faite. Le pays ne semblait pas sûr, et la maison isolée, avec les habitants de laquelle notre guide avait eu un long entretien secret, ne nous plaisait nullement. Quand le guide nous fit connaître son insolente demande, nous fûmes convaincus qu'il nous préparait un tour quelconque et voulait peut-être provoquer une querelle. Lui ayant promis quelques douros à Ilerh, nous lui en donnâmes quatre; tout d'abord il fit semblant de les refuser, et disparut encore une fois dans la maison suspecte; finalement il se déclara satisfait, et un autre homme apparut, se disant prêt à nous accompagner. Nous nous défiions de tout; le pays était inhabité, mais dans les montagnes pouvaient se dissimuler toutes sortes de gens dangereux; notre guide était loin de produire une bonne impression.

La veille s'est joint à nous un homme, qui se dirige vers Tendouf, seul avec son chameau et une petite charge de cuir, et il ne m'est pas du tout indifférent d'avoir un compagnon de plus. Le chérif Mouhamed, du Tafilalet, ainsi que le jeune chérif Mouley Achmid, de Marrakech, me sont fort utiles; ce sont des gens résolus, et il semble qu'en leur présence on doive ne rien oser contre nous. Nous avons le sentiment instinctif de nous trouver dans une contrée dangereuse, où tous nos mouvements sont observés. Nous n'avons vu personne, mais nous sommes persuadés, et le guide nous l'assure, que des bandes de coupeurs de route se trouvent dans les ravins. Le chérif Mouhamed, qui comme Hadj Ali a son cheval, tandis que nous en sommes tous réduits aux chameaux, fouille souvent avec lui les broussailles voisines du chemin, pour découvrir les embuscades qui y seraient dressées; mais rien n'apparaît.

Tout à coup, vers deux heures, nous apercevons des hommes en mouvement à quelque distance sur notre droite; bientôt se montre un Nègre, qui nous dévisage et disparaît ensuite. Presque aussitôt retentissent le bêlement des moutons et des chèvres, et nous rencontrons quatre hommes, tous Nègres, qui conduisent un troupeau de ces animaux et des chameaux. Ils nous déclarent qu'ils appartiennent au cheikh Ali, de la tribu des Maribda de Tizgui. Hadj Ali a pour lui une lettre de recommandation. Nous communiquons notre plan au chef de la petite caravane, Amhamid, qui nous dissuade de passer par Temenet et Icht, car nous y rencontrerions de grandes difficultés. Amhamid nous propose d'aller chez son maître, le cheikh Ali, qui est, dit-il, un homme très bon et très influent et pourra certainement nous fournir l'occasion d'aller à Timbouctou mieux que personne.

Cette rencontre des serviteurs du cheikh Ali a été pour mon voyage de la plus grande importance, et je puis dire, après avoir appris à mieux connaître les êtres du pays, que c'est uniquement la circonstance d'avoir connu le cheikh Ali qui m'a permis d'atteindre mon but, Timbouctou.

Nous changeons donc nos plans; nous renvoyons notre guide, qui inspire peu de confiance, et nous accompagnons le Nègre Amhamid, qui devait plus tard nous montrer beaucoup de complaisance.

Nous parvînmes ensuite au pied d'une nouvelle chaîne de montagnes, dont les pentes vers le sud n'étaient pas rapides, mais qui furent très longues à franchir. On me dit que l'on allait de là, vers le sud-est, à la ville d'Akka, résidence de la famille juive de Mardochai.

Nous suivîmes un instant le lit desséché de l'oued

Oudeni, qui forme évidemment la partie moyenne de l'oued Asaka (ou oued Noun); il était fort large et indiquait un grand fleuve. Dans un endroit entouré de rochers on me fit remarquer un joli écho; ces roches sont disposées de telle sorte qu'un son y est plusieurs fois répercuté.

En montant dans un endroit un peu plus escarpé, nous vîmes tout à coup, dans le pays naguère complètement désert, des personnages à mine farouche, qui s'étaient établis avec leurs chevaux précisément sur le chemin, en coupeurs de route et comme s'ils n'attendaient des voyageurs que pour les surprendre. Ils étaient quatre ou cinq; quand ils virent notre caravane devenue imposante, ils se comportèrent très pacifiquement et se bornèrent à échanger quelques mots avec certains de mes gens. Je ne sais si le guide qui nous avait quittés n'était pas de connivence avec cette bande, et si le hasard de notre rencontre avec Amhamid ne mit pas à néant un plan qui aurait préparé une fin imprévue à mon voyage.

Vers quatre heures nous nous arrêtâmes sur un plateau élevé d'environ 700 mètres. Nous ne dressâmes pas les tentes, car la contrée était très peu sûre; nous ne fîmes non plus aucune installation pour la nuit. Les animaux purent paître et se reposer, tandis que nous nous préparions à souper. A deux heures du matin nous étions déjà en route pour atteindre, autant que possible, le même jour notre but, Tizgui. L'eau de cet endroit est très sulfureuse, et a un fort mauvais goût ainsi qu'une odeur très caractéristique. En général, la contrée est pauvre en eau, et aujourd'hui nous avons dû, pour la première fois, remplir nos outres et nous en servir.

Amhamid nous a conseillé instamment de quitter cet endroit le plus tôt possible; il ne serait pas étonnant que les coupeurs de route que nous avons rencontrés se réunissent à d'autres et vinssent encore nous surprendre : c'est ce qui fait que nous partons à deux heures du matin, par un ciel couvert et une obscurité complète. Nous n'atteignons notre but que le soir après cinq heures, c'est-à-dire par une marche de près de quatorze heures.

Le chemin nous conduit en zigzag par un pays montagneux, désert, pauvre en eau; il appartient à la tribu des Aït Brahmin, dont le lieu de résidence se trouve pourtant loin de notre route, du côté de l'est. Vers onze heures nous entrons dans la large vallée sans eau de l'oued Temenet, qui se jette dans l'oued Draa à quelques heures au sud de Foum el-Hossan; à partir de là nous avons du moins un terrain plat.

Vers midi nous dépassons un petit village chelouh aujourd'hui abandonné. A trois heures la vallée de l'oued Temenet s'élargit tout à coup pour former une plaine étendue; la végétation devient plus riche, des bois de palmiers apparaissent, et nous voyons à notre gauche la kasba Temenet, pittoresquement située sur le penchant de la montagne.

Temenet est le village que nous avait indiqué Sidi Housséin, et pour le cheikh duquel il nous avait munis de lettres de recommandation. Nous y aurions probablement été, si Sidi Housséin nous avait donné une escorte et un guide pour cet endroit; comme il ne l'avait pas fait ou ne l'avait fait que d'une façon insuffisante, nous avions saisi la première occasion qui nous parut avantageuse. Nous ne devions pas regretter d'avoir donné suite à cette inspiration et de nous être confiés au cheikh Ali.

A une petite heure au sud de Temenet, plus avant dans

la plaine est une petite ville, Ghard; la montagne s'ouvre près de là, et la vue plonge déjà par cette échappée dans les immenses étendues du Sahara pierreux. Un peu à l'est, derrière une arête rocheuse, se trouve le bourg d'Icht, but du voyage de mon compagnon le chérif Mouhamed, qui se décide pourtant à aller voir tout d'abord le cheikh Ali. D'Icht on atteint en une forte marche la petite ville d'Akka, située vers le nord-est, et dont j'ai parlé plusieurs fois.

A partir de ce point, nous quittons la direction sud prise jusque-là et tournons de nouveau un peu à l'ouest, dans les montagnes; bientôt nous apercevons des palmiers, nous traversons le lit desséché du Temenet, et arrivons à une source abondante, à laquelle chacun boit avidement, hommes et bêtes. Cette eau est recueillie dans des canaux et dirigée à travers des plantations de palmiers.

Nous rencontrons de nouveau ici des hommes; un peu après cinq heures, nous pénétrons dans la ville de Foum el-Hossan, bien située et bien entretenue; elle est nommée aussi *Tizgui Ida Selam* ou *Aït-Selam*; c'est le séjour du cheikh de la tribu arabe des Maribda. De jolis jardins de palmiers entourés de murs m'attiraient, et j'y aurais volontiers fait dresser les tentes; mais on décida que j'habiterais, dans la ville même, une maison du cheikh Ali, où je serais plus en sûreté.

Nous reçûmes donc une petite maison, au rez-de-chaussée de laquelle on plaça les deux chevaux et les bagages, tandis que nous logions au premier étage. Les chambres étaient de petits trous fort bas; mais ici on passe la plus grande partie du jour dans la véranda, qui se trouve du côté de la cour, et on y dort même. Nous remîmes les chameaux à la garde d'un homme qui devait les mener paître pendant notre séjour. Une foule de gens se rassemblèrent, car des bruits vagues au sujet de l'arrivée d'un Chrétien étaient déjà parvenus en cet endroit; mais nous fermâmes la porte, et l'on ne nous dérangea plus.

Le cheikh Ali était absent et se trouvait, pour surveiller la moisson, dans ses champs d'orge, situés plus loin vers le sud. Aussi les notables de la ville, ainsi que les fils et les neveux du cheikh, vinrent-ils nous trouver pour avoir des renseignements sur nous et nos projets. Hadj Ali déclara de la façon la plus formelle que j'étais un médecin turc, mais que, avant d'entreprendre toute autre démarche, nous voulions surtout attendre l'arrivée du cheikh Ali lui-même, pour lequel nous avions des lettres de recommandation. On se déclara satisfait de cette réponse, et l'on eut tout de suite une bonne opinion de nous en nous voyant, le même soir, acheter un mouton et le faire sacrifier à la mosquée.

Nous avions toujours un grand nombre de visiteurs curieux, mais ils se comportaient décemment et ne montraient pas la plus petite intention hostile; nous nous liâmes surtout bientôt avec un neveu du cheikh, qui passa presque tout son temps en notre compagnie et prit d'ordinaire ses repas avec nous.

La ville de Foum el-Hossan est placée tout près de la montagne, au milieu de jardins de palmiers; la vue s'étend déjà de ce point sur l'imposante étendue déserte de la hamada[1]. La population peut compter quelques milliers d'habitants, presque tous Arabes de la tribu des Maribda, ou leurs esclaves. Il n'y a pas de Juifs. La ville est dans une situation très heureuse; l'eau y est bonne

---

1. Désert de pierres. (*Note du Traducteur.*)

VUE DE FOUM-EL-HOSSAN.

et fort abondante; les maisons, d'argile battue, sont en général propres et bien tenues.

Pendant la marche de la veille j'avais vu non loin de notre bivouac, près de la source sulfureuse et sur les rochers de calcaire bleu foncé qui couvrent le sol, des dessins ou des ornements particuliers qui me surprirent. Mes compagnons ne purent rien me dire à ce sujet, et prétendirent que ces dessins avaient été tracés par les bergers, en manière de jeu. A Tizgui on m'expliqua de même l'existence de ces signes, bien connus des indigènes, mais en ajoutant qu'ils étaient fort anciens. Je me souvins aussitôt des estampages que le rabbin Mardochai a envoyés jadis à Paris et qui ont été publiés en 1876 dans le *Bulletin de la Société de Géographie*. Mardochai a trouvé des dessins semblables à l'est du point où j'étais, dans les pays de l'oued Draa supérieur, et particulièrement sur le djebel Idall Taltas, le djebel Dabajout, le djebel Taskalewin, le djebel Baoui, dans le territoire des Oulad Dhou-Asra et sur les rochers de Taskala et d'Aghrou Ikelân. Il a fait prendre des empreintes sur papier de ces pétroglyphes. Ce sont des figures d'animaux, parmi lesquels on reconnaît facilement le rhinocéros, l'éléphant, le chacal, le cheval, l'autruche et la girafe. En outre ils renferment des écussons avec des enjolivures et des ornements, mais la figure de l'homme y manque.

Il faut bien se garder de voir, dans ces dessins gravés sur la pierre, des signes hiéroglyphiques de peuples anciens, et de bâtir sur eux des hypothèses ethnographiques hasardeuses. Ils ne viennent ni des Phéniciens ni des Romains, et encore moins des Portugais, qui n'ont jamais été si loin; au contraire, ils proviennent, d'une manière certaine, des indigènes, c'est-à-dire de la population berbère qui habitait déjà ici avant que les Arabes arrivassent du fond de l'Orient. Les pétroglyphes que j'ai vus étaient très peu nets et extrêmement primitifs ; ils ne consistaient pas en lignes continues, mais chacun des traits qui les composaient était formé de nombreux points creusés dans le calcaire bleu foncé avec un instrument pointu. Ces dessins ressortaient de la pierre comme l'écriture tracée avec un crayon sur une plaque d'ardoise. L'autruche et l'éléphant étaient faciles à reconnaître parmi une foule d'enjolivures et d'ornements capricieux dont on ne pouvait rien déchiffrer.

Des savants français, en particulier M. Duveyrier, sont disposés à voir dans ces pétroglyphes de l'oued Draa l'œuvre de l'ancien peuple des Ouakoré, qui appartenait à la famille des Mandingo. Quoi qu'il en soit, ces dessins prouvent d'une manière évidente que jadis le rhinocéros et l'éléphant vivaient dans ces contrées et que d'autres conditions physiques y prédominaient. Je traiterai plus tard la question de l'*habitabilité* antérieure du Sahara, et parlerai encore une fois à ce propos des pétroglyphes de l'oued Draa. En Afrique on connaît des trouvailles de ce genre en beaucoup d'autres points.

Nous dûmes attendre quelques jours à Tizgui le retour du cheikh Ali ; son factotum, le nègre Amhamid, que nous avions rencontré en route, était parti pour l'endroit du lit desséché de l'oued Draa où se trouvent les champs d'orge, afin de mettre le cheikh au courant de notre arrivée. En attendant, nous fûmes assiégés de toutes sortes de visiteurs, qui ne manquaient pas de dépeindre le voyage de Timbouctou sous les plus sombres couleurs. Des récits de ce genre trouvaient dans Hadj Ali un terrain tout préparé et avaient pour seul effet de déranger notre harmonie antérieure. Je connaissais moins que lui les sentiments de crainte et de timidité auxquels les Arabes paraissent être particulièrement disposés, et il me fallut à diverses reprises lui rappeler nos conventions primitives au sujet du voyage à Timbouctou. Son refrain habituel était d'acheter plus de chameaux, ce qu'il me savait être fort difficile avec des moyens aussi restreints que l'étaient les miens.

On me dit également que le cheikh Ali allait probablement conduire lui-même une caravane à Timbouctou et que je pourrais me joindre à lui. Cependant ce voyage n'était pas certain, pas plus que la date où il serait entrepris. Je ne pouvais attendre longtemps, car il ferait bientôt trop chaud; nous étions déjà avant dans le mois d'avril, et la température était très élevée; les caravanes partent ordinairement d'ici dès le mois de janvier.

Sur la montagne au pied de laquelle se dresse Tizgui, à une altitude de 500 mètres, il y a de vieux restes de murailles, qui sont, comme toujours, attribués aux Romains, avec raison, il me semble. Les Portugais et les Espagnols n'ont jamais pénétré dans cette région, et les habitants eux-mêmes n'y ont rien fondé : car on aurait conservé la tradition du fondateur et de l'époque approximative où il vivait. En outre, on y trouve, dit-on, de petites lampes en terre, qui sont, comme on sait, très fréquentes dans les anciennes colonies romaines.

Le 9 avril était un vendredi; il me fallut donc rester enfermé tout le jour dans une chambre obscure en me disant malade, car chacun s'attendait à me voir aller à la mosquée. Hadj Ali, Benitez et les autres s'y rendirent tous et donnèrent aux curieux des nouvelles de ma maladie : je ne voulais pas courir le risque de prendre part à la prière devant une telle foule, car la moindre faute eût été remarquée, et aurait fort compliqué ma situation.

Une fois le cheikh Ali présent, la situation sera tout autre. D'après ce que nous entendons dire, c'est un homme bienveillant et juste ; nous pourrons lui communiquer toute l'affaire, et il nous donnera les conseils indispensables. Il ne faut pas songer à voyager ici sans s'être confié à une personne influente. Du reste ma maladie n'est pas entièrement feinte : depuis plusieurs jours je souffre du manque d'appétit et de malaises accompagnés de douleurs de tête.

Le 11 avril, le cheikh Ali parut enfin ; son extérieur répondait entièrement aux descriptions qu'on m'avait faites de lui : c'était un homme de haute taille, nerveux, ayant à peine cinquante ans, à la barbe grise et aux yeux largement ouverts, pleins de franchise ; il était extrêmement sobre de gestes et presque avare de paroles ; tous portaient un respect illimité à cette figure sympathique, vraiment patriarcale.

Nous discutâmes alors sous toutes ses faces, avec le cheikh, le voyage de Timbouctou ; il le déclara exécutable. Il passait toutes ses journées avec nous et dirigeait lui-même les préparatifs encore nécessaires ; il fallait surtout acheter des peaux de bouc bien cousues, goudronnées, aussi grandes que possible : elles étaient destinées à servir d'outres. Il y avait également beaucoup à faire en ce qui concernait les chameaux : l'animal que nous avions amené du Maroc devait être échangé, et nous avions à en acheter encore un autre. Le cheikh Ali ne s'explique pas clairement au sujet de ses propres projets de voyage ; tantôt il semble qu'il doive partir lui-même, tantôt son frère et ses neveux sont destinés à nous accompagner ; dans tous les cas, il nous faut d'abord quitter la ville pour aller camper quelques jours à la campagne.

Cependant les hommes que j'avais emmenés avec moi de Marrakech me quittaient l'un après l'autre. A Ilerh deux d'entre eux avaient déjà pris le chemin du retour ; à Tizgui le jeune chérif de Marrakech partit en même temps que le serviteur Mouley Ali. Ce dernier était assez serviable, mais très adonné à l'usage du kif, et il devait, au moins une fois par semaine, se livrer à cette passion. Pendant ses accès il n'était pas méchant, mais un rire enfantin et continuel l'empêchait de rendre aucun service ; il ne faisait que des sottises et servait de jouet aux autres. Quoiqu'il ne fût qu'un serviteur, il portait le nom de Mouley, auquel les chourafa ont seuls droit, parce qu'il était parent, fort éloigné il est vrai, de Mouley Abbas, l'oncle du sultan.

Le 16 avril ces deux hommes nous quittèrent, pour retourner à Marrakech par Mogador. Je donnai au jeune chérif une quantité de lettres qu'il devait déposer chez le consul allemand, M. Brauer ; toutes sont parvenues en Europe. Le chérif du Tafilalet, qui nous avait rejoints à Taroudant, partit également pour continuer sa route vers l'oued Noun ; de sorte que notre nombre s'était fort réduit, et que je restai seul avec mes deux interprètes, Kaddour et le petit Farachi.

Un autre homme, nommé Mouhamed, qui n'était pas originaire du pays et qui nous fournissait des moutons et d'autres objets d'alimentation, s'offrit à voyager avec nous. Il s'était échappé du Maroc pour ne pas être soldat et ne produisait pas du tout une bonne impression ; mais il se montra plein de sens pratique pendant les préparatifs de voyage, et le cheikh Ali nous conseilla de l'emmener.

Même vis-à-vis du cheikh, je passais pour un médecin

turc; cependant il paraissait n'y croire que médiocrement, mais semblait ignorer qui j'étais et ne s'inquiétait que de mon voyage. Il nous conduisit un jour dans une maison neuve avec un beau jardin; ici les habitations sont construites comme dans le reste du Maroc : des toits plats, des murs d'argile battue, des vérandas, etc.

Demain nous devons quitter Tizgui pour l'oued Draa. Si cet homme ne me trompe pas, nous atteindrons ainsi notre but; mais il m'est impossible d'admettre que le cheikh se fasse de nous un jouet; Benitez, qui connaît bien le caractère des Arabes, tient, lui aussi, pour un grand bonheur notre rencontre avec ce chef. Un seul point reste obscur : nous ignorons s'il fera route quelque temps avec nous; et, comme il n'aime pas beaucoup les questions, nous en sommes réduits à attendre ce qu'il décidera.

Le 17 avril au matin nous quittons Tizgui, en compagnie d'Amhamid, qui est une sorte d'intendant du cheikh, et d'un neveu de celui-ci, pour aller à la campagne, c'est-à-dire dans le lit de l'oued Draa, où se trouvent des champs d'orge et des pâturages.

La marche dura huit grandes heures et nous mena vers le sud-est; nous arrivions par là dans le vrai désert du Sahara, et dans la zone septentrionale, la hamada. C'est une vue magnifique que celle dont on jouit là sur les montagnes de l'Anti-Atlas, avec l'étroite ouverture de l'oued Temenet et la ville de Tizgui cachée dans ses palmiers.

Après avoir dépassé cette ville, le chemin devint très pierreux; nous franchîmes encore une fois l'oued Temenet, qui se dirige de là vers le sud-ouest et se jette dans l'oued Draa. Nous arrivâmes à une ligne de rochers qui surgissaient de la plaine et consistaient en couches verticales de quartzite foncée; puis vinrent des collines de sable mobile avec un puits; nous franchîmes une faible étendue de *serir*, c'est-à-dire une plaine couverte de petits cailloux roulés, pour nous arrêter un peu sur la rive droite de l'oued Draa, en un point nommé Maaden.

La température était déjà fort élevée, et le thermomètre ne descendit un peu au-dessous de 30 degrés centigrades que vers le soir; les dernières heures de la soirée, avec quelque 20 degrés, furent très agréables. Le lieu où nous avions dressé nos tentes était très bien choisi; seulement l'eau y était mauvaise, car nous devions la prendre dans quelques mares demeurées au fond de l'oued Draa, complètement desséché en cet endroit. Au contraire, il y avait là beaucoup de lait de chèvre. Comme je l'ai dit, la large vallée de l'oued Draa et les terrains environnants servent de pâturages aux troupeaux de moutons et de chèvres; on cultive des champs d'orge sur les points favorables. Plusieurs tribus ont des droits sur ces terres: non seulement les Maribda, mais aussi leurs voisins les Aït Brahmin, ainsi que les gens de l'oued Noun, y font paître leurs troupeaux; on peut aisément s'imaginer qu'il arrive souvent des querelles entre ces bergers, surtout à l'occasion de vols d'animaux. Même pendant la nuit ils placent des sentinelles, et l'arrivée d'un ou de plusieurs hommes est toujours annoncée par des coups de feu d'une sentinelle à l'autre.

Le cheikh Ali est encore occupé à rentrer ses orges; il passe d'ordinaire ses journées aux champs, mais il vient nous rejoindre le soir sous notre tente et y demeure la nuit. A Tizgui il était chaque jour notre hôte à table, tandis qu'ici il nous envoie de la viande et du lait en abondance. Nous recevons également des visites du voisinage ; le bruit de mon arrivée s'est répandu très vite. Le 19 avril apparurent deux coquins, à mine patibulaire, de la tribu berbère universellement redoutée des Aït Tatta ; nous leur offrîmes quelques tasses de thé, et même un peu de sucre, de thé et de bougies. Ils en furent très satisfaits et nous déclarèrent qu'ils ne nous surprendraient pas et nous pilleraient encore moins. Ils avaient entendu dire qu'un chérif et un Chrétien étaient en route pour Tendouf et portaient avec eux des masses d'or ; maintenant, ajoutèrent-ils, ils étaient persuadés que notre richesse en or était fort maigre, et, comme d'ailleurs nous étions les hôtes du cheikh Ali, ils nous laisseraient continuer tranquillement notre route. Les Aït Tatta jouissent, s'il est possible, d'une réputation encore plus déplorable que les Howara, et ils entreprennent des courses folles à travers le désert pour surprendre les caravanes.

Ici on est très fréquemment mis en émoi par les coups de feu des bergers, qui, de leurs postes d'observation, aperçoivent de très loin tout arrivant. On entend souvent également des bruits de querelles ou de discussions, et, si le cheikh Ali n'avait pas toujours été dans notre voisinage, nous aurions trouvé la situation fort incommode. Le cheikh, ainsi qu'un pauvre *taleb* qui fait toutes ses lettres, puisqu'il ne sait ni lire ni écrire, se rendent dans nos tentes aussitôt que leurs affaires le leur permettent, et soupent tous les soirs avec nous.

Par contre, nous sommes toujours dans l'incertitude au sujet des intentions du cheikh : tantôt il semble qu'il va renvoyer des chameaux à Tizgui, pour y chercher des marchandises, tantôt il ne peut plus partir avec nous. Les chameaux me causent mille ennuis. A Tizgui j'avais dû en faire abattre un, car il allait mourir, j'en fis du moins vendre la viande et j'en tirai près de 15 douros. Ici je m'aperçus qu'un autre chameau portait une blessure ouverte très étendue, et que j'avais à en redouter la perte. J'eus à cette occasion avec Hadj Ali une scène extrêmement vive, dans laquelle il affecta de se croire insulté. Cette comédie alla même si loin qu'il prétendit vouloir se tuer. Il m'écrivit une lettre d'adieu, prit ostensiblement un revolver et s'éloigna. Cette fausse sortie ne m'en imposa pas le moins du monde, comme il était naturel : je le laissai partir, et mes serviteurs le ramenèrent bientôt. Hadj Ali aurait beaucoup donné pour que mon voyage n'eût pas lieu. Plus le jour du départ approchait, plus sa terreur au sujet de contrées inconnues augmentait.

Le 21 avril je me sentis fort mal, par suite de la chaleur et de la mauvaise eau ; les essaims de mouches qui bourdonnaient autour de nous étaient une autre plaie fort désagréable ; Hadj Ali se trouvait aussi très mal, de sorte que nous souhaitions avidement de pouvoir partir, d'autant plus que la contrée ne semblait pas sûre : les vols de bestiaux et les rixes qui en étaient la conséquence arrivaient fréquemment ; même des gens du groupe d'oasis de Tekna, placé au sud de l'oued Noun, viennent jusqu'ici faire paître leurs troupeaux ou pour voler du bétail.

J'avais depuis longtemps songé à ces oasis pour en faire à l'occasion le point de départ de mon voyage vers Timbouctou, au cas où je ne pourrais réussir à partir d'ici. La population paraît, il est vrai, y être un peu pillarde, mais il est possible de solliciter l'appui d'un chérif influent.

Il fait toujours très chaud, et, l'après-midi, nous avons constamment près de 30 degrés centigrades ; le séjour sous les tentes étant désagréable, nous sommes obligés de rechercher l'abri des buissons ; là du moins on a l'avantage d'être exposé aux vents frais, qui soufflent sans cesse depuis notre arrivée.

Le 23 avril, le bruit se répandit que des messagers de Sidi Housséin étaient arrivés avec des lettres pour le cheikh Ali ; parmi eux était l'homme qui nous avait accompagnés, en quittant Ilerh, pendant peu de temps et avait réclamé pour cela un prix très exagéré. Hadj Ali, dont le malaise s'était accru subitement, me raconta que Sidi Housséin avait adressé à notre ami le cheikh une lettre l'invitant à nous conduire à quelque distance dans le désert et à nous y faire disparaître : le butin serait alors partagé. Si le cheikh avait des scrupules, il pouvait du moins nous défendre d'aller plus loin et me faire ramener à Ilerh. Tout d'abord je ne voulus pas croire à ces nouvelles ; je m'imaginais que c'était simplement une manœuvre de Hadj Ali pour me faire peur et m'entraîner à l'abandon de mes projets. Mais, le jour suivant, le cheikh lui-même confirma l'arrivée d'une lettre semblable ; il ajouta aussitôt qu'il ne répondrait même pas à de pareilles insinuations et se bornerait à renvoyer leurs porteurs sans autre forme ; je pouvais être absolument tranquille : aussi loin que s'étendait son influence, rien n'arriverait ni à mes gens ni à moi.

C'était un fort méchant tour de Sidi Housséin. Comme il possédait mon attestation écrite prouvant que j'avais trouvé protection dans son pays, il pouvait attendre tranquillement les réclamations du sultan du Maroc et repousser toute responsabilité. Je suis convaincu que Sidi Housséin avait envoyé après nous en secret des coupeurs de route, pour nous anéantir au delà des frontières de son pays ; nous ne devions qu'à la circonstance de ma rencontre avec les gens du cheikh d'avoir pu échapper à une surprise. Maintenant Sidi Housséin cherchait à exécuter avec l'aide du cheikh Ali son plan longuement prémédité. Ce dernier se comporta honnêtement : il lui eût été facile de me forcer à renoncer à mon voyage et à revenir, en faisant usage de son influence pour déterminer mes guides et mes serviteurs à refuser de m'accompagner; je n'aurais pu rien faire contre cette éventualité.

En outre il était de l'intérêt du cheikh de suivre les conseils de Sidi Housséin. Le cheikh est en relations commerciales assez fréquentes avec Mogador, et ses caravanes traversent d'ordinaire le pays de Sidi-Hécham. Même cette circonstance ne put le faire chanceler dans sa résolution; il renvoya les messagers sans réponse et déclara qu'il partirait avec moi pour Tendouf dès que ses travaux des champs seraient terminés, et que là il s'occuperait de me faire continuer mon voyage. C'était pour moi un résultat fort désiré, et j'étais tellement convaincu que le cheikh Ali tiendrait complètement ses promesses, que je ne prêtai pas la moindre attention aux soupçons mesquins de mes gens, que le manque de foi de Sidi Housséin avait jetés dans l'anxiété et la terreur.

Vers la fin de notre séjour, nous eûmes le soir un vent d'ouest très froid et peu agréable, tandis que pendant le jour il y avait plus de 30 degrés de chaleur. On comptait sur le retour prochain de la grande caravane de Timbouctou, Kafla el-Kebir, qui va chaque année de Tendouf au Soudan et qui a été plusieurs fois pillée dans ces dernières années. Le cheikh Ali attendait des nouvelles d'un parent vivant là-bas et qui s'occupait de ses affaires; de ces nouvelles dépendrait le voyage du cheikh lui-même à Timbouctou.

Le 27 avril, les premiers avant-coureurs de la grande

caravane arrivèrent, annonçant qu'elle avait passé le désert sans danger. Elle se dissout à Tendouf, et ses membres se dispersent dans toutes les directions, pour se réunir de nouveau l'année suivante.

Mes gens, et surtout Hadj Ali, s'abandonnent à un sort inévitable ; ils voient que rien ne me détournera de mon voyage, même le motif, sérieux par lui-même, qu'il fait déjà trop chaud pour traverser le désert ; c'est ainsi que nous nous préparons à quitter l'oued Draa, le 28 avril 1880.

Mon troupeau de chameaux est complet aujourd'hui, et se compose de neuf bêtes ; à la place de l'animal tué à Tizgui, j'en ai acheté du cheikh un nouveau, grand et vigoureux animal, payé 40 douros ; j'ai échangé le petit chameau de Marrakech pour un autre, qui a déjà fait le voyage du désert ; j'ai troqué de même le cheval de Hadj Ali contre un chameau. Le cheikh envoie avec nous à Tendouf un certain nombre de chameaux chargés, et, comme il nous accompagne, nous n'avons absolument rien à craindre pendant ce trajet.

Nous faisons ce jour-là une courte marche de quelques heures, en remontant l'oued Draa. La vallée est très large, et couverte de pâturages, de champs d'orge ; il y a même quelques maisons. Des bancs nettement déterminés de schiste argileux, presque verticaux et dirigés parallèlement au système de l'Atlas, se montrent sur différents points ; les thuyas ne sont pas rares, et le sol est un peu moins sablonneux qu'autour de notre bivouac. Mais nous cherchons de l'eau inutilement ; les bergers, pour abreuver leurs troupeaux, ont creusé des puits en certains endroits et utilisé des cavités naturelles, où l'eau se rassemble à certaines époques. Dans la partie supérieure de l'oued Draa, ce fleuve a de l'eau, mais il en descend très peu, car presque tout est employé à l'agriculture.

Dans les berges verticales on voit de petites cavernes creusées de place en place par les bergers et où ils passent la nuit; en outre, comme je l'ai dit, ils ont des maisons d'argile.

Le soir nous apprenons de nouveau que Sidi Housséin a envoyé des messagers à Tekna, pour nous y faire arrêter. J'avais peut-être un jour laissé échapper le nom de Tekna, et, pour travailler plus sûrement à notre perte, Sidi Housséin avait probablement agi auprès des habitants de cette ville, en les invitant à coopérer à notre disparition. Comme les gens de Tekna sont également d'effrontés pillards, il n'est pas invraisemblable qu'ils envoient une quantité de cavaliers à notre recherche dès qu'ils apprendront notre départ de Tendouf. Cette nouvelle agit encore d'une façon très fâcheuse sur mon pauvre Hadj Ali, qui se trouve à regret dans cette situation. Le soir nous avons de nouveau un violent vent d'ouest, avec 20 degrés seulement.

Le matin du 29 avril, chacun était debout dès quatre heures, mais il en était sept avant que nous nous missions en route; nous avions vingt chameaux à charger, ce qui n'est pas un petit travail. Ce jour-là, le chemin remontait tout droit vers l'est la vallée de l'oued Draa, que nous traversâmes obliquement; le caractère du pays restait le même : des champs d'orge et des pâturages entre des endroits sablonneux et stériles, quelques thuyas, des argans isolés, quoique nous eussions déjà dépassé la limite sud de leur zone d'extension, et une herbe maigre.

En un point nommé Oum el-Achar nous remontâmes la berge escarpée du Draa et nous nous trouvâmes sur sa rive gauche. Devant nous se dressait une chaîne de montagnes peu élevée, à crête dentelée, que nous devions franchir : je trouvai là, au bivouac, du calcaire, qui s'étend au loin vers le sud, et du grès, moins abondant ; ces roches étaient remplies de fossiles paléozoïques, et surtout de crinoïdes et de brachiopodes. Mais il me fallut être fort prudent en ramassant ces fossiles, pour ne pas éveiller la méfiance ; les gens qui m'entouraient n'en connaissaient pas la valeur, et ils auraient cru à de la sorcellerie en me voyant recueillir des pierres ; la pensée de l'or eût été naturellement la première à leur venir.

Un petit oued desséché vient du sud et se jette dans l'oued Draa auprès de notre bivouac, après avoir traversé la chaîne bordière dont j'ai parlé. La marche du jour n'a duré qu'environ quatre heures, et vers midi nous nous arrêtons déjà pour faire reposer nos chameaux et dresser nos tentes.

Nous avons quitté là l'oued Draa, la rivière la plus importante du nord-ouest de l'Afrique jusqu'au Sénégal, en raison de la longueur de son cours, de la largeur et de la profondeur de son lit ; mais il roule rarement de l'eau.

Ses sources sont dans les plus hautes régions de l'Atlas ; de ce point la rivière prend d'abord une direction presque nord-sud ; puis, à l'oasis d'Adouafil, elle se détourne directement à l'ouest et atteint enfin l'Atlantique, après avoir conservé en général la direction de l'ouest-sud-ouest, et après un cours de plus de 1100 kilomètres.

Sous le nom de pays d'oued Draa on distingue particulièrement les groupes d'oasis qui se sont formées dans la partie supérieure de la rivière avant qu'elle ait pris la direction de l'ouest. La rivière y est toujours abondante, car elle est alimentée par les sommets neigeux de l'Atlas central. Aussi trouve-t-on dans son voisinage une foule d'oasis florissantes, où poussent en abondance des légumes, des fruits et des grains de toute nature, et surtout d'excellentes dattes. Mais c'est là aussi que l'eau vivifiante est utilisée et répartie en canaux d'irrigation sans nombre, de sorte qu'il y en a peu pour le cours moyen, et qu'il n'en reste plus pour le cours inférieur. Il y a des années pendant lesquelles un faible courant d'eau atteint réellement la mer, durant peu de temps; mais celles où le cours inférieur, que nous avions traversé, est à sec, doivent être les plus nombreuses. Il ne reste alors d'autre eau dans le lit de la rivière que celle provenant des pluies locales. Pourtant un peu d'eau doit toujours couler au travers des sables du lit, car autrement les mares et les puits seraient bientôt à sec, et les pâturages, ainsi que les champs d'orge, ne pourraient subsister.

Non loin du point où l'oued Draa s'incline vers l'ouest presque sous un angle droit, il s'élargit de manière à former un lac, l'el-Debaïa, qui n'est complètement rempli d'eau que pendant les années humides : cette inondation ne dure ordinairement que peu de temps, car le sol est employé à la culture des céréales.

Le lit du Draa est une vallée d'érosion très large et très profonde, qu'il s'est creusée dans les couches paléozoïques dont se compose la lisière nord du Sahara occidental; la pente n'a d'importance que dans le cours supérieur; au contraire, au-dessous de sa courbure, le courant est très lent, comme il est naturel, puisque l'eau coule à travers un plateau généralement uni et montrant peu d'ondulations.

Les bords de cette vallée, qui atteint parfois plus de

2000 mètres de large, ressemblent à des chaînes de montagnes ; la force d'érosion a été ici extrêmement puissante, comme on le voit encore par les berges verticales, brutalement déchirées et découpées.

On prétend que le Draa avait encore un cours permanent dans les temps historiques ; d'anciens écrivains rapportent que les hippopotames et les crocodiles y abondaient, et que les éléphants vivaient dans ces contrées. Les pétroglyphes dont j'ai parlé et qui se trouvent près de l'oued Draa renferment beaucoup d'éléphants et d'hippopotames ; ce qui peut être regardé comme une preuve de ces assertions.

Gerhard Rohlfs, auquel nous devons tant pour la connaissance du nord de l'Afrique, fut aussi le premier Européen instruit qui visita, en 1862, le groupe des oasis du Draa, au pays dit de l'oued Draa. Ces oasis se divisent du nord au sud en cinq provinces, dont la plus méridionale, Ktaoua, est la plus importante. Tout le groupe appartient nominalement au sultanat du Maroc, aussi bien que le Touat, mais le sultan n'y a aucune influence ; chaque localité s'administre elle-même, et il n'est pas question de chef suprême commun. Le sultan y envoie, il est vrai, de temps en temps, un fonctionnaire, qui habite dans le district central de Ternetta, mais cela n'est que pour la forme ; les Draoui[1] ne livrent au sultan ni présents ni impôts.

Le bourg des Beni Sbih, au sud de Ktaoua, est le plus considérable pour le nombre d'habitants ; mais la ville la plus importante est Tamagrout, car il s'y trouve une grande zaouia, siège d'une importante confrérie religieuse.

---

1. Habitants de l'oued Draa. (*Note du Traducteur*.)

Le plus grand nombre des habitants des oasis de l'oued Draa sont des Chelouh, et, comme tels, ils sont fort peu disposés à accepter l'autorité du sultan ; ils appartiennent surtout à la tribu des Aït Tatta, qui ne le cèdent pas en mauvaise réputation aux Howara, ainsi que je l'ai déjà dit. Ils considèrent la région du Draa comme leur terrain de chasse, mais vont assez souvent au sud jusque dans le désert, pour piller les caravanes.

Il existe aussi dans ces oasis une population arabe dont une grande partie appartient à des familles de chourafa, de même qu'au Tafilalet ; en outre, la tribu arabe des Beni Mouhammed y est dispersée en nombreuses petites communautés, qui ont conservé la coutume arabe d'habiter dans des villages de tentes, tandis que presque partout les Berbères logent dans de grandes maisons d'argile.

Il y a un grand nombre de Nègres esclaves ; les Juifs sont tolérés dans les localités importantes, où ils n'ont pas à souffrir les mêmes vexations qu'au Maroc. Ils sont surtout artisans : menuisiers, tailleurs, cordonniers, ouvriers en métaux, etc., et se sont rendus en quelque sorte indispensables aux Draoui.

Le groupe d'oasis de l'oued Draa est fort peuplé ; le nombre de ses habitants est évalué à plus de 200 000 ; ils font avec Timbouctou et le Soudan un commerce qui n'est pas sans importance ; en outre la culture des dattes et des légumes y est très florissante. Avec celles du Tafilalet, les dattes de l'oued Draa sont réputées au Maroc pour les meilleures et sont exportées en grande quantité.

On raconte qu'une particularité botanique s'y rencontre dans la plus belle et la plus grande des provinces, Ktaoua : une partie très importante du sol arable est si bien couverte d'une plante, la réglisse (*Glycyrrhiza*), qu'on ne peut l'en faire disparaître. Le grain cultivé ne suffit pas pour la population, qui est fort dense, et l'on doit en importer du dehors.

Le matin suivant, nous continuons vers le sud et franchissons par des zigzags la chaîne de hauteurs pierreuses et escarpées, ce qui est très fatigant pour les chameaux. Puis nous arrivons dans une plaine semée de pierres et d'acacias ou de thuyas isolés. Elle était couverte de fossiles roulés et polis qui s'étaient détachés du sous-sol rocheux. Il nous fallut alors tourner toute une série de petites montagnes, se succédant en forme de coulisses ; dans l'intervalle de ces rochers presque verticaux une large vallée décrivait de nombreuses courbes.

Nous avions encore un violent vent d'ouest, de sorte que la chaleur ne semblait pas particulièrement pénible. Ce jour-là nous nous arrêtâmes de nouveau vers midi, autant pour ménager nos chameaux dans ce terrain rocheux, que pour attendre le cheikh Ali, resté un peu en arrière. D'après ce qu'il nous a dit, il est maintenant certain qu'il ira avec nous à Tendouf et qu'il nous donnera un guide pour le voyage ultérieur ; aucun de ses fils ou de ses neveux ne nous accompagnera.

Le jour suivant, 1er mai, nous faisons encore une courte marche de trois heures, qui nous mène à un nouvel oued, le Merkala, uni plus tard au Draa. Nous demeurons sur la rive nord, où le sable s'est amoncelé en une ligne de dunes ; en cet endroit il se trouve un puits, où nous faisons des provisions d'eau pour notre route jusqu'à Tendouf. Les acacias et les tamaris apparaissent, mais il n'y a aucune créature animée. Tout le pays entre l'oued Draa et l'oued Merkala porte le nom d'el-Bdana.

Pendant la nuit du 1er au 2 mai la pluie tombe par

un vent très froid; le matin suivant, de bonne heure, le ciel est encore très couvert et nous n'avons que 6 degrés; nous nous sentons très mal à l'aise et tremblons de froid; aussi attendons-nous toute la journée le retour d'une température plus clémente.

Les formes d'érosion des montagnes isolées et des crêtes que nous avions traversées le jour précédent sont fort originales. Le rocher forme de longues assises, à angles très nets, ressemblant à des murs, d'où surgissent

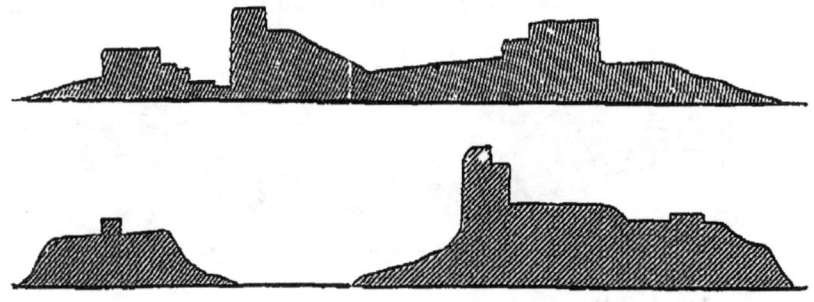

Formes d'érosion du plateau d'el-Bdana.

des contreforts en forme de tours, avec des murs tombant verticalement; de loin on croit voir de vieux châteaux forts entourés de murailles et de tours.

J'ai pu dessiner les contours de quelques-unes de ces chaînes de hauteurs.

L'oued Merkala découpe profondément le plateau d'el-Bdana et met à nu les couches les plus basses du sol; un profil du nord au sud aurait la forme représentée à la page suivante.

La différence de niveau entre la hamada et les points les plus profonds de l'oued Merkala est importante et s'élève à environ 120 mètres.

Les parties indiquées par la lettre *a* sur le profil suivant consistent en marne légère, molle, sablonneuse et calcaire, disposée horizontalement et appartenant à une formation géologique très récente. Elle couvre la lisière nord du désert en épaisses couches de même hauteur, qui ont été entraînées en grande partie par l'action de l'atmosphère et des eaux; quelques restes de cette formation sédimentaire, les plus résistants, sont demeurés intacts; ce sont eux qui montrent des formes d'érosion aussi particulières.

Si l'on descend dans l'oued Merkala, on trouve au-dessous de ces formations, probablement néo-tertiaires ou encore plus récentes, les schistes foncés et les calcaires

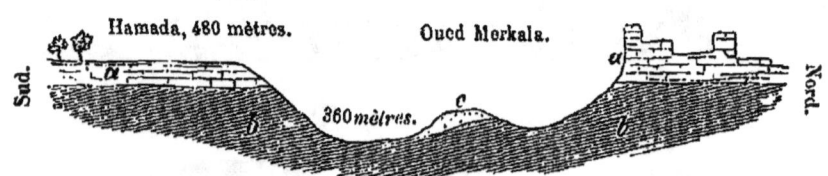

Profil à travers la hamada et l'oued Merkala.

a, marne blanche sablonneuse, à couches horizontales; *b*, schistes foncés et calcaires paléozoïques faiblement inclinés; *c*, dunes de sable.

qui s'inclinent ici faiblement vers le sud. Ils appartiennent à l'âge paléozoïque et renferment, avec des fossiles, des dépôts de ces petits cailloux roulés qui couvrent le sol en masses immenses, surtout dans les vastes plaines nommées *es-serir*.

Le 3 mai nous marchons directement vers le sud; nous quittons la plaine de l'oued Merkala afin de nous élever sur le plateau; c'est une marche pénible pour les chameaux, sur un sol escarpé. C'est là que les Arabes font commencer la hamada, c'est-à-dire le désert de pierres. La hamada ne produit ici, en aucune façon, l'impression de tristesse qu'on se figure d'ordinaire; c'est une plaine infinie, unie comme un miroir, mais couverte d'une mince couche de terre sur laquelle sont étalés des milliards de petits cailloux ronds appartenant aux diverses variétés de quartz, silex commun, silex pyromaque, quartz opalin, agate, etc.; cette plaine est aussi fréquemment nommée *es-serir*. Il y pousse beaucoup de fourrage à chameaux; des végétaux divers, des fleurs et même des acacias y sont nombreux. On y trouve également un arbuste donnant de petites baies noires qui sont, dit-on, fort bonnes contre les maux d'estomac; les Arabes mâchent des fragments de son bois pour entretenir la propreté de leurs dents. Cette coutume d'employer certaines espèces de bois à l'entretien de la bouche existe aussi chez beaucoup de peuplades nègres de l'Afrique tropicale.

Dans cette partie de la hamada on pourrait presque semer de l'orge, et, si l'on creusait des puits, il serait possible d'y développer une oasis. Le pays est d'ailleurs habité, en ce sens qu'on y voit de nombreux troupeaux de gazelles; il est vrai qu'elles ne s'approchent pas à portée de fusil.

Il y a ici également de nombreux chacals. Amhamid, le serviteur du cheikh Ali, était très adroit à s'emparer de ces animaux : il savait découvrir les trous où ils vivaient; et un soir, après une courte absence, il nous en apporta trois vivants. Les Arabes les mangèrent, suivant leur habitude, et j'en goûtai. Nous les avions fait rôtir avec du beurre; je dois constater que leur chair ainsi préparée n'a rien de répugnant.

Le 4 mai au matin, nous repartîmes vers le sud-est et nous fîmes halte vers deux heures, pour établir notre bivouac dans une contrée couverte de plantes fourragères. La hamada conservait le même caractère : c'était une plaine immense, très unie, couverte tantôt de petits cailloux roulés, tantôt de grosses roches polies par les eaux, tantôt enfin d'acacias, de *Sempervivum* en grosses touffes épaisses, ainsi que des plantes à chameau ordinaires. Tout le jour il souffla un vent violent et froid, et, quand nous atteignîmes le lieu choisi pour le bivouac, il tombait une violente averse. Je ne m'étais jamais représenté la hamada ainsi, et je n'avais jamais cru non plus que j'aurais à m'y garantir de la pluie sous une tente. Cependant cette averse nous était agréable, car la chaleur s'était accrue de nouveau fortement pendant les derniers jours.

L'un de mes hommes trouva ce jour-là un de ces lézards qui atteignent jusqu'à trois pieds de long et vivent dans des trous; l'homme le poursuivit, quoiqu'il courût extrêmement vite, jusqu'à son terrier, où il disparut; mais notre compagnon creusa si longtemps qu'il réussit à l'atteindre. Ce fut de nouveau pour ma troupe un changement de menu fort apprécié, car l'animal fut rôti tout aussitôt. J'en goûtai également: sa chair, molle et très blanche, a un goût de poisson et n'est pas le moins du monde répugnante ou désagréable. Nous voyions souvent ramper sur le sable de petits serpents ou des vipères : les Arabes les redoutent, et les nôtres les tuaient à coups de pierre ou de bâton. Il se trouvait également en cet endroit de nombreux fragments de fossiles paléozoïques dispersés entre les cailloux; sous prétexte que le chameau me fatiguait trop, j'allais souvent à pied pour en ramasser quelques-uns; du reste, je ne pouvais noter la direction du chemin et la durée de la marche qu'à l'aide de la boussole et du chronomètre.

Le 5 mai nous partions de grand matin pour atteindre notre but, Tendouf, au bout de six heures. Le chemin conduisait comme auparavant vers le sud-est, à travers l'uniforme hamada. La plus grande partie de cette plaine était stérile, cependant on trouvait, par places, des acacias et des plantes à chameau; la répartition de ces végétaux est fort irrégulière et ils sont épars en petits groupes sur toute la vaste étendue pierreuse. Peu avant Tendouf, le terrain changea un peu : une chaîne de collines moins hautes apparut, consistant en roches molles, blanchâtres et marneuses. Du sommet nous vîmes devant nous la petite ville de Tendouf, véritable oasis au milieu des déserts avec ses grandes maisons carrées et ses jardins de palmiers.

Nous avions mis un laps de temps peu ordinaire, huit journées, pour atteindre la ville, en partant de l'oued Draa ; on peut très bien faire le chemin de Tizgui à Tendouf en cinq jours. Mais les Arabes préfèrent voyager lentement, afin de ménager leurs chameaux. Grâce à l'heureux avantage de ne pas connaître le prix du temps, ils restent assis sur leurs animaux avec une tranquillité enviable et une satisfaction visible, ne s'inquiétant point de savoir s'ils marchent vite ou lentement; ils ne connaissent pas l'emploi du temps, mortel pour les nerfs, que la civilisation moderne réclame de l'homme dans son combat pour l'existence. Rien n'est plus contraire aux idées arabes que la précipitation ou le besoin continuel d'action. L'Européen est par trop impatient, et c'est ainsi que s'expliquent les mécomptes de tant de voyageurs. On peut beaucoup avec de la tranquillité et de la patience ; dans les voyages d'exploration à l'intérieur de l'Afrique celle-ci est plus importante que l'argent.

Jusqu'ici aucun Européen n'ayant visité Tendouf, c'est donc avec un sentiment de satisfaction que j'aperçois de la colline les maisons de la ville et les gens qui viennent au-devant de nous. Hadj Ali est également plus tranquille ; il a vu que l'on peut voyager dans le désert sans être tué par les brigands ou sans souffrir de la soif.

Tendouf. — Le cheikh Ali était allé devant pour annoncer notre arrivée et pour y préparer en quelque sorte la population. Il avait également cherché une grande maison où nous pussions trouver un logement commode et agréable.

La population, très foncée de peau, vient bruyamment au-devant de nous ; tous ces gens sont heureux de l'arrivée du cheikh Ali, qu'ils respectent hautement, et se montrent curieux au plus haut point de voir les étrangers qui arrivent. Quelques cris de *el-kafirou* (l'infidèle) se font entendre, mais la présence du cheikh prévient toute démonstration hostile.

Le chérif, Arabe très fin, est un des personnages importants du lieu ; il a avec Hadj Ali une longue conférence. Il s'agissait de lui prouver que mon interprète était réellement un parent d'Abd el-Kader, dont le nom est ici en grande renommée ; le chérif avait jadis lui-même connu le vieil émir et était ainsi au courant d'une foule de particularités sur son sujet et son entourage. Ainsi que je l'ai dit déjà plusieurs fois, Hadj Ali avait sur lui un vieux diplôme, d'après lequel il tenait un haut rang dans la confrérie religieuse d'Abd el-Kader Djilali. Le chef-lieu de cette secte importante est Bagdad. Je n'avais pas recherché la provenance de ce document, et m'en étais tenu à la constatation de ce fait, qu'il attirait le respect de tous envers Hadj Ali. A Taroudant il avait reconnu une foule de gens comme membres de cette confrérie : j'ignore s'il en avait le droit ; il avait même gagné à sa cause le chérif du lieu. Ce dernier était enchanté de lui et l'avait même invité à se fixer à Taroudant et à épouser sa propre sœur.

A Tendouf également, Hadj Ali réussit à convaincre le chérif et les notables de l'endroit qu'il était un personnage de haute influence. La population fut de même gagnée à cette persuasion, et quoique, dès les premiers jours, elle m'eût reconnu pour un Chrétien, elle ne se permit pas la moindre injure à mon égard. Il faut ajouter que, si Hadj Ali se vante constamment de sa qualité de chérif, la famille d'Abd el-Kader n'est pourtant pas chérifienne ; Abd el-Kader lui-même était un simple marabout. Comme on le sait, les chourafa descendent directement de Mahomet ; c'est une sorte de noblesse héréditaire et ecclésiastique ; par marabout, au contraire, on entend un homme remarquable par sa piété et sa science.

Hadj Ali, qui était très versé dans les discussions théologiques, avait réussi partout à se faire passer pour ce qu'il souhaitait : je n'avais que des avantages à ce jeu.

Comme dans chaque endroit, il se trouve à Tendouf un homme qui cherche à s'introduire chez nous en nous rendant toutes sortes de petits services. A Tizgui c'était Sidi Mouhamed, le soldat marocain déserteur, que j'avais engagé à mon service ; à Tendouf nous trouvâmes un Tunisien, Hadj Hassan, qui sut se rendre indispensable.

C'était un homme d'un caractère aventureux, et qui avait longtemps couru le monde ; il avait passé de longues années sur les bateaux des Messageries maritimes, et même voyagé une fois jusqu'au cap de Bonne-Espérance. Puis il s'était fait bachi-bouzouk pendant la guerre turco-russe, et avait, je crois, servi en Arménie. Après la guerre il fut licencié, revint à Tunis et commença de là ses pérégrinations, qu'il poussa jusqu'à Tendouf. Il voulait visiter le tombeau d'un saint pour y prier ; pendant ses voyages il avait été complètement dépouillé à diverses reprises, et pour la dernière fois dans l'oued Draa par des gens des Aït Tatta. Quoique Hassan, en dehors de l'arabe et du turc, parlât aussi l'italien, l'anglais et le français (cette dernière langue fort bien), et qu'il eût beaucoup fréquenté les Européens, j'ai vu rarement un Arabe aussi fanatique et aussi strict que cet homme ; aucun ne disait ses prières avec la même ponctualité que lui. Il s'offrit à voyager avec moi pour tout le reste de mon expédition, y compris le voyage de Timbouctou au Sénégal. Il voulait s'y fixer, espérait-il, soit comme tirailleur indigène, soit comme négociant. C'était un homme très adroit, sachant se rendre fort utile et surtout excellent cuisinier ; malheureusement son caractère était très violent.

Le cheikh Ali et le chérif de Tendouf s'occupèrent avec tout le zèle possible des préparatifs du voyage au désert ; je reviendrai plus tard sur ces détails. Il était sûr alors que ni le cheikh ni aucun de ses parents ne voyageraient avec nous. Nos amis nous amenèrent un vieillard et nous le présentèrent comme le guide le meilleur et le plus expérimenté : il avait certainement fait déjà une cinquantaine de fois le voyage de Tendouf à Araouan ou à Timbouctou, et souvent tout seul, comme messager ! Mes deux interprètes trouvèrent que c'était chose grave que de prendre pour guide un homme si vieux, car il pouvait mourir en route ; cette idée méritait certainement d'être prise en considération ; mais je n'avais pas assez d'argent pour payer un deuxième guide, et nos amis de Tendouf nous assuraient que nous pouvions entreprendre ce voyage en toute sécurité.

Le prix que demandait Mohammed était si élevé, que j'hésitai à le prendre ; finalement il le baissa à 47 mitkals d'or (1 mitkal valant à peu près 12 francs) ; une partie devait être payée d'avance, et le reste à Araouan.

Nous devions prendre des guides du pays dans cette dernière ville ; on me conseilla aussi d'y vendre les chameaux et d'y louer simplement des animaux de charge jusqu'à Timbouctou.

Tendouf est une petite ville qui s'étend en longueur de l'est à l'ouest. Ses 100 à 150 maisons, isolées et formant de grands carrés entourés de murs, sont construites en une argile très dure. Elles n'ont presque toutes qu'un rez-de-chaussée, et la plupart des pièces, qui sont grandes et belles, donnent sur la cour, dont le sol consiste en argile battue et mélangée de petites pierres. Les maisons sont dispersées irrégulièrement, ne formant pas de véritables rues ; une mosquée à tour quadrangulaire domine le tout. Il y a également ici le tombeau d'un saint ; ce monument est bâti sur le modèle de ceux du Maroc, avec la petite coupole habituelle.

A l'endroit le plus bas de la ville se trouve une source, entourée d'un grand nombre de dattiers et de jardins maraîchers. Cet ensemble produit une impression agréable et proprette.

Tendouf, qui date à peine de trente années, est une ville ouverte, et sa fondation fait grand honneur au cheikh Ali : c'est de là que vient la considération dont il jouit ; c'est lui aussi qui a dirigé le premier les caravanes de Tendouf à Tizgui par l'oued Draa. Tendouf est surtout établie en vue de la circulation des caravanes vers Timbouctou, de manière à servir de point de départ commun aux tribus environnantes ; sa position entre les groupes d'oasis de l'oued Draa et les petits États de l'oued Noun et de Sidi-Hécham est fort bien choisie.

Un peu à l'est de la ville est une petite rivière, l'oued Haouwera, qui roule généralement un peu d'eau et se jette dans l'oued Merkala. C'est là que sont les douars des Maribda et des Tazzerkant, qui y font paître leurs troupeaux de chameaux, de moutons et de chèvres. On dit que dans le voisinage se trouvent aussi des étangs salés.

Les habitants de Tendouf appartiennent en grande majorité à la tribu des Tazzerkant, ou Tadjakant, et sont d'origine berbère, ainsi que ce nom l'indique. Ils se vêtent des cotonnades bleues en usage ici; mais ils surprennent au premier aspect par leurs cheveux longs et épais, tandis que les Arabes et les Chelouh que j'avais vus jusque-là ont l'habitude de les couper courts ou même de les raser. Les femmes, en partie Négresses, sont également vêtues de larges vêtements bleus, qui enveloppent tout le corps; en outre elles portent des pantoufles de cuir, ordinairement rouges. Leur visage n'est pas voilé comme au Maroc. Je n'ai vu à Tendouf que peu de femmes; c'étaient presque toutes des Négresses.

Il faut considérer le cheikh Ali de Maribda comme le souverain de l'endroit; c'est lui qui dirige le commerce des Tazzerkant avec le Soudan. Ce commerce est de grande importance; ils vont d'un côté jusqu'au Maroc et jusqu'à l'Algérie pour y acheter surtout des grains et des dattes, puis du tabac, de la poudre, des cotonnades, du goudron, etc.; de l'autre, ils conduisent une partie de ces objets à Araouan et à Timbouctou, pour en rapporter les produits du Soudan, et surtout des plumes d'autruche et des esclaves, ainsi qu'un peu d'or et d'ivoire. Les habitants de Tendouf dépendent, au point de vue des céréales, des pays voisins, car l'oasis est beaucoup trop petite pour qu'il puisse y avoir des champs; on n'y cultive avec les palmiers que quelques légumes sans importance.

Une fois par an, les Tazzerkant se rassemblent pour

TOME II, p. 38.

OASIS DE TENDOUF.

un voyage en commun à Timbouctou; Kafla el-Kebir (la grande caravane) compte souvent plusieurs milliers de chameaux et quelques centaines de conducteurs. Cependant elle a été pillée à diverses reprises dans le cours des dernières années. Ordinairement elle part de Tendouf en décembre ou en janvier et retourne en mai ou juin; la valeur des marchandises qu'elle emporte dépasse, dit-on, 750 000 francs ; ce chiffre me semble beaucoup trop élevé, car les affaires avec Timbouctou ont diminué dans ces derniers temps.

Quand je quittai le Maroc quelques mois auparavant, pour tenter un voyage à Timbouctou, mon intention était de me joindre à une caravane; je ne croyais pas qu'il fût possible de traverser le Sahara seul avec quelques serviteurs. Or, l'époque vers laquelle les grandes caravanes se mettent en route étant passée, il me restait soit à attendre huit ou neuf mois, éventualité que le cheikh Ali discuta sérieusement, soit à partir seul. Le cheikh Ali se serait peut-être décidé à m'accompagner, ou du moins à me donner un de ses neveux, s'il avait reconnu qu'il en pût tirer un gain quelconque. Quand il vit que je n'avais avec moi ni beaucoup de marchandises, ni beaucoup d'or, il se contenta de me faciliter le voyage le mieux possible. Les préparatifs pour l'expédition projetée étaient multiples, et il peut y avoir intérêt pour mes successeurs possibles à donner ici quelques détails à ce sujet.

Quoique le Sahara commence déjà au pied du versant sud de l'Atlas, je ne fais compter qu'à partir de Tendouf le véritable voyage dans le désert; en effet, de cette dernière ville on peut gagner en un temps relativement court une suite de groupes d'oasis et de contrées fort peuplées, comme l'oued Draa, le Tafilalet, ou même directement le Touat, tandis que vers le sud il faut voyager pendant des semaines et des mois pour arriver de nouveau parmi des hommes.

Il vaut mieux certainement prendre pour point de départ Tendouf, plutôt que le Touat, l'oued Drâa ou Tekna à l'ouest : dans la population de Tendouf il y a beaucoup moins d'intolérance religieuse que de goût pour la spéculation et le commerce ; ce goût dirige complètement ses idées et sa manière d'agir, de sorte qu'avec un emploi approprié de son argent on peut parvenir à bien des choses chez elle.

J'avais songé à diverses reprises au groupe d'oasis de Tekna, au sud de l'oued Noun, et cet endroit m'avait paru, à un certain moment, devoir être le point de départ de mon voyage dans le désert, quoique, au début de ce siècle, le médecin et voyageur anglais Davidson y eût été tué; Tekna paraissait convenir à mon but parce que, plus on traverse le Sahara vers l'ouest, et plus les difficultés de terrain diminuent.

Tendouf semble être pourtant le point de départ le plus recommandable sous tous les rapports. La question la plus importante pour un voyage semblable est certainement le choix des chameaux, car on en est réduit, en tout et pour tout, à cet animal, laid et entêté, mais indispensable à cause de sa sobriété et de son endurance.

A Tendouf j'ai perdu un deuxième chameau, que j'ai dû remplacer par un nouveau, coûtant 31 douros. J'ai échangé en outre un autre de ces animaux, fortement blessé comme je l'ai dit, contre cinq pièces de la cotonnade bleue si importante dans ces pays, pour la valeur d'environ 20 douros. J'ai donc neuf chameaux vigoureux et en bon état, tous châtrés et par conséquent plus résistants.

J'avais fait faire de grands sacs pour le transport des marchandises avec une étoffe brune et grossière en poil de chameau. Deux de ces sacs, réunis entre eux par des courroies, sont disposés sur chaque chameau, de manière à pendre le long de ses flancs ; une grande natte de paille placée en dessous protège l'animal contre le frottement. Sur son dos se trouve une sorte de selle rembourrée, avec une ouverture pour la bosse. Le poids des deux sacs ne dépasse pas cent livres, car nous devons utiliser les animaux comme montures, et chacun d'eux porte de plus deux outres.

Le cheikh Ali s'était occupé avec grand soin de l'approvisionnement d'eau. J'avais acheté dix-huit grandes outres de peaux de chèvre, cousues et goudronnées avec soin ; une petite ouverture destinée à laisser passer l'eau était solidement ficelée. Chaque chameau devait porter deux de ces outres, qui, une fois pleines, pesaient environ 60 à 70 livres ; le poids de la charge, y compris le cavalier, dépassait donc de beaucoup deux cents livres.

Les caravanes chargent les animaux encore davantage, mais elles marchent avec une lenteur extraordinaire et leurs bêtes, ne faisant que quelques lieues par jour, se reposent souvent.

Ces outres sont partout en usage dans ces pays : on ne connaît rien autre pour le transport de l'eau. Elles sont en général très pratiques, mais l'eau y est fort exposée à l'évaporation. Rohlfs a, comme on sait, introduit les caisses en tôle dans le matériel d'un voyage au désert ; elles ont surtout deux grands avantages : l'eau ne s'y évapore et ne s'y gâte pas. L'enduit de goudron qui revêt l'intérieur des outres ne résiste pas longtemps ; aussitôt qu'une petite parcelle de cet enduit disparaît, la décomposition de la peau commence, et l'eau prend un goût exécrable. Pourtant on ne peut user de caisses en tôle que dans une expédition composée de plusieurs Européens, d'une nombreuse escorte, et pourvue de grandes ressources; même si j'avais eu une semblable caravane, je n'aurais cependant pas employé de pareilles caisses, afin de ne pas attirer l'attention. En dehors des dix-huit grandes outres je possédais deux seaux en toile à voile bien cousue, disposés de façon à être fermés par le haut, et pourvus de crochets en fer, pour qu'on pût les accrocher partout où on le voudrait.

Avec ces vingt récipients pleins d'eau nous pouvions voyager de huit à dix jours, bien entendu sans événement fâcheux, et même en tenant compte d'une évaporation de 5 p. 100. Je chargeai spécialement Hadj Hassan de la provision d'eau, et plus tard il défendit avec la plus grande ténacité le précieux liquide qui lui était confié.

Les outres étaient attachées sur les chameaux au-dessous des sacs à marchandises et de chaque côté, de manière qu'elles se trouvassent placées horizontalement. Un seau en tôle est utile pour abreuver les chameaux aux puits; de même on doit se pourvoir d'une grande quantité de cordes. Il faudrait également prendre un vase plein de goudron pour pouvoir souvent en enduire les outres. Malheureusement j'avais négligé cette précaution, et à Tendouf je n'en trouvai pas à acheter. Enfin il est utile de prendre avec soi de grandes aiguilles pour coudre les ballots, des haches et quelques outils.

Mon expédition comptait huit personnes et neuf chameaux; en dehors de moi et des interprètes Hadj Ali et Benitez je n'avais conservé que deux serviteurs marocains, Kaddour et Farachi, puis Sidi Mouhamed, que j'avais pris à Tizgui, Hadj Hassan et enfin le guide Mohammed, dont l'âge et la figure parcheminée nous causèrent d'abord quelques soucis, mais qui se montra plus tard sous un jour fort avantageux.

Nous étions tous vêtus d'une large toba de mince cotonnade bleue, d'une courte culotte de même étoffe, et enfin, quelques-uns du moins, d'une chemise ; nous avions des pantoufles de cuir, et notre tête ainsi que le bas de notre visage étaient enveloppés de la même étoffe bleue, de sorte que seuls nos yeux et notre nez étaient visibles. Hadj Ali portait encore à ce moment la djellaba blanche du Maroc et un turban de même couleur. Sur la partie postérieure de la tête nous avions sous nos turbans bleus un tarbouch rouge (fez), afin d'être mieux protégés contre l'ardeur du soleil. Ce vêtement, et surtout la large toba, est, il est vrai, incommode pour ceux qui n'y sont pas habitués pendant la marche ou en général pour tous les mouvements, mais il permet à l'air de circuler et est léger à porter.

J'avais laissé chez le cheikh Ali une des tentes faites à Tanger, pour ne pas me surcharger de bagages ; je partageai donc la deuxième avec Hadj Ali et Benitez ; pour mes gens j'avais fait faire une grande tente de poil de chameau avec les perches nécessaires.

Nous avions emporté trois matelas ; mes serviteurs se contentaient de tapis. A Tanger j'avais dû à la bonté de M. Weber, le ministre d'Allemagne, plusieurs lits de camp fort pratiques, dont je m'étais servi jusque-là ; mais il nous sembla que nous devions les laisser également en route, et nous servir des matelas habituels du pays, qui sont remplis d'ouate. Je n'avais pu me décider à renoncer pendant mon voyage à l'usage des draps blancs ; je l'ai continué jusqu'au bout.

On ne peut pas beaucoup s'occuper de sa propreté de corps pendant un voyage à travers le désert ; mes compagnons et mes serviteurs ne se servaient d'eau pour leurs ablutions que quand nous nous trouvions à un puits, c'est-à-dire environ tous les dix jours ; j'ai pourtant continué à employer chaque jour une petite quantité d'eau à me laver, ce qui constituait un luxe à peine pardonnable dans de pareilles circonstances ; cela excita souvent la mauvaise humeur de mes compagnons arabes, surtout quand la provision d'eau était peu abondante.

Les chameaux n'étaient abreuvés que quand nous arrivions à un puits ; ces animaux peuvent demeurer dix et même douze jours sans boire ; il est vrai que, les derniers jours, ils marchent très lentement. Il me faut à ce propos rappeler une assertion encore répandue chez des gens d'ailleurs fort intelligents, et même dans beaucoup de livres à l'usage des écoles : les chameaux auraient dans l'estomac un réservoir d'eau, et, dans des cas désespérés, les Arabes les tueraient pour boire cette eau. D'abord tous les enseignements de la physiologie, tout ce que l'on sait sur la marche habituelle de la vie contredit l'existence d'un pareil réservoir ; puis il faut se demander comment cette eau pourrait se produire, et enfin tenir compte de la valeur d'un chameau pour l'Arabe. Mais de toute antiquité les maîtres d'école ont répété que le chameau porte avec lui un réservoir d'eau, pour qu'il puisse ainsi se passer de boire durant longtemps, et par suite on croit encore aujourd'hui à cette fable ; les gens même les plus intelligents ne se laissent pas détromper au sujet de certaines choses entendues depuis l'enfance : on tient ainsi à de vieux contes de nourrice avec un entêtement digne d'une meilleure cause. Des voyageurs peu consciencieux qui n'avaient pour but que de conter des événements intéressants et inédits, ont, il est vrai, beaucoup contribué à répandre les idées les plus fausses sur certaines contrées et sur leurs habitants ; c'est à ce genre d'idées qu'appartient la fable, impossible à déraciner, du lion du désert.

En ce qui concerne l'alimentation pendant mon voyage au Sahara, j'ai déployé de même un luxe inouï pour la circonstance. Mon guide me dit à plusieurs reprises que, bien qu'il fût déjà très vieux, il n'avait jamais vu aller de cette façon à Timbouctou. J'avais acheté plusieurs moutons à Tendouf et j'en avais fait sécher la chair au soleil, après l'avoir salée ; elle se conserva ainsi pendant longtemps et donna, une fois cuite, une nourriture assez convenable. En outre j'avais acquis de grandes quantités de couscous et de riz, un peu de farine, un grand sac en cuir plein de beurre, un sac de dattes pour mes serviteurs ; j'ai reconnu que ces fruits excitent trop la soif, quoique ceux achetés à Tendouf fussent excellents. On enferme les dattes fraîches dans d'épais et longs sacs de cuir, de façon à en faire une sorte de gigantesque saucisson, que l'on coupe ensuite en tranches avec un couteau. De plus, j'avais encore une grande quantité du pain biscuité emporté de Marrakech. Le thé, le café et le sucre ont beaucoup d'importance, tant pour l'alimentation que comme moyens d'échange ou présents ; les bougies et les rubans de soie de couleur sont également précieux pour les relations commerciales.

Le café est absolument indispensable après une journée fatigante, car son action est réconfortante et tonique ; j'ai eu à déplorer de ne pas en avoir pris davantage avec moi. J'avais caché dans nos bagages quelques flacons de vin et de cognac en guise de médicaments ;

mais je ne pouvais en laisser rien voir, car les Musulmans sont très rigoureux à cet égard. Enfin j'avais encore quelques boîtes de conserves et d'extrait de viande.

Les Arabes et les Chelouh de ce pays sont habitués à vivre très frugalement en voyage ; ils se contentent d'une sorte de bouillie de farine d'orge et de beurre, qui se conserve longtemps ; mais je ne pus m'accoutumer à cet aliment. Nous n'avions naturellement aucun résultat à attendre de nos chasses et ne pouvions en aucune façon compter sur cette ressource : nous voyions, il est vrai, de temps en temps des gazelles et des antilopes passer rapidement dans le lointain, mais il ne fallait pas songer à les poursuivre.

Une caravane semblable est un appareil extrêmement lourd, qui ne peut être dérangé de ses mouvements réguliers sans que le tout en souffre. Toute perte de temps occasionnée par des détours, des arrêts inutiles, etc., ne peut être atténuée que difficilement ; chaque jour une tâche déterminée doit être accomplie, si l'on ne veut s'exposer à manquer d'eau et de vivres.

En fait de combustible, nous avions les plantes courtes et ligneuses que mangent les chameaux et souvent aussi une sorte d'acacia ; mais il fallait parfois rassembler avec soin les crottins de chameau, desséchés et durs comme de la pierre, pour alimenter nos feux.

Nous avions emporté de Tanger assez de tabac ; d'ailleurs la majorité des Mahométans du pays ne fument pas, trouvant le tabac absolument contraire sinon à la loi musulmane, du moins aux convenances.

Notre voyage de Tizgui à Tendouf s'était accompli pendant le jour, tandis que jusqu'à Araouan nous ne marchâmes que la nuit. Nous partions le soir vers six heures, pour marcher presque sans arrêt jusqu'à six ou sept heures du matin, suivant l'endroit où se trouvait le fourrage à chameaux. Les animaux étaient débarrassés de leur charge et poussés vers la pâture, le plus souvent sans surveillance, car ils ne s'écartaient pas beaucoup. Puis nous dressions les tentes, étendions les lits et faisions chauffer du thé ou du café ; on reposait qnelque temps ; vers onze heures nous prenions un repas de riz ou de couscous au beurre, avec un peu de viande sèche et de pain, puis du thé ou du café. Chacun se disposait ensuite à dormir. C'était le moment le plus favorable, et généralement le seul où je pusse écrire mon journal de voyage et noter les observations et les événements du jour. Vers cinq heures, chacun se levait; on préparait encore un peu de riz ou de couscous, et les chameaux étaient rassemblés et chargés.

C'est ainsi que s'écoula assez uniformément chacune des trente journées suivantes de bivouac, pendant lesquelles nous ne vîmes pas un homme.

CHAPITRE II

VOYAGE DE TENDOUF A ARAOUAN.

Départ de Tendouf. — Hamada Aïn-Berka. — Douachel. — Djouf el-Bir. — Kreb en-Negar. — Fossiles du calcaire carbonifère. — Es-Sflat. — Oued el-Hat. — Formes d'érosions. — Iguidi. — Sable sonore. — Mont des cloches. — Dunes. — El-Eglab. — Traces de chameaux. — Pluie. — Oued el-Djouf. — Bir Tarmarant. — Areg. — Oued Teli. — Sel gemme. — Taoudeni. — Ruines de murs antiques. — Outils en pierre. — Grande chaleur. — Oued el-Djouf. — Hadj Hassan. — Hamada-el-Touman. — Bir Ounan. — El-Djmia. — Bab el-Oua. — El-Meraïa. — Arrivée à Araouan.

Après avoir terminé à Tendouf tous les préparatifs de notre voyage pour Timbouctou, nous fixâmes au 10 mai 1880 le jour de notre départ, au début de la nouvelle lune. Nous étions debout dès trois heures du matin, et peu après quatre heures, tout étant prêt, nous nous mettions en marche. Le cheikh Ali et Amhamid nous accompagnèrent un instant, puis eut lieu une scène d'adieux vraiment émouvante ; le vieux et vénérable cheikh pleurait lui-même, et le noir Amhamid donnait cours à sa douleur de la manière la plus violente. Le cheikh Ali a beaucoup fait pour moi, et je dois à lui seul d'avoir atteint cette ville de Timbouctou tant de fois désirée. Les gens que j'avais pris au Maroc avaient le cœur gros en commençant cette entreprise, et ils se représentaient les dangers à courir sous les couleurs les plus vives. Pourtant ils gardèrent un maintien tranquille et résolu. Je ne devais être complètement rassuré à leur égard que quand nous eûmes franchi une bonne partie du désert, de manière à ne plus pouvoir penser à retourner sur nos pas.

Nous vîmes encore longtemps les amis qui nous quittaient; enfin ils disparurent à nos yeux, tandis que nous continuions résolument notre route sous la conduite de l'excellent Mohammed. Pendant les premiers temps, nous voyageâmes surtout de jour; plus tard seulement ce fut la nuit.

La première journée de marche dura de quatre heures du matin à trois heures de l'après-midi, c'est-à-dire onze heures, dont il faut en déduire deux que nous employâmes à une courte halte, à chercher du fourrage pour les chameaux, etc. La direction générale que nous avions suivie était celle du sud-est.

Aussitôt après avoir quitté Tendouf, qui est à environ 395 mètres d'altitude, nous voyons disparaître les petites montagnes et les chaînes de hauteurs; nous rentrons dans la hamada, couverte de nombreux galets de quartz: elle se nomme ici, d'après un puits placé à quelque distance sur l'un des côtés de la route, hamada Aïn Berka. Nous traversons le lit étroit de l'oued Tatraa, qui coule de l'est à l'ouest, comme tous les fleuves du Sahara occidental, et se réunit sans doute plus tard à l'oued Merkala. On trouve là assez souvent du fourrage à chameau. Après quelques heures nous arrivons à un endroit nommé Douachel, dernier bivouac des caravanes revenant de Timbouctou, qui s'y reposent après un long et dangereux voyage, richement chargées des trésors du sud, avant d'entrer à Tendouf, où se termine la traversée du désert. A partir de là, le terrain se relève, nous franchissons les bords d'un petit plateau nommé el-Douachel et formé de couches horizontales d'un calcaire léger, un peu poreux. Bientôt apparaissent les premières dunes, encore isolées et ne constituant pas de longues chaînes de collines. Nous nous arrêtons vers trois heures en un point nommé Djouf el-Bir. Le guide, auquel le cheikh Ali a recommandé notre sécurité de la façon la plus formelle, nous défend expressément de dresser les tentes pendant les premiers jours : elles seraient visibles au loin et pourraient être aperçues par des Arabes rôdant peut-être aux environs; de même nous ne devons rien allumer la nuit, plus tard nous ne ferons le feu nécessaire que sous la grande tente. Notre guide poussait peut-être un peu loin les précautions, mais naturellement nous suivions ses conseils, surtout pour le maintenir en bonne humeur. Les animaux sont menés au pâturage et nous cherchons à nous installer aussi bien que possible entre nos bagages. Tout le jour un vent d'ouest assez violent a soufflé, nous apportant une fraîcheur agréable, de sorte que notre marche est supportable. Vers le soir nous avons 20 degrés au bivouac.

Le jour suivant, nous marchons de cinq heures et demie à trois heures, avec une interruption d'une demi-heure seulement. La nuit, que nous passons en plein air, est très froide, et, quand nous nous levons à quatre heures, le thermomètre est à 8 degrés seulement, de sorte que le guide attend quelque temps avant de nous faire mettre en route. Le chemin suivi passe constamment sur ce plateau calcaire de Djouf el-Bir, qui est à une altitude de 396 mètres. Tantôt le sol est pierreux et tantôt sablonneux ; des collines aplaties de calcaire blanc s'élèvent par places au-dessus du plateau ; mais elles sont généralement couvertes de sable mouvant, de sorte qu'elles ressemblent à des dunes. Vers trois heures, nous arrivons à un endroit abondamment pourvu de fourrages et nous nous installons au bivouac comme le jour précédent. La solitude et le calme de la hamada produisent une impression puissante et grandiose : *aucun* être vivant, pas un oiseau, pas un serpent, pas une gazelle, pas un insecte à apercevoir ; c'est la solitude complète.

Le 12 mai, de cinq heures du matin à deux heures de l'après-midi nous restons sur nos chameaux, avec un repos d'une heure seulement. La journée est beaucoup plus chaude que la précédente, quoiqu'un peu de vent souffle encore. La direction principale est toujours le sud-est. C'est dans ce pays que se bifurquent les grandes routes de caravanes de Tendouf et du Tafilalet ; aussi notre guide devient inquiet, car il pourrait aisément se trouver ici des coupeurs de route.

C'est là aussi que se termine le plateau calcaire de Djouf el-Bir ; nous descendons un peu, le pays se nomme Kerb en-Neggar et consiste en minces plaques calcaires, couvertes de nombreux fossiles, et appartenant aux formations carbonifères. Notre descente est très douce, quoique la différence de niveau dépasse 130 mètres ; cet endroit n'a que 260 mètres d'altitude.

Bientôt apparaît une zone de dunes isolées, nommée es-Sfiat ; puis un terrain rocheux couvert de nombreux cailloux roulés de quartz, parmi lesquels se trouvent des masses de fossiles paléozoïques. Enfin nous arrivons à un lit de rivière large et peu profond, l'oued el-Hat, au delà duquel nous décidons de passer la nuit. Le fourrage est peu abondant ici, et les animaux doivent s'écarter assez loin du bivouac : nous dressons les tentes et nous nous installons cette fois pour une bonne nuit, malgré les quolibets de notre guide endurci à la fatigue et qui n'a d'autres besoins que celui du thé. Il le boit avec un plaisir évident et n'en a jamais assez.

Mes deux nouveaux serviteurs ne s'entendent pas ensemble ; Benitez est également fort mal avec Sidi Mouhamed, qui a émis la supposition qu'il est peut-être Chrétien. Je dois couper énergiquement court à ces insinuations, car elles pourraient fort mal tourner pour mon interprète. Sidi Mouhamed reste toujours pour moi une nature peu sympathique, mais il a une capacité de travail inimitable : il ne se fatigue jamais à charger et à décharger les chameaux, à dresser les tentes, à ramasser de quoi faire du feu, etc., je suis donc toujours forcé de chercher à les réconcilier.

La jalousie qui a existé dès le jour de notre départ de Tanger, de la part de Hadj Ali contre Benitez, fermente de nouveau et peut à tout moment causer une explosion.

Le 13 mai nous avons encore une longue marche de six heures du matin à cinq heures du soir, avec un intervalle d'une heure. Notre direction est un peu plus vers le sud, pour ne pas croiser les deux grandes routes de caravanes dont j'ai parlé, et de peur de rencontrer quelqu'un. Nous ne serons pas en sûreté si nous trouvons une seule personne sur notre route.

Aujourd'hui encore, nous observons des formes d'érosion, qui ont l'aspect de ruines, dans les débris demeurés intacts des formations récentes qui couvrent les couches paléozoïques ; nous arrivons bientôt dans une vallée de rivière desséchée, qui se réunit sans doute à l'oued el-Hat, dont j'ai parlé ; ce dernier doit se jeter dans l'Océan, au sud de Tekna. L'espace situé entre ces deux rivières se nomme Kerb el-Biad.

Entre ce point et notre prochain bivouac le sol était couvert de nombreuses petites dunes (*el-areg*, en arabe), qui devançaient en quelque sorte la région de l'Iguidi. À droite nous laissons le puits d'Anina, avec quelques palmiers ; le pays d'alentour se nomme par suite Kerb el-Anina ; ce puits est sur la route des deux grandes caravanes, ainsi que la source d'Aïn-Berka dont j'ai parlé.

Des crinoïdes et des coraux fossiles sont ici en abondance dans les roches schisteuses qui constituent le sol ; je trouve également pour la première fois des fragments de grands cristaux plats de gypse.

La hauteur du terrain est encore celle d'hier, environ 260 mètres ; la chaleur était forte aujourd'hui : vers midi nous avions 40 degrés à l'ombre, et le soir vers cinq heures encore 32.

Le jour suivant nous conduit par un terrain stérile complètement plat, sans fourrage : c'est une plaine rocheuse, unie comme un miroir. La marche dure de six heures du matin à six heures et demie du soir ; les chameaux, qui sont fatigués et n'ont pas eu d'eau depuis six jours, marchent déjà très lentement. Le terrain s'élève peu à peu, à mesure que nous approchons de la grande région des dunes de l'Iguidi ; avec la première apparition du sable coïncide celle d'une maigre végétation et de fourrage à chameau.

La marche du jour nous a fait traverser le terrain le plus vide et le plus triste que nous ayons encore vu ; il n'existe rien autour de nous qu'un sol rocheux, brun et nu, sans la moindre trace de vie organique. Nous espérons trouver de l'eau dans la région de l'Iguidi ; peu après y avoir pénétré, le terrain s'élève et nous avons déjà atteint la hauteur de 340 mètres à notre arrivée au bivouac.

Le matin suivant (15 mai) était admirable. Nous fûmes surtout agréablement surpris par un chant d'oiseau ; l'alouette du désert lançait dans l'air pur son hymne du matin. Nous n'avons ce jour-là qu'une courte marche de six heures à midi, mais elle est très fatigante pour les animaux, car nous devons franchir toute une série de dunes ; la pente ascendante est généralement douce en venant du nord, tandis que la descente vers le sud ou le sud-est est le plus souvent très rapide, de sorte que nous sommes fréquemment obligés de pratiquer une sorte de chemin pour les chameaux. Ces animaux, lourdement chargés, s'enfoncent jusqu'au-dessus du genou dans le sable fin, pur de tout mélange ; de temps en temps, l'un d'eux s'abat, sans pourtant amener d'accidents.

Un peu à droite de notre chemin se trouve, au milieu de la région des dunes, le puits de Bir el-Abbas, qui est fréquenté par les caravanes ; mais mon guide, pour éviter toute rencontre, préfère chercher de l'eau autre part. Avec sa connaissance parfaite du pays, il nous mène vers midi dans un creux au milieu de masses de sable gigantesques, où nous dressons nos tentes. A un demi-mètre de profondeur nous rencontrons déjà l'eau : nous creusons un trou d'environ un pied de diamètre et dont les parois sont revêtues de l'herbe grossière ressemblant à du jonc qui pousse en cet endroit. Nous trouvons alors assez d'eau, tant pour remplir les outres qui ont été vidées en route que pour abreuver les chameaux.

Cette région de dunes est fort animée ; dès le matin nous avons laissé à droite un endroit nommé les Trois-Palmiers ; divers végétaux y croissent en abondance et nous voyons assez souvent des troupeaux de gazelles et de bœufs sauvages passer rapidement, sans qu'ils viennent à portée.

Le bivouac a de nouveau déjà atteint l'altitude de 376 mètres, de sorte que toute la région de Djouf el-Bir paraît être une plaine basse dans laquelle les formations géologiques récentes ont disparu jusqu'au sous-sol paléozoïque.

J'éprouve encore ici toutes sortes de soucis avec mes gens ; Kaddour est gravement malade, probablement de l'estomac, et les difficultés entre Benitez et Hadj Ali augmentent chaque jour ; le premier se comporte aussi pacifiquement qu'il lui est possible dans ces circonstances.

L'eau, que nous avons obtenue comme je l'ai dit, est excellente, mais les joncs lui donnent un goût particulier ; quand il s'agit de faire abreuver les animaux, ce qui n'est pas un travail facile, mes deux nouveaux serviteurs, qui doivent tout faire à eux seuls depuis la maladie de Kaddour, se montrent très actifs et pleins de bonne volonté ; ils ont grand soin des chameaux, et, en atteignant un puits, leur première occupation est de les abreuver ; dresser les tentes, etc., ne vient qu'en second lieu.

J'observe dans cette région de l'Iguidi l'intéressant phénomène des *sables sonores*. Au milieu de ces solitudes on entend tout à coup sortir d'une montagne de sable un son prolongé et sourd, analogue à celui d'une trompette, et cessant au bout de quelques secondes pour retentir de nouveau dans un autre endroit, après un court espace de temps. Au milieu du silence de mort de ces déserts, ce bruit subit produit une impression désagréable. Il faut remarquer tout d'abord qu'il ne s'agit pas là d'une illusion acoustique semblable aux mirages auxquels on est exposé dans le Sahara, car non seulement j'entendis ces bruits sourds, mais ils frappèrent toute ma troupe, et le guide Mohammed nous avait déjà annoncé ce phénomène le jour précédent.

Quoiqu'il soit rare, il se produit pourtant quelquefois

et l'on en connaît déjà plusieurs cas. Nous ne parlerons pas ici des phénomènes acoustiques connus sous les noms de la « vallée chantante de Thronecken », des « forêts chantantes du pays de Schilluck » (Schweinfurth), des « sonneries de cloches » de la Kor Alpe sur la frontière styrienne, ainsi que la musique des vagues et des chutes d'eau ; pour ces dernières on aurait trouvé qu'elles donnaient toujours l'accord triple en ut majeur (*ut, mi, sol*) et la note plus basse *fa,* qui n'appartient pas à l'accord. Dans ces derniers cas, c'est l'air qui, mis en mouvement, joue un rôle plus ou moins important, et produit un phénomène tout autre que celui du *sable sonore*. Le pays connu depuis le plus longtemps et le plus visité où se trouve ce « sable sonnant » est le mont des Cloches, djebel Nakous, dans la presqu'île du Sinaï. Ce n'est qu'un piton de grès, à pentes escarpées, peu éloigné du bord de la mer, à peine haut de 300 pieds. Des deux côtés il présente des pentes de 150 pieds de long et inclinées de telle sorte que le sable quartzeux provenant de la décomposition du grès peut s'y maintenir en équilibre, tant qu'il n'est pas dérangé de son repos par une cause extérieure.

Si l'on fait l'ascension de ces rochers, on entend très souvent un son semblable à celui que l'on obtient en frappant une plaque de métal avec un marteau de bois. Dans les cloîtres du Sinaï on se sert de pareilles plaques, faute de cloches, pour annoncer les heures des prières ; aussi les Arabes des environs ont-ils une explication toute prête : il y a dans la montagne un couvent chrétien enchanté, et les sons de cloches proviennent des moines qui sont là, enfermés sous terre. Le voyageur allemand Ulrich Jasper Seetzen, qui visita ce pays au commencement du siècle, parle également de ce mont des Cloches et donne du phénomène une explication aussi simple que complètement satisfaisante. Le groupe de voyageurs dont il faisait partie remarqua, en faisant l'ascension de la montagne, un murmure particulier, qui évidemment provenait non de la roche dure, mais du sable quartzeux très pur mis en mouvement. Plus tard, le soleil était déjà haut, quand on entendit un son puissant, semblable d'abord à celui du ronflement d'une toupie et qui se changea peu à peu en un fort grondement. Seetzen constata alors d'une manière très simple que ce bruit émanait uniquement de la mise en mouvement du sable, sans la coopération du vent; il gravit la montagne jusqu'à sa cime et glissa le long de la pente escarpée, en agitant le sable avec ses pieds et ses mains ; il se produisit un tel vacarme que toute la montagne sembla trembler d'une manière effrayante et parut être secouée jusque dans ses profondeurs. Seetzen compare la couche de sable mise en mouvement à un puissant archet qui frotte sur les aspérités de la couche inférieure et produit ainsi des vibrations sonores.

En 1823 Ehrenberg, qui visita également cette montagne, a, comme il me semble, donné une explication si complète de ce phénomène, qu'on ne comprend réellement pas pourquoi on ne s'en contente point, et pour quelle raison on veut toujours y chercher l'effet du vent. Les faits cités à ce propos, ceux des colonnes de Memnon en Égypte, ou des roches granitiques sonores trouvées par A. de Humboldt dans le Sud-Américain, ne me paraissent pas bien choisis, car ni la marche de ces phénomènes ni leur explication n'ont rien de commun avec le sable sonore du désert.

Ehrenberg gravit également le mont des Cloches et

à chaque pas entendit le son, qui s'élevait de la masse en mouvement, augmenter d'intensité à mesure que cette masse s'accroissait elle-même ; il devint enfin aussi fort que celui d'un coup de canon éloigné.

Ehrenberg attribue l'importance du résultat final à la réunion de petits effets, par analogie avec ce qui se passe pour les avalanches. « La surface de sable, haute d'environ 150 pieds et aussi large à sa base, s'élève sous un angle de 50 degrés et repose par conséquent plus sur elle-même que sur le rocher, qui ne lui prête qu'un faible appui. Le sable est grossier et formé de petits grains de quartz très pur, d'égale dimension, et d'un diamètre d'environ 1/6 à 1/2 ligne. La grande chaleur du jour le dessèche jusqu'à une certaine profondeur (tandis que l'humidité de la rosée le pénètre toutes les nuits), et le rend aussi sec que sonore. Si un espace vide est pratiqué dans ce sable par un pied humain qui s'y enfonce profondément, la couche placée au-dessus de ce creux perd son point d'appui et commence à se mettre lentement en mouvement sur toute sa longueur. L'écoulement continuel, et les pas répétés, finissent par faire mouvoir une grande partie de la couche de sable sur la pente de la montagne ; le frottement des grains en mouvement sur ceux restant en repos au-dessous produit une vibration qui, multipliée, devient un murmure et enfin un grondement, d'autant plus surprenant qu'on ne remarque pas aisément le glissement général des couches superficielles. Quand on cesse de les agiter, elles cessent également peu à peu de glisser, après que les vides se sont comblés ; les couches de sable reprennent une base plus solide et reviennent dans leur position de repos. »

Cette explication est juste et s'applique parfaitement

à ce qui se passe dans la région de l'Iguidi du Sahara occidental.

Les longues dunes de l'Iguidi, qui forment des chaînes entières avec des crêtes dentelées à angle aigu, ont, comme toutes les dunes, une surface faiblement inclinée du côté du vent, et une autre plus rapide, et même parfois très escarpée, du côté opposé. Elles consistent également en un sable quartzeux, fluide, très pur, de couleur orangée, et rendu brûlant par les rayons du soleil. Quand ces collines sont traversées par une caravane, il s'y produit un déplacement des petits grains de sable fluides et sonores; ce mouvement, limité d'abord à une très faible étendue, occupe bientôt un espace de plus en plus grand et s'étend comme une avalanche sur toute la pente de la colline. Le déplacement de ces grains a pour résultat de les faire heurter les uns contre les autres, ce qui produit toujours un son, quoique extrêmement faible; de la masse immense des grains de sable mis en mouvement et de la réunion des sons isolés, si petits qu'ils soient, provient alors un bruit qui, dans l'Iguidi comme dans la presqu'île du Sinaï, peut acquérir une intensité tout à fait extraordinaire. Ce phénomène n'a lieu en général que lorsque le sable est agité d'une manière artificielle, par les hommes ou par les chameaux, et même quand la rupture d'équilibre s'y étend un peu profondément; les chameaux s'enfoncent souvent jusqu'au genou dans le sable fluide; une agitation purement superficielle, telle que le vent en produit, ne pourrait provoquer ce phénomène que sur une échelle beaucoup moindre. Les conditions nécessaires à sa présence doivent être les suivantes : climat chaud et sec, sable quartzeux pur, et surface de frottement très inclinée; l'occasion de ce phénomène est la rupture, aussi puissante que possible, par des agents mécaniques, de l'équilibre des grains de sable. Il peut sembler étonnant que le faible murmure produit en tombant par des grains de cette espèce soit capable d'augmenter à l'égal d'un bruit de trompette, ou même d'un roulement de tonnerre; mais on a comparé avec raison ce fait à un autre analogue, dans lequel la cause primitive la plus insignifiante aboutit à un effet d'une force colossale, les avalanches. De même qu'un flocon de neige, en roulant, peut amener l'écroulement d'une masse qui entraîne tout sur son passage, de même le faible son de quelques grains de quartz se heurtant entre eux augmente jusqu'à produire un puissant grondement, qui est, pour le voyageur européen, un sujet d'étonnement, et, pour les indigènes et les animaux, une cause de terreur et d'effroi.

Si simple et si naturelle que me paraisse cette explication du sable sonore, il reste un point qui n'est pas encore complètement élucidé : ce phénomène ne se produit que sur un nombre de points relativement très faible. Les trois conditions préliminaires se trouvent presque partout remplies dans le Sahara, comme en d'autres pays de dunes, et il n'y a pourtant que peu d'endroits où la présence du sable sonore ait été constatée. Pourquoi est-il limité à une place déterminée de la région de l'Iguidi, où je l'ai observé, tandis qu'on ne remarque pas sa présence dans les autres espaces couverts de dunes d'une immense étendue ? Je n'ai en ce moment aucune réponse à cette objection et ne puis qu'insister sur le fait qu'elle signale.

La région de l'Iguidi forme une large zone de chaînes de collines et de montagnes de sable quartzeux, avec de longues et profondes vallées longitudinales et quelques coupures plates transversales, dont on doit se servir comme passages. La pente vers le sud et le sud-est est extrêmement rapide, et très pénible pour les animaux chargés. Le sable est chaud, et, quand on le traverse pieds nus, comme c'est la coutume, on ressent très fortement l'impression de ce bain de sable naturel. Nous mîmes près de deux jours à traverser cette région torride et étouffante, où d'ailleurs les végétaux ne manquent pas; l'eau y est également abondante. Je remarquai par places, dans des coupures profondes, une couche d'argile bleu clair, imperméable, qui se trouvait à la base des dunes. Ces montagnes de sable forment des pics aigus et des dents, ainsi que des ravins profonds et verticaux; leur hauteur moyenne est certainement de 100 mètres, tandis que des parties isolées sont plus élevées.

Quant aux modifications et aux déplacements des dunes, je puis faire remarquer que tout le massif de l'Iguidi forme un groupe stable de montagnes de sable quartzeux, qui ne subit aucune modification essentielle; à l'intérieur de ce massif ont lieu au contraire, chaque année, des changements dans la configuration des crêtes et dans la situation des chaînons isolés. Je m'en aperçus en remarquant que notre guide perdait souvent l'orientation : à des places où l'année précédente se trouvait une dune, apparaissait alors la roche nue, et inversement.

Comme je l'ai dit, les régions d'Areg ou d'Iguidi constituent l'une des parties les plus chaudes du désert, et, entre des ravins étroits et profonds comme ceux de ce pays, au milieu de montagnes de sable hautes de plusieurs centaines de pieds, l'air atteint une température étouffante, même la nuit. 40 degrés ne sont pas un fait extraordinaire et se présentent ailleurs, mais l'immobilité de l'air et la réverbération des masses de sable toujours exposées au soleil rendent cette région l'une des plus insupportables de tout le Sahara.

Notre guide, qui laisse de côté la grande route des caravanes, évidemment la plus commode ou la moins pénible, nous conduit, pour notre sécurité personnelle, dans les masses de sable les plus épaisses et les plus hautes. Aussi avons-nous appris à connaître toute l'ardeur étouffante de l'Iguidi; il y règne une chaleur accablante; profondément plongé dans son apathie, on y est aussi incapable de penser que d'agir, et l'on se laisse porter machinalement par le chameau fatigué, à travers ce paysage désert aux tons orangés : partout où l'on jette les yeux, on ne voit que des objets de cette couleur, et même les petits animaux qui vivent dans ces régions l'ont revêtue.

La pureté du sable est remarquable, car non seulement il contient très peu de poussière, mais il consiste presque exclusivement en grains de quartz gros tout au plus comme un grain de millet; si on l'examine plus attentivement, on y trouve beaucoup de petits points noirs, de plaques ou d'aiguilles de hornblende, etc., qui montrent que ce sable provient d'une montagne de quartzite avec dépôts de schistes à hornblende.

Nous passâmes la nuit du 15 mai au milieu de cette région de dunes. Nous partîmes le matin suivant, afin de sortir le plus tôt possible de ces masses étouffantes de sable, et au bout de quelques heures nous avions passé la dernière chaîne de collines. Le pays change aussitôt d'aspect d'une manière surprenante : le sol, qui a une altitude de 375 mètres, supérieure à celle du plateau paléozoïque, est couvert d'un épais lit de gravier, provenant de roches feldspathiques, de sorte que rarement la couche inférieure de sable fin apparaît ; bientôt nous trouvons des cailloux roulés de granit et de porphyre, et nous apercevons dans le lointain les montagnes d'où ils proviennent. De chaque côté du chemin se dressent ces hauteurs isolées, de 300 à 400 mètres, quelques-unes plus élevées, et dont l'apparition inattendue au milieu du Sahara me frappe beaucoup. Il est à remarquer que le granit se montre quand les couches paléozoïques semblent atteindre leurs limites méridionales, ou du moins lorsqu'elles n'apparaissent plus dans les plaines de sable.

Nous trouvons dans cette région suffisamment de fourrage, quoiqu'il y en ait moins que dans la région des dunes ; nous faisons halte vers cinq heures dans un terrain accidenté assez pierreux, où de grandes roches de granit rendent la marche difficile pour les animaux. Le pays au sud de la région de l'Iguidi porte le nom d'el-Eglab.

Le 17 mai, de six heures du matin à quatre heures du soir, nous marchons presque sans interruption, en traversant un terrain pierreux fort accidenté, et des deux côtés nous apercevons encore des montagnes de granit qui se perdent au loin. Puis nous arrivons à un vaste plateau, où nous campons.

Jusqu'ici nous avons toujours marché vers le sud-est, mais nous décrivons aujourd'hui une courbe étendue vers l'est. Ce matin, en effet, mes gens étaient en grand émoi : ils prétendaient voir des chameaux dans le lointain et, ce qui était encore pis, nous apercevions des traces assez fraîches de chevaux ! La crainte de rencontrer une bande de coupeurs de route était générale. Le guide nous ordonna de nous tenir cachés, ainsi que nos chameaux, derrière des rochers, et il scruta seul des yeux les environs ; il ne put voir de chameaux, quoique sa vue, comme celle de tous les gens de sa profession, portât à des distances incroyables ; il ne vit point également les cavaliers qui avaient certainement croisé notre route depuis peu, peut-être un jour auparavant. Nous avançâmes donc avec beaucoup de précaution, en tournant plus à l'est ; par bonheur, nous ne rencontrâmes personne.

Nous déduisons de l'inquiétude de nos chameaux, qui s'arrêtent en mangeant et regardent toujours dans la même direction, que d'autres de ces quadrupèdes ont dû passer aujourd'hui non loin de nous ; ces animaux ont l'odorat très fin et flairent l'approche d'une caravane à des lieues de distance.

Les traces de chevaux et de chameaux, mais surtout celles des premiers, firent toute la journée le sujet de conversation de mes gens, et les combinaisons les plus audacieuses furent exposées. On discuta sur la question de savoir de quelle tribu étaient les cavaliers, des Tekna ou des Aït-Tatta ; sur leur nombre, depuis combien de temps ils avaient franchi notre route. Il est étonnant de voir avec quelle sûreté ces hommes de la nature savent déduire des conséquences exactes des observations les plus insignifiantes, qui échappent complètement aux Européens. Parmi les plus inquiets était le guide Mohammed, qui avait pris envers le cheikh Ali la responsabilité de notre sécurité.

Ce jour-là le ciel était presque complètement couvert de nuages, et les vents de l'ouest et du nord-ouest, qui ne nous avaient jamais quittés, soufflèrent avec violence pendant cette journée surtout. Pourtant il faisait chaud, et même vers cinq heures nous avions 30 degrés centigrades à l'ombre. La région parcourue appartenait encore au pays d'el-Eglab. Nous prîmes le soir des précautions particulières pour le feu et la lumière, afin de ne pas trahir notre présence à de grandes distances.

Le jour suivant, nous marchons, de cinq heures du matin à quatre heures du soir, avec des haltes très courtes. Mes gens sont encore en émoi, car nous remarquons des traces toutes fraîches de chameaux : ils ne reprennent leur tranquillité que quand elles deviennent très nombreuses et qu'ils en déduisent, avec raison, le passage en cet endroit de la grande caravane de Timbouctou, attendue depuis longtemps par le cheikh Ali. Les traces isolées de chameaux peuvent provenir de cavaliers qui se sont écartés un peu de la colonne. Celles de chevaux de la veille proviennent évidemment de gens qui ont eu connaissance du passage de la caravane et ont voulu s'assurer s'il n'y avait rien à glaner autour d'elle ; peut-être aussi avaient-ils eu vent de mon voyage et ont ils croisé notre route, mais sans nous rencontrer.

Au début de la journée nous avons à franchir une contrée très pierreuse ; à gauche apparaissent des chaînes de montagnes, qui, à en juger par les galets en provenant, sont composées de grès orangé ; le pays porte le nom de Hamou-bou-Djelaba ; puis vient une petite plaine avec des acacias et beaucoup de fourrage ; ensuite les chaînes de collines de quartzite réapparaissent.

Toute la région nommée el-Eglab est un pays de montagnes jeté au milieu du désert et qui s'étend probablement encore au loin vers l'est. Nous avons donc traversé jusqu'ici trois régions différant réellement dans leur constitution : la hamada (et les endroits nommés *es-serir*), la région des dunes de l'Iguidi et le pays montagneux d'el-Eglab.

Après avoir franchi les montagnes de quartzite, nous arrivons de nouveau à une plaine étendue, couverte de cailloux roulés, où nous dressons nos tentes. Le ciel a été très nuageux tout le jour, et le soleil n'a pas paru : même *vers quatre heures il pleut, et un arc-en-ciel se montre.* Cela arriva le 18 mai 1880, au milieu du Sahara, à peu près sous le 24° degré de latitude nord. Un temps semblable était évidemment précieux pour notre voyage, surtout parce que le vent de l'ouest soufflait de nouveau constamment.

Le 19 mai nous eûmes derechef une chaude journée et un voyage fatigant ; lorsque nous dressâmes nos tentes, le soir après trois heures, il y avait encore 33 degrés à l'ombre. Le terrain commence déjà à s'incliner ici, et notre bivouac d'hier n'avait que 353 mètres d'altitude, tandis qu'aujourd'hui nous ne sommes plus qu'à 255 mètres. A l'est nous apercevons de nouveau des montagnes, nommées djerb (djebel) el-Aït. Le pays parcouru, plat au début, devient bientôt pierreux, accidenté et stérile. Il doit avoir beaucoup plu hier ici, car le sable qui apparaît par places est encore très humide, et même une mare s'est formée dans un fond. Les traces d'antilopes et de gazelles sont fréquentes.

Bientôt nous arrivons à un large lit de rivière, dans lequel se jettent plusieurs affluents secondaires venant du nord-est. La rivière, nommée oued Sous, comme celle que nous avions déjà vue, a, dit-on, parfois un faible courant d'eau. Ainsi, au milieu du Sahara, se trouverait un cours d'eau temporaire, dont l'existence ne me paraît pas du tout invraisemblable depuis la pluie d'hier. Quelle fausse idée se fait-on de la nature de cette région! Au lieu d'une plaine basse, nous y trouvons un plateau; au lieu d'une uniformité infinie, une grande diversité de conformation; au lieu d'une chaleur insupportable, 30 degrés seulement en moyenne; au lieu d'un manque d'eau absolu, des puits abondants, et même des rivières !

La région de l'oued Sous a été probablement habitée il n'y a pas fort longtemps. A l'ouest du point où nous sommes, à quelques milles seulement, il y a encore dans cette vallée les restes de deux maisons et un puits; on nomme ce pays Bir Mtemna-bou-Chebia : c'est évidemment une ancienne colonie arabe, dans une oasis qui, s'étant ensablée, a été abandonnée.

La rive gauche de l'oued Sous forme une plaine pierreuse avec peu de fourrage, de sorte que les chameaux n'y trouvent pas suffisamment à paître.

Le pays traversé le 20 mai porte toujours le nom d'oued Sous et se trouve être en pente descendante, de sorte que le bivouac, atteint après une marche ininterrompue de dix heures, n'a que 212 mètres d'altitude. Le matin, à quatre heures, quand nous nous éveillons, il fait un froid sensible, tandis que la journée est fort chaude; au bivouac, dans un endroit nommé Mtemna, nous avons vers quatre heures 34 degrés à l'ombre.

Le terrain est encore pierreux, et accidenté en général; nous franchissons même quelques collines, dans une zone de schistes foncés, sans fossiles et qui ne porte aucun végétal. Ce n'est qu'au bivouac de Mtemna que nous trouvons de nombreux acacias, qui donnent aux chameaux un fourrage bienvenu. Aujourd'hui encore, nous remarquons les traces de la grande caravane de Timbouctou, qui a passé ici.

A l'ouest se trouve un puits, Bir Eglif[1] ; comme nous avons encore de l'eau, nous marchons directement au sud-est. Il est vrai qu'après avoir séjourné dans les outres cette eau n'est pas très bonne, mais il faut bien s'en contenter. Heureusement nous avons encore assez de thé et de café pour préparer de l'un ou de l'autre chaque jour.

Le 21 mai la marche est extrêmement longue et fatigante, de cinq heures du matin à six heures et demie du soir, avec une halte d'une heure en tout. Il s'agissait d'atteindre un puits situé devant nous, afin d'y abreuver nos chameaux et de prendre de l'eau fraîche.

Après la région de Mtemna, riche en acacias et en végétaux, vient un pays désolé, stérile et pierreux, appartenant encore à ces schistes foncés que j'ai observés la veille; on lui donne le nom d'Aslef. Ces régions pierreuses se prolongent jusqu'aux prochaines dunes, appartenant à un massif d'areg, qui porte le nom d'Areg el-Chech.

A l'intérieur de ce massif se trouve beaucoup de fourrage, acacias ou autres végétaux, et les traces de gazelles ou d'antilopes n'y sont pas rares; nous ne réussissons pourtant pas à en tuer.

Nous dressons nos tentes au Bir Tarmanant, réunion de puits, placés au milieu de l'areg; quelques heures plus à l'ouest se trouve le puits d'Amoul Graguim.

Il y a trois puits profonds, qui ont toujours de l'eau ; l'un d'eux passe pour le meilleur, mais son eau renferme un peu d'hydrogène sulfuré.

Je reconnais encore en cet endroit, de la façon la plus évidente, combien la présence de l'eau est liée d'ordinaire

---

1. Et non Ekseif, comme le portent les cartes.

à celle des areg; j'observe également ici de l'argile schisteuse bleue à la base des dunes. Le terrain n'a plus que 180 mètres d'altitude. La pente descendante débute à l'oued Sous; en même temps commence là une série de puits (Bir Mtemna bou Chebia, Bir Eglif, Bir Amoul Graguim, Bir Tarmanant), que, à l'exception du dernier, nous avons laissés à l'ouest, parce que des coupeurs de route s'y embusquent assez souvent.

Nous sommes tous fatigués, hommes et bêtes, et, comme le pays est sûr, nous décidons de prendre un jour de repos. La journée du 22 mai se passe près de ces puits, et en outre la décision est prise de ne plus voyager que la nuit. Le guide nous y aurait obligés depuis longtemps, s'il n'eût craint de s'égarer dans le terrain pierreux que nous avons parcouru jusque-là; il nous a toujours conduits par des chemins latéraux, uniquement pour éviter toute rencontre, et cela lui a parfaitement réussi. Durant le reste du voyage il se dirige au moyen d'une étoile qui, dit-il, est dans la direction d'Araouan et se trouve toujours à la même place. Naturellement, cette indication générale ne suffit pas; le guide doit, pendant la route, observer une foule de petits indices et de repères qui ne frappent nullement les étrangers.

J'ai de nouveau avec Hadj Ali une scène violente : il a demandé tout à coup au guide de faire demi-tour et de nous ramener à Tendouf!

Le 23 mai nous quittons les puits de Tarmanant, après avoir rempli les outres d'eau fraîche, abreuvé les chameaux et nous être livrés à des ablutions complètes.

Nous avons encore à franchir une région de dunes dangereuses, en décrivant des zigzags sans nombre, pendant lesquels nos chameaux nous causent mille embarras; puis nous arrivons enfin à une plaine pierreuse. Ensuite vient de nouveau une région d'areg, à l'intérieur de laquelle nous faisons halte vers deux heures, car il y a du fourrage en abondance. Cet endroit se nomme Aïn Beni Mhamid, d'après une tribu qui y a habité jadis, et est ensuite partie pour le Tafilalet. Par suite, il est probable que les conditions locales ont dû empirer il y a peu de temps, de sorte que les habitants, n'y trouvant plus les ressources nécessaires à leur existence, en sont partis.

Nous restons là jusqu'à deux heures du matin, pour marcher ensuite jusqu'à neuf heures dans la direction générale du sud-est. Tout le pays appartient encore à la région d'Areg el-Chech, et nous avons à franchir une série de dunes parallèles. On désigne un des endroits que nous traversons sous le nom de Daït Marabaf. Dans cette région on trouve toujours des végétaux en quantité suffisante. Vers le matin, les dunes disparaissent et nous entrons dans une large plaine de sable, avec du fourrage en abondance; l'altitude est d'environ 200 mètres, un peu supérieure à celle du dernier bivouac.

Nous nous sentons déjà complètement en sûreté et croyons au succès du voyage. La santé de tous est bonne, et, s'il y avait assez d'eau, chacun serait content. Nous n'avons plus vu de traces de chevaux ou de chameaux; le temps des caravanes étant passé, la présence de petites bandes isolées de rôdeurs est moins à craindre. Nous n'en rencontrerons aucune par hasard; si l'une d'elles doit nous croiser, c'est qu'elle aura été envoyée à notre recherche.

Le pays que nous traversons ensuite est en général une région d'areg. Nous partons le 25 mai au coucher du soleil, pour marcher toute la nuit jusque vers huit heures du matin. Au début je ne m'habituais pas à ces marches de nuit, ou du moins je ne pouvais dormir en plein jour, pour être dispos à la nuit; mais je dus y arriver quand même. Les chameaux étaient liés les uns aux autres et formaient une longue file; l'un des serviteurs devait être toujours à pied, tandis que les autres étaient assis ou dormaient sur leurs chameaux. Seul le guide, placé en tête, demeurait éveillé et nous dirigeait avec une grande habileté à travers ces dunes séparées par des vallées plus ou moins larges.

Le matin, vers cinq heures, nous traversons la dernière ligne de dunes qui appartient à l'Areg el-Chech. D'abord vient l'Areg el-Fadnia, étroite zone de montagnes de sable, et ensuite l'Areg el-Achmer, entre lesquels nous campons dans la plaine; le terrain a déjà une altitude supérieure à 233 mètres.

Le 26 mai nous marchons de sept heures du soir à sept heures du matin sans interruption, au début dans une région d'areg, puis sur une plaine de sable : le pays se nomme Okar. Chose remarquable, dans cette plaine je trouve des cailloux roulés de calcaire foncé où se voient des traces de fossiles paléozoïques : il doit y avoir ici un affleurement de cette formation ancienne, car ces cailloux ne proviennent pas des rivières, dont aucune ne se trouve dans un rayon rapproché de nous.

Le lendemain nous faisons encore une longue marche de nuit, de cinq heures du soir à six heures du matin; la chaleur a beaucoup augmenté depuis quelques jours : vers midi nous avons toujours de 40 à 42 degrés à l'ombre; la plus grande partie du terrain traversé est une région d'areg, et les vents d'ouest, si rafraîchissants ailleurs, ont cessé ou n'ont pas d'effet dans ces ravins étroits, entre des montagnes de sable : par suite, la consommation d'eau est très importante, et Hadj Hassan doit user de toute son énergie pour maintenir l'ordre dans la distribution de ce liquide. Nous avons incliné un peu plus vers l'est, car nous ne sommes pas loin de Taoudeni, que nous voulons contourner.

Au début nous avons encore à parcourir les dunes d'Okar, et nous arrivons ensuite à la plaine d'el-Saffi, qui consiste en calcaire bleu foncé, apparaissant partout au jour. Je puis maintenant m'expliquer la présence des fossiles des jours précédents; les couches paléozoïques réapparaissent en effet à une altitude de 233 mètres. Le calcaire couvre le sol sous forme de larges plaques, qui semblent horizontales; le fourrage est en abondance.

Le 28 mai, de six heures du soir à sept heures du matin, nous marchons vers le sud-est. Nous dépassons d'abord une petite zone d'areg, pour arriver ensuite dans la grande plaine d'el-Mouksi, couverte de nombreux cailloux roulés.

Le jour suivant, nous partons à cinq heures du soir pour atteindre, le lendemain matin, un des points les plus riches en eau du désert, l'oued Teli, un peu au sud-est de Taoudeni, que nous avons contourné par une large courbe. Le plus souvent, le terrain a été très pierreux, fort accidenté, difficile surtout pendant la nuit.

L'oued Teli est un lit de rivière, de largeur moyenne, pourvu de berges escarpées encore fort nettes, et formées d'un tuf calcaire très poreux, faiblement coloré en rouge et disposé en longues et étroites terrasses. On y a creusé plus de cent puits, qui ont toujours de l'eau. L'antique ville de Taoudeni, qui est dans le voisinage, vient en chercher là, car celle de la ville est trop salée;

c'est ainsi qu'ont été creusés ce grand nombre de puits.

Nous en trouvons un qui a en abondance de très bonne eau douce; il doit avoir beaucoup plu ici ces derniers temps. Nous y abreuvons les chameaux, remplissons toutes les outres avec cette eau excellente et quittons dès neuf heures cet endroit, de crainte d'être aperçus par des gens de la ville. Nous marchons encore deux heures vers le sud et dressons nos tentes.

La contrée de Taoudeni compte parmi les plus intéressantes du Sahara occidental. C'est d'abord à cause de la présence de cette rivière si riche en eau et qui doit rouler, sous une couche de sable, une masse liquide assez considérable pour qu'un grand nombre de puits en soient toujours suffisamment pourvus. Jamais auparavant je n'avais vu de formations de tuf calcaire aussi développées que celles que j'ai trouvées en cet endroit et qui constituent des terrasses assez puissantes sur les deux rives de la rivière.

Quand on a franchi, au delà de son lit, une petite plaine couverte de cailloux roulés, de grès surtout, on rencontre de nouveau des roches blanches de marne et de calcaire, comme j'en avais vu plusieurs fois et dont les formes d'érosion sont particulières. On croit voir de loin des châteaux forts, des murailles et des tours, tant cette formation très récente est découpée en sections bizarrement rectilignes.

A l'ouest de notre bivouac apparaissent des hauteurs de grès rouge, qui ont envoyé jusqu'ici de nombreux cailloux roulés; il est permis de supposer que le dépôt de sel gemme de Taoudeni appartient à cette formation.

Le commerce de sel de Taoudeni est fort ancien, et cette ville a une grande importance pour le Sahara occidental. On a façonné de toute antiquité le sel en plaques d'environ 1 mètre de long et du poids de 27 kilogrammes; quatre de ces plaques forment la charge d'un chameau. Le sel est porté par de nombreuses caravanes, qui marchent en toute saison, jusqu'à Araouan et ensuite à Timbouctou. Cette dernière ville pourvoit tout le Sahara occidental, très pauvre en sel, de cette importante denrée alimentaire, dont la valeur s'élève à mesure qu'on avance vers le sud.

J'ai beaucoup regretté de ne pouvoir visiter Taoudeni; mais tout mon voyage était en jeu, et il me fallut céder aux instances de mon guide en tournant la ville. La population, composée de Négro-Arabes qui exploitent le sel, est absolument livrée à elle-même et n'obéit à aucune autorité : seuls les maîtres des esclaves nègres isolés, qui vont et viennent dans cette triste contrée, y ont quelque influence. Les Touareg ne paraissent exercer aucun droit sur cette saline; les Arabes de la tribu des Berabich, qui vivent à Araouan et aux environs, ainsi que les négociants de Timbouctou, semblent en être les propriétaires.

Pour l'alimentation la ville dépend entièrement du dehors; on n'y cultive absolument rien, et l'eau doit être tirée du lit de l'oued Teli, à quelques heures de là. Le transport des denrées alimentaires ne semble pas toujours avoir lieu avec beaucoup de régularité, de sorte que la population souffre assez souvent de la faim. On dit que, dès qu'une petite caravane vient dans le voisinage de Taoudeni, elle doit y laisser au moins un chameau, qui y est abattu. On prétend aussi que des caravanes ont été pillées complètement dans le voisinage de cette ville.

Je regrettai surtout de ne pas avoir été à Taoudeni à cause de la saline, que j'aurais vue volontiers; je suis disposé à croire qu'il ne s'agit pas là d'une *sebkha,* comme il s'en présente souvent dans le désert, ou d'un étang salé dans lequel le sel s'est déposé, mais d'une formation renfermant réellement du sel gemme. Je vis à diverses reprises, dans les plaques de ce sel, des traces d'argile salifère, même avec des coquilles brisées; mais il était difficile d'en déduire exactement l'âge de cette formation; je suis pourtant disposé à l'attribuer à une époque récente.

La terrasse de tuf de l'oued Teli dans laquelle les puits sont creusés est garnie en beaucoup d'endroits de grottes artificielles, où les habitants viennent souvent se réfugier pour peu de temps, quand il fait trop chaud à Taoudeni; ils ont alors l'eau tout près d'eux, et elle n'est un peu salée qu'exceptionnellement. Après la pluie surtout, tous les puits renferment de l'eau douce.

Par bonheur, nous ne trouvâmes aucun de ces troglodytes, et nous pûmes puiser de l'eau sans être inquiétés. Mohammed, le guide, examine encore ce jour-là avec soin sur le sol des traces de chameaux étrangers; il y en a naturellement dans une contrée si riche en eau, mais elles paraissent être toutes de date ancienne. Les caravanes se rendent ici des points les plus divers du nord de l'Afrique, pour s'y pourvoir d'eau jusqu'à Araouan.

Taoudeni est également intéressante en ce qu'un peu à l'ouest de la ville se trouvent d'antiques restes de murailles, des objets d'ornement et des outils, qui attestent une civilisation autre que celle de nos jours. Les maisons ont dû être bâties en bois et en argile salifère, mais on ne possède aucune tradition sur leurs anciens habitants.

Peut-être les trouvailles faites dans les environs, et qui doivent remonter à l'âge de pierre, ne sont-elles même pas en relation avec ces ruines : ce sont des couteaux d'un beau travail et d'un poli parfait, ou des instruments contondants, faits d'une pierre verte très dure qui gît probablement non loin de Taoudeni. Les ouvriers de la saline en trouvent assez souvent et les donnent aux gens qui vont à Timbouctou ou en viennent, car les femmes

Instruments de pierre trouvés à Taoudeni.

de cette dernière ville et d'Araouan les emploient pour écraser les grains.

Un peu au sud de Taoudeni est également un point important, en ce sens qu'il est à l'altitude minima observée pendant tout mon itinéraire au Sahara, altitude encore supérieure à 148 mètres environ, de sorte qu'il ne peut plus être question d'une dépression absolue au-dessous du niveau de la mer dans le Sahara occidental. Je ne pus réunir aucune donnée sur le nombre des habitants ni sur l'importance de la ville [1]; mon guide ne savait rien là-dessus. Au contraire, quand je vins à parler de ruines antiques, il me conta, sans y être engagé, que souvent, dans ses pérégrinations au milieu du désert, il avait trouvé des choses extraordinaires loin des routes fréquentées : des os d'animaux domestiques, des débris de charbon de bois, et souvent aussi des bijoux de femmes, dans des endroits où personne ne pouvait séjourner et où pourtant on avait habité jadis. Encore une fois je regrette de n'avoir pu demeurer quelques jours à Taoudeni, d'autant plus qu'un Européen n'y retournera sans doute pas de longtemps.

Le soir du 29 mai nous quittâmes la région des puits de l'oued Teli, pour marcher directement au sud vers la ville d'Araouan : nous avions passé dans nos tentes une journée très chaude; à deux heures de l'après-midi le thermomètre monta à 47 degrés à l'ombre : ce que nous n'avions pas encore atteint. Nous levâmes nos tentes dès huit heures du soir, et fîmes halte à trois heures du matin dans un endroit riche en fourrage.

Au début de cette marche nous avions eu encore à traverser un peu de terrain pierreux et les curieuses formes d'érosions dont j'ai souvent parlé et qui appartiennent à un calcaire néo-tertiaire (?). Puis vint une zone abondamment garnie de végétaux, après laquelle le sol prit une coloration rouge, provenant d'un sable ou d'un tuf extrêmement fin et poussiéreux.

Une petite place d'areg, garnie de beaucoup de four-

---

1. Les habitants de Taoudeni, ceux du moins qui ne sont pas esclaves, appartiennent à la tribu des Oulad Draa, alliée des Draoui, habitants de l'oued Draa.

rage, nous fournit l'occasion, fort désirée de tous, de nous arrêter. Pendant les deux jours qui se sont écoulés depuis que j'ai fait remplir les outres, beaucoup d'eau s'est déjà évaporée, et, si nous n'en trouvons pas dans le puits Ounan placé devant nous, notre position deviendra extrêmement difficile.

Le 31 mai, à cinq heures du soir nous quittons le bivouac pour marcher droit vers le sud, jusqu'au matin suivant à cinq heures, sans nous arrêter. Le pays est complètement plat, couvert généralement d'une mince couche de sable, et dépourvu pour ainsi dire de végétation. Ce n'est que de grand matin que nous rencontrons de nouveau une région d'areg, nommé Areg el-Chiban, ainsi qu'une rivière desséchée, l'oued el-Djouf, avec beaucoup de fourrage. La vallée de cette rivière est à une altitude de 200 mètres ; le terrain s'est donc élevé de nouveau, et la dépression de Taoudeni ne paraît pas avoir une grande étendue. Sur les cartes on indique ordinairement comme dépression profonde une très vaste partie du Sahara occidental appelée el-Djouf. Cette dépression existe certainement, quoique la partie la plus basse de notre itinéraire ait encore 150 mètres d'altitude; peut être ce bas-fond est-il plus accentué vers l'ouest, mais je ne crois pas que l'altitude y descende au delà de 100 mètres. Je n'ai pas observé qu'on donnât le nom d'el-Djouf à une grande partie du pays, et je ne connais que l'oued el-Djouf au sud de Taoudeni, sous le 21° degré de latitude nord.

Aujourd'hui encore il a fait très chaud, nous sommes évidemment arrivés dans la partie la plus étouffante du Sahara. Les vents ardents du sud soufflent déjà jusqu'ici, et ceux de l'ouest et du nord-ouest cessent de rafraîchir l'atmosphère.

Pendant notre marche de la nuit il nous est arrivé un malheur, qui a causé à tous autant d'émoi que d'étonnement. Hadj Hassan, le serviteur tunisien engagé à Tendouf et qui se faisait remarquer autant par ses allures un peu violentes que par son adresse et sa force, a disparu pendant la nuit. Il était près de trois heures quand, une soif violente me faisant demander de l'eau, j'appelai Hassan. Celui-ci montait le dernier des neuf chameaux ; Sidi Mouhamed, que nous avions pris à Tizgui, allait à pied et poussait les animaux, tandis que les autres serviteurs étaient assis à moitié endormis sur leurs chameaux : c'est alors que fut constatée l'absence de Hadj Hassan. Par bonheur, nous nous trouvions dans une région d'areg, pourvue de fourrage, et nous pûmes y stationner en attendant l'homme disparu. Mais ce fut en vain. Nous tirâmes des coups de fusil et allumâmes des feux ; nous fîmes tout ce qui était possible en pareille circonstance : Hadj Hassan ne reparut pas. Sidi Mouhamed prétendit l'avoir vu une demi-heure auparavant sur son chameau ; Hassan en était alors descendu, dit-il, pour chercher son bâton, qu'il avait laissé tomber. Sidi Mouhamed ne s'en était pas inquiété davantage et avait continué avec les animaux.

Nous restons ici tout le reste de la nuit et le jour suivant jusqu'à quatre heures de l'après-midi, dans l'espoir que Hadj Hassan reviendra : mais tout est inutile. A notre grande inquiétude, le guide va fort avant dans la région des dunes pour l'y essayer de retrouver, mais cette dernière recherche est vaine : notre compagnon a disparu.

L'avis général fut que Hassan, afin de chercher son bâton, avait parcouru une assez grande distance en revenant sur ses pas ; dans la nuit il n'avait plus retrouvé les traces des chameaux, ou en avait vu d'autres qui l'avaient trompé. Toutes ces explications me semblaient insuffisantes. Hadj Hassan connaissait fort bien les voyages au désert, et il n'aurait pas commis l'imprudence de s'écarter de la caravane la nuit. D'un autre côté, c'était un Musulman fanatique; il avait peut-être subitement regretté d'avoir aidé un Infidèle — car il m'avait reconnu pour tel dès le premier moment — à atteindre Timbouctou, si difficile à aborder. D'après cela, je croyais qu'il était peut-être retourné à Taoudeni. Mais tous furent d'accord pour affirmer que dans ce cas il se perdrait et mourrait de soif, quoique la ville ne fût qu'à une étape de distance. Il avait du reste laissé avec nous son bagage, si peu important qu'il fût; cette circonstance rendait certainement un départ volontaire peu probable.

Malgré moi, je ne pouvais renoncer à une autre pensée, qui me sembla du reste très invraisemblable après mûre réflexion et que mon interprète déclara également non fondée. Sidi Mouhamed, dont j'ai parlé, et Hadj Hassan étaient ennemis mortels. Le premier n'aurait-il pas poignardé l'autre pendant une nuit assez obscure? La tête de la caravane ne voyait pas ce qui se passait en queue, et un coup assuré, donné par derrière, aurait pu étendre ce malheureux à terre sans un cri. J'étais peut-être injuste envers Mouhamed, mais je ne pus me défaire de cette idée. Il fallut nous habituer à la pensée que Hadj Hassan avait disparu, et l'opinion générale fut qu'il s'était perdu et avait péri. La localité la plus proche qu'il pût atteindre était Taoudeni. Nous demeurâmes dans la suite longtemps à Araouan et à Timbouctou, et, pendant ce séjour, des caravanes de sel arrivèrent à diverses reprises; mais toutes les informations que nous prîmes sur notre compagnon restèrent sans résultat, et sa mort dans le désert paraît certaine.

La perte de Hadj Hassan, abstraction faite de sa fin terrible, me fut très pénible, car il savait se rendre utile, et j'avais en lui un homme de plus avec lequel je pouvais causer, malgré ma connaissance imparfaite de la langue arabe; je devais craindre, au cas où nous atteindrions Timbouctou, une rupture peut-être inévitable avec Hadj Ali.

Nous quittâmes donc fort tristement, le 1er juin, notre bivouac de l'oued el-Djouf, pour continuer vers le sud; nous ne pouvions séjourner plus longtemps, car la provision d'eau diminuait toujours, et nous ignorions si le Bir Ounan ne serait pas à sec.

Au début nous eûmes encore à traverser quelques régions d'areg; puis vint une grande plaine de sable, riche en fourrage. Mais ce n'était plus le beau sable quartzeux doré que nous avions vu jusque-là : il était fin et rouge, provenant évidemment de la désagrégation des roches de grès situées près de Taoudeni. On me nomma ce pays hamada el-Touman. La nuit, à trois heures, nous nous arrêtons; nous avons perdu beaucoup d'eau par suite de l'évaporation, et, si nous n'atteignons pas le matin suivant le Bir Ounan, ou s'il est vide, nous sommes tous perdus! C'est avec cette pensée que nous passons le reste de la nuit et le jour entier.

A cinq heures nous partons, pour marcher toute la nuit et arriver vers six heures au puits d'Ounan. C'est une petite ouverture invisible, creusée dans le sol, que l'on pourrait aisément dépasser et qu'il nous faut d'abord nettoyer; mais elle renfermait de l'eau, sinon beaucoup. Nous pûmes faire abreuver nos chameaux, remplir les outres et nous laver. Si une caravane était arrivée le même jour, elle n'en aurait plus trouvé assez.

La région parcourue, la hamada el-Touman, était encore, au début, couverte de sable rouge; plus tard elle devint pierreuse, et en même temps le fourrage diminua. Au Bir Ounan apparaissaient quelques collines de sable, de sorte que nous y trouvâmes aussi des herbes pour les chameaux.

La chaleur redevenait très forte, et le séjour dans les tentes par 40 degrés centigrades à l'ombre était désagréable. Nous demeurâmes donc un jour de plus, et ne partîmes que le 3 juin, vers six heures du soir. Ounan étant le dernier point d'eau avant Araouan, il fallut prendre des précautions en conséquence.

Le guide Mohammed me parle encore de trouvailles d'objets antiques. Ainsi à Trarsa il y aurait des murs anciens en terre et en sel gemme; on y trouverait des bijoux et des objets fabriqués, des anneaux d'or, etc. Même, par places, on rencontrerait dans ces contrées des défenses d'éléphant. Il est vrai qu'elles pourraient provenir non d'animaux ayant vécu dans ces endroits, mais de caravanes disparues.

Le 3 juin, vers six heures du soir, nous quittons le puits, très heureux d'avoir pu nous y approvisionner d'eau. Nous traversons d'abord une plaine sans végétation, puis vient l'areg el-Nfech, zone étroite de dunes. Ensuite nous coupons une plaine étendue, couverte de gros blocs de pierre, qui a de nouveau atteint l'altitude de 266 mètres; ce sont presque exclusivement des fragments de quartz blanc et gris qui gisent là en masses énormes. Le matin, vers sept heures, trouvant un peu de fourrage à chameaux, nous dressons nos tentes en cet endroit. La chaleur est redevenue très forte et s'élève presque toute la journée à 40 degrés à l'ombre.

Aujourd'hui nous rencontrons un homme isolé, le premier depuis notre départ de Tendouf, c'est-à-dire depuis vingt-six jours; il fait partie d'une troupe de gens qui font paître des chameaux dans le voisinage d'Ounan. Mon guide Mohammed est très mécontent de cette rencontre; nous n'avons plus, il est vrai, que quelques marches pour arriver à Araouan, mais il ne nous croit pas en sûreté contre une attaque, et ne sera entièrement rassuré que quand il aura accompli sa mission et m'aura remis au chérif de la ville.

Vers le soir nous partons, pour voyager, avec une halte de deux heures, jusqu'à sept heures du matin. Nous traversons d'abord une petite région d'areg, nommée As-Edrim; puis nous arrivons dans une grande plaine couverte de blocs de pierres, et où il n'y a pas un brin d'herbe; cette contrée, absolument stérile, sans aucune végétation, est nommée el-Djmia. Au bivouac nous ne trouvons même pas de fourrage, de sorte que nos chameaux jeûnent. La chaleur est encore très forte, et je me sens extraordinairement las de nos longues marches de nuit. Passer douze à quatorze heures sur un chameau, sans pouvoir dormir le jour, à cause de la chaleur, finit par vraiment fatiguer; aussi je désire ardemment atteindre la ville la plus proche, Araouan. Si, le jour, il est à peine possible de se tenir sous la tente embrasée, il l'est encore moins de rester en plein air, où nulle part il n'y a d'autre ombre que celle projetée par nos chameaux affamés.

Le 5 juin, vers cinq heures du soir, nous reprenons notre marche jusqu'à huit heures du matin, avec de courtes haltes successives, car nous ne pouvons plus compter sur l'endurance des animaux. Nous traversons une région d'areg haute et étendue; entre deux puissantes lignes de dunes court un chemin étroit, qui porte le nom de Bab el-Oua, et qui nous mène dans une plaine sablonneuse, couverte d'alfa (aswet). C'est le commencement de la grande plaine d'el-Meraïa (le Miroir), nommée sans doute ainsi à cause de la couleur blanc argenté que l'alfa prend sous le souffle du vent. Nous passons la nuit auprès de quelques petites dunes où se trouve un peu de fourrage. L'alfa ne peut en tenir lieu. L'altitude de la Meraïa est ici de 245 mètres, cependant le terrain s'incline faiblement vers le sud.

Le 6 juin, marche de cinq heures du soir à huit heures du matin, par la plaine d'alfa, avec une halte d'une heure. Nous dressons nos tentes dans un lit de rivière desséchée, l'oued Hadjar, dont le fond a une altitude de 212 mètres. La chaleur monte de nouveau à 42 degrés dans l'après-midi ; par bonheur il souffle un peu de vent, mais, à la longue, cette température est pourtant fatigante. Le jour suivant est aussi monotone et aussi chaud ; nous marchons de six heures du soir à sept heures du matin sans nous arrêter. Autour de nous, rien que la plaine d'alfa, sans une montagne, une dune, un arbre, une pierre ou quoi que ce soit qui rompe l'uniformité. L'altitude est encore ici de 200 mètres. La nuit du 8 au 9 se passe de même ; nous marchons de cinq heures du soir à neuf heures du matin, avec peut-être deux heures de halte en tout. Nous nous approchons toujours de plus en plus d'Araouan par ces marches forcées : aujourd'hui la limite de la monotone Meraïa est atteinte, et nous sommes au début de la colossale région de dunes au milieu de laquelle se trouve Araouan. Les animaux y retrouvent de nouveau des végétaux qui leur vont mieux que l'alfa, et nous sommes tous joyeusement émus en pensant que nous aurons bientôt derrière nous la partie la plus difficile de notre voyage à travers le désert, et qui nous avait paru si dangereuse de Tendouf. Nous pouvions voir, dans les traits desséchés de mon guide Mohammed, la joie et la satisfaction qu'il éprouvait à la pensée d'avoir pu conduire sans danger, à travers le Sahara, un Infidèle (car au fond il était convaincu que j'en étais un). Nous passâmes la nuit du 9 au 10 juin sous nos tentes, et décidâmes de n'aller que le matin suivant dans la ville, éloignée de quelques heures seulement, pendant lesquelles nous eûmes constamment à marcher entre de puissantes masses de dunes.

Le soir déjà, notre provision d'eau étant épuisée, il me fallut, auprès de la ville, faire acheter une outre pleine à un pasteur de chameaux.

Mohammed, le guide, part en avant et porte au chérif du lieu, le personnage le plus considérable d'Araouan, les lettres de recommandation du cheikh Ali; il revient bientôt et nous pénétrons dans la ville, entièrement ouverte et composée uniquement, en réalité, de cent à cent cinquante maisons, dispersées entre les dunes. On nous y a déjà préparé un logis.

En somme, je dois considérer comme heureux mon voyage de trente journées depuis Tendouf jusqu'à Araouan; eu égard aux circonstances, il n'a pas été trop pénible. Jusqu'à Taoudeni la température était supportable; plus tard, il est vrai, elle s'éleva, et les marches de nuit, si épuisantes, commencèrent. A part la disparition de Hadj Hassan, aucun autre malheur ne nous est arrivé : personne n'a été sérieusement malade; nous n'avons pas été attaqués par des coupeurs de route; les vivres ont toujours été abondants, et nous n'avons pas précisément souffert du manque d'eau, quoiqu'il eût fallu être très prudents en ce qui concerne la consommation de ce liquide, dont la qualité et la fraîcheur laissaient fort à désirer.

Mohammed, notre guide, s'était parfaitement comporté et avait montré une connaissance du terrain tout à fait extraordinaire. Mes gens avaient prouvé leur bonne volonté, après avoir reconnu qu'une marche rapide en avant était le seul moyen d'abréger leurs fatigues. Hadj Ali et Benitez s'étaient réconciliés vers les derniers temps. Nous étions donc tous heureux quand nous pûmes apercevoir la première maison d'Araouan.

Nos chameaux se sont conservés tous les neuf; aucun n'est resté en route, quoique plusieurs soient blessés et qu'ils aient surtout beaucoup maigri. Je puis dire qu'en général l'équipement et toute l'organisation de ma caravane se sont montrés appropriés aux circonstances.

Je n'ai éprouvé les illusions optiques connues sous le nom de *Fata Morgana*[1] que rarement et sur une très petite échelle. Ce que l'on raconte de lacs, de villes, de châteaux, de navires, etc., suspendus dans les airs, ne repose que sur la fantaisie audacieuse des narrateurs et sur les contes que les Arabes ne se lassent jamais de répéter. J'ai souvent vu des acacias, qui s'élevaient de loin en loin, isolés ou en groupes, paraissant suspendus dans les airs, un peu au-dessus du sol; et des régions rocheuses m'ont apparu de loin comme une brillante nappe d'eau. Mais c'était tout : celui qui, malgré la chaleur et la fatigue, sait garder constamment sa lucidité, n'éprouvera jamais de pareilles illusions, ou ne croira jamais les éprouver. On reconnaîtra volontiers que j'avais su ménager la liberté de ma

---

[1]. Le mirage. (*Note du Traducteur.*)

pensée, quand on saura qu'assez souvent, lorsque mes travaux étaient terminés, je jouais aux échecs sous ma tente embrasée avec mes deux compagnons Hadj Ali et Benitez.

Il paraît bien certain que des effets de mirage se produisent dans les contrées sablonneuses, puisqu'il existe de nombreuses observations à cet égard ; mais il ne faut pas tomber dans cette habitude d'exagération orientale, qui finit par entraîner le conteur à croire lui-même ce qu'il dit. De même, ces dangers effroyables du désert, tels qu'on en parle d'ordinaire, ne sont pas tant à redouter. Un voyage entrepris par des gens sérieux, convenablement équipés, échouera rarement, surtout si l'on évite de déployer trop de pompe, ou de provoquer une attaque en montrant une nombreuse troupe armée.

L'époque de mon expédition n'était pas favorable à cause de la chaleur ; par contre, j'avais cet avantage que les bandes de coupeurs de route, qui s'embusquent surtout dans le voisinage des puits, ne s'attendant à voir en ce moment aucune caravane dans le désert, étaient demeurées dans leurs villages. Ces coupeurs de route sont en général le seul danger à craindre ; et, pour le détourner, il est nécessaire de se mettre en relation avec un chef influent. J'ai eu le bonheur de faire en la personne du cheikh Ali la connaissance d'un homme d'honneur, qui fit beaucoup pour moi et avec un rare désintéressement ; il serait triste que, parmi les cheikhs arabes ou berbères des pays au sud de l'Atlas, on ne trouvât pas de gens de son espèce. Cela dépend d'ailleurs beaucoup du voyageur lui-même : une attitude prétentieuse et imposante a rarement valu de succès à ceux qui en usaient. La compagnie de Hadj Ali m'a certainement été fort utile, quoique nos relations fussent difficiles dans les derniers temps. Enfin je considère la route du Maroc par Tendouf comme une des meilleures pour aller à Timbouctou ; elle vaut mieux même que celle du Touat ; durant tout le trajet on ne rencontre pas un seul Targui (singulier de Touareg).

C'est une faune bien misérable que celle que l'on aperçoit pendant ce voyage dans le Sahara, et celui qui aurait l'espoir d'y chasser courrait risque d'être durement déçu. Les bœufs sauvages, les gazelles et les antilopes se trouvent dans le voisinage des régions d'areg, où le fourrage pousse, et nous vîmes souvent de grandes hordes de ces animaux passer rapidement devant nous. J'ai déjà expliqué comment le soi-disant roi du désert n'y apparaît pas et n'y peut point apparaître ; son domaine ne commence qu'au delà de la Meraïa, dans les grandes forêts d'acacias et de mimosas d'el-Azaouad, où il existe déjà une végétation plus riche et de l'eau plus abondante. J'ai mentionné la présence de serpents, de chacals et de grands lézards, ainsi que celle d'oiseaux chanteurs, qui vivent dans quelques régions d'areg, et dont les notes gracieuses portent réellement à la gaieté. En fait d'insectes, je vis souvent de grands scarabées coureurs, des fourmis noires, ainsi qu'une admirable fourmi d'un blanc étincelant et d'un éclat métallique, outre notre mouche commune et une autre, de fortes dimensions. Parmi les animaux venimeux, le scorpion n'est pas rare, et les Arabes le redoutent avec raison.

Au désert l'atmosphère est d'une pureté et d'une salubrité extraordinaires ; on n'y connaît pas de maladies, à l'exception des maux d'yeux, qu'il faut attribuer à la malpropreté des habitants. Je recommande comme une cure particulièrement salutaire contre certaines douleurs les bains de sable chaud dans les dunes : c'est une véritable jouissance que de se rouler dans le sable quartzeux fluide et pur, où ne se trouve pas un grain de poussière.

Le désert est beau, très beau, malgré la chaleur et les dunes. La solitude immense a quelque chose de puissant, d'auguste, qui la rend analogue à l'Océan infini. Un lever de soleil ou un clair de lune au Sahara ont un charme qu'on ne saurait décrire; c'est un spectacle d'une beauté grandiose, qui produit des impressions inoubliables. Celui qui est capable d'apprécier le grand et le beau de la nature, et qui est doué d'un caractère assez heureux pour ne pas être arraché, par la crainte d'un danger possible, à la contemplation de toutes ces merveilles, celui-là aura certainement plaisir à se souvenir du temps passé au Sahara, et remerciera l'heureux destin qui lui aura permis de jouir de ses beautés, avec un corps et un esprit sains.

CHAPITRE III

ARAOUAN ET VOYAGE A TIMBOUCTOU.

Position d'Araouan. — Puits. — Maisons. — Habitants. — Zébus. — Berabich. — Chérif. — Major Laing. — Importance d'Araouan. — Impôts. — Ouragans de sable, djaoui, samoum. — Manque de végétation. — Maladies. — Vente des chameaux. — Prétentions des Tazzerkant. — Émeute. — Malaise. — Envoi de lettres. — Le guide Mohammed. — Outils de pierre. — Alioun Sal à Araouan. — Mardochai. — Départ d'Araouan. — El-Azaouad. — Bouchbia. — Chaneïa. Hasseini. — Boukassar. — Kadchi. — Traces de lions. — Disparition de Sidi Mouhamed. — Premier aspect de Timbouctou.

Le chérif d'Araouan, Sidi Amhamid bel Harib, vieillard de quatre-vingt-deux ans, qui jouissait dans cette ville de la plus grande influence, à côté du cheikh de la tribu des Berabich, nous fit désigner une maison comme logement; les chameaux furent remis aussitôt à la garde d'un homme du pays. Ils furent menés assez loin pour trouver du fourrage.

La situation d'Araouan est absolument affreuse; au milieu d'une région de dunes d'étendue colossale, sont éparses un peu plus de cent maisons, entourées de masses de sable où l'on ne pourrait trouver un brin d'herbe. Partout où la vue s'étend, on ne voit que des dunes d'un jaune mat; le sable est dans l'air, dans les maisons, dans les chambres. On ne pourrait comprendre comment des hommes peuvent vivre ici, si l'on ne savait que dans un bas-fond situé près de la ville se trouvent des puits extrêmement abondants. Araouan est le point d'eau le plus riche de tout le Sahara occidental; on ne peut dire que c'est une oasis, car ce nom rappelle d'ordinaire un endroit couvert de végétation, etc. ; ici, au contraire, malgré l'abondance de l'eau, il n'y a pas un brin d'herbe ; pas même des plantes à chameaux, si peu exigeantes, et que l'on peut trouver dans toutes les régions d'areg. Le bas-fond dont j'ai parlé contient des puits nombreux, en partie très profonds, et qui renferment toujours de l'eau.

Il n'y a pas de rues à Araouan ; les grandes maisons carrées sont placées irrégulièrement, partout où il y a un peu de place entre les dunes ; on leur a donné la forme d'une sorte de château fort, et les masses de sable s'étendent jusqu'au pied de leurs murs. Elles sont construites en argile bleu clair, riche en sable, que l'on retire en creusant les puits. Leur unique rez-de-chaussée est entouré de quatre murs élevés ; les chambres, très obscures, donnent sur une cour ouverte. Malgré la situation si triste de l'endroit, les habitants ont le désir de donner une sorte d'ornementation à des demeures aussi simples. On n'en trouve pas une dont les murs ne soient ornés de pointes et de dents d'argile desséchée. La porte domine généralement un peu la muraille et est enduite d'une couleur sombre. Le sol est de terre fortement battue et couverte de nattes en paille ; il n'y a aucune espèce de luxe dans ces intérieurs.

La maison qui nous est assignée a plusieurs chambres, longues et étroites, où un peu d'air et de lumière ne pénètre que par la porte. L'air et le jour, que l'on voit entrer si volontiers partout dans les appartements, sont ici évités avec soin. Tout est hermétiquement fermé contre les ouragans qui règnent journellement et font entrer le sable fin partout ; quant à la lumière, on ne la laisse pas pénétrer volontiers dans les chambres, afin d'être un peu à l'abri d'un fléau redoutable : la présence de milliards de mouches importunes. La chaleur, les ouragans de sable, les mouches, la mauvaise nourriture et la situation en somme malsaine d'Araouan ont fait pour moi de ce séjour un véritable enfer, et

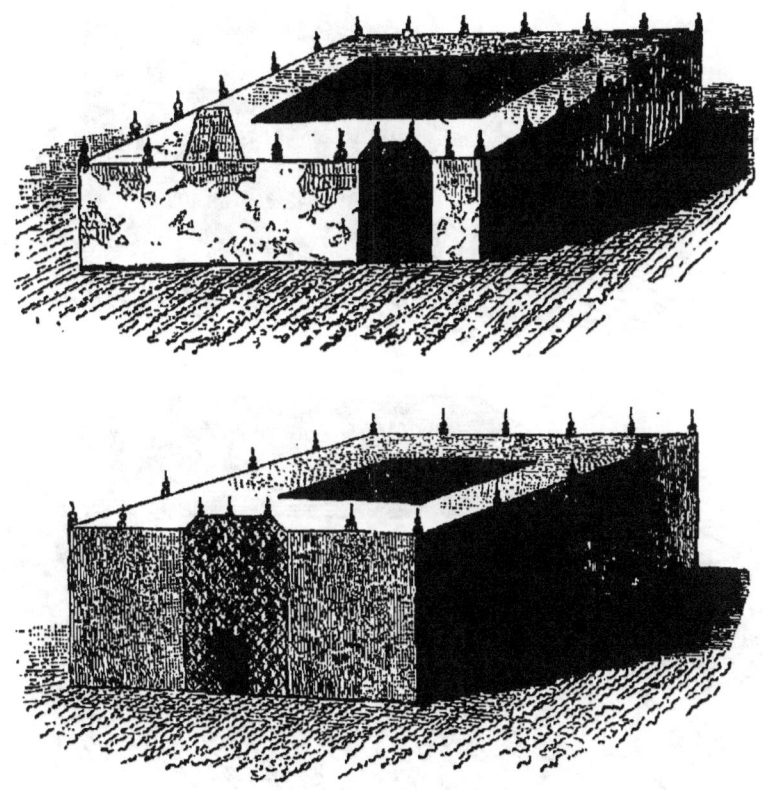

Maisons d'Araouan.

j'étais sérieusement malade quand je pus enfin en partir.

Tous les articles d'alimentation que consomme Araouan sont forcément tirés de Timbouctou, situé à environ 200 kilomètres de distance. De misérables poulets, ainsi que quelques moutons sans laine du Soudan, sont tout ce qui existe à Araouan en fait d'animaux; il n'y a pas la plus petite sorte de jardin, et tout doit être apporté

FONDATION D'ARAOUAN.

de Timbouctou. Le soir de mon arrivée, le chérif eût désiré m'envoyer un festin, mais il n'avait qu'un peu de riz et de viande de chèvre desséchée.

Araouan a été fondée, dit-on, il y a environ 190 ans, par le grand-père du chérif actuel, Amhamid bel Harib, et, malgré sa situation lamentable, a conquis une grande

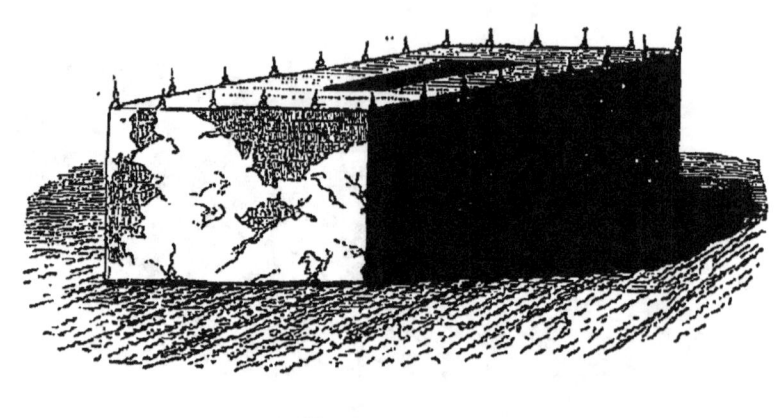

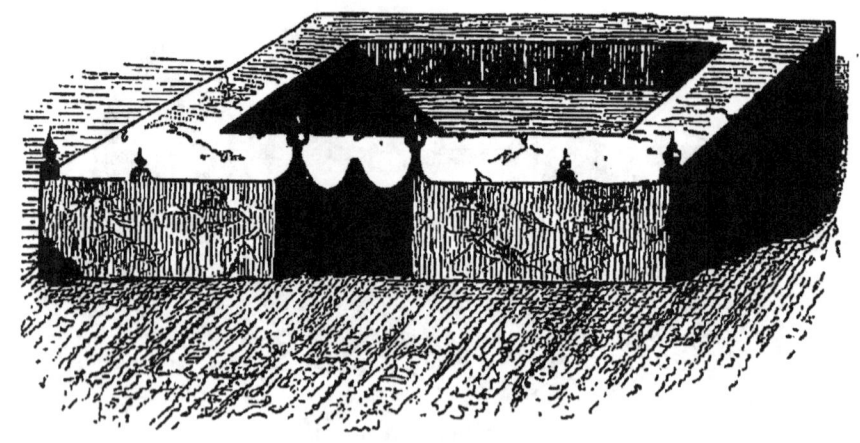

Maisons d'Araouan.

importance, à laquelle sa richesse d'eau a contribué en premier lieu.

Le chérif savait bien que j'étais Chrétien, mais, malgré tout, sa réception fut fort amicale; la population se montra également prévenante et ne donna pas la moindre preuve d'animosité. Elle se compose de gens de la grande tribu des Berabich et d'Arabes de Timbouctou, qui ont des maisons dans les deux villes et arrivent à Araouan à l'époque des caravanes, pour y conclure leurs affaires. Il y a en outre d'anciens esclaves nègres, nommés Rhatani, qui sont entièrement libres, et s'occupent d'abreuver les nombreux chameaux qui passent à Araouan. En outre il arrive ici, surtout au moment des caravanes, des gens de tous les pays, même du Sénégal; par suite on y trouve déjà une foule de produits du Soudan : par exemple, les moutons sans laine dont j'ai parlé, la noix de kola, la noix de terre (arachide), etc. Pendant mon séjour un troupeau de bœufs y arriva également pour être conduit au pâturage; c'étaient des bœufs à bosses, des zébus, qui sont très communs au Soudan. Leur vue nous causa une grande joie, non seulement parce qu'elle nous promettait le plaisir de manger de la viande fraîche, mais parce que c'était la nouvelle bienvenue de l'approche tant désirée du Soudan.

Les Berabich habitent surtout aux environs de la ville, où ils trouvent des pâturages pour leurs chameaux; le cheikh seul reste d'ordinaire à Araouan; mais pendant mon séjour lui aussi était près de ses troupeaux, c'est pourquoi je n'ai pu voir que son fils, déjà grand. Les Berabich forment une quantité de tribus, les Oulad Dris, les Saïd, les Gnaim Tourmos, les Arterat, etc.; à plusieurs milles à l'est d'Araouan, sont les villes de Mabrouk et de Mamoum, également habitées par des Arabes.

Pendant mon séjour à Araouan, la plus grande partie des Berabich se trouvait à Timbouctou; par suite il était resté peu d'or dans la ville, et il me fut difficile de vendre mes chameaux. Les Berabich sont du reste constamment en lutte avec les Touareg leurs voisins, presque toujours à cause de vols de bestiaux. On m'assura d'ailleurs que le chemin de Timbouctou était libre.

On nous apporte la nouvelle, venant du Soudan, que l'un des fils du célèbre Hadj Omar, Ahmadou, est mort à Ghedo.

Le 12 juin je passe la soirée chez le vieux chérif, qui m'a demandé quelques médicaments; mais il n'y en a pas contre sa maladie, la faiblesse sénile. Les habitants d'Araouan se tiennent tout le jour dans leurs chambres obscures, afin d'être à l'abri des mouches; le soir seulement, ils en sortent pour s'établir dans les cours ou devant les maisons. Le chérif est fort hospitalier et nous conte toute espèce d'histoires, surtout au sujet de l'Anglais tué longtemps auparavant sur le chemin de Timbouctou à Araouan (le major Laing). Sidi Amhamid fait remarquer avec une insistance particulière que le *Raïs* (major), comme on nomme en général l'infortuné voyageur, n'a jamais pénétré dans Araouan, que son assassinat est survenu à quelques journées de la ville : par conséquent il ne peut en être rendu responsable en aucune façon, pas plus que sa famille.

Pendant le séjour de Barth à Timbouctou, ce voyageur s'est souvent entretenu du Raïs avec le chef de la famille chérifienne el-Bakay. Barth réclama les papiers laissés par le major, mais il apprit qu'aucun n'était parvenu à Timbouctou; il crut pouvoir en conclure que la partie la plus considérable et la plus importante avait été renvoyée avant la mort de Laing, et était réellement parvenue à Rhadamès en 1828. On ignore absolument ce qui a pu en advenir. Laing n'aurait pu les remettre qu'à une caravane allant de Timbouctou à Rhadamès. Il devait les avoir eus encore entre les mains à Timbouctou, car l'ami de Barth lui assura que Laing y avait terminé ses cartes de la partie nord du Sahara. A Araouan on me conta les détails suivants sur le major Laing. Le Raïs arriva du Touat, à travers le désert, à Oualata et en partit sans passer par Araouan, pour Timbouctou. Il avait avec lui six chameaux ; on dit que Laing, qui parlait fort bien l'arabe, s'entretenait volontiers, avec les chourafa des pays traversés, de religion, de science, etc. ; aussi il avait été voir les lettrés de Oualata et ceux de Timbouctou, et était alors en voyage pour aller visiter le chérif d'Araouan, le père de celui âgé de quatre-vingt-deux ans que j'ai connu, Sidi Amhamid bel Harib. On prétend que, peu après le départ du major de Oualata, un lettré connu y serait mort d'un médicament à lui remis par cet Anglais ; le même fait se serait renouvelé à Timbouctou, où mourut également un lettré qui avait été soigné par lui. Ces nouvelles se répandirent naturellement très vite, et, quand le bruit parvint à Araouan que l'intention du Raïs étranger était de chercher à connaître la manière dont on discutait dans cette ville, après avoir pu apprécier celle dont on usait à Oualata et à Timbouctou, on prétend qu'on y redouta également la mort de l'un des chourafa de l'endroit. Le chef des Berabich chargea, sans en prévenir le chérif, quelques-uns de ses gens de tuer le major avant qu'il eût atteint Araouan. On lui jeta donc, par derrière, un lacet autour du cou, au moment où il montait sur son chameau, et il fut étranglé.

Je ne puis décider de la dose de vérité contenue dans cette histoire. A-t-elle été inventée pour justifier l'assassinat, ou cette tragique aventure s'est-elle passée ainsi ? je n'en sais rien ; mais je remarquai d'une façon évidente l'empressement de Sidi Amhamid à décharger la mé-

ARAOUAN, DANS LA RÉGION DES GRANDES DUNES.

moire de son père, ainsi que lui-même de ce crime; à cette époque il avait déjà près de trente ans, aussi était-il parfaitement au courant de l'affaire.

Quelques vieillards d'Araouan nous contèrent pourtant, en secret, que cette histoire était véridique et que, dans les deux villes nommées plus haut, des lettrés étaient morts peu après le séjour de Laing; mais ils ajoutèrent qu'une histoire de femme avait été également en jeu dans le meurtre de ce voyageur.

Quoi qu'il en soit, ce malheureux, aussi énergique que bien préparé à sa tâche, fut étranglé sur le chemin d'Araouan, après un court séjour à Timbouctou. Mais ce qu'ajouta Sidi Amhamid était nouveau pour moi : il me dit que l'on conservait encore à Araouan tous ses effets, et qu'ils étaient même en la possession du cheikh des Berabich; malheureusement ce dernier était absent pendant mon séjour, et son fils se déclara dans l'impossibilité de me montrer ces objets.

D'après la déclaration du chérif Sidi Amhamid, ce sont les suivants : de nombreuses fioles de médicaments. deux bouteilles de vin, des vêtements et du linge, des manuscrits et 45 douros d'Espagne en argent. Le peu d'importance de cette somme s'explique par ce fait, que Laing était en voie de retourner dans son pays, qu'il avait six chameaux, et qu'il aurait pu facilement opérer son voyage par le désert sans avoir plus de ressources. Sidi Amhamid attachait une valeur toute particulière à la présence de l'argent, qui démontrait, d'après lui, qu'il ne s'agissait pas là d'un vulgaire assassinat suivi de vol.

Voilà tout ce que je pus apprendre à Araouan sur le major Laing; le malheur voulut que le cheikh berabich fût absent, et que je ne pusse même pas voir les effets de ce voyageur, conservés dans des caisses fermées.

Malgré sa situation très défavorable, et presque intenable, Araouan est un endroit très important du Sahara occidental; ses habitants sont aisés. Toutes les caravanes allant à Timbouctou, qu'elles viennent de l'oued Noun ou de Tendouf, de l'oued Draa, du Tafilalet ou de Rhadamès, doivent passer par Araouan. C'est, il est vrai, un point d'eau fort important, où les chameaux peuvent se remettre de la longue traversée du désert; les caravanes doivent y payer des droits de douane avant d'aller vers Timbouctou. Le chérif d'Araouan en reçoit d'abord des présents de prix, et en outre elles ont à payer au cheikh des Berabich, pour chaque chameau chargé d'étoffes, sept mitkal d'or, et cinq mitkal pour ceux qui portent d'autres articles (sucre, thé, etc.). A Araouan, un mitkal d'or vaut à peu près de neuf à dix francs. Cet impôt est fort élevé, on le voit; aussi les caravanes chargent leurs chameaux autant qu'il est possible et préfèrent voyager très lentement. Le chérif de Tendouf a le privilège de ne payer que la moitié de ces sommes. En échange, les Berabich garantissent la sécurité des caravanes d'Araouan à Timbouctou : ce qui leur cause fréquemment des conflits avec les Touareg.

Chaque année, plusieurs milliers de chameaux passent par Araouan; mais une très grande partie viennent des salines de Taoudeni; ces derniers ne payent, que je sache, aucun droit. Le point d'eau d'Araouan est donc extraordinairement animé, ainsi que les pâturages, situés à une grande distance de la ville. La fourniture, l'entretien et la surveillance des chameaux qui viennent se refaire ici après de longs voyages au désert sont les occupations principales des Rhatani, Nègres libérés. La présence de tant de chameaux est aussi la cause d'une des plaies les plus désagréables de l'endroit : les mouches. On ne peut se faire une idée exacte de la masse et de l'importunité de ces essaims d'insectes, auxquels on ne peut échapper un peu qu'en se tenant tout le jour dans les coins les plus sombres des chambres. Ajoutez à cela une nourriture défectueuse, de l'eau tiède, et la situation malsaine en général de toute la ville, une chaleur terrible, des ouragans de sable aussi violents qu'étouffants, le manque absolu de toute espèce de végétation : ces conditions réunies font d'Araouan un des enfers de la terre.

Les ouragans de sable embrasé venant du sud sont ici très fréquents; on ne connaît pas pour eux le nom de *samoum*[1], et on les nomme *djaoui*. Nous eûmes dans la nuit du 14 au 15 juin l'un de ces plus terribles djaoui, dont je pressentais l'approche plusieurs heures auparavant; j'éprouvais un violent mal de tête, une grande surexcitation nerveuse, et la plus petite circonstance était à même de me mettre en grand émoi : j'étais mal à mon aise en tous points. Dès dix heures du soir l'air était extraordinairement ardent. Je tentai de dormir, mais j'eus des cauchemars et des rêves pénibles ; vers une heure j'étais réveillé par un ouragan formidable, qui lançait, de tous les côtés, des masses de sable dans la maison. Bientôt tout y fut couvert d'une épaisseur uniforme de sable gris ; rien n'en était à l'abri. Des caisses bien fermées en montrèrent une couche quand on les ouvrit : on avait beau s'envelopper soigneusement la tête, le sable pénétrait dans les yeux, les oreilles, la bouche et le nez, même dans les montres ! Pendant ce phénomène, qui dure à peine une demi-heure, il tombe quelquefois aussi de larges gouttes de pluie.

---

[1]. Ou simoun. (*Note du Traducteur.*)

Quand on se trouve dans une maison, à l'approche d'un de ces djaoui, il est encore plus aisé de le supporter qu'en plein air; cette dernière circonstance s'est également présentée plusieurs fois pour moi. Une heure avant le début de ce djaoui on voit au sud d'épais nuages jaunes s'assembler lentement; l'air devient plus ardent, et l'on se sent inquiet; même les chameaux sont agités. Mais, quand l'ouragan se déchaîne, il est nécessaire de faire coucher les animaux, le dos tourné contre le vent; les hommes se calfeutrent étroitement dans leurs vêtements, et couvrent leur visage aussi complètement et aussi hermétiquement que possible, le tout en vain : on n'a plus qu'à laisser passer la fureur de la tourmente embrasée. En général, le véritable ouragan ne dure pas plus de dix minutes dans le djaoui ordinaire que nous avions à supporter à Araouan, presque tous les jours vers quatre heures.

Il est à peine nécessaire de dire que les récits sur le *samoum*, ce vent de mort, qui engloutit, a-t-on raconté, des caravanes entières, ne peuvent être véridiques. Un ouragan de ce genre peut fort bien couvrir les animaux et les hommes d'une mince couche de sable, mais rien de plus. Il ne me paraît même pas possible que l'on puisse périr étouffé dans un ouragan de ce genre, car le véritable phénomène ne dure que peu de temps : chacun protège sa bouche, son nez, ses oreilles et ses yeux sous un voile, par lequel pénètre certainement toujours un peu de sable, mais qui peut être facilement écarté ensuite. Ces ouragans qui recouvrent et anéantissent des centaines de chameaux font partie des fables multiples écrites sur le désert. Il a dû certainement arriver que des caravanes tout entières fussent anéanties; mais leur disparition a été la suite du manque d'eau. Le sable se glisse dans les outres les mieux fermées et fait évaporer leur eau très rapidement ; de même un puits peut être mis à sec ou comblé, de sorte qu'il n'est pas possible à la caravane de s'y pourvoir ; elle peut également s'égarer : toutes ces raisons sont à même de causer la perte d'un grand nombre d'hommes ou d'animaux, mais un seul ouragan n'est certainement pas de nature à l'entraîner.

Il est évident que le samoum et le djaoui sont une des plaies les plus terribles du désert et qu'ils ont pu causer beaucoup de mal ; mais, avant de raconter des histoires semblables à la disparition de grandes caravanes sous le samoum, il faudrait tenir compte des effets physiques entraînés par un ouragan de ce genre ; un coup de vent n'est pas capable d'entasser tout à coup dans un endroit une couche de sable haute de plusieurs mètres, d'où les nombreuses personnes enterrées ne puissent s'échapper ; cela me paraît une impossibilité. Il est pourtant difficile de déraciner des opinions aussi fortement assises, et les contes de caravanes englouties dans les sables se reproduiront sans doute aussi longtemps que ceux concernant les poches à eau des chameaux et le lion du désert.

Le 15 juin, dans l'après-midi, nous avons un véritable orage, avec ouragan, tonnerre, éclairs et pluie ; cette dernière n'est pas très forte, il est vrai. L'orage venait du sud, c'est-à-dire de Tombouctou, qui est déjà dans la zone des pluies tropicales.

Les vents ardents du sud, si fréquents à Araouan, sont les auteurs, à mon avis du moins, du manque absolu de végétaux dans les environs immédiats de la ville. Tandis que, partout ailleurs dans le désert où un peu d'eau apparaît, la végétation se développe également, et que les autres régions de dunes sont d'ordinaire riches en fourrages, ici il n'y a pas un brin d'herbe; je ne puis attribuer ce fait qu'à ce djaoui étouffant qui couvre tout de sable.

Araouan est sous tous les rapports un lieu malsain, et la population souffre beaucoup de ce climat si dur. Chaque jour des gens venaient me trouver, malades de la fièvre, d'affections des yeux, ou de faiblesse générale, suite d'une mauvaise nourriture; mais, ne possédant que très peu de médicaments, j'étais forcé de renvoyer le plus souvent ces pauvres gens, en ne leur donnant que des remèdes très simples.

Des femmes venaient également à nous, pour demander des médicaments; la plupart étaient des Négresses, quoiqu'il y eût aussi parmi elles des femmes arabes, de couleur assez foncée il est vrai, et par conséquent de sang un peu mêlé.

Mon hôte, un Rhatani, c'est-à-dire un Nègre libéré, nommé Boubefka, était extrêmement fier de voir constamment chez lui beaucoup de visiteurs, et il cherchait, par des attentions de tout genre, à m'adoucir le séjour d'un endroit aussi effroyable. Mais tout était inutile, je devenais malade moi-même et j'aspirais à me retrouver aussitôt que possible dans le désert immense, à l'air libre et salubre, et à quitter cette fournaise d'Araouan; mais mon départ n'alla pas aussi vite que mes désirs, et j'eus encore différentes contrariétés à supporter.

Comme ç'avait été la coutume dans chaque endroit, nous avions bientôt trouvé quelques amis de la maison, et ils venaient chaque jour nous voir, soit pour apprendre des nouvelles, soit pour en apporter; c'étaient généralement des gens inoffensifs et bienveillants, dans lesquels je n'ai surtout jamais trouvé trace de fanatisme religieux, quoiqu'une grande partie d'entre eux ait dû s'apercevoir que je n'étais pas Mahométan. J'appris par eux qu'il y avait à Araouan un certain Abdoul-Kerim, négociant aisé, qui avait pris part au vol et à l'assassinat commis sur Mlle Tinné, et s'était enfui à Araouan. On prétend que, dès mon entrée dans la ville, il m'a désigné, aussitôt après m'avoir aperçu, comme un Chrétien. En tout cas, la considération dont il jouit ne paraît pas grande, car il n'a rien pu me faire arriver de fâcheux.

Dès Tendouf le cheikh Ali et le guide Mohammed m'avaient dit que je ne pourrais conserver mes chameaux que jusqu'à Araouan, et qu'il faudrait les vendre dans cette ville, pour en louer d'autres jusqu'à Timbouctou. Ce serait plus sûr sous tous les rapports, car les Berabich, qui considèrent la location des animaux de charge comme leur monopole, sont toujours prêts à voler ces animaux à un voyageur qui marche avec les siens. Il est vrai que nos chameaux étaient fortement blessés, et que surtout quatre d'entre eux avaient des blessures graves, mais on pensait qu'avec quelques mois de pâturage et de repos ils seraient remis sur pied. Le guide Mohammed prit en payement l'un d'eux, en meilleur état et le plus vigoureux de tous. J'avais promis 600 francs en tout à cet homme; il en avait reçu d'avance à Tendouf 160, je lui donnai encore ici 24 mitkal d'or, à peu près 250 francs : aussi ce bon chameau lui revint-il à 200 francs. Je vendis les huit autres pour 80 mitkal d'or, c'est-à-dire près de 800 francs, de sorte que je reçus plus de la moitié du prix d'achat de mes animaux, quoiqu'ils fussent fatigués et épuisés. L'or qu'on me donna n'était pas frappé, car le mitkal n'est pas une monnaie, mais une unité de poids d'environ 4 grammes. L'or circule généralement sous forme d'anneaux grossièrement fabriqués, de plaques minces ou de petits grains ; les premiers servent également de parures aux femmes. Ces 800 francs, ainsi qu'un petit reliquat d'environ 500 francs, formaient toute ma fortune, et il me restait à entreprendre avec cette somme le voyage de Timbouctou et du Sénégal. Il est vrai que j'avais en outre une quantité d'étoffes qui sont employées aussi comme monnaie.

Mes chameaux avaient été vendus dans des conditions relativement fort avantageuses ; pourtant mes affaires n'allèrent pas aussi vite que je l'avais espéré. Il apparut tout à coup un homme de la tribu des Tazzerkant qui se dit le propriétaire de l'un des animaux achetés par moi au mougar de Sidi-Hécham : il affirmait que ce chameau lui avait été volé. En effet, ces animaux avaient la marque des Tazzerkant ; là-dessus s'engagèrent de grandes et longues négociations. Il fut évident que c'était un complot contre moi, quand, le soir du 17 juin, trois autres hommes de la même tribu survinrent également, à qui d'autres animaux avaient été volés, prétendirent-ils, et qui déclarèrent avoir reconnu leurs chameaux parmi les miens! Cela menaçait de devenir pour moi une méchante histoire. J'étais à la veille de perdre le prix de quatre chameaux, et, si ces gens avaient vu leurs machinations perfides réussir, ils auraient probablement accusé plus de vols. Au début il sembla que le chérif et nos autres connaissances voulaient leur donner raison. Hadj Ali, qui menait pour moi les négociations, avait une situation difficile, et il dut présenter toutes les preuves possibles, démontrant que nous étions les véritables propriétaires des chameaux. Nous avions, il est vrai, deux attestations écrites, prouvant que nous les avions payés; mais, d'après les règles de droit en usage dans ce pays, nos adversaires avaient le pouvoir de nous les reprendre s'ils donnaient la preuve qu'ils en étaient les propriétaires. Ces Tazzerkant étaient entêtés et arrogants au plus haut point et refusaient de renoncer à leur droit sous aucun prétexte. Les négociations durèrent plusieurs jours, et il paraît que cette circonstance seule, que nous étions soutenus par le cheikh Ali, ce que le guide Mohammed confirma particulièrement, fut assez puissante pour nous assurer la propriété des animaux, c'est-à-dire du prix payé. Hadj Ali s'était fort bien comporté dans cette circonstance et avait défendu nos droits avec une grande patience et une éloquence très persuasive. Sans lui on nous aurait sans doute repris les animaux en litige, et le reste aurait été perdu également. Toute cette affaire me mit en grand émoi; les Tazzerkant furent violents au plus haut point et proférèrent toute espèce de menaces en voyant leur cause perdue. Le vieux chérif Sidi Amhamid avait d'ailleurs vu évidemment qu'il nous ferait tort en agissant autrement, et il me préserva ainsi d'une perte considérable.

Je n'avais pas de grands présents à lui offrir, mais il me fallut pourtant lui donner quelque chose : un revolver, un peu d'essence de rose, une pièce d'étoffe, une paire de sabres, du sucre et du thé; comme il vit que nous n'étions réellement pas riches, il se déclara satisfait.

Le 18 juin au soir eut lieu une autre scène émouvante. Hadj Ali arriva subitement en courant chez moi, et fit tout préparer pour la défense. Chacun dut s'armer d'un fusil ou d'un revolver et d'un sabre, les portes furent fermées, comme si nous attendions une attaque. Nous ignorions absolument ce qui en était; jusque-là les habitants s'étaient comportés fort tranquillement et nous ne pouvions établir de relations qu'entre cette alerte et l'affaire des Tazzerkant. Au dehors on entendait en effet courir une foule de gens, avec de grands cris, et je croyais déjà à une surprise. Mais il n'en fut rien. Tous passaient devant notre maison et couraient vers un autre endroit. Nous demeurâmes un instant dans notre attitude défensive; puis, comme l'ennemi ne se décidait pas à venir, nous nous risquâmes à sortir. Tout était redevenu tranquille, et la ville aussi déserte que jamais. Hadj Ali alla immédiatement trouver le chérif et se plaignit de ce qu'on avait voulu nous surprendre et nous assassiner. Un éclat de rire sans fin, de la part de tous les assistants, accueillit ces mots, et l'on finit par expliquer à Hadj Ali que le bruit avait été causé uniquement par les Noirs Rhatani. L'un de ces hommes avait vigoureusement bâtonné un Arabe d'une tribu quelconque, qui se trouvait là par hasard. Ce dernier avait appelé ses compatriotes à l'aide, le Rhatani en avait fait autant, et il en était résulté une querelle, qui s'était terminée plutôt avec des mots que par les armes. Plus tard je vis les Rhatani, armés de sabres et de piques, revenir de joyeuse humeur. La volée de coups de bâtons avait été sans doute justement appliquée, et chacun s'en alla tranquille et satisfait; mais les habitants d'Araouan s'amusèrent fort, pendant plusieurs jours, de notre défense. Hadj Ali fit bonne mine à mauvais jeu et rit comme les autres.

Il y a ici beaucoup de petites pierres, de la grosseur d'un œuf de pigeon, fort estimées et qui sont, dit-on, un excellent antidote. Un peu de cette pierre râpé dans une tasse de thé arrêterait toute action vénéneuse. Ce sont des rognons de phosphate de chaux qu'on trouve dans le corps d'un animal nommé *emhor*, probablement une espèce d'antilope (peut-être aussi de zèbre, car on me dit ensuite qu'il ressemblait à un cheval); ces rognons sont recueillis avec soin et vendus ici à des prix élevés pour tous les pays musulmans d'Afrique; ils sont expédiés jusqu'en Turquie.

Cependant mon malaise s'accroissait constamment; le djaoui, qui soufflait chaque jour entre quatre et cinq heures du soir; notre séjour durant toute la journée dans un espace sans air et sans lumière pour éviter la terrible plaie des mouches, de sorte que nous passions en plein air quelques instants seulement de la matinée et du soir; l'ennui causé par l'affaire des Tazzerkant; la chaleur et la situation absolument malsaine d'Araouan, m'affaiblissaient trop fortement; j'avais souvent des accès de faiblesse, des symptômes analogues à ceux d'un début de dysenterie et, de plus, des maux de tête et un malaise général.

Le 22 juin, après la fin du démêlé avec les Tazzerkant, il arriva enfin quelques hommes, qui consentaient à me conduire à Timbouctou et qui vinrent examiner nos bagages. Ils se déclarèrent tout prêts à me louer six chameaux pour aller à Timbouctou moyennant 15 mitkal, environ 150 francs. J'y consentis, uniquement pour m'échapper le plus vite possible de ce lieu de torture, et nous fixâmes le 25 juin comme jour de notre départ. En somme, ce prix pour un voyage de six journées n'était pas trop élevé, eu égard à la circonstance que l'on ne peut accomplir ce trajet en sûreté sur ses propres chameaux. Si j'avais persisté à voyager avec mes animaux, j'aurais eu à donner aux Berabich, qui garantissaient ma sécurité, des présents d'une valeur supérieure à ces 15 mitkal.

Le 20 juin j'ai écrit une quantité de lettres, pour les confier aux soins de mon excellent guide Mohammed.

Ce dernier va les emporter jusqu'à Tendouf, les enverra dès qu'il le pourra à Tizgui, d'où une caravane du cheikh Ali les transportera à Mogador. Toutes ces lettres sont arrivées ainsi heureusement en Europe. Il est étonnant que les manuscrits circulent dans ces pays avec une pareille sécurité : il est extrêmement rare qu'il s'en perde ; ils parviennent presque tous à leurs destinataires, mais souvent, il est vrai, au bout d'un temps considérable. Un manuscrit est quelque chose de sacré pour un Mahométan, et, si peu scrupuleux qu'il soit d'ordinaire sur les idées du tien et du mien, il conserve et remet toujours les lettres avec soin. Mon guide ne voulut pas quitter Araouan avant de s'être assuré que j'étais arrivé à Timbouctou, de manière à remplir entièrement sa mission. Avant mon départ je lui donnai encore quelques petites choses, surtout du thé et du sucre, auxquels il attachait une très grande importance. Ce fut lui qui, le premier, fit parvenir en Europe la nouvelle de mon entrée dans Timbouctou. Je ne sais s'il a regagné Tendouf seul ou avec une caravane ; je suppose seulement qu'il a dû se joindre à des gens retournant à Taoudeni et qu'il est parti ensuite de là, tout seul, pour rentrer dans son pays. Il avait un bon chameau, je lui donnai deux outres, dont je n'avais plus grand besoin, et il partit ainsi pourvu d'eau et de vivres. J'aurais eu de la peine à trouver un meilleur guide que lui, un homme qui sût mieux s'orienter et qui supportât davantage les souffrances de la route, en dépit de son âge avancé, qui tout d'abord nous avait un peu effrayés ; la proposition fut en effet sérieusement faite d'engager un deuxième guide, pour le cas où le vieux Mohammed succomberait à ses fatigues.

A Araouan je reçus, à ma grande joie, quelques

exemplaires des outils de pierre que l'on trouve à Taoudeni. Je reviendrai plus tard sur l'importance de ces objets au sujet de certaines questions concernant le Sahara. Pour l'instant, je ferai remarquer que les Rhatani, en allant chercher du sel à Taoudeni, rapportent souvent des objets de cette sorte à leurs femmes, qui s'en servent pour des travaux domestiques, écraser du grain, etc. Ce sont des outils d'environ quatre pouces de diamètre, en forme de marteau et de couteau, d'un beau poli, fabriqués d'une pierre verte fort dure, avec toutes les apparences d'un travail soigné. En tout cas cette trouvaille est importante.

Autant que j'ai pu le savoir, Araouan n'a été visité qu'une fois avant moi par un Européen : ce fut en 1860 l'officier de spahis Alioun Sal [1]. Cet officier partit, accompagné tout d'abord de l'enseigne de vaisseau Bourel, qui revint du reste bientôt sur ses pas, du poste français de Podor, sur le Sénégal. Il franchit avec beaucoup de peine le pays des tribus arabes des Douaïch et des Trakna. Enfin il put se diriger vers l'est, et arriva au plateau d'Asaba, en passant un peu au nord du pays de Tagant. Puis il dépassa le plateau d'el-Hodh et arriva à la ville de Oualata, au milieu du désert. D'après ses descriptions, elle doit être beaucoup plus importante qu'Araouan, car elle aurait 1500 mètres de long sur 600 de large ; ses maisons sont construites en argile comme celles d'Araouan, ont quelques ornements, et leurs portes sont peintes d'une couleur terreuse. Oualata doit être un centre de commerce assez important ; encore aujourd'hui c'est le point de départ d'un trafic considérable, aussi bien vers le Maroc que vers le Soudan. Il

[1]. Il y a là une légère erreur : Alioun Sal était Arabe et servait la France au titre d'officier indigène. (*Note du Traducteur.*)

s'y est développé une intéressante industrie en cuir, et les jolies poches à tabac ainsi que les sacs en cuir en usage à Timbouctou et au Soudan en proviennent pour la plupart. Aucune culture n'est de même possible à Oualata, et la ville reçoit des vivres de l'extérieur, aussi bien de Timbouctou que du Sénégal.

Le plan d'Alioun Sal d'aller d'Araouan vers Timbouctou et d'atteindre l'Algérie en partant de ce dernier point ne put aboutir; il alla seulement de Oualata à Araouan, en se joignant à une grande caravane de la tribu des Tazzerkant. Il fit la remarque intéressante qu'à une certaine distance dans les environs de Oualata, se trouvaient de nombreuses ruines de localités jadis habitées; elles démontrent la grande importance qu'avait autrefois cette ville; aujourd'hui tout est inhabité et inhabitable dans la région.

Alioun Sal ne demeura que peu de temps à Araouan, et il arriva, en revenant vers le sud, à Bassikounnou, où il fut reconnu comme étant au service des Français. Un des compagnons du célèbre Hadj Omar le dépouilla et le fit prisonnier. Un ami arabe lui fournit un chameau et un guide, et il réussit à s'échapper pour regagner le Sénégal après beaucoup de difficultés. Il y mourut au bout de peu de temps.

Je demandai au cheikh Amhamid si des Chrétiens et des Européens avaient déjà passé dans son domaine; il répondit que non. D'après lui, pourtant, un voyageur était arrivé à Araouan plusieurs années auparavant, et il avait été pris pour un Français. Mais il parlait couramment l'arabe, s'était rendu à la mosquée peu après son entrée dans la ville, bref s'était comporté comme un Croyant sans reproche, de sorte qu'on renonça aux soupçons conçus. L'officier français de spahis, qui évidemment n'était autre que cet étranger, devait être, à ce que je crois, Musulman ; il put donc aisément parvenir à tromper les habitants. En tout cas, son passage nous a valu les premiers renseignements exacts et les premières cartes dans les directions d'Araouan et de Timbouctou, de même que sur toute la partie sud-ouest du Sahara.

Depuis ce temps, aucun voyageur n'a parcouru ces contrées, à part le Juif marocain Mardochai, d'Akka, qui a traversé plusieurs fois Araouan dans ses voyages à Timbouctou et qui a même dû y rester involontairement pendant longtemps, avant d'arriver dans cette dernière ville.

Le soir du 25 juin, tout était enfin prêt pour le départ et nous étions joyeux de pouvoir quitter ce bourg malsain et haïssable d'Araouan. Mon malaise s'accroissait constamment et je me sentais extrêmement faible et attaqué de violentes douleurs d'intestins.

Pour compagnon de voyage, nous avions un jeune cheikh, el-Bakay, dont l'oncle, qui habite Timbouctou, est l'homme le plus considéré de la ville, comme membre de la famille chérifienne, déjà connue depuis Barth.

La population d'Araouan s'était montrée extrêmement amicale et complaisante ; beaucoup de gens nous accompagnèrent pendant une bonne partie de la première marche ; il n'est pas question ici de fanatisme religieux, et nombre de nos amis de l'endroit vinrent plus tard nous voir à Timbouctou.

Le soir, vers cinq heures, nous quittons Araouan, et nous marchons, presque sans interruption, dans la direction générale du sud, jusqu'au matin suivant à six heures. Au début nous sommes encore dans la grande région d'areg ; mais, bientôt après, nous atteignons une plaine de sable couverte d'alfa et de fourrage ; l'endroit où nous dressons nos tentes est au début de la grande forêt de mimosas nommée Azaouad, qui s'étend encore un peu au sud de Timbouctou et paraît couvrir une large zone à travers le Sahara méridional.

Le jour suivant, ou plus exactement la nuit suivante, notre marche continue par un terrain sablonneux, extrêmement uniforme, et nous faisons halte, le matin vers sept heures, à un endroit très ombragé, qui porte le nom de Chaneïa. Il s'y trouve des arbres que je n'ai pas encore vus, et en assez grand nombre : ils portent de très grosses épines et des feuilles charnues. La chaleur est encore assez forte, et pendant la plus grande partie du jour le thermomètre demeure entre 36 et 40 degrés centigrades.

Un gros orage venant du sud-est passe au-dessus de nous en se dirigeant vers l'ouest, sans éclater. A quelques milles à l'est de notre route est la ville arabe de Bouchbia.

Nous avons encore à supporter un violent djaoui, très pénible comme toujours ; par bonheur il n'arrive que quand nous sommes campés : on en souffre toujours davantage lorsqu'on est surpris en route.

Le 27 juin, vers cinq heures du soir, nous continuons notre marche et ne faisons halte qu'à huit heures du matin, en un point nommé Hasséini. Je me sens de nouveau très mal.

Le terrain est toujours le même : plaine de sable couverte d'alfa et d'autres végétaux. Des montagnes apparaissent au sud-est de notre bivouac, mais elles sont fort éloignées. Les gens du pays les désignent sous le nom de Tsentsouhoum, probablement d'origine targuie, et qui doit signifier à peu près « mer de pierre ». Le ciel est de nouveau très couvert, mais il ne tombe aucune pluie.

Plus tard, le terrain devient un peu ondulé et quelques tamaris isolés apparaissent : des dunes aplaties constituent de nouveau la surface du sol, à partir du point où nous sommes, mais elles sont partout couvertes d'herbe et d'alfa.

Le jour suivant, même marche de six heures du soir à sept heures du matin, avec une courte halte pendant la nuit. Le soir, vers dix heures, de nombreux éclairs sillonnent l'horizon, du côté du sud ; c'est une vue que nous n'avons pas eue depuis longtemps : il tombe également un peu de pluie. Vers le matin, nous faisons halte dans un endroit nommé Boukassar, où s'est développée une végétation plus abondante. Des buissons de tamaris et des mimosas, de nombreuses variétés d'herbes et de plantes, même de petites fleurs écloses, et beaucoup d'oiseaux chanteurs animent le paysage. Il est déjà fort joli ici et je me serais trouvé très bien, si mon malaise n'avait augmenté et si je n'avais eu à craindre une dysenterie. C'était la conséquence de mon long séjour dans le plus effroyable de tous les endroits que j'aie connus, Araouan. Nous approchons enfin de contrées plus clémentes et nous sommes près de sortir du désert ; déjà le sol est plus solide, il renferme moins de sable et plus d'argile, de sorte qu'une flore plus variée peut y vivre.

Le 29 juin, longue marche de nuit de cinq heures du soir à neuf heures du matin. Le terrain est très ondulé, et consiste généralement en dunes plates, couvertes de végétaux ; nous traversons un ravin profond et sans eau, creusé dans un sol déjà tout à fait argileux, et nous arrivons à un endroit nommé Erridma, où, à ce que me disent mes guides, cinquante Touareg ont été tués par les Berabich il y a peu de temps. La végétation devient toujours plus abondante, les buissons de tamaris et les mimosas apparaissent en grande quantité, et la faune est plus variée également. Le monde des insectes et des oiseaux est déjà très riche : en même temps que les gazelles et les antilopes, nous apercevons pour la première fois le zèbre. L'endroit où nous dressons nos tentes, de grand matin, se nomme Kadji ; il y a aux environs une quantité de puits : on me nomme le Bir Mobila, le Bir Tanouhant, le Bir Tsagouba, le Bir Inalahi, le Bir Arousaï et le Bir Tsantelhaï.

De Kadji nous n'avons plus qu'un jour de marche à faire pour gagner Timbouctou ; il est vrai que c'est un voyage un peu fatigant de cinq heures du soir à dix heures du matin, mais nous avons atteint notre but !

La grande forêt de mimosas de l'Azaouad est ici très fréquentée par des animaux de toute espèce ; la végétation devient toujours plus variée et plus fournie. On nomme Hachaouas un des endroits que nous traversons. Le gibier est abondant et nous voyons, pour la première fois sur notre passage, des traces certaines de lion : elles sont même très récentes, ce qui inquiète fort ma troupe ; ceux qui connaissent le pays déclarent que c'est une lionne avec deux lionceaux, et qui a croisé notre chemin peu d'heures avant ; plus tard nous apprîmes en effet qu'une lionne avait tué dans le voisinage un jeune chameau. Le monde des oiseaux est aussi très richement représenté ; on voit fréquemment le vautour et l'aigle, ainsi qu'un étourneau bleu à éclat métallique, qui aime à se poser sur le cou ou sur le dos des chameaux quand ils sont à la pâture, et qui les débarrasse des insectes.

Sur le chemin entre Araouan et Timbouctou il nous est de nouveau arrivé un accident, qui paraît incompréhensible. Sidi Mouhamed, le déserteur marocain que nous avions pris à notre service à Tizgui, a disparu une nuit pour ne jamais revenir! Cette nuit-là il était de service près des chameaux, c'est-à-dire qu'il allait à pied pour les activer.

D'ordinaire, par ennui ou par bravade, il courait à une longue distance en avant de la caravane, se couchait et attendait que nous l'eussions dépassé, pour nous rejoindre de nouveau en courant. Je l'avais vu plus d'une fois exécuter ce manège. Au matin on appelle Mouhamed, mais il a disparu. Mes gens ont aussi remarqué qu'il se couchait pendant la marche, et pensent qu'il s'est endormi de fatigue sans s'apercevoir que nous le dépassions. Quand il s'est réveillé, croient-ils, nous étions depuis longtemps hors de vue. Nous nous consolons de sa disparition en supposant qu'il reviendra bientôt, car, étant donnée la circulation plus active au sud d'Araouan, il aura des chances sérieuses de rencontrer des bergers. Mais il ne revint pas et n'entra jamais dans Timbouctou! Nous n'avons pu savoir ce qu'il était devenu. La distance d'Araouan à cette ville est assez grande pour qu'on puisse mourir d'épuisement dans l'intervalle; mais c'est pourtant peu vraisemblable. Mouhamed avait simplement à suivre pendant le jour des traces de chameaux pour rencontrer sûrement des hommes. Nous nous souvînmes qu'il n'était pas fort aimé de la population d'Araouan; peut-être avait-il été dépêché sans autre forme de procès? Mais il aurait fallu pour cela qu'il retournât vers cette ville, au lieu d'aller sur Timbouctou. Sa disparition demeura un problème pour nous. Plus tard nous avons trouvé à Timbouctou des gens d'Araouan qui se souvenaient fort bien de lui, mais qui nous assurèrent ne l'avoir jamais revu. J'avais donc, en peu de temps, perdu deux de mes serviteurs, d'une façon plus ou moins énigmatique, mais probablement effrayante; la mort par la soif!

A environ une heure de Timbouctou, cette végétation abondante disparaît, et un terrain stérile et sablonneux se retrouve devant nous. *C'est de là que nous avons pour la première fois la vue de la grande ville soudanienne!* Aussi est-ce avec un sentiment indicible de satisfaction et de reconnaissance pour notre heureux destin, que j'aperçois dans le lointain les maisons et les tours des mosquées, connues depuis les descriptions de Barth : Timbouctou, où depuis le séjour de ce voyageur, vingt-sept ans auparavant, aucun Européen n'avait pénétré; Timbouctou, le but ardemment désiré de tant d'explorateurs, qui ont déployé leurs meilleures forces pour l'atteindre et ont dû y renoncer devant le découragement et les désillusions; l'antique *emporium* du commerce soudanien, l'ancienne pépinière des arts et des sciences d'Orient, Timbouctou est devant moi, et une courte marche m'y conduit!

Eux aussi, mes compagnons saluaient joyeusement la ville qui apparaissait au loin, et nous nous félicitions réciproquement sur notre succès. Les gens d'Araouan et le cheikh el-Bakay nous montraient fièrement cette Médine, cette grande ville, et nous faisaient mille contes sur ses maisons, son excellente eau et ses repas exquis. Il est vrai qu'une pensée nous inquiétait encore : comment allions-nous être reçus? On finirait bien par me reconnaître pour un Infidèle : de quelle façon se comporteraient alors les habitants et surtout les autorités de la ville?

Le 1ᵉʳ juillet de l'année 1880 restera toujours pour moi inoubliable. Peut-être pourra-t-on bientôt naviguer avec des bateaux à vapeur sur le Niger, où des chemins de fer amèneront les voyageurs pris sur la côte atlantique; alors on sourira en pensant qu'il y a eu un temps où arriver à Timbouctou pouvait être regardé comme un succès difficile. Pour le moment on en est réduit à la pénible traversée du désert, et cela durera sans doute encore longtemps; aussi, bien peu auront le bonheur de pénétrer, d'ici à quelques années, dans la ville frontière entre le Sahara et le Soudan, Timbouctou, jadis si grande et si puissante.

Nous traversons rapidement la zone stérile qui sépare la ville de la forêt de mimosas. Des restes de murs et des monceaux de décombres indiquent que jadis Timbouctou a eu une étendue plus grande; à droite nous voyons un étang au brillant miroir, entouré de troupeaux de bœufs, de moutons, de chèvres, d'ânes et de chameaux; dans l'intervalle marchent quelques silhouettes allant vers la ville ou en revenant. C'est une *daya*, un des étangs caractéristiques de la zone tropicale, qui commence.

Nous nous approchons toujours plus de la ville, qui n'est entourée d'aucune muraille; une troupe d'hommes, à pied et à cheval, vient au-devant de nous; ce sont généralement des gens de couleur foncée, le visage voilé; quelques-uns ont des piques à la main. Nous sommes amicalement salués et félicités de l'heureuse fin de notre voyage au désert. Nous nous rendons tous processionnellement, par un dédale de ruelles, à la maison du *kahia*, en quelque sorte le maire de l'endroit. Les nombreuses Négresses accroupies dans les rues, où elles vendent des vivres, nous saluent en nous appelant à haute voix, et en poussant le cri particulier que l'on entend de leur part dans toutes les occasions solennelles. Un très grand nombre de gens se pressent autour de nous; quelques-uns crient en me voyant : « Yhoudi » (Juif), mais nous n'avons pas la moindre démonstration hostile à subir. Nous ne rencontrons nulle part le regard fier et haineux d'un saint fanatique quelconque, comme il y en a au Maroc, ou ces masses de peuple qui s'étaient fait connaître à nous dans Taroudant d'une manière si désagréable.

Après une courte présentation au kahia, qui nous salue et nous félicite dans les termes les plus emphatiques, mais pleins des meilleures intentions, et qui nous promet sa protection, nous repartons pour être conduits non loin de là dans une jolie maison, où nous allons nous reposer à notre aise des fatigues du voyage au désert, tout en préparant de nouvelles entreprises.

CHAPITRE IV

SÉJOUR A TIMBOUCTOU.

Timbouctou est difficile à atteindre. — Paul Imbert. — Le major Laing. — Caillé. — Barth. — Mon arrivée à Timbouctou. — Ma maison. — Visites. — Repas. — Bien-être. — Nombreux oiseaux. — Lézards. — Chevaux. — Autruches. — Personnages influents. — Er-Rami. — Le kahia. — Abadin. — Arbre généalogique. — Influence des Foulbé. — Tribu des Kountza. — Berabich. — Hogar. — Eg-Fandagoumou. — Touareg. — Port de Kabara. — Situation de Hadj Ali. — Mariages. — Routes à suivre. — Chameaux loués aux Tourmos. — Orage. — Achat d'un âne. — Préparatifs de départ. — Environs de Timbouctou. — Nouvelles d'Europe.

Jusqu'ici peu d'Européens ont pu atteindre Timbouctou, et l'arrivée dans cette ville a, pour le voyageur, la même importance qu'à Lhassa, la ville des Tibétains si difficilement accessible aux explorateurs de l'Asie intérieure. Beaucoup de gens, la plupart explorateurs sérieux, ont mis toutes leurs ressources en jeu pour atteindre cette ville frontière du Sahara et du Soudan; on a essayé de s'en approcher tantôt avec des expéditions isolées, tantôt avec des troupes nombreuses et bien pourvues; on a renouvelé ces tentatives aussi bien en partant du nord que de l'ouest. Au nord c'est le désert avec tous ses dangers, avec les bandes pillardes du versant sud de l'Atlas, et les Touareg indomptés dans l'intérieur du Sahara, qui ont protégé Timbouctou contre la curiosité des Européens; au sud et à l'ouest c'est la méfiance des populations noires musulmanes envers eux, et leur crainte d'être soumises, qui ont fait échouer la majorité des tentatives exécutées dans cette direction.

Il est parfaitement certain que quatre Européens ont visité Timbouctou avant moi. Vers l'année 1630, le matelot français Paul Imbert fut pris par les Arabes à la suite d'un naufrage sur la côte atlantique et vendu comme esclave; il arriva ainsi à Timbouctou. Plus tard il mourut au Maroc, étant encore en captivité, et l'expédition du commandant français Razilly en 1632 ne put lui rendre la liberté. Imbert n'a donc jamais raconté ce voyage forcé, qui est réellement sans aucune valeur pour l'histoire des découvertes en Afrique.

Presque deux siècles se passèrent jusqu'à ce que le major anglais Laing atteignît, en août 1826, Timbouctou. Alexander Gordon Laing, né le 27 décembre 1794 à Edimbourg, avait déjà entrepris plusieurs voyages heureux de la côte de Sierra Leone dans l'intérieur, lorsqu'il fut chargé en 1825, par le gouvernement anglais, d'exécuter un voyage de découverte au Niger. Il traversa le désert en partant de Tripoli par Rhadamès et le Touat et atteignit Timbouctou. Il fut tué entre cette ville et Araouan le 24 septembre 1826, ainsi que je l'ai dit plus haut. Il n'est également rien arrivé en Europe de ses descriptions de Timbouctou.

Deux ans plus tard, en 1828, un Français, René Caillé, né le 19 septembre 1799, à Mauzé, en Poitou, y parvint à son tour : il fut le premier Européen qui donna une description de Timbouctou puisée dans ses propres renseignements. Poussé seulement par le goût des voyages, presque sans ressources et même sans préparation particulière, il se rendit au Sénégal avec l'intention de gagner le prix de 10 000 francs promis par la Société de Géographie de Paris à l'explorateur qui atteindrait Timbouctou. Après s'être initié chez les Trarza aux mœurs et à la langue arabes, il commença, en partant de Kakondy, dans la Sierra Leone, un voyage fertile en privations. Il répandit le bruit qu'il avait été emmené en bas âge d'Égypte par les Français et qu'il était ainsi arrivé au Sénégal ; il s'était enfui, disait-il, pour rejoindre son pays, et voulait traverser les États mahométans du Nord-Africain. Après un voyage à pied extrêmement pénible, il parvint à Timé, dans le pays des Bambara, où il songea à se joindre à une grande caravane. Un mal de pieds et même l'apparition du scorbut l'en empêchèrent, et il n'arriva que le 11 mars 1828 à Djenni, d'où il descendit le Niger dans une barque jusqu'à Timbouctou, c'est-à-dire à Kabara, port de cette ville. Inconnu et considéré par tout le monde comme un pauvre pèlerin, il demeura à Timbouctou jusqu'au 4 mai et chercha, autant qu'il le put dans les circonstances données, à recueillir des informations sur la ville. Il se dirigea ensuite vers le nord avec une caravane marocaine, dans un voyage à travers le désert, aussi long que fatigant et pénible : il arriva enfin, dépourvu de tout et vêtu de haillons, à Tanger, au Maroc, où il fut recueilli par le consul de France. A Paris on l'accueillit avec de grands honneurs et il reçut le prix de 10 000 francs, ainsi qu'une pension viagère de 1000 francs. Il se retira ensuite dans sa province natale, où il se maria et s'occupa d'une petite propriété.

Le président d'alors de la Société de Géographie de Paris, Jomard, publia les observations recueillies par Caillé durant son voyage et y ajouta des annotations nombreuses de sorte que l'ensemble forma un livre en trois volumes, intitulé : *Journal d'un voyage à Timbouctou et à Jenné dans l'Afrique centrale* (1830).

Le voyage de Caillé fut mis en doute, surtout par les Anglais, et il eut encore à supporter le tourment de s'entendre reprocher d'avoir décrit des contrées qu'il n'avait jamais vues. Ces doutes ne disparurent complètement que quand Barth, le premier voyageur entré à Timbouctou après lui, eut confirmé, en général, les récits de Caillé. Ce dernier ne vécut pas longtemps; les terribles épreuves qu'il avait supportées n'étaient pas restées sans laisser de traces, même sur une constitution aussi robuste que la sienne, et le 17 mai 1839 il mourut dans sa propriété.

Si Paul Imbert et le major Laing ne nous ont absolument rien légué sur Timbouctou, et si les renseignements de Caillé renferment des lacunes, il a été du moins réservé au voyageur allemand Henri Barth de donner de cette ville et de ses habitants une description approfondie, aujourd'hui encore exacte.

Barth est un des plus grands voyageurs scientifiques de tous les temps, et ni avant ni après lui il n'y a eu aucun explorateur qui ait ouvert à la science une partie aussi étendue de l'Afrique. Les voyages de Livingstone, durant des années, dans les pays noirs du Sud-Africain, ou la marche audacieuse de Stanley le long du Loualaba et du Congo, n'ont pas donné autant de résultats pour la science que le séjour en Afrique de Barth, si bien mis à profit par lui.

Les routes qu'il a suivies ont une longueur totale de près de 20 000 kilomètres; mais c'est moins à ce nombre qu'aux résultats que se mesure l'importance d'un voyage, et sous ce rapport nul n'a encore dépassé Barth. La génération actuelle, qui est si disposée à accueillir par de bruyants applaudissements les explorations en Afrique, même heureuses sous certains rapports

TIMBOUCTOU, VUE PRISE DU NORD.

seulement, et qui est extrêmement généreuse de ses marques de distinction, ne devrait pas oublier ce que Barth a fait pour l'histoire, la géographie et les sciences naturelles du nord de l'Afrique. Un homme aussi instruit et aussi bien préparé aux voyages a rarement foulé le sol africain, et le gouvernement anglais n'en pouvait trouver un plus digne, quand il envoya en 1849 une grande mission d'exploration dans le nord de l'Afrique. Richardson, Overweg et Vogel ne revirent jamais leur pays; Barth eut le bonheur de pouvoir écrire et publier les résultats si précieux de ses voyages de six années.

Le 7 septembre 1853 il entrait à Timbouctou, en partant du sud, et en venant du port de Kabara, à une petite étape de là. Un séjour de plus de sept mois dans la ville et ses environs immédiats lui permit de connaître le pays et les habitants : aussi la richesse de ses observations est-elle étonnante. Il avait cru indispensable de se présenter tout d'abord comme un envoyé du sultan et de renier sa religion; plus tard seulement, après avoir fait une connaissance plus intime de Sidi Ahmed el-Bakay, le cheikh des Oulad Sidi-el-Mouktar, qui depuis est devenu célèbre, il lui fit part de sa qualité de Chrétien et sut défendre sa nouvelle situation dans des discussions savantes sur la religion. Bien que ses ennemis fussent nombreux à Timbouctou, ils ne parvinrent à lui faire aucun mal; le 8 mai 1854 Barth quittait la grande ville du Niger, pour continuer ses brillants voyages, si riches en résultats.

Depuis ce temps aucun Européen ou aucun Chrétien n'a réussi à voir[1] Timbouctou, et c'est pour ce motif que le 1er juillet 1880, où je vis devant moi les maisons

---

1. Mungo Park n'a fait que passer devant le port de Timbouctou, Kabara, et dans son voisinage il a été plusieurs fois attaqué par les Touareg.

de cette ville, vingt-six ans après le départ de Barth, fut pour moi un grand jour, et me causa un sentiment de solennelle satisfaction. Dans l'intervalle de ces vingt-six années, le monde civilisé n'avait reçu qu'une fois des nouvelles et des renseignements de cette ville, par le rabbin Mardochaï, que j'ai plusieurs fois cité et qui y a passé pour ses affaires un certain temps en 1859 et dans les années suivantes.

Mon séjour à Timbouctou. — La petite maison qui m'est assignée est au milieu d'une rue assez large et renferme une cour où donnent une série de petites pièces, que nous utilisons pour y déposer nos bagages; de là un escalier étroit conduit dans un premier étage, assez bas, où se trouve une grande et belle chambre, de laquelle on a accès par quelques degrés sur une terrasse; celle-ci supporte une petite construction qui contient une jolie pièce avec une fenêtre vers la cour et une autre sur la terrasse. Je prends cette chambre pour moi et m'y installe; c'est la plus aérée et la mieux conservée de la maison. Hadj Ali et Abdallah (Benitez) habiteront l'entresol; Kaddour s'installera avec Farachi, dans les magasins qui donnent sur la cour; c'est là que se tiennent aussi en permanence quelques jeunes domestiques du kahia, autant pour nous servir que pour tenir leur maître au courant de tout ce qui se passe.

La maison est construite en briques; le sol des chambres est d'argile fortement battue; il y a également une ornementation peu compliquée autour des portes. Celles-ci sont en bois, ainsi que les fenêtres; ces dernières, souvent très joliment découpées, affectent la forme en fer à cheval des constructions mauresques. De la terrasse j'ai une vue qui s'étend sur une partie de la ville; une balustrade donne dans la cour. On a remédié jusqu'à un certain point à l'inconvénient déjà mentionné par Barth et qui fait user, surtout dans les maisons construites pour des étrangers, de la terrasse comme d'une sorte de *buen retiro*, en y construisant un petit cabinet destiné à cet usage.

Fenêtre d'une maison de Timbouctou.

Les premiers temps, nous fûmes tout naturellement accablés de visites, et nos chambres ainsi que notre terrasse étaient souvent remplies d'hommes de tous les pays. On y pouvait voir le riche marchand de Rhadamès auprès du Targui, dont le *litham* (voile bleu) couvrait le visage, en ne laissant à découvert que ses yeux. Le marchand maure du Maroc y venait en même temps que le Foulbé élancé, les yeux pleins de fanatisme, regardant avec défiance les étrangers; des gens du Sénégal s'y rencontraient avec des habitants du Bornou et des Nègres esclaves appartenant à des peuplades sans nombre.

Pour moi les plus intéressants de ces visiteurs étaient les Touareg, qui, à cette époque, avaient dans la ville une influence supérieure à celle des Foulbé du Moassina[1]. Ils ont quelque chose d'extrêmement farouche dans l'aspect; leur visage voilé, leurs tobas bleu foncé et leur armement compliqué, une grande épée, un sabre court et quelques lances qu'ils portent toujours avec eux, leur langage rude et bruyant, ainsi que leur abord orgueilleux : tout cela réuni produit une impression désagréable. Les cheikhs de cette tribu qui vinrent nous voir savaient l'arabe et le foulbé, ainsi que cela est facile à comprendre quand trois peuples sont établis à proximité les uns des autres, et se trouvent en relations constantes, pacifiques ou guerrières.

Le jour qui suivit mon arrivée, l'empressement des visiteurs fut tout à fait colossal. Une troupe succédait à une autre, et nous étions forcés de jouer le rôle de bêtes curieuses pendant de longues séances, tandis que Hadj Ali intéressait nos hôtes par sa faconde de rhétoricien. Ces visites m'étaient pénibles, car mon malaise ne faisait que s'accroître, et j'aurais préféré me retirer dans ma chambre. Enfin, vers quatre heures, le kahia nous envoya festin, et un les visiteurs, qui se trouvaient là en masse, jugèrent convenable de disparaître peu à peu, pour aller échanger au dehors leurs impressions sur nous. Tous ces gens n'avaient montré aucune animosité; c'était une curiosité qui s'exprimait d'une manière un peu brutale.

---

[1]. J'ai toujours entendu nommer ce pays ainsi, et non Massina.

On ne voit ici, en fait de vêtements, que les larges tobas bleues du Soudan, soit en cotonnade européenne, très simple et de mauvaise qualité, soit en étoffe indigène, celle-ci assez grossière, mais d'ailleurs excellente : elle est tissée en bandes larges d'une main, qui sont cousues ensemble. Les tobas fabriquées avec cette étoffe, teinte en bleu indigo, sont souvent garnies de broderies de soie très variées et très originales, appliquées à l'envers comme à l'endroit. Par suite ces tobas sont fort chères et très recherchées; on a l'habitude d'en donner quand on est forcé de faire des présents.

Le repas que le kahia nous avait envoyé pouvait passer pour un festin de Lucullus, en comparaison avec nos dîners du désert. Il consistait en de bon couscous de froment avec des légumes, en viande de bœuf et en poulets rôtis : tout cela préparé d'une façon fort appétissante. En outre nous eûmes une jouissance dont nous avions été longtemps dépourvus, celle de manger d'un pain de froment tout frais et d'excellente qualité, tel qu'il n'y en a pas de meilleur à Fez ou à Marrakech. Il est vrai que, comme boisson, nous n'eûmes que de l'eau; les liquides alcooliques, de quelque genre qu'ils soient, n'existent absolument pas ici. L'eau provient des dayas situées tout près de la ville, petits étangs qui, par les grandes crues et pendant les années pluvieuses, sont mis en communication avec le Niger au moyen de canaux naturels peu profonds. On ne pouvait dire que cette eau fût mauvaise, et, auprès de celle dont nous avions usé jusque-là, elle était même fort bonne; mais elle ne renfermait aucune substance minérale et était extrêmement fade. Pour boire, on se sert à Timbouctou, comme dans tout le Soudan, de calebasses; elles sont fabriquées soit avec des coquilles de fruits, soit avec du bois creusé. Les mets sont transportés dans des plats en terre, et toute la disposition du repas rappelle le Maroc. Pendant notre séjour nous n'eûmes aucune dépense à faire pour notre alimentation ; nous étions constamment pourvus de vivres abondants et d'excellente qualité ; notre aimable hôte le kahia se crut obligé de nous fournir les aliments nécessaires, et, en même temps que lui, d'autres personnes, avec qui nous fîmes plus tard connaissance, en envoyèrent, de sorte que nous en avions toujours en abondance et qu'il nous était possible d'en distribuer aux pauvres. Il semble qu'il y en ait peu ici, car on n'y voit pas, comme au Maroc, des douzaines de ces malheureux, estropiés et à moitié morts de faim, étendus dans les rues. Il est évidemment aisé pour les habitants de satisfaire leurs minimes besoins ; on ne peut méconnaître à Timbouctou un certain bien-être.

On y prend trois repas par jour. Le matin vers neuf heures, nous recevions quelques assiettes pleines de miel et de beurre fondu, et avec cela une douzaine au moins de petits pains plats, tout frais, ce qui constituait un déjeuner fort agréable. On mange ce mets en trempant successivement les morceaux de pain dans les assiettes. Vers trois heures de l'après-midi venait le repas principal, ordinairement en deux et souvent même en trois services, couscous, légumes, viande fraîche d'agneau et de bœuf, ou poulets et pigeons. Tout était préparé au beurre et d'une manière appétissante. Je n'ai jamais reçu de poissons, quoique le Niger en contienne tout près d'ici. En effet il n'est pas convenable, croit-on, d'en manger ; aussi les laisse-t-on presque exclusivement aux Nègres esclaves et à la population pauvre. Le marché où on en vend doit être un lieu d'autant plus horrible que le poisson y est apporté presque complètement pourri, et est vendu dans un état de putréfaction manifeste; le Maure délicat du Maroc ne mangerait pas quelque chose de pareil. Le repas du soir, qui avait lieu généralement assez tard, entre neuf et dix heures, consistait d'ordinaire en riz, avec de petits morceaux de viande, le tout parfaitement mangeable. Par ce menu on peut voir que Timbouctou est un grand centre de civilisation au milieu de la population noire du Soudan et des Touareg du désert; l'influence des Marocains y a été considérable et on peut la reconnaître aux circonstances les plus diverses.

Nous nous remîmes rapidement avec une alimentation aussi bonne et une vie calme; mon état s'améliorait peu à peu, mais à la suite de ce mieux j'éprouvai de temps en temps des accès de fièvre; Barth en avait également beaucoup souffert à Timbouctou. Le voisinage du Niger et de sa zone d'inondation se fait sentir; s'il nous manque quelque chose, c'est l'air pur, sec et salubre du désert.

Comme nous avions encore beaucoup de café, de thé et de tabac, nous menions une existence parfaitement supportable.

Le monde des oiseaux est extrêmement riche à Timbouctou, aussi bien au dehors qu'au dedans de la ville. Des cigognes noires sans nombre se pavanent près des dayas des environs; une petite espèce de pinson, fort jolie, est aussi fréquente que les moineaux chez nous; les pigeons sont en masses et volent en grandes bandes au-dessus de la ville. Différentes espèces de corbeaux, de grues et d'étourneaux sont en abondance, et l'on voit au milieu d'elles le faucon et l'aigle. C'est un joli spectacle que ce monde d'oiseaux, quand on revient d'une longue traversée au désert. Des troupeaux de bœufs à bosse, de moutons sans laine et de chèvres, des processions entières de chameaux et d'ânes ainsi que de chevaux, sont conduits à l'abreuvoir, et au milieu d'eux s'avancent des autruches apprivoisées, privées de leur parure de plumes, affreuses en cet état dégénéré. Dans les maisons vivent de nombreux lézards de grande taille et de couleurs variées, des caméléons, des geckos et d'autres reptiles inoffensifs, peu agréables cependant comme colocataires pour des Européens. Sur les murs de ma véranda je pouvais me livrer à une chasse en forme après des reptiles de toute espèce, qui demeuraient étendus au soleil, en guettant des insectes.

Comme je l'ai dit, il y a également des chevaux ici. Ils sont d'une race petite, mais très endurante et rapide ; on ne les ferre pas, d'abord à cause de la nature du terrain sablonneux, et ensuite de la cherté du fer, surtout du fer travaillé ; il vient en général du sud du pays des Bambara, dont les habitants savent le tirer du minerai contenu dans la latérite.

L'élève des autruches n'a pas d'importance, et la plupart des plumes viennent d'animaux sauvages que l'on chasse à cheval. Elles sont, dit-on, beaucoup plus belles et plus précieuses que celles des oiseaux à demi domestiques. Le bœuf à bosse est employé comme animal de boucherie et pour le transport des marchandises et des hommes. C'est une race d'assez petite taille, à la fois gracieuse et vigoureuse, pourvue de cornes s'écartant l'une de l'autre et d'une bosse de graisse placée entre le dos et le cou : sa viande n'est pas mauvaise, mais en général j'ai trouvé, aussi bien dans ces pays qu'au Maroc, la chair du mouton de beaucoup préférable à celle du bœuf.

Les personnages importants de Timbouctou en 1880, au moment de mon séjour, étaient le kahia, le chérif Abadin el-Bakay, chef de la grande famille chérifienne des Oulad Sidi-el-Mouktar, et le cheikh, ou ainsi qu'il se nommait lui-même, le sultan des Touareg-Imochagh, eg-Fandagoumou.

Le sultan du Maroc el-Kahal entretenait avec Timbouctou des relations fréquentes ; on prétend même qu'il fit jalonner le chemin du désert par des pieux de bois. Il se dirigea sur la ville soudanienne avec une grande armée et y laissa beaucoup de membres de la famille er-Rami, qui s'étaient enfuis d'Andalousie, et vivaient surtout à Fez et à Tétouan. Les anciens habitants de l'Espagne méridionale, nommés Andalousi au Maroc, sont très nombreux à Fez, et tout un quartier de cette ville porte leur nom ; leurs femmes et leurs filles passent pour être particulièrement belles. Le kahia, ou, comme il se laisse volontiers nommer, l'amir, appartient à cette famille andalouse des er-Rami. Le sultan dont je viens de parler chargea un de ses membres de l'administration de la ville ; son emploi devint héréditaire, et le kahia actuel Mouhamed er-Rami est le descendant de ces Arabes andalous fixés au Maroc. Les membres de sa famille ont pris peu à peu une couleur foncée, par suite de mariages avec des Négresses, et il a l'extérieur d'un Nègre. Il a une physionomie extrêmement fine, et en même temps bienveillante ; il rit volontiers et est heureux de toutes les nouveautés qu'il voit ou entend. Il ignore tout fanatisme religieux, et, si un jour il était forcé d'agir contre un Chrétien présent à Timbouctou, il ne le ferait certainement pas de son plein gré, mais sous l'influence d'autres gens plus puissants que lui. Kahia est, comme on sait, un titre particulièrement en usage en Tunisie pour des fonctionnaires et des officiers. La charge de celui de Timbouctou ne semble être que celle d'un maire; il n'a aucune influence sur la politique extérieure, en particulier sur les querelles éternelles entre les Foulani et les Touareg, et il est forcé de se joindre au puissant du jour.

Le kahia venait presque tous les soirs nous voir, avec une grande suite, et généralement quelques lettrés, qui entamaient aussitôt une discussion religieuse avec Hadj Ali. Après des explications qui duraient des heures, mon interprète revenait d'ordinaire rayonnant de joie et racontant une victoire dans ce tournoi d'éloquence. Parmi les lettrés il y en avait quelques-uns de couleur complètement blanche, comme les Maures du Maroc; eux et leurs ancêtres n'ont épousé que des femmes arabes de race pure, qui sont peu nombreuses à Timbouctou; la grande majorité de celles qui y vivent sont des Négresses.

Le 3 juillet nous reçûmes la visite du chef actuel de la famille Bakay, si connue par les récits de Barth.

Lorsque Barth, le 11 octobre 1853, dut quitter Timbouctou, sur le conseil de son protecteur Ahmed el-Bakay, le fils de Sidi Mouhamed et le petit-fils de Sidi Mouktar, pour aller chercher une plus grande sécurité dans un douar écarté, il écrivit à ce propos : « C'était vers le coucher du soleil, et ce pays découvert avec ses nombreux mimosas, le camp placé sur une pente de sable blanc, éclairée des derniers rayons du couchant, tout cela formait un intéressant spectacle. Les jeunes habitants du camp, y compris Baba Ahmed et Abadin, les deux enfants de prédilection du cheikh (l'un âgé de quatre ans, l'autre de cinq), vinrent au-devant de nous, et, bientôt après, je me trouvai dans une tente basse de poil de chameau, comme elles sont ici en usage. » Cet Abadin, alors un enfant de cinq ans, avait, à l'époque de mon voyage, près de trente-quatre ans et était le chef de cette famille influente. Lorsqu'il s'approcha, lentement et solennellement, il embrassa d'abord Hadj Ali, et moi ensuite. Il parlait posément, en pesant ses termes, et se servait du pur arabe du Coran et non du dialecte vulgaire. Il avait évidemment appris l'arrivée d'un grand chérif et d'un lettré, et voulait se faire passer pour tel. La veille, Abadin était revenu d'un voyage au Moassina, en compagnie de quelques Foulani ; on me dit que son ambition était de s'y créer une situation avec leur aide, et d'y rendre souveraine la famille el-Bakay. Il espère qu'aussitôt après la création d'un puissant État foulbé à Moassina, il lui sera facile de s'établir également à Timbouctou et de briser l'influence des Touareg, aujourd'hui dominante. Tandis qu'au temps de Barth, le père d'Abadin n'était pas en fort bonnes relations avec les Foulani, le chef actuel des el-Bakay cherche à parvenir au pouvoir avec l'aide de ces derniers.

Cette famille est très ancienne et montre un grand arbre généalogique, que Barth a déjà publié :

Sidi Oukba, nommé el-Moustdjab, conquérant de la Berbérie.
Sakera.
Yadrouba.
Saïd.
Abd el-Kerim.
Mouhammed.
Yachcha.
Doman.
Yahia.
Ali.

Sidi Ahmed el-Kounti (Kountsi), mort à Fask, au sud de Chinguit.
Sidi Ahmed el-Bakay, mort à Oualata.
Sidi Omar é-cheikh, mort en 1553, dans l'Iguidi.
Sidi el-Ouafi.
Sidi Habil-Allah.
Sidi Mouhammed.
Sidi Bou-Bakr.
Baba Ahmed.

Moukta el-Kebir, mort en 1811.
Sidi Mouhamed é-Cheikh, mort le 10 mai 1826, lors du séjour du major Laing dans l'Azaouad.
Mouktar, son fils aîné.

Sidi Ahmed el-Bakay, frère puîné du précédent.
Abadin, fils aîné du précédent, né en 1848 et aujourd'hui cheikh.

Abadin est un homme jeune, ambitieux, ayant parfaitement conscience de sa valeur, sachant à quelle famille ancienne et considérée il appartient ; il a certainement agi avec prudence en se joignant au parti des Foulani, intelligents et relativement formés, qui ont sans doute un avenir politique plus considérable au Soudan que les Touareg sans frein, habitués à une vie déréglée : les Foulani représentent la plus stricte orthodoxie de l'Islam, et ils sont le plus en état de résister efficacement à l'influence européenne. S'il arrivait aux Français de pouvoir étendre leur influence de Ségou à Timbouctou, ils auraient certainement à compter avec le jeune cheikh Abadin.

La famille el-Bakay appartient à la tribu arabe des Kountza (Kounta, d'après Barth ; mes Marocains prononcent souvent, à la place du *t*, un *tz* ; par exemple, Tz'taouan pour Tétaouan), race distinguée depuis longtemps pour la pureté de son sang et chez laquelle la science a toujours été en grand honneur. Ils se partagent en un certain nombre de subdivisions, les Ergageda, les Oulad el-Ouafi, les Oulad Sidi-Mouchtar, les Oulad el-Hemmal et les Togat. Abadin et ses ancêtres appartiennent aux Oulad el-Ouafi.

A trois jours à l'est de Timbouctou sont les douars des Kountza, et l'on désigne sous leur nom le pays qu'ils habitent ; les frères, les femmes ou les autres parents d'Abadin s'y tiennent d'ordinaire, et le jeune cousin du cheikh, qui nous avait accompagnés d'Araouan à Timbouctou, se rendit à Kountza le jour qui suivit notre arrivée.

Ainsi que les Kountza, se trouve dans l'Azaouad la plus importante des tribus de la région, les el-Berabich (au singulier, Berbouchi) que j'ai déjà souvent nommés. Comme je l'ai dit, cette tribu domine en ce moment sur la route d'Araouan à Timbouctou et y prélève des droits de douane; d'un autre côté, Barth raconte qu'elle doit payer tous les ans un tribut de 40 mitkal d'or aux Hogar, cette famille de Touareg qui vit dans le pays de montagnes du même nom, à une grande distance vers le centre du Sahara central [1]. Autrefois ils devaient pousser leurs excursions très loin vers l'ouest, car Barth raconte que non seulement les Berabich et les Kountza sont tributaires des Hogar, mais que ceux-ci viennent jusqu'à Araouan; alors Taoudeni n'aurait même pas été en sûreté envers ces puissants nomades, aux goûts belliqueux et qui ont l'habitude des armes; les propriétaires des salines leur payaient tribut.

Barth émet encore, au sujet des Berabich, l'idée qu'ils sont identiques au peuple nommé *Pecorsi* par les anciens géographes, qui habitait jadis plus au sud, dans le pays d'el-Hodh et qui fréquentait les marchés de Ségou et de Djinné. Les Berabich se divisent à leur tour en un grand nombre de groupes : ce ne sont plus que des Arabes mêlés à des Nègres du Soudan.

Après le kahia et Abadin, un des personnages importants de Timbouctou est le cheikh ou, comme il se laisse volontiers nommer, le sultan des Touareg, eg-Fandagoumou. Il prétend que tout le pays, de Timbouctou jusqu'à Araouan, dépend de lui; mais, comme dans

---

[1]. Les Hogar (ou Hoggar) sont les auteurs du massacre de la deuxième mission Flatters, en février 1881, un peu au nord du pays d'Aïr. (*Note du Traducteur.*)

cette dernière ville les Berabich dominent depuis longtemps et prélèvent des droits de douane, il semble que cette prétention du sultan soit une pure exagération. En fait, les gens d'eg-Fandagoumou inquiètent les routes d'Araouan à Timbouctou, mais la tribu des Berabich, nombreuse et guerrière, a toujours su jusqu'ici maintenir le passage libre.

Eg-Fandagoumou et sa horde appartiennent à l'une des nombreuses subdivisions du groupe sud-ouest des Imocharh, que Barth décrit de la manière la plus détaillée. Presque chaque jour des gens de cette race venaient me trouver, tant par curiosité que pour demander des médicaments. Les maladies d'yeux sont extrêmement répandues parmi eux, uniquement par suite de leur malpropreté. Je ne crois pas que les Touareg, qui vivent dans le désert, se lavent jamais; les ouragans de sable, si fréquents, leur causent sûrement des ophtalmies qu'il serait facile de guérir ou du moins d'adoucir par des soins de propreté. Des femmes même d'eg-Fandagoumou m'amenèrent pour les soigner de petits enfants souffrant de maux d'yeux. Je ne pus ordonner qu'une faible solution de sulfate de zinc, et j'ai peine à croire qu'un résultat heureux quelconque ait pu en être obtenu. Les femmes touareg que je vis, et qui n'ont pas la coutume de se voiler le visage, avaient des traits sévères, pleins d'expression, assez beaux, de magnifiques cheveux noirs en longues boucles, une taille élancée et une peau faiblement colorée, comme on en remarque déjà chez beaucoup de gens du sud de l'Europe; il n'y a pas la plus petite trace du type nègre chez les Touareg purs.

Touareg et Foulani sont en luttes presque ininterrompues depuis des siècles, et le prix du combat, la ville de Timbouctou, ouverte à chacun des adversaires, se trouve placée entre eux et souffre naturellement beaucoup de cette situation. En ce moment le Maroc n'a pas ici la moindre influence; on laisse les négociants marocains y faire leurs affaires, on reconnaît dans le sultan un grand chérif, un chef spirituel, qui jouit au Maghreb d'une considération aussi grande que le sultan des Osmanlis dans l'est, mais c'est tout. L'époque déjà ancienne où des souverains du Maroc faisaient marquer avec des pieux le chemin du Sahara et envoyaient tous les ans, à Timbouctou non seulement de nombreuses caravanes commerciales, mais encore des corps de troupes, ces temps sont passés et sans doute pour toujours; le Maroc, en décadence sous tous les rapports, est trop faible pour exister longtemps encore, à plus forte raison pour fonder dans le sud un empire étendu et puissant. Le temps n'est peut-être pas éloigné où des puissances européennes décideront de la répartition des États jadis puissants et florissants du Niger moyen, et Timbouctou redeviendra alors le centre important de civilisation, indiqué par sa situation favorable entre le Sahara et le Soudan. Si des peuples indigènes sont capables d'y jouer un rôle, ce sont en première ligne les Foulani; leur influence dans les pays du Soudan central et occidental paraît ne pas encore avoir atteint son apogée.

Le manque de sécurité qui régnait pendant mon séjour à Timbouctou, et surtout les nouvelles luttes qui venaient de commencer entre les Touareg et les Foulani, m'ont empêché de voir le port de Kabara, ce que j'ai regretté amèrement. La distance de quelques milles qui sépare ces deux endroits, déjà peu sûre par elle-même, était à ce moment complètement infranchissable, de sorte que Timbouctou ne pouvait même pas être pourvu de légumes frais, etc., c'est-à-dire de tout ce qui vient des pays du Niger. Je crois donc devoir donner ici, au sujet de ce point important déjà, et qui sera peut-être souvent nommé dans l'avenir, quelques renseignements empruntés aux descriptions de Barth : il s'est occupé également de Kabara.

D'après Barth, c'est une petite ville renfermant environ cent cinquante à deux cents maisons d'argile et un grand nombre de huttes en paille, avec à peu près deux mille habitants ; elle est construite sur une hauteur très rapprochée du fleuve. Les gens de Kabara sont presque tous des Nègres du Sonrhay, qui logent dans les huttes, tandis que les maisons appartiennent aux négociants étrangers de Timbouctou, du Touat, etc. Au temps de Barth, les fonctionnaires étaient des Foulani, tandis que la charge de maître du port se trouvait au contraire dans les mains d'un chérif marocain, Mouley Kassîm, dont la famille était venue, longtemps auparavant, du Gharb, la plaine fertile et bien connue du Maroc occidental.

Kabara a deux petites places de marché, dont l'une exclusivement destinée à la viande, et l'autre à des articles de toute nature. Les habitants cultivent du riz, et même un peu de coton, ainsi que diverses espèces de melons qui sont envoyés à Timbouctou pour y être vendus.

Déjà à l'époque de Barth l'anarchie était complète dans Kabara, et les Touareg commençaient leurs brigandages, de sorte que le manque de sécurité y semble presque permanent. Le peu de sûreté de l'étroite zone de terrain située entre le port et la ville, et le désordre dans lequel est plongé le pays, ont fait qu'un endroit placé à mi-chemin à peu près entre Timbouctou et Kabara porte le nom significatif d'Ourimmandès, « il ne l'entend pas », ce qui veut dire que le cri du malheureux qui tombe ici dans les mains d'un brigand n'est entendu par personne.

Tandis que je me tiens aussi tranquille que possible dans Timbouctou et que je m'occupe uniquement de me remettre et de réunir les éléments de mes notes, Hadj-Ali joue un grand rôle : il me déclare même un jour qu'il se plaît si bien ici qu'il désire y rester et que je devrai songer à partir seul. En outre, il provoque Benitez en toute circonstance et l'insulte journellement; ce dernier, conscient de son impuissance, est condamné à s'effacer le plus possible; il suffirait à Hadj Ali d'exciter les gens de Timbouctou contre Abdoullah et de le dénoncer comme Chrétien, pour nous créer certainement les plus grands embarras. Ce sont là des circonstances fort pénibles, et l'insolence de Hadj Ali est difficile à supporter. J'ai fait quelques petits présents au kahia ainsi qu'à Abadin; c'est peu de chose, il est vrai, mais on l'accepte, et en échange on me renvoie même quelques tobas brodées. Hadj Ali s'est ainsi amassé une grande quantité de cadeaux; il reçoit même de l'or et des plumes d'autruche; dans la suite du voyage nous avons dû, il est vrai, rendre la plus grande partie de ce que nous avions reçu ainsi.

Le 6 juillet, les rues de Timbouctou étaient fort animées; il y avait en effet ce jour-là six mariages, parmi lesquels celui du fils du kahia. Il y eut des processions dans les rues, des danses et surtout une grande consommation de poudre : le pétillement des vieux et lourds fusils à pierre retentissait de tous côtés. C'étaient les Nègres esclaves des différentes familles intéressées, et surtout la population pauvre, qui s'amusaient ainsi; le bruit dura presque toute la nuit.

Ma principale ambition était de recueillir des informations sur les routes à suivre en partant de Timbouctou; je voulais gagner le Sénégal et atteindre par le chemin le plus court possible le dernier poste français, qui était alors Médine. Mon compagnon Hadj Ali, même s'il consentait à voyager encore avec moi, n'était pas le moins du monde de cet avis. Évidemment on lui avait représenté le pays des Noirs sous les plus tristes couleurs, et il eût préféré retourner par le désert. Comme nous avions fait la connaissance de quelques marchands de Rhadamès, le voyage par le Touat en leur compagnie lui aurait été fort agréable. Je m'y opposai de la façon la plus vive, et finalement je réussis à l'emporter. Hadj Ali trouva lui-même un certain intérêt à connaître les colonies françaises du Sénégal, dont il avait entendu beaucoup parler pendant son séjour en Algérie, et nous recueillîmes tous les renseignements possibles au sujet de ce projet de voyage. On nous indiqua l'itinéraire suivant comme le meilleur :

De Timbouctou à Bassikounnou (cheikh Nigari, Foulbé), sept jours de marche;

De Bassikounnou à Rango (cheikh Mouhamed, Oulad Dahman), cinq jours de marche;

De Rango à Médinet-Bakouinit (cheikh Chamous), trois jours de marche;

De Médinet-Bakouinit à Rhab (Agib, Oulad Hadj Omar), trois jours de marche;

De Rhab à Kouniakari (Bechirou, Oulad Hadj Omar), cinq jours de marche;

De Kouniakari à Médine (fort français), un jour de marche;

De Médine à Bakel (fort français), trois jours de marche;

De Bakel à Saint-Louis (Ndar) (chef-lieu du Sénégal), six jours de marche.

Nous avons plus tard suivi cette route, quoique avec quelques changements. Les distances sont exactes pour des Arabes, c'est-à-dire pour des gens habitués à faire de longues marches et qui ne sont pas forcés de s'arrêter. Au contraire, j'ai mis plus de trois fois le temps indiqué, parce que j'ai dû attendre souvent pendant des semaines, dans les différentes localités, avant de recevoir des animaux de bât. Dans le chemin que je viens d'indiquer, les deux endroits les plus dangereux sont les villes de Rhab et de Kouniakari, car deux fils de Hadj Omar, qui sont en même temps des frères puînés d'Ahmadou, le sultan de Ségou, y habitent et sont fort mal disposés pour tout Européen allant au Sénégal ou en venant. J'aurais dû me rendre à Ségou auprès d'Ahmadou, ou surtout prendre une autre route; car mon espoir d'éviter ces deux villes se montra plus tard irréalisable.

Hadj Ali a du reste un autre itinéraire en vue, qu'il préfère parce que nous n'y rencontrerions aucun Nègre, et que nous traverserions uniquement des pays arabes. Il voulait aller de Timbouctou à Araouan et à Oualata, et de là se diriger directement sur Bakel, en tournant les pays des Fouta par la région d'el-Hodh. Il est certain que ces routes de caravanes existent, mais les Arabes y sont très pillards; Hadj Ali espérait y passer sans danger en sa qualité de chérif, et je ne doute pas qu'il n'y eût réussi; cependant je voulais aller vers le sud aussi loin que possible, et je finis également par l'emporter sur ce point.

Pendant notre passage à Timbouctou il ne se passait pas de jour où nous n'eussions une foule de visiteurs; parmi les plus acharnés étaient les Touareg, qui avaient été envoyés par eg-Fandagoumou pour saluer le chérif ou chercher des médicaments ; une troupe de ces gens arriva une fois le matin à huit heures et était encore assise à deux heures de l'après-midi à la même place, de sorte que je dus m'inquiéter de leur faire donner à manger. Il faisait alors assez chaud à Timbouctou, et au début la pluie ne pouvait se décider à tomber, quoi qu'il fît journellement des éclairs ; ce n'est que pendant les derniers jours qu'il se produit des orages fréquents.

Le 9 juillet au matin, Hadj Ali me déclare qu'il fera seul le voyage du Sénégal et que je puis partir avec Benitez ; l'après-midi il revient apportant la nouvelle qu'il a loué pour nous tous cinq chameaux destinés à nous mener à Bassikounnou. Les propriétaires, des Arabes Tourmos, demandent pour le voyage de chaque chameau cinq plaques de sel (*rouss*). Ce prix est relativement élevé, car une plaque de sel représente alors à Timbouctou environ un mitkal d'or, c'est-à-dire près de 12 francs. Plus on s'avance vers le sud, plus naturellement le sel est cher.

Du reste, cette exigence n'était pas aussi effrontée que celle de quelques autres de ces gens, qui demandaient 14 mitkal par chameau. Aussi étais-je prêt à accepter l'offre des Tourmos, mais j'éprouvais quelques doutes à leur égard ; ils se déclarent vite résolus sur un point, et peu de temps après, sous l'influence d'une circonstance quelconque, ils changent d'avis.

Le 11 juillet le propriétaire des chameaux vint nous voir, pour s'assurer de l'importance de nos bagages, et nous conclûmes une convention d'après laquelle il nous conduirait avec cinq chameaux jusqu'à Bassikounnou pour le prix de vingt plaques de sel. Nous fîmes échanger par des amis ces dernières contre de l'argent ; un

Tunisien, nommé Youssouf, nous fut très utile en cette circonstance; il vit depuis longtemps ici et possède même une maison à Taoudeni.

Le 12 juillet nous avions enfin un fort orage avec une pluie violente, qui nous rafraîchit agréablement. Parmi les nombreux Touareg apparaissant ce jour-là, se trouvent aussi quelques femmes, qui m'apportent le plus jeune enfant d'eg-Fandagoumou, petit garçon âgé tout au plus de deux ans; il est presque aveugle. Les maladies d'yeux paraissent réellement sévir d'une façon terrible sur ce peuple.

Mon malaise augmentait de nouveau et j'avais souvent des attaques de fièvre; un changement d'air aussi fréquent que possible est le meilleur remède contre ces accès; aussi, tout agréable que fut pour moi le séjour de Timbouctou, j'aurais pourtant préféré partir bientôt. Le 14 juillet, au milieu de la nuit on vint m'éveiller tout à coup : « Un serviteur d'Abadin el-Bakay était arrivé, me dit Hadj Ali et demandait sur l'heure six ou huit douros pour son maître. » Je ne pus me dispenser d'exprimer à Hadj Ali mes doutes sur la véracité de ce message, mais il s'emporta, montra le danger où nous nous trouvions si je ne cédais immédiatement au désir d'Abadin, etc. Je n'eus pas d'autre ressource que de sacrifier cinq douros; je n'ai jamais recherché à quoi et comment ils avaient été employés. Mais je ne puis croire qu'un homme aussi distingué qu'Abadin ait pu commettre une telle inconvenance et m'ait fait réveiller au milieu de la nuit pour mendier un peu d'argent.

Abadin avait voulu du reste retourner dans le Moassina, où il avait des affaires pressantes, dès le jour qui suivit son arrivée à Timbouctou; mais les Touareg cherchèrent à le retenir, et déclarèrent la route dangereuse, car depuis quelques jours ils étaient de nouveau en guerre avec les Foulani de là-bas.

J'achetai un âne pour le voyage, car je ne voulais pas user plus longtemps d'un chameau comme monture; j'en eus un pour le prix assez élevé de 29 000 kaouris. J'avais troqué de l'argent la veille contre une quantité de ces coquilles, chez un Juif habitant Timbouctou, qui m'en avait donné 5000 pour un douro d'Espagne; mais c'était une exception; plus tard je n'en reçus que 4500, et, plus loin vers le sud, encore moins. Les ânes sont très beaux à Timbouctou; grands, de couleur isabelle, avec une raie bai brun sur l'arête du dos; ils sont en même temps très durs à la fatigue, peu exigeants pour leur nourriture : enfin, sous tous les rapports ils sont fort utiles.

Cependant les préparatifs du voyage suivaient leur cours; j'achetai encore quelques pièces d'étoffe bleue, ainsi que des kaouris, et en outre un peu de riz et de couscous. Je n'avais plus besoin de grandes provisions, car nous allions traverser des pays plus peuplés que ceux parcourus jusque-là; de même, un aussi grand nombre d'outres ne nous était plus nécessaire. Le départ dut être retardé, car les Tourmos voulaient d'abord prendre des renseignements sur la sécurité du chemin. Notre but le plus proche est le pays de Ras el-Ma; tout y est tranquille, car les Tourmos et d'autres tribus arabes y ont dressé leurs douars; mais au delà le pays, généralement inhabité, est parcouru par les Oulad el-Alouch, tribu qui a une très fâcheuse réputation à cause de ses brigandages.

L'empressement était toujours considérable auprès de Hadj Ali; il écrivait des amulettes destinées à être employées comme remèdes, et il recevait une quantité de présents des croyants. Il avait certainement réussi à jouer un rôle; quant à savoir s'il aurait pu le soutenir longtemps, c'était une autre affaire; finalement, il préféra se contenter d'un succès momentané et ne pas accepter la situation de sultan du Moassina, ou quelque autre semblable, dont on lui avait parlé, en partant avec moi pour le Sénégal.

Les environs de Timbouctou, surtout vers l'est, sont fortement peuplés, et de nombreuses tribus arabes, faisant partie de la grande tribu des Berabich, y ont leurs douars. On me nomma les suivantes : el-Nasra, Oulad bou Hanta, Touachi, Dourchan, Is, Tachouot, Rhegar, Yataz, Eskakna, Mouchila, Oulad Bat, Itanali. Puis viennent les Touareg, dont le pays s'étend au loin vers l'est et le nord-est, tandis qu'ils n'apparaissent pas à l'ouest et au sud de Timbouctou. Malheureusement je ne pus faire aucune excursion dans les environs, car je souffrais trop souvent de la fièvre. En outre, mes gens regardaient une sortie de la ville comme trop dangereuse dans les circonstances présentes. Je me serais très volontiers rendu à l'invitation du cheikh touareg eg-Fandagoumou, tandis que j'aurais réfléchi à deux fois avant d'aller dans le Moassina chez les Foulani. Leur intolérance religieuse est redoutable au plus haut point pour les Infidèles, et Barth redoutait déjà de ce côté son plus grand danger. Pour s'expliquer la réserve excessive d'Abadin envers moi, il suffit de songer à son intimité avec quelques cheikhs des Foulani; afin de n'être pas obligé de rien faire contre moi, et de ne me rendre en même temps aucune politesse, il quitta rapidement la ville, de sorte que je ne le vis qu'une fois. J'eus l'impression qu'il voulait maintenir la bonne renommée dont son père avait joui comme protecteur de Barth, en ne se livrant contre moi à aucun acte d'hostilité; d'un autre côté, ses principes religieux ne lui permettant pas de s'occuper efficacement de ma personne, il préféra me laisser au kahia et n'exercer aucune influence sur mon voyage.

A Timbouctou on est en général très bien informé de tout ce qui se passe en Europe. On connaissait les résultats de la dernière campagne turco-russe ; on parlait encore beaucoup de la grande guerre franco-allemande, que l'on avait suivie avec un intérêt particulier, car on craint toujours une conquête des Français ; il était même question du chemin de fer Transsaharien, quoique bien peu eussent une idée vague de ce qu'est une voie ferrée. Mais les relations constantes de Timbouctou avec les habitants arabes des pays méditerranéens ont pour résultat que l'on y reçoit très vite, sans journaux et sans télégraphe, toutes les nouvelles. Elles se propagent avec une rapidité extrême et l'on connaissait à Timbouctou mon plan d'y aller par le Maroc avant que j'eusse franchi la chaîne de l'Atlas. Les émigrations fréquentes et les voyages nombreux des Arabes font que les faits nouveaux se répandent rapidement ; partout où deux hommes se rencontrent, ils se racontent les événements les plus récents et les plus importants, qui sont ainsi portés plus loin. Il est facile de comprendre que de faux bruits soient souvent propagés ainsi ; en raison de la tendance des Arabes à exagérer, on ne doit croire qu'avec circonspection ce qu'ils disent.

CHAPITRE V

SÉJOUR A TIMBOUCTOU (*fin*).

Situation de la ville. — Climat malsain. — Manque d'arbres aux environs. — Orages et ouragans. — Eau potable. — Mode de construction de la ville. — Nombre des habitants. — Quartiers. — Mosquées. — Écoles. — Population. — Affaires commerciales. — Objets en cuir de Oualata. — Il n'y a pas d'industrie à Timbouctou. — L'or. — Vêtements brodés. — Sel. — Noix de kola. — Coquilles de cauris. — Marchandises mises en vente. — Marchandises européennes. — Exportation. — Avenir du commerce. — Résumé historique.

Situation et climat; la ville. — Timbouctou est à environ 15 kilomètres au nord de la rive gauche du Niger, peu au-dessus de son niveau moyen, à une altitude de 245 mètres. Il n'y a pas d'observations astronomiques qui donnent la situation exacte de la ville, mais les données calculées par Petermann et Jomard, 17° 37' de latitude nord (ou 17° 50') et 3° 5' de longitude ouest de Greenwich (ou 3° 40'), ne peuvent différer beaucoup de la réalité. La méfiance des habitants rend extrêmement difficiles les observations pour la détermination des lieux dans ces pays : ils ne voient que trop facilement dans tout étranger un espion d'une puissance quelconque qui veut étendre ses conquêtes jusque-là, et les progrès des Français dans le nord de l'Afrique aussi bien qu'au Sénégal sont suivis avec soin à Timbouctou.

On ne peut dire que le climat de cette ville soit bon pour les Européens : Barth et moi, nous y souffrîmes souvent d'accès de fièvre. Il n'y a ni places publiques, ni jardins, ni verdure en général ; Barth raconte que de son temps on ne pouvait y voir que quatre ou cinq misérables exemplaires d'un arbre, le *Balanites Ægyptiacus*; je n'en vis aucun, et ce n'est qu'en dehors de la ville, près des dayas situées au nord-ouest, qu'il est encore demeuré quelques mimosas et des palmiers. On dit qu'avant la conquête du Sonrhay par les Marocains il y avait beaucoup d'arbres à Timbouctou, mais à cette époque tout a été coupé pour servir à la construction de bateaux.

Les vents chauds du sud sont ici très fréquents, et en certaines saisons, surtout entre juillet et septembre, les orages violents joints à des ouragans ne sont pas rares. Il est évident que les pluies doivent y être abondantes, car on a non seulement creusé au milieu des rues des rigoles d'écoulement, mais encore pourvu les toits de la plupart des maisons de gouttières en terre cuite qui s'avancent assez loin dans la rue, pour que l'eau ne reste pas sur les toits plats et ne dégrade pas les murs d'argile.

L'eau potable est tirée de quelques puits et des dayas, larges étangs peu profonds, dont quelques-uns renferment de l'eau en permanence; dans les crues ils sont même directement reliés au Niger : surtout au sud de la ville, beaucoup de ces étangs n'ont de l'eau que pendant une partie de l'année. Barth raconte que, le 25 décembre 1853, ils furent remplis par le Niger, ce qui, dit-on, n'arrive que tous les trois ans; à la suite de cette crue, presque tout le terrain de Timbouctou à Kabara fut inondé, et de petits bateaux purent arriver jusqu'auprès de la ville. Quand on la visite à pareille époque, on croit qu'il existe autour d'elle de nombreuses petites rivières, se réunissant au Niger; en réalité, elles sont formées uniquement par l'eau du fleuve, qui pénètre dans le pays et se retire ou se dessèche après la crue. Cette masse d'eaux stagnantes n'est naturellement pas de nature à faire de Timbouctou une ville salubre, et à la suite de leur disparition progressive il se produit des fièvres dont souffrent même les indigènes.

La ville forme aujourd'hui un triangle, dont la pointe est tournée vers le nord. Lorsqu'on arrive, comme je le fis, par cette direction, on franchit une zone couverte de ruines d'antiques constructions, de décombres, etc., large de plusieurs milliers de pas, et qui pourrait bien prouver que jadis la ville était située plus au nord; à gauche, on voit le tombeau de Faki Mahmoud, qui était alors, dit-on, au milieu des maisons. Il est évident que la ville n'est plus le moins du monde aujourd'hui ce qu'elle était au temps de la splendeur de l'empire du Sonrhay.

Comme je l'ai dit, Timbouctou est une ville ouverte, car les Foulani ont détruit les murs qui l'environnaient, au moment de leur entrée, en 1826 : une ceinture de huttes rondes existe sur une partie de sa circonférence. Ces paillotes sont habitées par des Nègres et, en les dépassant, on arrive dans les rues (*tidjeraten*) de la ville. Les maisons d'argile sont assez semblables à celle que j'habitais et dont j'ai parlé; leur état d'entretien est fort bon.

Barth donne pour Timbouctou le chiffre de 950 maisons et de plusieurs centaines de paillotes, et estime à 13 000 le nombre des habitants. Depuis, la ville ne doit pas s'être accrue de beaucoup, et pourtant, d'après la vie qui y régnait, je porterais plutôt ce nombre à environ 20 000. Il est vrai qu'un grand nombre de Touareg et de Foulani étaient présents, tandis qu'il s'y trouvait peu de marchands étrangers venus du nord. Mon compagnon Hadj Ali prétend avoir lu que la ville possède 3500 maisons : il n'admet pas qu'il s'agisse là de l'ancien Timbouctou.

La partie sud, la plus large, est la plus peuplée. Le terrain sur lequel repose la ville n'est pas complètement plat, mais a une profonde dépression dans sa partie nord ; le quartier Baguindi qui s'y trouve est sans doute celui qui fut inondé en 1640 par la grande crue du Niger.

La ville est partagée en sept quartiers[1] : 1° Sanegoungou, la partie sud-est de la ville ; c'est en même temps la plus belle, habitée surtout par les négociants de Rhadamès ; 2° le quartier Youbou, avec la place du marché Youbou et une mosquée, à l'ouest du précédent quartier ; 3° au dernier se relie, vers l'ouest, le quartier Sanguereber (ou Djinguere), ainsi nommé d'après la grande mosquée de ce nom ; 4° au nord du quartier Sanegoungou est le quartier Sarakaïna ; c'est là que demeurait du temps de Barth le cheikh el-Bakay ; son fils Abadin y habite aussi, quand il vient à Timbouctou ; le kahia y vit de même, et j'y fus logé ; 5° au nord se trouve le quartier Youbou-Kaïna, avec le marché à la viande ; 6° le quartier Baguindi, dont j'ai parlé ; 7° le quartier Sankoré, que je traversai d'abord, forme la partie nord de la ville, qui passe pour la plus ancienne, habitée surtout par des Nègres du Sonrhay.

Les seuls bâtiments publics sont les mosquées. Caillé dit qu'il y en a sept ; Barth rapporte que de son temps il n'en existait que trois grandes : 1° la « Grande Mosquée », Djinguere-Ber, en arabe Djema el-Kebira, fondée en

1. J'écris leurs noms tels que Barth les a donnés : on me les nomma d'une façon tout à fait semblable.

l'année 1327 par le roi du Mellé, Mansa Mouça ; 2° la mosquée de Sankoré, dans le quartier du même nom, « Ville des nobles, des blancs » ; cette mosquée, qui, dit-on, a été bâtie aux frais d'une femme riche, est divisée en cinq nefs et est longue de 120 pieds sur une largeur de 80 ; 3° la mosquée de Sidi-Yahia. Les autres mosquées portent les noms de Sidi-Hadj-Mouhammed, Msid Belal et Sidi-el-Bami. Depuis ce temps les négociants arrivant de Fez ou en général du Maroc, et surtout la famille des Rami, dont j'ai parlé, ont élevé une nouvelle grande mosquée, que d'ailleurs je n'ai pas vue.

Parmi ces mosquées, la « Grande », Djinguere-Ber, est un très beau monument. Ainsi que Barth le fait remarquer avec raison, ce bâtiment important n'a pas dû être construit sur l'extrême périphérie de la ville, là même où se trouvaient encore, il y a peu de temps, les murailles de l'ouest, mais évidemment vers le centre. Aujourd'hui il est complètement en dehors de Timbouctou, qui a dû avoir autrefois une étendue beaucoup grande vers l'ouest et le nord, et qui était alors au moins une fois plus considérable qu'aujourd'hui.

Naturellement, jamais un étranger n'a encore pénétré dans cette mosquée (probablement à l'exception de Caillé). C'est un bâtiment fort étendu, avec une cour très vaste où se trouve une grande tour de forme carrée, comme au Maroc : elle est bâtie non en briques, mais en argile, et va par suite en se rétrécissant un peu vers le haut, où elle se termine par une petite plate-forme carrée. D'ailleurs on ne peut, avec de pareils matériaux, élever des tours bien hautes. La partie principale de la mosquée renferme neuf vaisseaux de différentes grandeurs et d'architecture diverse ; la moitié occidentale, à trois nefs, est la plus ancienne et date probablement du temps de

Mansa Mouça, le roi du Mellé, comme on peut le déduire d'une inscription à peine visible. La longueur du bâtiment est de 262 pieds et la largeur de 194.

Il n'y a plus rien à voir de l'ancien palais des rois du Sonrhay, ainsi que de la citadelle. Barth pense que le vieux palais royal Ma-dougou se trouvait à l'endroit où est aujourd'hui le marché à la viande, tandis que la citadelle a dû être construite plus tard dans le quartier de Sanegoungou.

Les nombreuses conquêtes de la ville par divers peuples ont fait beaucoup de ruines; aujourd'hui Timbouctou est complètement ouverte, sans kasba, sans murs, et chacun peut y entrer à sa guise; les habitants en sont réduits à une attitude toute passive et payent tribut tantôt aux Foulani, tantôt aux Touareg, selon que l'un de ces peuples est le plus fort.

Des écoles sont adjointes aux mosquées, et l'on y voit également des collections de manuscrits, parmi lesquels on trouverait peut-être encore des documents intéressants pour l'histoire du pays, quoique Barth en ait déjà rassemblé et publié la majeure partie.

Bien que Timbouctou ne soit plus un grand centre d'érudition, la population est instruite, c'est-à-dire que la majorité des habitants peuvent lire et écrire et savent par cœur une bonne partie du Coran, sur lequel ils sont aptes à discuter. Il y a quelques hommes qui ont une réputation d'érudition particulière; l'un d'eux était notre hôte. Hadj Ali reçut de lui un traité sur des questions de droit, et promit de le faire imprimer au Caire! Si j'en avais eu les moyens, j'aurais peut-être pu acquérir différents manuscrits; mais, dans les circonstances où je me trouvais, il me fallait songer à continuer mon voyage et je ne pouvais me livrer à des dépenses de ce genre. Comme je l'ai dit, le jeune cheikh Abadin passe pour être particulièrement lettré.

La population de Timbouctou n'est pas homogène, et comprend les éléments les plus divers. Les Arabes marocains en constituent les meilleurs et les plus essentiels; ils sont en grande partie de couleur foncée, par suite de mariages, continués pendant des siècles, avec des Négresses; mais quelques-uns sont encore de teint aussi clair que les Maures de Fez et de Marrakech. Au contraire, les femmes blanches sont très rares, et, quand ce sont de vraies Mauresques, elles restent invisibles pour tout le monde. De nombreux descendants des anciens Nègres sonrhay vivent encore dans la ville, ainsi qu'une foule d'esclaves des parties les plus écartées du Soudan. Nègres Ouangaraoua (Mandingo), Assouanik-Foulbé, Touareg, gens du Bornou et du Sokoto, Arabes des tribus du Sahara occidental, d'Algérie, de Tunisie ou de Tripoli, Nègres des pays bambara, fouta : à l'arrivée des caravanes on y rencontre des gens de toutes ces provenances. Timbouctou n'est réellement qu'un grand marché, un point de réunion de négociants, qui y échangent les produits du nord contre ceux du sud. Elle n'appartient à aucune puissance, car on ne peut l'attribuer au Moassina, le grand État foulbé. C'est un entrepôt de marchandises: Touareg et Foulani se disputent constamment le droit d'y prélever des impôts, sans gouverner la ville. Celle-ci est administrée par le kahia seulement, qu'on ne peut considérer que comme un maire. Aussi longtemps que durera cet état de choses, Timbouctou ne pourra prospérer.

Le manque de citadelle, de murailles et de garnison a pour résultat que la ville ne peut être considérée comme la puissante capitale d'un empire, et que sa population doit se soumettre au plus puissant du jour.

Quelques familles de Juifs espagnols ont depuis longtemps le droit de faire ici du commerce; parmi les plus connues est celle du rabbin Mardochaï, qui à différentes reprises y a acquis une fortune et l'a perdue chaque fois. En ce moment plusieurs familles juives de l'oued Noun ont acheté le droit d'habiter et de commercer à Timbouctou. Il va sans dire qu'elles sont complètement sous la dépendance du kahia et du cheikh Abadin, qui leur imposent des contributions à leur fantaisie et font étroitement surveiller leurs affaires.

Le commerce à Timbouctou. — Comme je l'ai déjà dit plusieurs fois, au point de vue commercial cette ville ne peut être considérée que comme un entrepôt : ce n'est point un lieu de production ou de fabrication, mais un intermédiaire qui permet l'échange ou la vente de certaines marchandises pour des pays déterminés. Oualata était et est encore une importante ville industrielle, et les jolis objets en cuir, remarquables par leur originalité, que l'on trouve à Timbouctou, ne sont fabriqués dans cette dernière ville que pour une très faible partie. Parmi ces objets, les *biout*, petites poches à tabac et à amadou, ont surtout une forme particulière : on les porte attachées au cou par un long cordon de cuir. Ces poches, composées de trois, quatre ou cinq petits sacs, sont souvent ornées de broderies du plus ravissant travail. Les sacs en cuir, fabriqués de toutes dimensions et en grandes masses, les étuis de fusils et les espèces de coussins en cuir que l'on remplit de sable et qui servent d'oreillers ou de coussins d'appui pour les bras, ont la même origine. Ce sont là des travaux tout particuliers, fabriqués avec un cuir de mouton ou de chèvre très bien tanné, et qui vient, en grande partie, des différentes villes du Moassina placées sur le Niger.

Quelques forgerons trouvent à vivre dans Timbouctou, en fabriquant ou en réparant des chaînes, etc., mais, là non plus, il ne peut être question d'industrie. Tout ce dont on a besoin vient du dehors, surtout du sud, et le maintien de la circulation entre Timbouctou et les localités industrielles du Sokoto, du Haoussa et du Moassina est de la plus grande importance pour la ville.

Les Touareg, surtout les femmes, fabriquent également des objets en cuir; les grands et beaux chapeaux de paille, d'un travail solide, la poterie, les vêtements, etc., viennent presque tous du sud; les pantoufles de cuir et les fusils, du Maroc. Comme ville industrielle, Timbouctou est donc sans aucune importance et, sous ce rapport, bien au-dessous des villes du Haoussa et du Sokoto.

Timbouctou était jadis un grand marché pour le commerce de l'or, mais il a beaucoup diminué. Ce métal vient des pays du Bambouk et du Bouré, connus de toute antiquité pour leur richesse aurifère; déjà du temps de Barth l'or du Ouangaraoua allait surtout dans les ports de l'Atlantique: aujourd'hui c'est le cas même pour celui du Bouré et du Bambouk, dont les habitants trouvent un débouché plus facile à Ndar (Saint-Louis). La conséquence de cet état de choses a été la hausse considérable du prix de l'or à Timbouctou. Le mitkal de ce métal sert dans les transactions; ce n'est pas une monnaie frappée, mais une unité de poids, pesant environ 4 grammes. Du reste, sa valeur diffère selon les villes. Barth donne, comme taux du mitkal d'or, des chiffres d'après lesquels je vois que, dans les vingt-sept ans qui se sont écoulés depuis le séjour à Timbouctou de ce célèbre et heureux voyageur, il y a eu des fluctuations importantes dans les prix de cette unité. D'après Barth le mitkal de Timbouctou aurait le poids de 96 grains de blé et la valeur de 3000 à 4000 cauris. D'après cela, le prix des coquilles de cauris doit avoir beaucoup baissé, et celui de l'or a dû s'élever dans d'énormes proportions. A Timbouctou je payai de 10 à 12 francs le mitkal d'or, c'est-à-dire plus de 2 douros d'Espagne; pour 1 seul douro je reçus plus de 4000 cauris. A Araouan le mitkal vaut de 8 à 10 francs; à Saint-Louis, au contraire, sa valeur courante est de 14 à 15 francs.

L'or circule à Timbouctou presque exclusivement sous forme d'anneaux, ou de feuilles minces, qui servent aussi de bijoux aux femmes; il est plus rarement en grains ou en poussière.

L'exportation de l'or des districts aurifères par Timbouctou ou Araouan vers les pays mahométans est aujourd'hui peu considérable; la plus grande partie va probablement à Mogador : il est impossible de donner des chiffres pour cette exportation.

Un article aussi important pour le commerce que pour le change est formé par les grandes et larges chemises bleues, garnies de broderies de soie très originales, les épaisses couvertures teintes en bleu pâle, d'un travail également très beau, les pantalons d'étoffe bleue à parements brodés, etc. Tous ces articles viennent en grande partie de Sansandig et des autres villes du Niger. L'étoffe, tissée en petites bandes teintes de couleur bleu indigo, que l'on coud ensuite ensemble, est excellente; malheureusement le misérable article de provenance anglaise, de prix beaucoup moindre, tend de plus en plus à prendre le dessus et à remplacer les articles indigènes, meilleurs, mais plus chers.

Ces chemises larges, garnies de broderies de soie, sont répandues dans tout le Soudan occidental et estimées ; on les trouve même dans les pays au sud de l'Atlas, dont les habitants entretiennent des relations avec Timbouctou. Dans cette dernière ville on n'en fabrique que pour l'usage local.

Le commerce du sel est fort important à Timbouctou, et le nombre des chameaux qui y arrivent de Taoudeni, avec une charge de quatre plaques chacun, s'élève, dans le cours d'une année, à plusieurs milliers. Comme je l'ai dit, ces plaques (*rouss*, singulier *râss*) sont d'environ 1 mètre de long et du poids moyen de 27 kilogrammes. Du temps de Barth, où le commerce semble avoir été peu prospère, le prix de la plaque de sel devait être de même fort bas, car il dit que le râss oscille entre 3000 et 6000 cauris. Aujourd'hui on le paye de 8000 à 9000 cauris ou environ 1 mitkal d'or ; mais, comme pendant le séjour de Barth l'or était également moins cher, et que 1 mitkal ne valait guère que 3000 à 4000 coquillages (c'est-à-dire la valeur actuelle de 1 douro d'Espagne), il n'y a pas de différence essentielle entre les prix d'alors et ceux d'aujourd'hui. Ce commerce de sel a une grande importance dans le Sahara occidental, car le Soudan, très vaste et très peuplé, mais fort pauvre en sel, offre un bon débouché de cette denrée.

Les salines de Taoudeni sont en exploitation depuis 1596 ; auparavant on exploitait un peu au nord celles de Teghasa : elles ont dû l'être avant le onzième siècle.

Un important article de commerce à Timbouctou est aussi la noix de kola, qui vient en grande partie des régions situées à l'intérieur des côtes de Sierra Leone, de même que du nord de l'empire des Achantis, quoique la zone d'extension de cet arbre soit très considérable. Barth rapporte que l'on distingue à Timbouctou les espèces de cette noix d'après la saison où on les recueille : les *tino-ouro,* les *siga* et les *fara-fara.* Dans les pays haoussa, surtout dans le Kano, ce commerce est beaucoup plus actif encore; on y nomme ces fruits *gouro,* nom tout à fait analogue au mot sonrhay en usage à Timbouctou, tandis que *tino* est le nom d'un district.

Du temps de Barth, le prix d'une noix oscillait, d'après sa grosseur et sa qualité, entre 10 et 100 coquilles; je ne me souviens pas de les avoir payées moins de 100 cauris.

Cette noix rouge pâle, à saveur amère, assez agréable, constitue un article de luxe, mais qui joue dans le commerce un rôle très important et occasionne un mouvement actif de marchandises. En raison du manque de thé et de café en ces pays et du besoin que l'on y éprouve d'aliments excitants, beaucoup de millions de noix sont mises chaque année dans le commerce et représentent, grâce à leur prix relativement élevé, une somme importante pour leurs producteurs, en même temps qu'elles sont l'origine de gains considérables pour les marchands; car leur prix d'achat dans le pays de production et les prix de vente dans Kano, Sokoto, Timbouctou et les autres villes diffèrent notablement.

Le *Bulletin de la Société de Géographie de Marseille* a publié il y a peu de temps une étude fort intéressante, avec des dessins à l'appui, de M. Édouard Heckel, au sujet de cette noix de kola, qui joue un si grand rôle au Soudan. La véritable noix de kola ou de gouro (il y a encore d'autres noms chez les différentes races nègres) est le fruit d'un bel arbre, haut de 10 à 12 mètres, le *Sterculia (Cola) acuminata,* qui, extérieurement, a un peu d'analogie avec notre châtaignier. Il pousse dans toute l'Afrique occidentale, de la latitude de Sierra Leone à l'embouchure du Congo; vers l'intérieur, sa zone d'extension ne paraît pas dépasser de 150 à 200 milles anglais, en partant des côtes. Jusqu'ici on croyait cet arbre inconnu dans l'Afrique orientale, mais Schweinfurth cite également une Sterculia.

Il a été importé dans le centre et le nord de l'Amérique, et les Anglais l'ont beaucoup planté dans l'Inde. Il croît surtout facilement sous les climats côtiers chauds et humides, dans des pays élevés de moins de 200 à 300 mètres au-dessus de la mer; à l'âge de dix ans il donne une récolte extrêmement riche, environ 120 livres anglaises, et, comme il fleurit deux fois par an, il arrive qu'il porte en même temps des fleurs et des fruits. Ces derniers consistent en une cosse orangée de 10 centimètres de diamètre, partagée en cinq ou six cellules, dont chacune contient de cinq à quinze noix de kola. On les enveloppe dans des feuilles, pour qu'elles ne se dessèchent pas trop vite, et elles peuvent alors être transportées au loin; ces feuilles doivent être maintenues un peu humides. On les achète dans cet état en grandes masses, que l'on envoie dans l'intérieur du pays, jusqu'au Bornou, au Sokoto et à Timbouctou, et même de là dans le nord de l'Afrique. Cette partie du monde est le principal pays de consommation de ce fruit, mais en outre on en expédie, chaque année, des quantités importantes au Brésil, où les Nègres africains les achètent avec avidité; c'est surtout par les ports de Porto Novo (Dahomey) et Ambrizette (au sud de l'embouchure du Congo) que les noix de kola sont exportées.

Sierra Leone est la place principale de ce commerce : on y achète les noix au poids; 45 kilogrammes sont vendus de 50 à 150 francs, suivant la saison et la demande.

Au début de ce siècle elles étaient beaucoup plus chères et plus rares; les chefs et les prêtres seuls pouvaient en manger. Les noix fraîches apportées de Sierra Leone à Gorée y ont déjà une valeur supérieure de 50 pour 100; à l'intérieur et surtout dans les pays du Niger, leur prix s'élève très considérablement.

Cette noix rouge pâle et à saveur amère remplace dans ces pays le thé, le café et le cacao; de même que ces aliments sont devenus un besoin pour d'autres peuples, de même l'habitude de mâcher des noix de kola est généralement répandue au Soudan. C'est un présent habituel quand on fait des visites ou quand on en reçoit, et une sorte de marque d'amitié, analogue à l'offre d'une prise de tabac chez nous. Quand on arrive dans un endroit, si les habitants se laissent entraîner à une conversation où des noix de kola sont offertes, on peut être relativement assuré de leurs bonnes dispositions. Chez les peuples de l'intérieur de l'Afrique, la noix de kola sert de symbole pour les traités, les mariages, les déclarations de guerre, l'administration de la justice.

A l'état sec, la noix est aussi mise en poudre et, vendue sous cette forme, mélangée avec différentes substances. Souvent la kola est simplement mâchée, comme le tabac chez nos matelots, sans être avalée. La kola a certainement, en raison de sa saveur amère, un effet utile sur l'économie; la caféine et la théobromine qu'elle contient en font un excitant, et, après qu'on en a mâché, les mets les plus fades prennent un certain goût. Non seulement les indigènes, mais aussi beaucoup d'Européens vivant dans ces pays en consomment; nous nous y étions tous habitués à Timbouctou. Pour des gens qui font de longs voyages dans des pays peu ou point peuplés, la noix de kola est fort précieuse, car elle rassasie, c'est-à-dire qu'elle rend moins pressant le sentiment de la faim. En outre, comme les Nègres le savent fort bien, elle constitue un bon remède contre la dysenterie et un aliment que l'estomac supporte toujours parfaitement. Enfin, la croyance aux effets aphrodisiaques de cette noix est également répandue chez les Mahométans et chez les Nègres.

A côté de la véritable kola il y a encore une « fausse kola » ou une kola amère, qui provient d'un autre arbre, la *Garcinia Kola*; ce végétal se présente sur les mêmes points que la Sterculia, et ses fruits sont aussi en usage, quoiqu'ils ne renferment ni caféine ni théobromine. On se borne à les mâcher, mais on ne les mange jamais avec du lait, ainsi qu'on le fait pour les vraies noix de kola; leur goût est analogue à celui du café vert et amer. On prétend qu'elles constituent un bon remède contre les refroidissements.

En tout cas, la noix de kola joue en Afrique un rôle tout à fait extraordinaire, et la valeur de ces fruits récoltés et vendus tous les ans est très importante.

Quoique cette noix soit en usage dans les pays des Noirs probablement depuis un temps immémorial, elle était jusque dans ces dernières années peu connue en Europe; sa composition chimique toute particulière, ses effets ainsi que la faveur dont elle jouit, et qui en sont la conséquence, ont été tout récemment expliqués.

Longtemps on a désigné l'arbre qui la produit sous le nom de « café du Soudan »; mais c'est une erreur. Le « café du Soudan » est le fruit de l'*Inga biglobosa*, légumineuse africaine dont la semence rôtie est employée en guise de café : autrefois on la croyait identique avec la kola.

A Timbouctou on se sert comme monnaie divisionnaire, je l'ai dit plusieurs fois, des coquilles de cauris, dont la valeur varie souvent, ainsi qu'il arrive d'ailleurs pour tous les articles commerciaux. La saison, la situation politique, les circonstances atmosphériques, et en général une foule de motifs déterminent le prix des marchandises, et le négociant qui vient du sud ou du nord ne peut jamais le fixer à l'avance.

Barth rapporte que 3000 cauris correspondent à 1 douro d'Espagne; j'en reçus davantage à Timbouctou : d'ordinaire 4500 (une fois, par exception, 5000 d'un Juif); plus loin, la valeur monta jusqu'à 3000 par douro.

Sur le marché, et en général pour tout le petit commerce, on ne compte que par cauris, et même des objets plus importants, valant de 40 000 à 50 000 cauris, sont encore vendus de cette manière quelque peu embarrassante. Les coquillages sont, en effet, non pas pesés, mesurés ou enfilés dans des cordons, mais comptés un à un; il est vrai que les gens du pays ont pour cela une grande habitude, et opèrent avec beaucoup de sûreté; mais un pareil mode de payement n'est possible que dans des pays où l'on ignore le prix du temps.

En présence de l'importance colossale que les coquilles de cauris ont en Afrique, aussi bien comme monnaies que comme ornements, quelques renseignements sur leur origine et sur leur importation dans ces pays pourront utilement trouver place ici.

La coquille de cauri[1] (*Cypræa moneta*) forme déjà

---

[1]. L'auteur allemand établit ici une différence entre le cauri *schnecke* et le cauri *muschel*, c'est-à-dire entre une coquille à volute et un coquillage bivalve; mais cette différence n'existe pas dans le français.

depuis longtemps l'objet du commerce européen et surtout des échanges des négociants anglais avec les Nègres de l'Afrique occidentale, et particulièrement avec ceux du pays de Lagos. Vers 1840, quelques marchands de Hambourg saisirent cette occasion et envoyèrent, à titre d'essai, de petits bâtiments à voile aux Maldives, l'endroit où l'on récolte surtout ces coquilles. On achetait alors les 100 livres de cauris des Maldives, à peu près de 45 000 à 48 000 coquilles, pour 8 à 9 dollars; tandis que ceux de la côte de Zanzibar, de taille un peu plus grande (*Cypræa annulus*), se vendaient par 100 livres (18 000 à 20 000 coquilles) au prix peu élevé de trois quarts de dollar. On employait alors la plus forte espèce comme pierre à chaux.

L'armateur hambourgeois Hertz, qui commença à cette époque ce genre de commerce, vendit sur la côte occidentale d'Afrique le quintal de cauris des Maldives 18 dollars, et celui de Zanzibar de 8 à 9 dollars; ces derniers cauris rapportaient donc un plus grand bénéfice. A la suite de ce premier envoi, les négociants de Hambourg se bornèrent au transport des coquilles de Zanzibar, quoiqu'elles fussent moins volontiers acceptées sur la côte occidentale. Au Soudan on les compte; leur valeur tient donc à leur nombre, et une charge de petits cauris contient plus d'exemplaires que le même volume en coquilles de Zanzibar. Ce commerce prit un nouvel essor lorsqu'ils furent introduits dans le Bornou comme monnaie divisionnaire, et cela sur l'avis de Hadj Bechir, conseiller du cheikh Omar, connu par les récits de Barth. Jusque-là les bandes de cotonnades longues de trois à quatre mètres et larges de cinq à six centimètres

---

usuel. Le cauri est un gastéropode, c'est-à-dire une coquille à volute. (*Note du Traducteur.*)

avaient remplacé dans le Bornou la monnaie jadis en usage, le *rotl*, unité de poids de cuivre. Le cheikh Omar introduisit dans le pays comme monnaie officielle le douro d'Espagne et le thaler de Marie-Thérèse, qui y avaient déjà cours; au contraire, les cauris servirent de monnaie divisionnaire. La fraction de thaler comptant 32 cauris fut nommée *rotl*, en souvenir de l'ancienne pièce de cuivre, et son cours fut réglé de temps en temps. Quand Nachtigal, auquel nous devons ces renseignements, était au Bornou, 1 thaler y valait à peu près de 120 à 130 rotl de 32 cauris, c'est-à-dire environ 4000 cauris. Cette valeur est à peu près celle de ces coquillages dans les pays que j'ai parcourus.

Au bout d'un certain temps, le transport des cauris sur la côte occidentale prit de telles proportions, qu'ils y perdirent toute valeur, et en 1859 la maison Hertz fermait sa factorerie de Zanzibar.

Depuis quelques années, la demande de ces coquillages est redevenue active; les guerres fréquentes au Soudan et les destructions de localités qui en ont résulté, ainsi que la fragilité naturelle des cauris, ont fortement diminué la quantité des coquillages en circulation.

La zone d'extension de ceux employés comme monnaie s'étend du lac Tchad à l'est au pays des Mandingo à l'ouest, et de Timbouctou au nord jusqu'à l'embouchure du Niger au sud; le royaume des Achantis était exclu de cette zone, au moins jusqu'à la dernière guerre avec l'Angleterre. C'est donc en général dans l'immense bassin du Niger, y compris le Bénoué, que cette monnaie est répandue; au contraire, comme objet d'ornement, sa zone d'extension est beaucoup plus considérable, et une grande partie des peuplades nègres emploient ces coquillages de cette façon.

Dans le Kouka on prend toujours pour compter, d'après Nachtigal, quatre coquilles à la fois, de sorte qu'avec huit poignées le rotl est complet; comme je l'ai dit, à Timbouctou on les compte cinq par cinq; quelquefois aussi on emploie la méthode en usage plus au sud, notamment au Ségou, et que Mage décrit en détail, après le long séjour qu'il a fait dans ces contrées. Dans le Ségou, le Moassina et au nord jusqu'à Timbouctou, on fait du nombre 16 fois 5 coquilles une sorte d'unité, qu'on évalue non pas à 80, mais à 100. On obtient ainsi :

$$16 \times 5 = 100$$
$$10 \times 100 = 1\,000$$
$$10 \times 1\,000 = 10\,000$$
$$\text{et } 8 \times 10\,000 = 100\,000$$

De cette manière on a en réalité :

Au lieu de 100 000, seulement 64 000 (*oginaje temedere*);
— 10 000, — 8 000 (*oginaje sapo*);
— 1 000, — 800 (*gine oginaje*);
— 100, — 80 (*debe*).

L'emploi des cauris comme monnaie est fort ancien. On sait que des coquilles de ce genre ont été retirées des anciennes tombes et des stations préhistoriques de Suède, ou de celles qui sont attribuées aux Anglo-Saxons, ainsi que des tombes païennes de Lithuanie. Chez les anciens écrivains arabes, les cauris sont cités comme monnaies; quand les Portugais découvrirent et conquirent l'Afrique occidentale, ils les y trouvèrent déjà répandus.

Jadis ils étaient également en usage pour les échanges dans l'Inde, dans le royaume de Siam et aux Philippines. Cette jolie coquille, que l'on nomme aussi « petite tête de serpent » ou « de vipère », est encore plus répandue comme objet d'ornement. Même en Allemagne elle servait à garnir les brides des chevaux, etc. Nulle part pourtant cette coquille n'est autant en usage et n'est apportée en masses aussi considérables qu'en Afrique; Timbouctou est le point le plus élevé vers le nord de son immense zone d'extension; les Arabes, qui y ont trouvé les cauris en usage dès leur arrivée, ont dû les accepter, au moins pour le petit commerce. Ces coquillages n'ont jamais trouvé accès comme moyen monétaire dans les oasis du désert et les États du nord de l'Afrique.

A Timbouctou et dans ses environs immédiats on ne peut cultiver aucun produit des champs ou du jardinage, et tout arrive du dehors sur le marché. Parmi les produits alimentaires, les plus importants sont naturellement les grains : j'ai remarqué surtout le froment et le sorgho (millet), qui sont employés à la préparation du pain et du couscous; puis vient le riz, cultivé au Soudan en grandes quantités, de même que le maïs. On met également en vente du beurre végétal (*boulanga*), que la population pauvre emploie au lieu de beurre animal, tandis que le reste des habitants s'en sert pour l'éclairage. Au marché on trouve encore des épices, telles que diverses espèces de poivre, de piment, etc., ainsi que des oignons, des fruits et des légumes; la viande est vendue sur une place spéciale, comme le poisson à demi pourri du Niger. Les pigeons, qui sont ici en masses ainsi que les poulets, forment encore un important article du marché.

Parmi les marchandises importées d'Europe, qui viennent du nord avec les caravanes, les plus importantes sont les draps et les cotonnades bleues, puis le thé vert de Chine, le sucre et les bougies, les dattes et le tabac, ainsi que toute espèce de marchandises de petit volume. Chose bizarre : à Timbouctou comme au Maroc, les pierres précieuses sont très recherchées, quoique le commerce en soit fort limité, car il n'y circule pas assez d'argent pour qu'on puisse réellement vendre des pierres de prix.

Les routes de caravanes les plus importantes sont celles du Maroc et de Rhadamès. Par les premières on entend toutes celles qui viennent de l'oued Noun, de l'oued Sous, de Mogador, de l'oued Draa, du Tafilalet, etc., et sur lesquelles les marchandises sont ordinairement transportées avec l'aide des Tazzerkant. Les négociants de Rhadamès, qui jouent un rôle très important à Timbouctou, apportent toutes les marchandises d'Algérie, de Tunis et de Tripoli.

Il est impossible de déterminer le chiffre des chameaux et la quantité des marchandises arrivant tous les ans à Timbouctou par ces deux faisceaux de routes; d'ordinaire un certain nombre de petites caravanes se réunissent en une grande, de manière à être plus en sécurité; mais de faibles troupes de 50 à 60 chameaux n'en traversent pas moins le désert. Il est probable que par ces voies il n'arrive pas annuellement à Timbouctou au delà de 5000 charges de chameaux.

Le tabac et les dattes viennent spécialement du Touat; Barth cite pour sa qualité le tabac de l'oued Noun; cependant il semble que ce pays n'en produise plus beaucoup. A Timbouctou et plus loin dans le sud on fume généralement le tabac dans de petites pipes en bois, gracieusement incrustées d'anneaux d'argent, munies d'un bout en fer, et qui sont attachées au cou par un mince cordon de cuir; un cure-pipe et une pincette pour placer sur le tabac un charbon ardent, tous deux en fer très élégamment travaillé, pendent également à ce cordon, tandis que le tabac, le briquet, la pierre à fusil et l'amadou sont placés dans les jolies petites poches en cuir dont j'ai parlé. Chez les Foulani, aux croyances strictes et aux mœurs ascétiques, le commerce du tabac est interdit : il ne peut être introduit qu'en contrebande.

Parmi les produits exportés de Timbouctou en Europe, les plus importants sont les plumes d'autruche, la gomme et un peu d'or ; la petite quantité d'ivoire qui en est expédiée reste au Maroc ; de même que les Nègres esclaves, encore exportés en assez grand nombre, se répartissent entre les États musulmans du nord de l'Afrique. La gomme et un peu de cire vont plus à Saint-Louis (Ndar) que vers le Maroc.

Si Timbouctou se retrouvait un jour sous l'influence d'un gouvernement puissant, elle prospérerait de nouveau, et les relations commerciales y seraient plus actives. En ce moment cette ville, dominée par tant de maîtres et pourtant sans chef, ne peut augmenter d'importance ; il semble que l'antique querelle entre Foulani et Touareg ne sera pas terminée avant qu'une troisième puissance, un peuple d'Europe, vienne s'immiscer dans leurs luttes. Il faudra, il est vrai, que ce peuple évite avec soin la destinée des Fouta sous Hadj Omar. Lui aussi intervint comme le troisième larron entre les deux combattants, mais ce fut pour essuyer dans Timbouctou une terrible défaite.

Dans la situation actuelle du commerce européen et des relations de peuple à peuple, Timbouctou ne reprendra pas son importance avant qu'un autre trafic ait remplacé celui des caravanes, si pénible, si lent et si risqué : il semble que le cours du Niger doive être appelé à jouer un rôle dans ce commerce.

Historique. — On sait que Barth a réussi à trouver et à

traduire un manuscrit écrit dans le Gando et qui contient l'histoire détaillée des anciens États nègres, surtout de celui du Sonrhay. Ces annales ont été composées, sous le titre de *Tarich es-Soudan*, par un lettré nommé Ahmed Baba, qui écrivit un grand nombre d'ouvrages, forma beaucoup d'élèves et jouit partout de la plus grande considération. Son histoire remonte jusqu'à la période de l'hégire, époque à laquelle la dynastie Sa fut fondée dans le Sonrhay; elle était originaire de Libye. Le quinzième roi de cette dynastie embrassa l'Islam au début du onzième siècle, et depuis cette époque les États du Niger moyen sont demeurés le boulevard principal de cette religion; dans la suite ils furent également le centre d'une civilisation prospère pour l'époque et d'une grande érudition.

Timbouctou même a été fondé, vers la fin du cinquième siècle, par des Touareg (Imocharh), appartenant surtout aux tribus des Idenan et des Imedidderen; elle demeura probablement une ville entièrement indépendante jusqu'à ce qu'elle fût conquise par le célèbre Kounkour Mouça, roi du Mellé, vers le milieu du quatorzième siècle. Ainsi, quoique les Touareg, qui y avaient leurs bivouacs depuis longtemps, doivent être considérés comme les vrais fondateurs de Timbouctou, dès le début beaucoup de Nègres du Sonrhay y ont sans doute demeuré, et Barth suppose que la forme primitive du nom de la ville Toumboutou a été empruntée à leur langue; les Imocharh en ont fait le mot Toumbutcou, qui s'est changé plus tard en Toumbouctou; dans les derniers temps, l'influence des Arabes surtout a fait transformer ce nom en Ti*me*bouctou; c'est le nom que tous donnent en parlant de la ville, tandis qu'ils écrivent Ti*ne*bouctou. Le mot sonrhay *toumboutou* signifie « bas-fond, dépression », et il s'explique parce que la ville est en quelque sorte placée dans une dépression au milieu des dunes.

Si ancien que soit l'empire du Sonrhay, il y avait déjà longtemps que ses deux voisins, les royaumes du Mellé et du Ghanata, étaient fondés quand il le fut lui-même; Ahmed Baba raconte que ce dernier avait eu déjà vingt-deux rois lorsque Mahomet commença à répandre sa religion.

En 1326 le Sonrhay et Timbouctou furent conquis par le puissant roi du Mellé, Mansa Mouça, et il construisit dans cette ville un palais, Ma-dougou, et la grande mosquée de Djinguere-Ber. Timbouctou y perdit son indépendance, mais fut incorporée à un grand royaume, en état de la protéger contre les tribus ses voisines. Elle devint très vite prospère et se transforma en un puissant centre de commerce, aux dépens surtout de Oualata. Beaucoup de marchands du Maroc, de l'oued Sous, du Tafilalet, du Touat, etc., quittèrent cette ville pour se fixer à Timbouctou.

Mais, au bout de peu d'années, en 1329, celle-ci fut conquise par le roi païen des Mo-Si, pillée et complètement détruite, après la fuite de la garnison des Mellé. Pendant sept ans Timbouctou demeura abandonnée à elle-même et ne retomba qu'en 1336 au pouvoir du royaume de Mellé, pour y rester les cent années suivantes.

En 1350 le célèbre Arabe Ibn Batouta visita ces pays et alla également à Timbouctou. Il s'embarqua dans son port pour voir la capitale du Sonrhay, Gogo, après avoir été auparavant au Mellé. En 1373 la ville de Timbouctou paraît pour la première fois sur une carte, sous le nom de Timboutch figurant sur la mappemonde catalane.

Le peuple du Mellé perdit de plus en plus son influence, et en 1433 les Imocharh conquirent Timbouctou et en chassèrent pour toujours les Mellé. Le roi targui A'kil ne résida pas dans cette ville, mais y plaça un vice-roi, *Toumboutou koy*, nommé Mouhamed Nasr, de Chinguit; c'est de la fin de 1450 que date l'importance de Timbouctou comme entrepôt de sel.

En 1464 enfin, Timbouctou est conquise par le puissant roi du Sonrhay Sonni Ali et presque complètement détruite; une partie des habitants sont, dit-on, cruellement massacrés. A partir de cette époque, Timbouctou demeure incorporée au royaume du Sonrhay, jusqu'à sa conquête par les Marocains.

Sous Sonni Ali commencèrent également les premières relations avec les États chrétiens, car le roi Jean II de Portugal envoya une ambassade au roi du Sonrhay. Sonni Ali se noya dans une rivière en revenant d'une expédition entreprise contre les Foulbé, alors établis au sud de son pays.

Le fils d'Ali, monté sur le trône, fut vaincu par un lieutenant de son père qui avait rassemblé une armée autour de lui; cette mort mit fin à la dynastie. Cet indigène du Sonrhay, Mouhamed abou Bakr, monta sur le trône avec le titre de « chalif el-Moslemin » et se nomma le roi Askia. Il entreprit le voyage de la Mecque et se fit reconnaître officiellement comme chalifa du Sonrhay. Au cours de son long règne, Askia entreprit des expéditions nombreuses dans toutes les directions et augmenta la puissance du royaume. Mais son fils Askia Mouça se révolta contre lui et le força en 1529 à abdiquer. Les successeurs de ce grand prince ruinèrent peu à peu le pays par des guerres continuelles, et dès 1584 le danger parut imminent du côté du Maroc.

Le sultan Mouley Hamid envoya une grande armée, qui périt, il est vrai, presque tout entière, mais lui donna les salines de Teghasa. En 1588 les Marocains, commandés par Bacha Djodar, reparurent. Ce chef arriva à Timbouctou et éleva une kasba dans le quartier des Rhadamèsiens; il fut plus tard remplacé par Mahmoud Bacha. Le dernier roi du Sonrhay fut enfin battu; il s'enfuit chez des païens dont il avait autrefois envahi le pays et fut tué.

Ce fut la fin de ce puissant empire, qui avait étendu sa domination des pays du Haoussa jusqu'à l'océan Atlantique, et de Mosi jusqu'au Touat.

Les Marocains mirent alors des garnisons dans Timbouctou, Djinni et Bamba; ils cherchèrent à fortifier leur domination par des mariages avec des indigènes, et parmi leurs descendants on compte encore les Rami, dont j'ai parlé et dont fait partie le kahia actuel de Timbouctou.

En 1603 mourut Mouley Hamed el-Mansour, sultan du Maroc et conquérant du Sonrhay; son jeune fils Sedan lui succéda. Timbouctou avait repris une importance considérable, que des troubles intérieurs vinrent bientôt compromettre. En 1640 la ville fut inondée par une crue du Niger.

Cependant des troubles éclataient aussi au Maroc, et les sultans ne furent bientôt plus en état de tenir concentré dans leurs mains un empire aussi étendu. En 1680 Timbouctou est conquis par les Mandingo, qui sont peu à peu chassés à leur tour par les Touareg, de sorte que la ville redevient plus ou moins indépendante, car ces nomades ne s'y établiront jamais, et se borneront à y prélever des impôts. Cette situation paraît avoir duré jusqu'au début de ce siècle. En 1805 et 1806, Mungo Park suivit le Niger et traversa Kabara.

En 1826 les Foulbé du Moassina devinrent enfin assez puissants pour occuper Timbouctou et en chasser les Touareg. C'est également à cette époque que le major Laing vint à Timbouctou ; mais il en fut expulsé par les Foulbé, et, après avoir été dépouillé et blessé par les Touareg, il fut assassiné sur le chemin d'Araouan, à l'instigation du cheikh des Berabich. La même année mourut également le grand cheikh Sidi Mouhamed el-Bakay ; son fils, le cheikh el-Mouktar, lui succéda à Timbouctou. Caillé demeura dans cette ville du 10 avril au 3 mai 1828 ; pendant les années suivantes, les Foulbé y pénétrèrent en grand nombre ; c'est de là que datent leurs querelles presque ininterrompues avec les Touareg. Ceux-ci les vainquirent complètement en 1844 et les chassèrent de la ville. En 1855, après le retour de Barth, les Foulbé entreprirent une grande guerre contre les Touareg. Dès le temps de Barth, leur influence n'était pas sans importance ; son protecteur, le cheikh el-Bakay, s'appuyait, comme on sait, sur les Imocharh.

Peu après que Barth eut quitté Timbouctou, un nouvel ennemi apparut pour le pays et pour la ville : c'était le célèbre Hadj Omar. Ce chef de la race des Fouta, qui habite au Sénégal, revint en 1854 ou 1855 d'un pèlerinage à la Mecque et éprouva le besoin de jouer un grand rôle. Il voulut d'abord se donner pour le Christ revenu sur terre, puis il se contenta de la situation prise par le Prophète. Il avait entendu parler du célèbre cheikh arabe Abd el-Kader et avait vu les Foulbé fonder de puissants empires ; il voulut, lui aussi, mettre en honneur le nom des Fouta. Il entreprit donc une guerre de religion en armant ses nombreux esclaves ; ses compatriotes, avides de butin et guerriers comme ils étaient, le suivirent sans difficulté, et, le Coran dans une main, l'épée dans l'autre, il commença ses conquêtes. Il eut bientôt une armée de 20 000 aventuriers pillards et fanatisés, et la jeta d'abord sur les pays noirs du Bambouk, pour convertir les Mandingo. Elle y commit les atrocités les plus horribles et anéantit tout, de sorte que, aujourd'hui encore, certains pays ne se sont pas relevés des brigandages de Hadj Omar. Il se dirigea alors vers le haut Sénégal et menaça même Ségou, alors capitale des Nègres bambara, qui avaient conservé le paganisme avec le plus grand entêtement. Mais il en fut repoussé, se rabattit sur le pays de Kaarta et le mit à sac; les Nègres bambara qui survécurent furent forcés d'embrasser l'Islam. Hadj Omar revint alors dans le pays des Fouta, chargé d'un immense butin, et voulut faire de cette contrée le centre d'un grand empire. Ses tentatives pour chasser les Français du Sénégal ayant échoué, il se tourna vers Timbouctou. Uni avec les Foulbé, aussi fanatiques que lui, il envoya une petite armée de 4000 hommes contre la ville, avec mission d'exiger un tribut.

Le cheikh el-Bakay abandonna Timbouctou, mais força bientôt, avec l'aide des Touareg et des nombreuses tribus arabes des environs, les représentants et les troupes de Hadj Omar à se retirer. A la suite de cette retraite, Hadj Omar revint lui-même avec une grande armée de Fouta, au début de l'année 1863, et, soutenu par les Foulbé, arriva devant Timbouctou. A l'approche de Hadj Omar, el-Bakay et les Touareg quittèrent le camp dressé au sud de la ville, et le chef fouta, aussi fanatique que pillard, put y entrer et la faire piller. Mais à peine ses soldats s'étaient-ils dispersés dans Timbouctou, que les Arabes et les Touareg y pénétrèrent de tous côtés, et l'inondèrent du sang des Fouta; Hadj Omar ne put s'échapper qu'avec une faible partie de ses forces.

Plus tard il s'établit dans Ségou et le Moassina, soumit à son joug les Nègres bambara, et les convertit en grande partie et de force à l'Islam. On dit qu'il mourut pendant le siège de Hamd-Allahi ; il n'y a rien de certain à cet égard, et les bruits les plus extraordinaires circulent sur sa mort. Nul ne sait exactement où et quand il est tombé; seule une vieille femme le vit, dit-on, se brûler dans une petite hutte. C'est même une légende encore répandue chez les Fouta que leur grand compatriote vit encore !

Ses fils dominent aujourd'hui tout le pays entre le haut Sénégal et le Niger ; l'aîné est sultan de Ségou ; je reviendrai plus tard sur ces circonstances en décrivant le pays de Kaarta.

Depuis 1864 Timbouctou paraît avoir été exempte de grandes luttes; Foulbé et Touareg continuent, il est vrai, leurs querelles, mais ils n'inquiètent pas la ville elle-même. Mardochai, qui a passé quelques années à Timbouctou après ces événements, ne parle pas de guerres, et je n'ai également rien entendu dire de semblable. Le changement le plus important qui soit survenu dans l'état politique de Timbouctou, depuis le séjour de Barth, est que le cheikh Abadin, contrairement aux traditions de ses ancêtres, s'appuie davantage sur les Foulbé, tandis que son père recherchait surtout l'aide des Touareg.

CHAPITRE VI

VOYAGE DE TIMBOUCTOU A BASSIKOUNNOU.

Départ de Timbouctou. — Adieux solennels. — Eg-Fandagoumou. — El-Azaouad. — Dayas. — Ouragans et orages. — Benkour. — Les Tourmos. — Les nomades. — Le cheikh es-Sadirk. — Eau malsaine. — Ouragan. — Ras el-Ma. — Tribu des Dileb. — Surprise par les Oulad el-Alouch. — Le cheikh Boubaker. — La latérite. — Les champs de sorgho. — Bassikounnou. — Retour des Tourmos. — Culture. — Le Rhamadan. — Le cheikh foulbé Nisari. — Malaise. — Bœufs. — Rango. — Résistance de Hadj Ali.

Je quittai Timbouctou, qui m'était déjà devenu bien cher, après y avoir passé dix-huit jours seulement. Hadj Ali et Benitez, Kaddour et Farachi étaient ceux de mes compagnons venus du Maroc; trois hommes de la tribu des Berabich, qui nous avaient loué des chameaux, étaient partis avec nous, de sorte que nous étions huit en tout. Je me servais de l'âne acheté à Timbouctou comme monture; c'était un excellent animal, qui fit tout le chemin jusqu'à Médine, mais qui arriva en ce dernier lieu dans un tel état d'épuisement, que j'avais douté qu'il pût y parvenir.

Notre bagage était naturellement beaucoup moins considérable qu'à notre arrivée à Timbouctou; comme vivres je n'avais qu'un peu de riz, de couscous, de thé et très peu de café et de sucre. Quelques pièces de cotonnade bleue, un petit sac de cauris et une faible quantité d'or qui me restait de la vente des chameaux, ainsi qu'environ une douzaine de douros d'Espagne, composaient toute ma fortune. Il me semblait impossible d'arriver jusqu'à

Médine avec de pareilles ressources, car je devais encore louer quatre ou cinq fois en route des animaux frais avec de nouveaux conducteurs. En outre j'avais quelques couvertures de laine et des tobas, que j'avais achetées ou reçues en présent et que je désirais rapporter en Europe ; Hadj Ali en possédait aussi, que l'on nous a du reste repris en grande partie pendant ce voyage.

Les adieux qu'on nous fit lors de notre départ de Timbouctou eurent un caractère absolument cordial et même grandiose.

Vers dix heures du matin, la maison et la rue étaient pleines de gens qui voulaient prendre congé de nous, et, quand enfin nous sortîmes de la ville, des milliers d'hommes, sans exagération, nous accompagnèrent jusqu'en rase campagne. Hadj Ali fut presque étouffé ; chacun voulait baiser ses mains ou du moins ses vêtements, et l'on m'adressa aussi d'amicales paroles d'adieux. Le kahia et le plus grand lettré de Timbouctou prirent Hadj Ali sous leurs bras, le mirent au milieu d'eux, et marchèrent lentement, en murmurant des prières, par les rues de la ville; le fils du kahia et Youssouf, commerçant tunisien, qui nous avait beaucoup fréquentés en nous montrant toutes sortes de complaisances, me placèrent entre eux, et nous suivîmes. Derrière nous venaient, sur les chameaux, Benitez, Kaddour et Farachi, ainsi que les trois conducteurs et une foule nombreuse, tous les hommes armés de plusieurs piques. Nulle part un mot hostile ou un visage haineux : tous montraient les dispositions les plus amicales, et nous n'entendîmes que des souhaits de bonheur pour notre entreprise. Je ne sais à quoi attribuer cette unanimité : est-il réellement survenu, depuis le voyage de

Barth, une révolution dans les idées régnantes au sujet des Infidèles? Ces gens-là croyaient-ils réellement que j'étais Mahométan, quoique je ne me fusse jamais fait voir dans une mosquée et que je n'eusse jamais prié devant eux? En tout cas Hadj Ali a eu une grande part dans l'attitude amicale des habitants de Timbouctou, car il a su mettre à propos en lumière et utiliser sa parenté lointaine avec Abd el-Kader.

Nous étions sur le point de monter sur nos animaux, quand un grand mouvement se fit dans la population qui nous accompagnait : nous vîmes apparaître au loin une foule de cavaliers, montés sur des chevaux ou des chameaux de course : c'était le grand sultan des Touareg, eg-Fandagoumou, avec de nombreux hommes armés. A diverses reprises il nous avait invités à passer quelque temps dans son camp; toute sa nombreuse famille, hommes, femmes et enfants, était venue chez moi, sans qu'il voulût y paraître lui-même. N'ayant pu dominer sa curiosité, il avait tenu à nous voir. C'était un homme vigoureux, maigre, nerveux, de taille moyenne, ayant cinquante ans à peine : je ne pus voir son visage, couvert du litham. Son langage était rude et impératif, son rire sonore et puissant.

L'escorte de ce cheikh paraissait extrêmement imposante et guerrière. Chaque chameau était monté de deux hommes, armés de piques, d'épées, de sabres, de poignards et de grands boucliers ronds; celui assis par derrière portait tout un arsenal d'armes de réserve. Eg-Fandagoumou lui-même montait un cheval de petite taille, et portait une longue épée et un sabre court. Tous étaient enveloppés de tobas bleu foncé; ils avaient le visage et la tête voilés, de sorte qu'on ne pouvait voir que leurs yeux. Cette visite passa généralement pour une marque de la haute estime que les farouches Touareg nous portaient.

Comme il faisait très chaud quand nous partîmes, je priai le kahia de me donner un des grands chapeaux de paille, très beaux et fort bien travaillés, dont on use dans le pays. Il envoya à la ville un de ses serviteurs, qui rapporta une petite ombrelle de dame, en soie rouge et de provenance européenne, comme nos grand'mères en portaient jadis. Le ciel seul sait comment cet article de toilette était venu s'échouer à Timbouctou, après avoir quitté des pays civilisés : probablement par l'intermédiaire de marchands d'Algérie ou de Tunisie. Je refusai cette ombrelle avec mille remerciements, et demandai encore une fois un chapeau de paille, qui me fut alors apporté. Un nouvel et cordial adieu suivit; les Touareg disparurent; les gens de Timbouctou se dispersèrent, et quelques-uns seulement nous accompagnèrent quelque temps, pour nous quitter à leur tour. Nous étions seuls et marchions vers le sud-ouest à travers des pays que jamais le pied d'un Européen n'avait foulés.

Je fus quelque peu étonné de ne pas voir le chérif el-Abadin le jour de notre départ : il ne s'était d'ailleurs présenté qu'une fois chez moi. Je crains qu'il n'ait été irrité de l'imposture qui me faisait passer pour un Mahométan : les Juifs de Timbouctou doivent lui avoir dit que je suis Allemand et Infidèle. Je ne sais jusqu'à quel point Hadj Ali a été mêlé à ces commérages.

Il était près de midi au moment de notre départ de la ville; nous ne marchâmes qu'une heure dans la plaine sablonneuse, couverte de nombreux mimosas à gomme, de tamaris et de végétaux de toute nature; puis nous nous arrêtâmes pour laisser passer la grande chaleur et attendre encore quelques hommes qui voulaient voyager avec nous. Nous marchâmes ensuite de quatre à neuf heures du soir, généralement vers l'ouest. Il faisait chaud, mais un vent du nord-ouest apportait un peu de fraîcheur. Le pays que nous traversions appartenait encore à l'Azaouad; c'était une plaine ondulée, avec de nombreuses dunes basses, couvertes de végétation et pourvues d'une faune extrêmement riche en oiseaux et en insectes.

Des deux côtés de la route nous aperçûmes quelques douars d'Arabes nomades, sans les visiter. Nous passâmes la nuit comme d'ordinaire sous les tentes, et à cinq heures du matin chacun était de nouveau prêt à partir. La matinée était d'une fraîcheur très agréable; mais le vent du nord-ouest cessa tandis que nous avancions très rapidement, presque tout droit vers l'ouest. A dix heures on fit halte et l'on dressa les tentes pour prendre du repos jusqu'à quatre heures. A ce moment nous repartîmes pour marcher jusqu'à minuit, avant de trouver un endroit avec de l'eau; notre petite provision de Timbouctou avait été rapidement consommée.

Le terrain est absolument le même; ici l'altitude de l'Azaouad est d'environ 230 à 240 mètres. Les acacias à gomme sont très fréquents, et leur résine est recueillie par les Arabes.

Le 19 juillet, à cinq heures du matin, nous continuions la marche, mais pour nous arrêter dès huit heures. Nous vîmes de loin les hauteurs qui limitent le cours du Niger; on les nomme Tahakimet. La tribu des Kalansar, appelée également Djilet, habite sous des tentes; ils ne sont pas Arabes purs, mais croisés de Touareg. La veille au soir nous n'avions pas trouvé d'eau, et l'un de mes hommes était allé remplir les outres dans un endroit appelé djebel Oum ech-Chrad : c'est une daya qui, en temps de crue, est en communication avec le Niger. Nous faisons halte toute la journée, puis marchons de six heures du soir jusque vers dix heures, dans une direction faiblement inclinée vers le sud-ouest, et à travers une région de dunes couverte de végétation. Le soir nous observons de nombreux éclairs dans le sud.

Mon état ne s'est pas encore amélioré ; hier j'ai eu un accès de fièvre, et j'en attends un autre pour demain soir.

Le 20 juillet notre marche recommence de six heures du matin jusqu'à dix heures. Hadj Ali est encore aujourd'hui de fâcheuse humeur : peut-être regrette-t-il d'être parti de Timbouctou, ou au moins d'avoir pris cette route ; il aurait de beaucoup préféré retourner par le désert et par Rhadamès. Vers trois heures un fort orage passe au-dessus de nous, sans éclater ; il ne tombe que quelques gouttes de pluie, accompagnées d'un vent violent.

Vers six heures nous repartons : c'est mon heure de fièvre. Ayant pris cet après-midi un gramme de quinine, je ne suis pas saisi de frissons ; au contraire j'éprouve à cette heure une violente transpiration ; mais il est impossible de nous arrêter et je suis forcé de voyager en cet état. Dès avant dix heures il faut faire halte, car un terrible orage commence, accompagné d'un ouragan violent. Nous parvenons avec peine à dresser les tentes, ce qui n'empêche pas tout ce qu'elles renferment d'être complètement traversé. Cette pluie n'est pas favorable à mon état, si agréable que soit la fraîcheur apportée par elle. Nous sommes forcés de creuser des rigoles autour des tentes pour empêcher l'eau d'y pénétrer. Celle qui tombe sur les parois en toile est recueillie dans des vases; nous remplissons ainsi une outre avec cette eau pure, assez fraîche, mais absolument insipide. Un peu au sud de notre bivouac se jette dans le Niger une petite rivière nommée Benkour. Elle vient du pays de Ras el-Ma (Tête de l'Eau), qui est notre but de voyage le plus rapproché. Mes gens désignent le Niger sous le nom de el-Fehal.

Le 21 juillet nous restons au bivouac tout le jour jusqu'à quatre heures du soir, car les tentes, mouillées, seraient trop lourdes; beaucoup des bagages, également traversés, durent être séchés. Notre alimentation dans cette marche par un pays inhabité est très simple : du riz et du couscous, sans pain ni viande; aussi regrettons-nous amèrement le bon temps de Timbouctou. Mais nous espérons bientôt rencontrer des bergers et pouvoir en obtenir du lait frais. Il y a déjà des signes de leur apparition prochaine : le sol devient plus argileux, et, au lieu d'être couvert de végétaux ligneux, il porte de l'herbe et des fourrages succulents pour les moutons et les chèvres. Nous marchons droit vers l'ouest, jusqu'à dix heures du soir environ; mes gens vont encore chercher de l'eau fraîche à la petite rivière Benkour.

A partir du point où nous sommes, on désigne le pays non plus sous le nom d'Azaouad, mais sous celui de Ras el-Ma; c'est une zone fertile, habitée par de nombreuses familles arabes.

Le matin suivant, nous partons à six heures, et vers dix heures nous atteignons les premières tentes des nomades. Ce sont les deux tribus des Tourmos et des Ouasra, qui ont ici leurs lieux de pâture. La chaleur nous force à faire halte jusque vers quatre heures, et après une marche d'une heure nous arrivons aux tentes principales, où le cheikh des Tourmos s'est fixé. On y est déjà instruit de notre arrivée par nos conducteurs de chameaux, qui appartiennent à cette tribu. Naturellement mon séjour à Timbouctou avait été très vite connu aux environs; les nombreuses personnes qui vont et viennent chaque jour portent les nouvelles dans toutes les directions.

Nous sommes reçus chez les Tourmos de la façon la plus gracieuse, et même la plus solennelle. On tire des salves de coups de fusil; les femmes et les enfants chantent des hymnes de bienvenue en notre honneur : bref, c'est une réception très agréable que nous réservaient ces simples nomades, qui s'inquiètent fort peu de fanatisme politique ou religieux et accueillent tout étranger avec une hospitalité amicale.

Les Tourmos sont des Arabes purs, cependant de couleur foncée, qui ont en général des métisses pour femmes. Ils habitent de petites tentes en cuir, faites de peaux de bœuf tannées et cousues ensemble; leur seule occupation consiste à faire paître de nombreux troupeaux de moutons et de chèvres. Aussitôt qu'un endroit n'est plus assez pourvu de fourrage, ils transportent leurs tentes dans un autre. Leurs troupeaux étant naturellement toujours en plein air, ces animaux, par suite du manque de soins suffisants, ne sont pas de très belle race. Les Tourmos vivent entièrement de leurs produits; ils en tirent directement la viande, le lait et le beurre, et échangent à Timbouctou contre des moutons vivants la farine d'orge et le peu de vêtements indispensables; ils fabriquent aussi une sorte de fromage blanc, gluant, extrêmement difficile à digérer. Ils n'ont ni pain ni farine de froment, mais mangent la farine d'orge grossière sous forme de *el-azéida*, pâte de farine faite avec de l'eau et un peu de beurre et pétrie en boulettes ; elle se conserve très longtemps. C'est ce genre de pâte qui sert ordinairement de nourriture aux Arabes pendant leurs voyages au désert ; lors de mon départ de Tendouf pour Araouan, j'avais remarqué que mes gens s'étaient confectionné la veille plusieurs petits sacs pleins de cette azeïda, mais je n'ai pu m'y accoutumer : j'ai préféré le riz, si sec qu'il soit, ou le couscous.

Le cheikh des Tourmos, es-Sadirk, chercha à rendre notre séjour aussi agréable que possible, et surtout à nous pourvoir de nourriture. Le soir de notre arrivée il nous envoya deux moutons vivants ; le matin suivant, deux autres, déjà tués et rôtis ; dans la soirée apparurent de nouveau deux moutons vivants et une masse de viande de mouton cuite. Cette dernière était très bonne ; dans ces pays il faut la préférer à la viande de bœuf. En même temps nous recevions de tous côtés une quantité de lait frais de mouton et de chèvre, qui était tout à fait excellent et qui nous fut fort agréable après notre longue consommation d'eau détestable. Je me sentais déjà beaucoup mieux.

Le 24 juillet, dans l'après-midi, le cheikh d'une tribu voisine, qui porte le nom d'Iguila, vint nous voir. C'est une nombreuse tribu, de 2000 tentes, fortement mêlée de sang targui : on le voyait aussi au costume de ces nomades, car leur cheikh portait le litham. Les visites continuèrent le jour suivant ; chacun apportait quelque chose, moutons, chèvres ou lait : de sorte que nous aurions vite réuni tout un troupeau.

La veille, l'orage avait déjà menacé, mais il ne plut

pas; au contraire, le lendemain, une pluie accompagnée de coups de vent commença à tomber et nous rafraîchit beaucoup; le thermomètre descendit de 36 degrés à 26 degrés centigrades à l'ombre.

Les journées passées dans ce douar, chez ces pacifiques bergers, m'ont extraordinairement plu. Involontairement je me souvenais des histoires bibliques entendues dès ma première enfance, et dans lesquelles les nomades et leurs troupeaux jouent un si grand rôle. En Orient la population des campagnes vit depuis des milliers d'années, comme ces Arabes; tous les événements de l'histoire du monde ont passé, sans laisser de traces, sur ces peuples de pasteurs, qui ne souhaitent rien que de l'herbe savoureuse et abondante pour leurs troupeaux et de la sécurité contre les pillards. Ces gens simples n'ont pas d'autres désirs ni d'autres besoins.

Malgré leurs pacifiques occupations de bergers, ces Arabes sont pourtant braves et belliqueux quand il s'agit de défendre leurs biens; ils savent alors employer leurs sabres, leurs piques et leurs fusils à pierre, s'il plaît au sauvage Targui ou au pillard Ouled el-Alouch de pénétrer dans leurs terres de pâtures et de voler leurs troupeaux.

Le 25 juillet nous quittâmes nos amis les Tourmos, après avoir pris d'eux un congé solennel. Le voyage à Bassikounnou, notre but le plus proche, devait durer six jours; afin que nous ayons de la viande fraîche, le cheikh nous donna six moutons, qui étaient cependant assez embarrassants à transporter; ils furent liés ensemble et poussés en avant par un homme. En tout cas, c'était un beau présent; mais je n'avais à peu près rien à remettre en échange. Je finis par donner au cheikh deux douros d'Espagne, afin qu'il fît faire quelques bijoux d'argent pour ses femmes.

Vers huit heures nous partons, mais nous nous arrêtons dès onze heures auprès de quelques tentes; il faisait très chaud, et il demeurait là également un parent du cheikh, qui voulut aussi nous donner deux moutons. Au début nous avions encore marché vers l'ouest, mais pour incliner ensuite vers le sud. Vers quatre heures nous faisons halte dans un autre douar des Tourmos. Nous y passâmes toute la nuit, car nous devions aller chercher au loin dans la rivière l'eau dont nous voulions nous approvisionner. Celle que nous avions eue les derniers jours était la pire que l'on pût imaginer; presque répugnante, épaisse, remplie de boue jaune, d'une odeur fétide, elle restait trouble, même après des filtrages fréquents, et avait un goût écœurant. Elle provenait de mares laissées par les inondations du Niger, et qui se dessèchent lentement.

Vers le soir, de lourds nuages orageux s'amassèrent de nouveau, mais la pluie ne tomba point; le matin suivant, régnait un violent ouragan.

Le sol est partout le même; une plaine faiblement ondulée, couverte de plantes fourragères, parmi lesquelles quelques mimosas; c'est toujours la zone qui forme la transition du Sahara au Soudan tropical. L'altitude est la même également, 230 mètres en moyenne. Le manque d'eau courante est caractéristique pour cette région; il n'y en a point sous ces latitudes dans les pays à l'ouest du Niger : ils ne contiennent que des dayas, étangs permanents, dont le niveau est élevé en temps de pluie, mais qui ne renferment qu'un peu d'eau, fort mauvaise, pendant la sécheresse.

Le 27 juillet, à sept heures du matin, nous partons

pour marcher presque droit au sud; mais il faut nous arrêter au bout d'une heure et demie, parce qu'un chameau ne peut aller plus loin. Mes conducteurs en font l'échange chez quelques Tourmos du voisinage. Nous continuons la marche à trois heures, toujours vers le sud, jusqu'au coucher du soleil et par des contrées d'excellents pâturages. Vers sept heures du soir commence un orage terrible, accompagné d'un ouragan comme je n'en avais vu qu'une fois pendant mon voyage, dans les montagnes du pays d'Andjira, au Maroc septentrional : un peu de pluie tomba également. L'ouragan ne se calma que vers le matin; il venait du nord-ouest. C'est un fait digne de remarque que ces vents pénètrent avec une telle violence si loin dans l'intérieur de l'Afrique.

Le matin suivant, à quatre heures, nous continuons la marche, pour nous arrêter à dix heures. Il y a dans le voisinage une rivière, petit bras latéral du Niger; j'y envoie encore des hommes pour puiser de l'eau courante, préférable toujours à celle des dayas. Des points élevés du terrain je puis voir nettement ce petit affluent; l'endroit où mes hommes vont puiser de l'eau se nomme Tichtéit-Embeba. De quatre heures à sept heures et demie du soir nous continuons vers le sud-est; puis nous dressons nos tentes au bord d'une petite daya qui porte le nom de daya el-Ghiran. Pendant la nuit nous ne pouvons laisser paître nos animaux, que nous attachons, car il y doit avoir ici beaucoup de lions et d'autres animaux carnassiers. Jusqu'ici nous n'avions rien remarqué à cet égard, mais Ras el-Ma, dont nous approchons, est très riche en ce genre d'animaux. Mes compagnons ont du reste une grande frayeur des lions; ils allument des feux pendant la nuit et veillent. Les ânes surtout sont, dit-on, en danger, car les lions les attaquent de préférence, et mon brave petit grison, qui marche si bien, doit être gardé avec soin. Ici également le terrain est couvert de bons pâturages, mais nous ne rencontrons aucun troupeau ; les Tourmos paraissent ne pas aller aussi loin vers le sud à cette époque de l'année.

Le 29 juillet nous partons à cinq heures pour marcher vers le sud-ouest jusqu'à neuf heures ; mais il faut alors nous arrêter pour laisser paître les chameaux, qui jeûnent depuis le soir précédent. A notre gauche nous voyons encore de grandes surfaces liquides, le véritable Ras el-Ma. Ce sont de vastes étangs, constamment pourvus d'eau et qui ont vers le nord-est un émissaire, le Benkour : ce dernier se réunit, comme je l'ai dit, au Niger, ou, plus justement, constitue un bras du grand fleuve s'avançant fort avant dans le pays, ainsi qu'il y en a beaucoup.

A quatre heures nous reprenons la marche, pour nous arrêter à sept heures à un endroit nommé Foulania, car le ciel s'est fortement couvert et un orage menace. A peine avons-nous dressé les tentes, qu'il éclate avec des torrents d'eau ; le calme revient un instant ; puis commence un ouragan de sable extrêmement violent, qui se termine par une forte et très longue averse.

Le nom de Foulania indique que les Foulani ou Foulbé ont pénétré jadis jusque dans ces pays. Nous y voyons cette fois des traces de lions, mais sans apercevoir un seul de ces animaux. Elles sont encore plus fréquentes le jour suivant, où la faune devient plus riche : au loin apparaissent des troupeaux de bœufs sauvages ou d'antilopes, qui pas plus qu'à l'ordinaire ne s'approchent à portée de fusil. La viande fraîche eût été cependant fort bien accueillie par nous, car les moutons que nous avions emmenés étaient déjà dévorés, et le chemin devait être beaucoup plus long qu'on ne nous l'avait dit.

Ici le monde des oiseaux est également riche et varié : le pays situé près des étangs de Ras el-Ma serait extrêmement apprécié des chasseurs : mes gens me contèrent que, la nuit, de nombreux animaux s'y rendent pour boire ; les bœufs, les gazelles, les zèbres, etc., sont fréquents en cet endroit ; mais les grands carnassiers, qui y trouvent un excellent terrain de chasse, sont par suite fort nombreux.

Ce jour-là nous marchons de sept à onze heures et de quatre à six heures et demie ; le terrain s'élève peu à peu. A la suite de la pluie d'hier il fait extrêmement chaud ; aussi nous nous traînons péniblement dans la plaine herbeuse et sans ombre.

Le 31 juillet nous marchons de trois heures à neuf heures et demie du matin vers le sud-ouest ; il semble que Bassikounnou soit beaucoup plus loin à l'ouest que ne l'indiquent généralement les cartes. Nous nous trouvons sur des chemins tracés par les chameaux, ce qui indique une certaine circulation. Ce doit être probablement une des directions qui mènent dans les villes du pays d'el-Hodh. De Ras el-Ma une route va directement à Oualata sans passer par Timbouctou ou Araouan ; on dit qu'elle n'est longue que de dix journées de marche ; mais, d'après ce que l'on appelle ici une journée, il faut compter certainement le double de temps. Cette route a dû être suivie par l'officier de spahis français Alioun Sal, déjà nommé, lorsqu'il se dirigea de Oualata à Bassikounnou. Comme il n'existe aucune carte de son itinéraire, il est naturellement difficile de le déterminer ; mais je suis porté à croire qu'il alla de Oualata à Ras el-Ma et de là à Bassikounnou par le même chemin que moi.

La végétation devient toujours plus riche et plus variée à mesure que nous approchons de ce dernier point; le monde des insectes montre de nombreuses formes que je n'avais jamais vues; mais les chameaux en souffrent beaucoup. Le corps de ces malheureux animaux étant toujours assailli de taons, etc., un homme doit suivre à pied pour les en débarrasser. Les oiseaux sont également plus nombreux et de couleurs plus vives; ce pays renferme aussi d'excellents chanteurs; des arbres et des buissons que nous n'avons pas encore rencontrés apparaissent, sinon sous forme de forêts, du moins en assez grand nombre, et donnent au paysage le caractère d'un parc.

Le soir, de quatre à sept heures, nous marchons un peu plus vers le sud, jusqu'à quelques douars de la tribu arabe des Dileb; là aussi nous sommes amicalement accueillis, et l'on nous donne du lait frais. Un peu au sud se trouve la fontaine de Soulima, et, plus vers le sud-est, un autre puits, le Bir el-Arneb; nous apercevons dans cette direction quelques chaînes de hauteurs.

Le jour suivant, 1er août, nous conduit encore dans un joli paysage, riche en végétation. Nous partons à six heures du matin, pour marcher jusque vers dix heures au sud-ouest; nous atteignons le puits Bouguentou, où nous prenons de l'eau; il se trouve également là une daya, desséchée en ce moment. L'après-midi est encore consacré à une courte marche, d'une heure et demie, qui nous conduit à un petit douar d'une fraction de la tribu des Dileb; nous y dressons nos tentes et y passons la nuit. Le lait et le peu de viande fraîche que nous y recevons sont les bienvenus. Comme nous faisons des marches très courtes, afin de ménager nos chameaux, que les insectes tourmentent horriblement, nous mettons beaucoup plus de temps que nous n'avions compté pour aller à Bassikounnou; aussi nos provisions menacent d'être vite épuisées. Dans notre voisinage se trouve le puits Adar, qui est mis fort à contribution par les gens de la tribu.

Le 2 août nous faisons encore une marche dans la direction générale du sud-ouest. Le sol devient constamment plus argileux et plus fertile, et la végétation y croît en vigueur et en variété. Il y a ici d'excellents pâturages, mais qui paraissent être peu mis à profit, car ils sont déjà trop au sud. La véritable région des Arabes nomades est constituée par les terrains plus sablonneux de Ras el-Ma et par leur prolongement vers l'ouest; les troupeaux s'y trouvent évidemment mieux que dans les contrées méridionales, trop riches en insectes.

De quatre à dix heures et demie du matin nous marchons au sud-ouest; l'après-midi, au contraire, nous ne pouvons faire qu'une heure de route, car le ciel se couvre, et à peine avons-nous dressé les tentes, qu'un orage terrible éclate. L'averse durant assez longtemps, nous nous occupons à remplir d'eau de pluie toutes sortes de vases et à en verser le contenu dans les outres; l'eau de la dernière daya était encore très mauvaise, et je me demande comment elle n'a pas complètement dérangé tous nos estomacs. Le manque d'eau courante est le principal inconvénient de ce pays de plateaux; son altitude s'accroît très insensiblement en allant vers le sud, de sorte que nous avons déjà atteint 260 mètres.

Le 3 août de l'année 1880 restera toujours dans ma

mémoire, car il vit se dérouler un événement qui parut destiné à donner d'un seul coup une conclusion inattendue à mon voyage.

Nous partons à six heures du matin pour marcher, comme auparavant, vers le sud-ouest. Nous dépassons un puits, le Bir Bousriba, qui a 40 mètres de profondeur, dit-on, mais renferme de mauvaise eau salée : aussi sommes-nous heureux de recourir à l'eau de pluie que nous avons recueillie. Non loin de là est un autre puits, le Bir Touil.

Nous avions dressé les tentes, et nous étions, vers trois heures, en train de les abattre, quand tout à coup mes conducteurs accourent, émus au plus haut point, en s'écriant : « Oulad el-Alouch ! » Nous nous précipitons aussitôt hors de la tente et nous voyons une bande d'une vingtaine d'hommes, en partie montés, s'emparant déjà de nos chameaux, qui se débattent, et les emmenant avec eux. Alors commencent des cris formidables ; les voleurs (ils font partie de la fameuse tribu des el-Alouch) sont armés de fusils à pierre ; ils se préparent à une attaque et cherchent un couvert derrière des buissons pour tirer sur nous. Pendant ce temps mes Tourmos, les conducteurs de chameaux, ont commencé un furieux combat en paroles avec les chefs de la bande ; je n'y comprends qu'une chose : les Berabich (c'est-à-dire les Tourmos) n'ont pas le droit de traverser ce pays ; les Oulad el-Alouch seuls peuvent l'accorder. Nous nous sommes cependant mis sur la défensive, tout en voyant que c'est fort inutile. Nous couvrons de nos revolvers l'accès des tentes, car quelques hommes de la bande se faufilent constamment dans leur voisinage pour nous voler. Les discussions deviennent toujours plus violentes, et il semble que les choses vont tout à fait se gâter. Les

Tourmos réclament leurs chameaux, et les Alouch déclarent qu'ils les conserveront et nous tueront tous. Dans l'intervalle, de nouveaux Alouch sont arrivés, et, parmi eux, le cheikh Boubaker; mais son apparition semble avoir pour unique résultat d'exciter encore les pillards et de leur faire tenter une attaque. A diverses reprises nous nous préparons à tirer : je songe toujours à l'impossibilité de nous défendre contre une aussi grande supériorité de forces, même si nous mettons quelques hommes hors de combat. Aussi je cherche à détourner mes gens de faire feu.

Hadj Ali commença alors avec le cheikh un long débat, extrêmement animé. Tous deux s'avancèrent un peu, et Hadj Ali tint à l'Ouled el-Alouch un discours d'une violence passionnée qui répondait à la situation. Il fit savoir au cheikh ennemi qui nous étions; lui-même était chérif et membre de la famille du grand Abd el-Kader, et il en appela au Coran pour lui montrer combien les Alouch étaient de mauvais Musulmans. Hadj Ali dit également l'accueil amical que nous avions reçu à Timbouctou et annonça que, s'il arrivait malheur à l'un de nous, on nous vengerait sûrement. La discussion dure longtemps; tantôt il semble que les Alouch vont céder, tantôt au contraire on dirait que toutes les négociations sont rompues et que le revolver va intervenir. Tandis que Hadj Ali mène ces débats, Benitez, Kaddour et moi, nous avons assez à faire pour tenir loin des tentes les indiscrets. Quelques-uns en approchent, et, quand nous les renvoyons, ils demandent à boire. Le cheikh Boubaker se fait, lui aussi, apporter de l'eau, que lui tendait le petit Farachi de Marrakech.

Après bien des ruptures de négociations, des insultes

et des malédictions de chaque côté, cette triste affaire parut incliner vers une solution favorable. Le cheikh Boubaker et un de ses parents s'écartèrent avec mes Tourmos, pour traiter ensemble; les avides Alouch, parmi lesquels se trouvaient beaucoup de Nègres, furent invités à arrêter provisoirement leurs attaques, ce qu'ils firent de mauvais gré.

Nous étions tous d'accord sur ce point : c'est que nos coups de feu n'auraient servi absolument à rien, sinon à nous faire assassiner; nous ne pouvions nous sauver que par la douceur, et Hadj Ali avait pris la bonne voie en portant la discussion sur le terrain religieux. Un seul coup de feu irréfléchi de notre part eût coûté la vie à toute l'expédition : c'était ma conviction. La discussion du cheikh Boubaker avec les Tourmos devint encore orageuse, et parut même devoir être interrompue; mais ils finirent par s'entendre. Le cheikh Boubaker et son cousin vinrent nous trouver dans notre tente, pour se mettre, s'il était possible, d'accord avec nous. La première de toutes les conditions que nous posâmes fut naturellement qu'on nous rendît aussitôt les chameaux, car sans eux nous n'aurions pu rien faire. Restait à savoir ce que nous devions payer. Le cheikh Boubaker chercha dans notre mince bagage ce qui lui plaisait; nous niâmes naturellement avec énergie toute possession d'or ou d'argent monnayé; il finit donc par prendre quelques pièces de cotonnade bleue, un morceau d'étoffe blanche pour turban, une toba brodée, une couverture de voyage européenne, ainsi que divers petits objets, et s'en alla ensuite trouver sa bande pour lui montrer son butin. Nous vîmes très bien que la majorité de ses hommes n'en était pas satisfaite, et que de violentes discussions commençaient parmi eux. Dans un pillage général, chacun aurait pu recevoir quelque chose, tandis que de cette façon le cheikh seul tirait un certain profit de notre surprise. Cela excitant la mauvaise humeur des autres, on nous rapporta les objets pris par le cheikh. Encore une fois il semblait que l'affaire ne se passerait pas sans effusion de sang. Nous appelâmes de nouveau Boubaker près de nous et lui promîmes un présent supplémentaire, à lui spécialement destiné, s'il nous laissait tranquillement suivre notre route, et s'il rendait les chameaux. Il se trouva encore d'autres objets qui lui plurent et qu'il demanda; après les avoir reçus, il donna ordre qu'on nous ramenât les chameaux, qui pendant cette scène avaient été conduits au loin : ce qui fut exécuté enfin, malgré le mécontentement évident des autres Alouch. Le cheikh demeura chez nous un certain temps et nous expliqua comment il était venu tomber sur nous avec sa bande. Les Tourmos que j'avais engagés à Timbouctou comme conducteurs de chameaux ne s'étaient déclarés prêts à partir qu'autant que le terrain à parcourir serait libre des Oulad el-Alouch : des nouvelles ayant annoncé qu'ils s'étaient retirés au loin vers l'ouest, nous entreprîmes notre voyage. Le jour qui précéda l'attaque, nous avions rencontré au milieu de cette solitude un homme seul, qui échangea quelques mots avec nous; il avait vu plus tard la bande des Alouch et leur avait dit qu'un Chrétien était en route pour Bassikounnou avec de grands trésors. Là-dessus le cheikh Boubaker se mit aussitôt en campagne avec sa bande, pour nous surprendre, ce qui lui réussit. Les Tourmos étaient surtout fâchés qu'on leur eût donné de si mauvais renseignements; ils déclaraient qu'ils n'auraient jamais eu la pensée de venir ici, s'ils avaient soupçonné que les Alouch pussent être dans le voisinage. Le cheikh Boubaker nous dit alors que les Alouch avaient en effet l'habitude de se tenir pendant cette saison dans les pâturages situés plus loin vers l'ouest; il n'était venu dans ce pays que par un simple hasard, qui lui avait également fait recevoir d'un passant des renseignements sur nous.

Quand l'affaire eut été arrangée, on nous rendit les chameaux, et les Alouch repartirent, peu contents de leurs succès. Nous demandâmes au cheikh Boubaker et à son neveu de nous accompagner jusqu'à Bassikounnou, en échange des présents qu'il avait reçus. Je ne croyais pas en effet invraisemblable qu'il existât encore des bandes de même nature que la sienne, et je désirais éviter de retomber dans un danger semblable. Le cheikh Boubaker, après quelques débats, se déclara tout prêt à me servir d'escorte; il me fallut encore faire un petit présent à ces deux brigands, mais j'avais au moins la perspective d'atteindre mon but sans danger.

Toute l'affaire avait été fort désagréable et nous avait mis en grand émoi; elle parut surtout avoir exercé sur Benitez une impression profonde. Aussitôt que nous eûmes réussi à nous faire rendre les chameaux, Hadj Ali déclara qu'il fallait immédiatement revenir à Timbouctou; je m'étais déjà habitué à cette idée, quoiqu'elle me sourît fort peu, quand nous eûmes la pensée d'engager nos voleurs même comme guides et comme escorte. Hadj Ali s'y rallia aussi.

Au moment de cette surprise, j'avais eu une autre idée, qui me remplit d'effroi. Je ne croyais pas que l'on dût nous tuer, si nous n'opposions aucune résistance; mais je craignais un pillage complet, ainsi que la perte de mon journal de marche et de mes cartes, qui en aurait été la conséquence. Nous aurions pu finalement nous retirer jusqu'aux premières tentes des nomades, sans bagages et sans chameaux ; privé ainsi de toute ressource, je serais tombé momentanément dans une situation terrible. J'aurais accepté tout cela, mais non la perte de mes notes. Je fus donc extrêmement heureux de nous en voir quittes à si bon compte ; Hadj Ali s'est certainement comporté très adroitement dans cette circonstance et nous a rendu de grands services.

Quand la masse principale des Alouch se fut éloignée, nous refîmes notre paquetage et rechargeâmes nos chameaux. Les Tourmos, qui craignaient fort la perte de leurs animaux, étaient encore très méfiants et ne continuaient évidemment la marche qu'avec regret. Nous partions vers sept heures, pour marcher jusqu'à minuit, d'abord tout droit vers le sud, puis au sud-ouest. Notre nuit se passa sans sommeil, et nous reposâmes sans dresser les tentes.

Le 4 août nous marchâmes du matin jusqu'à midi ; notre escorte se trouvait tantôt un peu en avant, tantôt un peu sur les flancs, pour mettre au courant de notre passage les Oulad el-Alouch qui auraient pu se trouver là. En effet, de petites troupes de cette tribu étaient dans les environs pour y chasser. Nous entendîmes à diverses reprises des aboiements de chiens, mais sans voir les chasseurs. Notre défiance envers Boubaker disparaît peu à peu ; nous voyons qu'il prend réellement soin de nous éviter de nouvelles attaques et qu'il est prêt à aller avec nous jusqu'à Bassikounnou.

Vers midi nous faisons halte jusqu'à trois heures dans une contrée couverte d'arbres et de buissons ; nous continuons la marche et atteignons, vers cinq heures, une grande colonie d'Oulad el-Alouch, dont les Tourmos ne paraissaient même pas soupçonner l'existence. Comme nous étions en compagnie du cheikh Boubaker, il ne nous arriva rien de fâcheux ; nous fûmes seulement importunés par une curiosité fort tenace. Boubaker fut, quant à lui, reçu avec de grands cris de joie, car sa venue était tout à fait inattendue. Après une courte halte nous continuâmes la marche. J'insistai le plus possible dans ce sens, car, la conduite de ces Oulad el-Alouch me déplaisant, je désirais me débarrasser d'eux le plus tôt possible. Dans tout le pays ils ont la réputation de voleurs de grands chemins et sont partout redoutés ; si nous avions soupçonné que nous les rencontrerions, je me serais fait donner à Timbouctou une lettre de recommandation pour un des cheikhs ou pour le chérif de la tribu ; ce dernier, homme fort considéré, habite d'ordinaire la petite ville de Nana, à trois ou quatre journées de marche à l'ouest de Bassikounnou, au milieu du pays d'el-Hodh.

De ce douar des Alouch jusqu'à Bassikounnou nous eûmes encore une marche d'une heure et demie, et vers le coucher du soleil nous arrivions dans la ville.

Déjà la veille la constitution du sol a pris un autre caractère, et aujourd'hui cette modification apparaît encore plus tranchée. Au lieu du terrain argilo-sablonneux je remarque tout à coup de petites pierres, des fragments de quartzite, répandus par places ; une brèche de quartzite ferrugineuse, qui s'est décomposée en gravier, couvre le sol et lui donne une grande solidité. Nous rencontrons également des grains et des rognons de minerai de fer, polis comme des fèves : c'est ce qu'on nomme la « latérite », formation qui couvre la surface du sol sur des espaces immenses dans l'Afrique, l'Asie et l'Amérique équatoriales. La latérite est une argile sablonneuse très ferrugineuse où sont disséminés de gros rognons de minerai de fer. Quand ils arrivent à la surface du sol, ils se décomposent facilement en grains de diamètres variant entre celui d'un haricot et celui d'une noix, à surface polie, et qui couvrent le sol en grandes masses, réparties çà et là. C'est une formation qui a la même composition dans les trois parties du monde et ne se montre que dans les pays tropicaux : son apparition caractérise en quelque sorte la frontière nord de la région des tropiques, qui est donc assez nettement déterminée près de Bassikounnou, au point où nous nous trouvions. On peut dire que le désert s'étend jusqu'au début de la forêt de mimosas d'el-Azaouad, au sud d'Araouan; puis vient, comme zone de transition, le plateau plus ou moins sablonneux, mais pourtant riche en végétation, qu'on désigne sous le nom d'el-Hodh, à l'ouest de notre route, et où se trouvent de nombreuses villes arabes; enfin commence le Soudan tropical, caractérisé extérieurement par l'apparition de la latérite. Mais ce n'est pas d'ailleurs uniquement ce minéral qui donne au paysage un autre caractère : la flore, en relation intime, il est vrai, avec la contexture du sol, devient également tout autre, plus riche et plus vigoureuse. Le pays est couvert d'une forêt assez dense, et peu avant Bassikounnou nous entrons dans une grande clairière, qui paraît avoir été pratiquée artificiellement par le déboisement, car elle est entourée de bois épais. Nous y voyons enfin les premiers champs de sorgho et de maïs, et surtout de la première plante, qui atteint une hauteur gigantesque et possède une grande vigueur; çà et là s'élèvent aussi quelques cannes à sucre, tandis que le sol porte des courges, des melons et des plantes en forme de concombres.

Il y avait longtemps déjà que nous n'avions vu de champs; les derniers étaient les terres plantées d'orge du cheikh Ali dans le lit de l'oued Draa. Aux environs de Timbouctou il y en a également; mais, comme ils sont situés à une certaine distance de la ville, je n'avais pu les voir. Nous saluâmes joyeusement un vieux Nègre qui s'occupait activement de son champ de sorgho et regardait avec étonnement des étrangers arrivant dans la ville écartée de Bassikounnou.

Après notre entrée on nous indiqua une petite maison du quartier nègre. C'était un bâtiment renfermant une cour, d'où des portes étroites conduisaient dans de petites pièces basses, servant en même temps au logement des animaux. Aussi nous préférâmes dresser les tentes dans la cour, où nous devions nous trouver beaucoup mieux que dans ces pièces sombres et malpropres. Un vieux Nègre nous reçut, en sa qualité de remplaçant du cheikh, mort depuis peu. Sa réception, sans être hostile, ne fut pas très amicale : il n'y eut pas de présents d'hospitalité, et nous dûmes à nos conducteurs de chameaux, les Tourmos, de pouvoir ajouter un peu de lait à notre couscous, qui sans eux eût été bien sec. Ils ne demeurèrent que peu de temps dans la ville, pour abreuver leurs chameaux et, après nous avoir dit adieu vers minuit, ils quittèrent Bassikounnou pour atteindre, aussitôt que possible, les douars de leur tribu, à Ras el-Ma. Ils donnèrent comme raison de leur hâte que, les chameaux étant trop rongés par les insectes dans ces contrées, ils étaient forcés de regagner au plus vite la région du nord : pendant les derniers jours, ces animaux avaient en effet beaucoup souffert de piqûres, et ils s'agitaient constamment en marchant. Mais la raison principale des Tourmos était autre. Ils se méfiaient des Oulad el-

Alouch et craignaient qu'on ne leur volât leurs chameaux. Aussi se proposaient-ils de retourner par un chemin plus à l'est, afin de ne pas rencontrer de ces gens sur leur passage ; ils voulaient ne marcher que la nuit et se tenir cachés le jour. Comme leurs chameaux n'avaient plus rien à porter, ils auront sans doute atteint très vite leurs compatriotes, si les Alouch ne leur ont pas créé de difficultés. Ces Tourmos étaient irrités au plus haut point de la surprise dont nous avions été victimes, et ils juraient qu'ils s'occuperaient à Timbouctou de faire punir les Alouch. J'avoue que je serais fort heureux s'ils avaient pu y réussir, et j'espère qu'ils ont atteint sans danger leurs villages. C'étaient des gens tranquilles ; ils n'avaient pas exigé de nous une rémunération trop forte, n'étaient pas importuns et avaient défendu leur propriété, ainsi que nous, de la façon la plus énergique.

Bassikounnou est dans une grande plaine déboisée, à environ 270 mètres au-dessus de la mer et entourée de champs de sorgho fort étendus. Il y a ici deux sortes de cet important végétal ; le *Sorghum vulgare*, blé de Nègre ou millet de Nègre, dont les semences sont réduites en farine, qui est mangée sous forme de couscous ; on cuit très rarement du pain. Le couscous de sorgho est bien moins bon que celui de froment ; son goût est presque désagréable, et il faut quelque temps avant de s'y habituer ; mais le sorgho est la seule plante du Soudan occidental tout entier qui donne un peu de farine. Ses feuilles sont mangées avec une grande avidité par le bétail, bœufs, chevaux et ânes. Le petit âne que j'avais emmené de Timbouctou ne pouvait s'en détacher quand nous marchions à travers champs, et il arrachait une feuille après l'autre, grand régal pour lui au lieu du fourrage monotone qu'il avait mangé jusque-là. En même temps que ce millet, et même sous forme de plantes disséminées au milieu de lui, se présentait aussi le *Sorghum saccharatum*, la canne à sucre africaine. Les champs sont fort étendus autour de Bassikounnou ; au temps de la maturité, qui commençait alors que nous arrivions dans ces contrées, on y place des gardiens, généralement sur de hauts échafaudages : ils font un grand bruit avec des bâtons et des crécelles, pour chasser les oiseaux qui viennent souvent se jeter sur les champs en vols énormes.

La culture est la principale occupation des habitants ; à leurs yeux l'élevage est secondaire, quoiqu'ils aient des troupeaux de bœufs, de moutons et de chèvres. C'est une population sédentaire et pour laquelle une bonne récolte est le principal. Tout ce qui lui en reste, c'est-à-dire ce qui n'est pas nécessaire à sa consommation, est vendu aux Arabes du Hodh. Le sorgho atteint une grande hauteur, et un cavalier monté peut disparaître entièrement dans un champ épais. La culture se fait d'une façon très primitive ; les hautes tiges de chaume sont arrachées, et le grain semé très serré. Le sol est extrêmement fertile et récompense toujours largement ce mince travail auquel se livrent hommes et femmes.

L'agriculture est uniquement pratiquée par la population noire, du reste mahométane, qui habite un quartier séparé de la ville. Les Arabes, peu nombreux, vivent ensemble et s'occupent surtout du commerce de gomme, de grains, d'étoffes, etc.

Bassikounnou est entouré d'une sorte de mur percé d'un seul passage : la ville est laide, malpropre ; ses rues, étroites, sont fort irrégulières. Pour les constructions on emploie uniquement l'argile battue ; les murs de derrière, surélevés, des maisons placées sur la périphérie forment en même temps les murs de la ville, de sorte qu'il n'y a pas de véritable fortification. Les habitations, peut-être au nombre de 200, sont tout près les unes des autres ; il y a une petite mosquée, mais sans tour.

En dehors de la ville se trouvent un certain nombre de douars des Oulad el-Alouch, dans l'un desquels Boubaker ainsi que son compagnon passèrent la nuit. Auprès de ces tentes est une montagne, ou du moins une grande colline, formée par les décombres et les immondices apportés de la ville ; il s'y trouve aussi des animaux morts, etc., de sorte que pendant les chaleurs l'atmosphère y est suffocante. Non loin de là est un puits très profond, rarement utilisé, car les habitants aiment trop leurs aises pour en tirer de l'eau ; ils préfèrent en puiser dans une petite daya du voisinage, remplie d'eau trouble et d'un goût désagréable.

Tout d'abord les habitants étaient assez importuns, mais, quand nous eûmes parlé à quelques Arabes, on nous laissa en paix ; leurs femmes, peu nombreuses ici, car les Négresses dominent, étaient très peu timides et fort indiscrètes ; elles s'écriaient dans les rues qu'un Chrétien était dans la ville. Cela n'émouvait pas le moins du monde cette indifférente population noire ; il est vrai qu'elle est mahométane, mais très tiède : elle réduit autant que possible les cérémonies religieuses. Le 8 août, commença le grand mois de jeûne du Rhamadan, dont nous vîmes les débuts ; les Nègres s'inquiétaient très peu du Kerim [1], et Hadj Ali finit par s'en désintéresser aussi : d'ailleurs, en voyage, la stricte observation du Rhamadan n'est pas exigée. Les Arabes présents étaient trop à leurs petites affaires commer-

---

[1]. Jeûne obligatoire pendant le jour, en temps de Rhamadan. (*Note du Traducteur*.)

ciales pour s'occuper de nous, de sorte que presque toujours nous n'avions de rapports qu'avec le vieux Nègre qui nous avait désigné la maison.

La langue arabe est généralement parlée ici, et les Nègres paraissent ne plus avoir de dialecte particulier ; mais les Arabes sachant écrire sont sans doute peu nombreux. Il ne semble pas y avoir de chef ou de fonctionnaire quelconque. En ce moment la ville n'appartient à personne, et notre visiteur acharné, le vieux Nègre, est pour la population noire une sorte de cheikh, mais sans la moindre influence. Du reste, j'appris plus tard que le cheikh mort récemment, nommé Nisari, était un Foulbé, ou, comme disent les Arabes, un Foulani. Bassikounnou est à l'extrémité orientale du pays foulbé de Moassina sur le Niger, et probablement on enverra bientôt de là un nouveau chef chargé d'administrer la ville.

Le 5 août au matin, Boubaker se présenta pour prendre possession des présents qu'il croyait avoir mérités en nous amenant ici sans danger. Comme il y avait là beaucoup d'Oulad el-Alouch et qu'ils pouvaient encore me suivre, je dus donner de nouveau quelque chose à cet homme ; cependant il avait déjà beaucoup reçu. Je sacrifiai quelques douros, quoique par là je laissasse voir à regret qu'il me restait quelque argent : en échange, je lui demandai de m'aider à aller plus loin et surtout de me fournir des animaux de bât, ce qu'il me promit aussi. Par bonheur, les autres Alouch ne m'assiégèrent pas de demandes, et la population de Bassikounnou me laissa fort tranquille à cet égard. Il fallut seulement donner une pièce d'étoffe au vieux cheikh pour la maison et le peu de lait qu'il nous procurait chaque soir. J'achetais toujours moi-même les moutons et le reste des vivres.

Le soir, vers dix heures, il y a un violent orage et une pluie de longue durée, de sorte que notre petite cour d'argile est inondée et extrêmement boueuse.

Mon état de santé, supportable pendant les derniers jours de voyage, empira de nouveau à Bassikounnou, et des symptômes de fièvre apparurent. L'émotion que m'avait donnée l'affaire des Alouch y contribuait, et je n'espérais plus pouvoir me remettre que par un départ aussi prompt que possible et des déplacements fréquents.

D'après le plan projeté à Timbouctou, nous devions aller de Bassikounnou à la ville arabe de Rango, située à cinq journées de marche, selon nos renseignements. Mais, comme la contrée à parcourir était infestée de nombreuses bandes d'Oulad el-Alouch, je ne trouvai personne qui voulût m'y accompagner et me louer des chameaux. Je dus donc songer à une autre route. Hadj Ali aurait préféré de beaucoup passer par les villes du Hodh, car il n'y a là que des Arabes, et il ne voulait pas entendre parler des peuples noirs du Soudan, du Ségou, etc. Faute de guide pour aller dans cette direction, il fallut pourtant nous décider à marcher vers le sud, ce qui m'était personnellement fort agréable; je voulais au moins toucher la limite nord du pays des Bambara, la ville de Sokolo, où se trouvent aussi quelques familles arabes.

A partir d'ici on ne peut plus se servir de chameaux; on emploie presque exclusivement les bœufs et les ânes au transport des hommes et des marchandises. Quand nous eûmes fait connaître notre résolution d'aller à Sokolo, il se trouva aussitôt quelques hommes qui consentirent à nous louer des bœufs et à nous accompagner. La perspective d'acheter quelques esclaves, dont beaucoup viennent des pays bambara, parut surtout les attirer. D'un autre côté, on me disait que Sokolo était une ville importante, d'où l'on pouvait se diriger facilement dans toutes les directions, surtout chez le sultan Ahmadou, de Ségou. Je louai donc six bœufs pour aller à Kala-Sokolo, qui n'était, disait-on, qu'à trois ou quatre jours de marche; mais, ayant fait la remarque depuis très longtemps que les renseignements des Arabes au sujet des distances sont inexacts, je ne m'étonnai pas quand, dans la suite, nous mîmes huit jours à faire cette route. Les gens du pays comptent toujours d'après leurs voyages rapides sans beaucoup de bagages, et non d'après les marches plus lentes d'un Européen. En tout cas je fus heureux de ne pas être forcé d'attendre trop longtemps à Bassikounnou, ainsi que je le craignais.

Nos préparatifs de voyage furent assez rapidement faits. Nous devions partir dès le 9 août; mais, nos conducteurs ne nous ayant apporté les outres que tard dans l'après-midi, il eût fallu bivouaquer à une courte distance de la ville et courir ainsi le danger d'être poursuivis par des voleurs, qui auraient pu nous détrousser pendant la nuit. Nous demeurâmes donc encore un jour à Bassikounnou, de façon à en partir le matin suivant.

En général, l'accueil reçu dans cet endroit avait été froid; on nous avait laissés en paix, mais on fut évidemment heureux d'être débarrassé de nous. Si le cheikh foulbé avait été encore vivant, je n'eusse peut-être pas pu m'échapper si vite. Les Foulbé du Moassina passant pour fanatiques, j'aurais probablement eu des difficultés avec eux. Mais il n'y avait là aucun chef influent, et le grand cheikh foulbé de Hamd-Alahi n'avait pas connaissance de mon voyage.

Les cinq hommes qui nous avaient loué des bœufs voulurent nous accompagner; je les payai d'une partie de l'argent qui me restait de Timbouctou, et avec lequel ils ont plus tard acheté des esclaves.

Toute cette entreprise est contre la volonté de Hadj Ali, qui perd ici sa sécurité, à l'endroit où commence le pays des Nègres, et qui ne peut plus en imposer, à sa manière ordinaire, comme chérif et neveu d'Abd el-Kader. Les Nègres de Bassikounnou n'avaient aucune idée de ce dernier, et cela fâchait fort mon compagnon. Suivant ses idées, nous aurions dû, s'il était absolument nécessaire d'aller au Sénégal, passer par Oualata et les villes du Hodh. En effet, ces contrées sont habitées uniquement par des Arabes, ce qui pouvait être, dans certains cas, pour nous, un avantage, et en tous pour Hadj Ali; de plus, ce plan méritait d'être pris en considération, car il pouvait être mis à exécution facilement et sûrement. Mais, comme je m'étais proposé de visiter une partie des villes des Bambara, des Foulbé et des Fouta, je ne me laissai pas détourner de mon itinéraire. Il est vrai que je dus entendre plus tard d'amers reproches, lorsque, mes compagnons et moi, nous tombâmes gravement malades: mais il était trop tard pour revenir sur nos pas.

Quand tout fut prêt pour le voyage au pays bambara, nous quittâmes le 10 août 1880 Bassikounnou, pour nous diriger vers le sud. Le bagage était réparti sur six bœufs, qui devaient également servir de montures. Outre mon âne, j'en emmenai un second, pour porter différents petits objets que nous devions avoir constamment sous la main.

Les Oulad el-Alouch nous avaient déjà quittés, et le cheikh Boubaker était allé rejoindre sa bande; peut-être a-t-il regretté longtemps ensuite de ne pas avoir cédé à ses compagnons en nous dépouillant complètement? Nous avions su nous tirer autant que possible à notre avantage de cette malheureuse affaire, et, si je n'étais arrivé à Bassikounnou en compagnie du cheikh Boubaker, qui sait si l'on m'aurait donné aussi vite des conducteurs et des bêtes de somme?

CHAPITRE VII

VOYAGE DE BASSIKOUNNOU A KALA-SOKOLO.

Départ de Bassikounnou. — Bœufs de selle et de bât. — Euphorbiacées. — Temps pluvieux. — Le baobab. — Farabougou. — Inondation. — Benitez tombe malade. — Kala-Sokolo. — Ahmadou. — Ségou. — Le chérif de Kala. — L'empire des Bambara. — Curiosité du chérif. — Coquilles de cauris. — Maladies. — Les chanteurs. — Avidité des Bambara. — Industrie. — Le tabac. — Benitez est gravement malade. — Les guides foulbé. — Les curiosités du chérif. — Vengeance du cheikh. — Absence de Juifs espagnols. — Départ. — Climat malsain. — Historique de Kala. — Remarques sur Ahmadou-Ségou et les Nègres bambara.

Notre caravane, au départ de Bassikounnou, se composait, outre mes quatre Marocains et moi, de cinq hommes de la ville, demi-Nègres, demi-Arabes, qui nous avaient loué des bœufs. Mes hommes s'en servaient comme de montures, mais je préférai conserver mon âne. Il est aussi désagréable que peu sûr de monter ces bœufs chargés de ballots de marchandises; ils portent en guise de selle deux sacs de cuir remplis de foin, placés sur leur dos sans y être attachés; par-dessus on met la charge, qui pend sur les flancs de l'animal; enfin le cavalier couronne le tout. Tant que le terrain est complètement plat et découvert, et que les bœufs peuvent marcher tranquillement et à pas réglés, tout va bien; mais, aussitôt qu'ils s'avancent irrégulièrement ou qu'ils sont arrêtés par les buissons, les bagages entassés sur leur dos tombent souvent, et les cavaliers s'y trouvent fort mal. En outre, ces bœufs ont leurs cornes dirigées en arrière, aussi, quand on est assis trop près du cou, la position devient dangereuse. Enfin ces animaux vont beaucoup plus lentement que les chameaux.

Kala-Sokolo est directement au sud de Bassikounnou; avant d'y arriver, nous rencontrerons un petit village bambara, nommé Farabougou.

J'ai déjà dit que la nature du sol et de la végétation n'est pas la même dans le pays de Bas-sikounnou que dans celui de Ras el-Ma. Après avoir quitté la ville, nous trouvons aussitôt une végétation plus riche, parmi laquelle sont surtout à citer des Euphorbiacées charnues, que nous n'avions pas encore vues. Il est vrai que par places le sol est encore un peu sablonneux; mais il n'en est pas moins couvert d'un épais tapis d'herbes, partout où il n'est pas transformé en champs de sorgho; le terrain lui-même est très faiblement ondulé, et s'élève peu à peu vers le sud.

Nous sommes obligés d'emporter d'ici quelques outres pleines, car on en est réduit à des dayas isolées, tandis que les rivières n'apparaissent pas encore dans ces contrées. L'eau des étangs situés près de Bassikounnou n'étant pas très bonne, j'en envoyai chercher dans un puits situé dans le voisinage, profond de 30 mètres et de 5 à 6 mètres de circonférence; mais cette eau était salée. A un mille à l'ouest de Bassikounnou il y a une daya grande et profonde, malheureusement elle était trop éloignée.

Nous quittons la ville à sept heures du matin et avançons lentement vers le sud avec notre caravane de bœufs; vers midi nous faisons halte, pour marcher ensuite de trois à six heures. A ce moment il faut dresser les tentes, car de lourds nuages d'orage se montrent, et un violent ouragan se déchaîne bientôt. Je suis arrivé presque au début de la saison des pluies, et le premier inconvénient de cette circonstance est que nous rencontrerons plus tard des zones d'inondation fort étendues ; en outre il est malsain de voyager à cette époque, et nous en souffrirons tous.

Le matin suivant, nous partons de bonne heure pour continuer vers le sud par un terrain toujours semblable, couvert d'herbes et de bouquets d'arbres disséminés. La contrée étant complètement inhabitée, nous sommes étonnés de rencontrer un homme qui conduit quelques esclaves bambara; il vient de Kala, où il les a achetés pour les revendre chez les Arabes. Vers midi nous faisons halte, car nos animaux sont trop fatigués; mais nous n'avons pas d'eau. Mes gens ont été hier soir très imprévoyants avec la provision emportée, pensant qu'ils rencontreraient bientôt une daya : il n'en a rien été. Aussi, ne pouvant nous installer pour le repos, nous faisons paître un peu nos animaux et repartons vers une heure, par la grande chaleur. Au bout de deux heures de marche seulement nous atteignions l'étang désiré, large mare pleine d'eau trouble et laiteuse : elle n'avait pas du moins l'arrière-goût de l'eau salée du puits de Bassikounnou. Les bœufs étaient extrêmement altérés et il fut impossible de les arrêter. Quand nous arrivâmes près de l'eau, ils s'y jetèrent brutalement et burent à longs traits ce médiocre breuvage.

Nous demeurons auprès de cette daya, nommée Kantoura, et dressons nos tentes. De nouveau le ciel s'est couvert de nuages noirs; le vent s'élève aussi vers le soir, mais la pluie ne tombe pas.

Nous sommes peu riches en provisions, et notre nourriture quotidienne ne consiste qu'en couscous ou en riz, préparé avec un peu de beurre. Je n'ai pu acheter de moutons à Bassikounnou, car les habitants eux-mêmes n'en ont pas beaucoup; du reste ils sont chers. La contrée où nous sommes paraît du moins être indemne des brigandages des Arabes, qui ne descendent pas si loin, car ils ne trouvent plus ici de grands troupeaux de bestiaux, comme dans les régions placées au nord. L'altitude est la même qu'à Bassikounnou : environ 270 mètres ; à midi la température s'élève d'ordinaire à près de 30 degrés centigrades à l'ombre, et s'abaisse un peu le matin et le soir.

Le 12 août, vers sept heures du matin, nous quittons la daya, pour marcher vers le sud. A Bassikounnou on m'a dit que Kala n'est qu'à trois jours de marche, mais nous y mettrons probablement le double de temps. En outre je reconnais maintenant que mes guides et mes conducteurs de bœufs n'ont jamais été à Kala et n'en connaissent le chemin que d'une manière générale. Ils ont cherché à se renseigner à Bassikounnou, où personne n'a voulu m'accompagner, et on leur a dit, entre autres choses, que nous devons rencontrer un grand baobab isolé.

Nous marchons de sept heures à midi, vers le sud : la température est élevée, mais un peu adoucie par de faibles souffles de vent. Puis nous dressons nos tentes pour le repos. Lorsque vers trois heures nous voulons continuer la marche et que tout est déjà paqueté et chargé sur les animaux, un ouragan s'élève tout à coup, suivi d'un terrible orage : ils surviennent si subitement, que nous sommes tous complètement traversés. Il est impossible de marcher dans ces conditions ; nous tendons de nouveau les toiles mouillées et restons sur place, pour leur permettre de se sécher. Mais pendant la nuit la pluie tombe encore. C'est un bivouac extrêmement malsain, sur un sol humide et dans des tentes mouillées ; je crains que plus tard nous n'ayons beaucoup à en souffrir.

Le matin suivant, vers neuf heures, nos bagages sont secs et nous pouvons partir ; mais, après une heure et demie de marche seulement, tout le ciel se couvre d'épais nuages d'orage : nous n'avons pas encore fini de tendre nos tentes, qu'une pluie violente et de longue durée recommence. Comme de nouveaux nuages se rassemblent toujours dans le sud, nous ne pouvons songer à aller plus loin, et il faut encore demeurer sous des tentes humides. J'en suis fort contrarié, car je voudrais atteindre aussi vite que possible la ville, où nous serons à l'abri de ces pluies, dans des maisons bien sèches.

Le terrain s'est relevé et atteint une altitude d'environ 300 mètres ; la contrée a un joli cachet de parc : c'est une forêt remplie de clairières, couvertes de gravier de latérite. Elle doit être riche en toute espèce de gibier, mais nous n'en rencontrons pas ; il est d'ailleurs impossible de faire arrêter la caravane pour parcourir les environs : ce serait un jour de perdu, et nous sommes forcés, à cause de nos maigres provisions et du temps pluvieux, de marcher le plus vite possible. Ces pluies continuelles ont déjà eu pour mes gens un fâcheux effet. Hadj Ali ainsi que Benitez se sentent tout à fait mal. Le premier se plaint, en même temps que d'une faiblesse générale, de douleurs d'estomac, suites évidentes de l'eau malsaine qu'il a bue. Chez Benitez se montrent, à cause de ces pluies fréquentes, des symptômes de fièvre. Je suis forcé d'entendre des reproches au sujet de mon refus de prendre le chemin du désert par Oualata. Je ne pouvais répondre qu'en rappelant le but de mon voyage qui m'obligeait à parcourir les contrées les moins fréquentées, et les dangers dont nous aurait menacés dans les pays au sud de Oualata une population arabe de rôdeurs et de pillards. Sur cette route, au contraire, dès que nous aurons atteint Kala, nous pénétrerons dans des contrées peuplées, et pourrons chaque soir nous arrêter dans un village. Je dois l'avouer, j'aspirais ardemment à ce moment : ce bivouac durant des semaines en plein air, cette vie pure et simple de l'homme des bois, deviennent insupportables, et l'on aspire à se retrouver dans des demeures humaines.

Une sorte de mécontentement et de découragement apparaît chez mes compagnons, et se trouve encore accrue par ce fait, que nous remarquons chez nos guides une grande ignorance du chemin; nous n'avons, il est vrai, qu'à marcher toujours vers le sud, pour arriver enfin dans une localité bambara, mais cela pourra durer longtemps. Je ne puis les consoler qu'en leur faisant espérer en l'avenir, en notre prompte arrivée chez les Français, etc. Mais je sais mieux que mes gens ce que nous aurons encore de difficultés à vaincre.

Le 14 août nous avançons encore un peu vers le sud; pendant la nuit il n'a pas plu, mais, quand nous nous levons le matin, le ciel est complètement couvert, et nous attendons plusieurs heures que le temps se soit un peu assis. Vers dix heures nous pouvons partir, pourtant dès midi mes gens ne veulent plus avancer; notre marche se fait donc très lentement, et nos vivres nous causent de grands soucis. Les conducteurs de bœufs ont emporté pour eux de Bassikounnou une sorte de farine de semoule, qui est presque complètement épuisée, aussi ils ne mangent plus qu'une fois par jour. Il me faut finalement leur donner encore un peu de nos provisions, déjà si minces et quoique nous n'en ayons plus que pour trois ou quatre jours.

Nous parcourons aujourd'hui une forêt très épaisse, dans laquelle il est difficile aux animaux d'avancer; la latérite apparaît toujours plus abondante.

Vers trois heures nous levons les tentes pour marcher comme toujours vers le sud; mais dès cinq heures nous faisons halte, après avoir atteint une grande daya. Un peu auparavant, nous avons vu le baobab géant dont j'ai parlé, magnifique arbre d'environ 6 mètres de tour, et qui produit une grande impression par son apparition isolée au milieu de buissons bas et de petits arbres. Comme je l'ai dit, il sert de repère aux caravanes, et indique à peu près le milieu du chemin entre Bassikounnou et Kala. Nous avons plusieurs fois perdu notre route, et nous avons erré dans les bois; sans quoi nous aurions atteint cet arbre depuis longtemps. A partir de Bassikounnou on voit des sentiers frayés par des animaux de charge et que nous avons naturellement pris; mais, quand la contrée est devenue plus boisée, ces traces se sont perdues : nous avons fréquemment suivi de fausses pistes de bœufs, qui nous ont écartés de la direction principale. Il a fallu, par suite de ces circonstances et des pluies fréquentes, cinq jours pour atteindre uniquement ce baobab.

Le 15 août se passe sans pluie. De sept heures du matin jusqu'au soir nous errons dans les bois épais, sauf pendant deux heures; nous conservons en général la direction du sud, mais les traces de chemin se sont perdues. Mes gens espèrent en vain atteindre un village bambara; à la fin nous sommes si épuisés que nous faisons halte vers cinq heures du soir au milieu de la forêt, et y dressons les tentes. Notre nourriture est fort maigre; nous sommes forcés d'attacher nos bœufs et nos ânes pour les empêcher de s'écarter, de peur des lions. Quoique nos conducteurs aient entretenu du feu toute la nuit, aucun de nous ne peut dormir; pour la première fois depuis le début de notre voyage, nous avons à souffrir des moustiques.

Pendant la nuit mes gens prétendent avoir entendu des coups de fusil, provenant sans doute de chasseurs; le matin suivant, nous partons dans leur direction. La forêt est très épaisse et nous avons peine à la traverser avec nos bœufs chargés; de place en place apparaissent des élévations formées de latérite. Mais, à mesure que nous avançons vers le sud, la forêt tend à s'éclaircir, et elle prend bientôt le caractère d'un parc, avec de vastes clairières découvertes, des groupes de buissons et quelques grands arbres, baobabs ou arbres à pain de singe : c'est un terrain de chasse favorable sous tous les rapports. Après avoir erré plus de quatre heures dans une direction plus ou moins arrêtée, nous voyons enfin de loin les hautes tiges de champs de sorgho, qui nous annoncent la présence d'un lieu habité dans le voisinage; nous remarquons bientôt les rares traces d'un chemin frayé, et, en le suivant, nous atteignons, après une heure et demie de marche, les premières maisons de la petite ville de Farabougou. Barth, dans l'un des nombreux itinéraires qu'il a recueillis par renseignements, indique également cet endroit comme se trouvant sur la route de Oualata à Sansandig.

Farabougou est une petite bourgade composée de maisons d'argile, et à peine aussi grande que Bassikounnou. Les habitants sont des Nègres bambara, dont une petite partie seulement a embrassé l'Islam; le reste est païen, c'est-à-dire ne s'inquiète absolument pas de ce qui ressemble à une religion. Même les Bambara que les guerres de Hadj Omar ont convertis de force à l'Islam sont des croyants extrêmement tièdes; ils font à peine leurs prières une fois par jour. Les Bambara ordinaires n'entendent pas l'arabe, et, en dehors de : *Allah Kebir !*, ils ne savent à peu près rien des enseignements de Mahomet.

A la tête de la ville sont deux frères, dont l'un a préféré devenir Mahométan, tandis que l'autre est demeuré païen. Aussi l'autorité demeure-t-elle aisément dans la famille; l'un des frères a pour amis les Nègres bambara convertis, l'autre les Infidèles sans aucune croyance : de sorte que les deux partis vivent en paix l'un près de l'autre et se livrent à leur seule occupation, le commerce des esclaves.

Comme partout dans les villes de ces contrées, beaucoup d'Arabes se sont fixés ici; l'un d'eux est un parent éloigné d'Abadin, dont la considération en cet endroit est fort grande; quand nous déclarons venir d'auprès de lui, nous sommes généralement bien accueillis. Nos tentes sont dressées hors de la ville, et bientôt arrivent de nombreux curieux. Vers le coucher du soleil, les esclaves reviennent des travaux des champs et s'arrêtent étonnés devant ces tentes étrangères. L'un des cheikhs apparaît aussi, et, peu après, chacun des deux frères nous envoie un mouton comme cadeau d'hospitalité. Mais ils demandent en échange de si grands présents, que Hadj Ali, fort mal disposé surtout pour cette incrédule population bambara, entre dans la plus violente colère et maudit en termes énergiques ces Nègres grossiers, « qui ne croient ni en Dieu ni en son Prophète ». A la fin nous envoyons un peu d'étoffe et quelques sabres comme présents, en déclarant n'avoir rien de plus. On fut très mécontent de cette réponse, et l'on nous négligea de toute manière. La population nègre, et surtout la partie la plus jeune, se comporta d'une façon importune et insolente, et, si nous n'avions eu dans notre compagnie quelques Arabes de l'endroit, nous aurions été exposés à toute espèce de scènes désagréables.

Comme je l'ai dit, de grands champs de sorgho entourent la ville, et en outre nous vîmes des troupeaux assez importants de bœufs, de moutons et de chèvres, ainsi que beaucoup de chevaux et d'ânes. Cette localité paraît être aisée ; la population doit compter plusieurs milliers d'âmes, y compris les nombreux esclaves.

Tout près de la ville sont plusieurs grandes dayas, qui ont de l'eau toute l'année. On rassemble ici, au moment de la floraison, les semences des herbes et l'on s'en sert comme moyen d'alimentation. A différents endroits situés en dehors de la ville, je remarquai des femmes occupées à promener dans les herbes un appareil ingénieusement construit pour recueillir les semences. Il consiste en une corbeille avec une quantité de petits bâtons, placés les uns près des autres en forme de herse; en la promenant dans l'herbe, un mouvement habile de l'ouvrière y fait tomber les semences des tiges.

Mes gens de Bassikounnou étaient fort joyeux de pouvoir enfin manger à leur faim de la viande; je leur en fis donner autant qu'ils voulurent, pour les tenir en bonne humeur. Hadj Ali et Benitez étaient assez mal disposés : le premier à cause des Nègres grossiers et incrédules, auxquels il importait peu qu'il se fît passer ou non pour un chérif et un neveu d'Abd el-Kader et qui ne connaissaient que leur maître fanatique et pillard de Ségou ; Benitez se trouvait décidément très mal depuis plusieurs jours. Je croyais même avoir remarqué que ce changement remontait à notre surprise par les Oulad el-Alouch ; cet incident avait causé sur lui une profonde impression, et en outre l'humidité du climat lui avait donné des symptômes de fièvre.

Il fallut faire veiller pendant la nuit quelques-uns de nos guides, car la population bambara passe pour adonnée au vol, surtout quand tant d'esclaves se trouvent réunis.

Pendant la nuit suivante il plut encore très fort, ce qui ne nous empêcha pas de partir le matin du 17 août à sept heures, pour atteindre enfin Kala et pouvoir habiter dans une maison sèche. Mais quel chemin parcourons-nous ! Le terrain, presque sans aucune pente, était devenu un étang, à la suite des pluies fréquentes des derniers temps ; les animaux marchaient constamment dans l'eau et s'y abattaient souvent. C'était toujours une tâche extrêmement pénible que de remettre sur pieds des animaux chargés d'un lourd bagage. Pendant longtemps il fallut que nous marchâmes nous-mêmes dans l'eau jusqu'aux genoux, parce que les bœufs ne pouvaient plus nous porter ; mon âne surtout s'enfonça si profondément dans la boue, qu'il était incapable d'avancer ou de reculer. Nous passâmes ainsi près de quatre heures avant d'atteindre un terrain plus élevé et d'arriver à un petit village, où nous demeurâmes quelque temps afin de nous sécher. Ce fut une journée terrible, surtout pour Benitez, déjà malade. Les champs de sorgho, qui étaient aussi en partie sous l'eau, s'étendent au loin vers le sud, et nous marchâmes longtemps dans cette inondation. Vers trois heures nous quittions notre lieu de halte, où nous avions remis nos bagages en ordre et où nous nous étions reposés aussi bien que possible; après plus de trois heures de marche, nous entrions dans Kala-Sokolo. Le terrain, devenu plus élevé, était sec en très grande partie.

De Bassikounnou au point où nous étions, on constate la présence d'une pente ascendante constante, quoique fort peu sensible. La première ville a environ 270 mètres d'altitude, tandis que la contrée située entre Farabougou et Kala en a 320; pendant ces derniers jours, la température, supportable, rarement atteint 30 degrés centigrades. La petite ville de Farabougou est la localité la plus septentrionale du grand empire bambara, qui aujourd'hui est gouverné de Ségou par le sultan Ahmadou, l'aîné des fils de Hadj Omar; autant que j'ai pu le savoir, à Kala on était peu satisfait de cet étranger (c'est un Fouta en effet) et de ses expéditions de pillard.

Séjour à Kala. — Les champs de sorgho qui entourent la ville s'étendent pendant des heures, et, quand nous vîmes les premiers indices de culture, nous respirâmes plus légèrement, comptant sur un accueil pacifique. On nous avait dit qu'un chérif arabe se trouvait dans la ville, et Hadj Ali tenait naturellement à ce que nous réclamions son hospitalité et non celle du cheikh bambara. Le chérif nous accueillit du reste très amicalement. C'était un homme maigre, d'environ cinquante ans, aux cheveux noirs et touffus, vêtu simplement de la toba bleue ordinaire; il souffrait un peu de rhumatismes aux jambes. Il nous donna une petite maison, construite en argile comme toutes les maisons de Kala; mais elle avait un porche couvert en paille, formant en quelque sorte une véranda.

Kala, comme les Arabes nomment la ville, ou Sokolo, suivant la dénomination des Bambara, est d'étendue assez considérable et doit compter au moins 6000 habitants, Nègres bambara pour la très grande partie. Une petite colonie d'Arabes venus du Hodh s'y est également fixée.

Les rues de la ville sont relativement larges, mais irrégulières ; outre les maisons d'argile battue se trouvent aussi de nombreuses huttes en paille et en roseau, placées surtout autour d'une rue très large, ressemblant à une place et dont le niveau est un peu plus bas que ma maison ; elle n'est habitée uniquement que par la population noire.

Comme je l'ai dit, l'agriculture est en honneur à Kala, et des champs de sorgho très étendus l'entourent ; tout près d'elle sont de grandes dayas qui ont toujours de l'eau, et vers l'une desquelles se trouvent trois arbres gigantesques.

Quand le cheikh bambara apprit que des étrangers étaient arrivés chez le chérif, il envoya aussitôt un de ses neveux pour visiter nos bagages ; il fallut vider complètement chacun de nos sacs et montrer ce que nous possédions. On nous dit que c'était afin de voir les marchandises soumises à des droits de douane, certains articles de commerce payant ici, à leur entrée dans le pays bambara, des droits d'importation. Comme nous n'en avions pas, l'envoyé du cheikh s'éloigna ; mais néanmoins il avait vu ce que nous portions avec nous et ce qui, à l'occasion, pourrait servir de présents. La fureur de Hadj Ali reprit à ce propos, et il déplora, de la façon la plus vive, d'être venu chez ces grossiers Infidèles.

Nous étions entièrement nourris dans la maison du chérif, c'est-à-dire que deux fois par jour on nous apportait un plat rempli de riz au beurre, dans lequel étaient placés de petits morceaux de viande de bœuf. C'était une alimentation peu substantielle, mais nous ne pouvions nous procurer mieux. Le peu de pièces d'étoffe et les quelques douros que je possédais encore

Nègre bambara.

étaient réservés pour payer la location d'animaux de charge; en outre, Hadj Ali désirait que nous n'achetions pas de viande fraîche, afin d'éviter les apparences de la richesse. Mais je ne pus pourtant me dispenser d'échanger des œufs et des poulets contre des coquilles de cauris. Un œuf coûtait cinq cauris; un poulet, de 30 à 40, selon la grosseur.

Abdoullah (Benitez) est très malade et ne peut absolument plus rien manger depuis plusieurs jours; son teint est livide, il a maigri et passe toute la journée étendu sur une natte, morne et apathique. J'ai de lui les plus tristes pronostics. De plus, mes autres compagnons tombent

Négresse bambara et son enfant.

malades et j'ai constamment à entendre des reproches.

Les Arabes du pays ne paraissent pas très pieux, car ici le Kerim n'est pas du tout observé. Par bonheur nous avons encore un peu de thé, mais pas de sucre, et le chérif, qui passe chez nous toutes ses journées, boit du thé avec plaisir et fume en même temps. Quand nous l'interrogeons à ce sujet, il répond qu'il est malade et que dans cet état il peut tout se permettre. Le chérif, qui sait que je suis Chrétien, mais ne s'en émeut en aucune façon, est fort avide de s'instruire, et chaque jour il nous interroge sur tous les sujets. Je suis forcé de lui peindre l'état politique de l'Europe ; il me demande des nouvelles géographiques et désigne lui-même grossièrement sur le sable les côtes du nord de l'Afrique, en se servant d'un bâton : il indique même, d'une manière exacte en général, la situation de chaque pays. Il veut voir ce qu'est notre écriture, et je dois lui écrire quelque chose ; il demande que je lui parle allemand, pour qu'il sache comment sonne cette langue : bref, il veut s'instruire de toute façon.

J'avais à payer aux conducteurs de bœufs de Bassikounnou le reste de la somme convenue, et ils le réclamèrent en cauris. Le chérif s'occupa de faire échanger de l'étoffe contre ces coquillages et m'en apporta 12 000 en échange d'une pièce de *guinée* ; pour un douro d'Espagne je n'en reçus que 3500. Il est possible que le chérif ait un peu gagné à cette affaire, dont il ne voulut laisser le soin à personne : mais cela n'a pu être bien considérable.

Nous discutâmes alors sérieusement la question du reste du voyage. Lors de notre séjour à Bassikounnou nous avions formé le plan d'acheter des bœufs à Kala pour atteindre lentement le Sénégal, en marchant de village en village, sans dépendre de personne. Mais le chérif nous en dissuada vivement. Si les Bambara s'apercevaient, pensait-il, que j'avais encore beaucoup d'argent, ce qui aurait lieu forcément si j'achetais des bœufs, dont chacun coûterait au moins de 40 000 à 50 000 cauris, la cupidité du cheikh serait éveillée ; de plus, nous ne serions pas en sûreté en route. On nous reconnaîtrait au premier abord pour des étrangers et l'on ne se ferait aucun scrupule de nous voler nos animaux. Le plus sûr serait donc de louer quelques bœufs aux habitants de Kala pour aller à la première ville importante; nous aurions ainsi un certain nombre de conducteurs et de guides qui s'occuperaient des animaux. Ces conseils furent naturellement de mon goût, mais il fut difficile de trouver des conducteurs. Un homme se déclara prêt à me louer des bœufs pour aller à Goumbou si je lui payais 36 000 cauris par animal; je ne pus déférer à des exigences aussi impudentes.

Le 19 août tous mes compagnons étaient alités : Benitez très fortement atteint, les autres moins; les douleurs d'estomac, le froid et l'humidité les avaient tous attaqués, et j'eus moi-même à réagir vigoureusement pour ne pas tomber sérieusement malade. Par malheur, nous manquions de tout : le café, le vin, le sucre, le tabac étaient épuisés depuis longtemps, et il ne me restait qu'un peu de thé vert, qui devait durer encore quelques jours. Comme médicaments, je n'avais plus que de la quinine; mes purgatifs, mes vomitifs, ma poudre de Dower étaient en général détériorés par l'eau; je n'avais sauvé qu'un peu d'émétique et j'en donnai à Hadj Ali; après l'avoir pris, il se sentit un peu mieux. Kaddour, le Marocain, jadis si vigoureux et d'une santé si robuste, dut aussi se coucher, et j'eus une nuit sans sommeil.

Le cheikh des Bambara exigeait des présents, sans m'avoir rien donné, et il voulait en recevoir beaucoup : une toba brodée de Timbouctou, des couvertures de laine, de l'étoffe, etc., tout lui convenait. La colère de Hadj Ali le reprit à cette exigence d'un Infidèle, mais il fallut pourtant lui envoyer quelque chose. Voyant que nous avions peu à lui donner, il se déclara momentanément satisfait.

L'institution des chanteurs de cour (griot) existe déjà ici. Ce sont des gens qui se tiennent constamment parmi la suite du cheikh, sont nourris par lui et doivent chanter les louanges de leur maître dans les circonstances convenables, pendant les repas et surtout quand il y a des étrangers dans la ville. Un de ces poètes de cour vint également nous éveiller dès le matin à diverses reprises. Après avoir célébré les vertus de son maître en termes peu harmonieux, pour lesquels il s'accompagnait d'une sorte de guitare, il nous chantait aussi, nous estimant heureux d'avoir accompli sans malheur notre grand voyage, et ne partait pas d'ordinaire sans avoir reçu un présent de cauris. Ces gens-là ne paraissent pas estimés par les Arabes, car le chérif renvoya durement à diverses reprises cet acharné mendiant. Les griots doivent aussi accompagner leur maître quand il entreprend des expéditions de guerre ou de pillage, et encouragent leurs compagnons par des chants. Ils paraissent en même temps servir d'espions, et je suppose que ces griots venaient nous voir pour se renseigner sur tout ce qui nous arrivait. Le cheikh éprouvait une grande défiance envers nous et le chérif; il était courroucé de voir ce dernier, et avec lui, par suite, la colonie arabe, nous protéger et nous soutenir de toute façon : il supposait que nous avions fait au chérif un gros présent d'or ou d'argent, qui lui avait été ainsi enlevé, à lui le cheikh du lieu. Je m'apercevais déjà que les relations avec les Bambara sont difficiles ; ce sont des gens farouches et cupides, qu'ils appartiennent ou non à l'Islam.

Le 22 août nous avions le soir un violent orage; tous

mes compagnons étaient encore étendus malades; le petit Farachi s'occupait seul et avec peine du ménage. Le chérif avait également fait dire qu'il était souffrant; ses douleurs rhumatismales semblaient s'accroître avec les pluies. Aussi étions-nous dans une fâcheuse disposition d'esprit.

Il est difficile de trouver des gens qui consentent à nous accompagner et à nous louer des animaux; le cheikh de l'endroit m'est évidemment hostile; nous sommes tous malades; nos ressources sont extrêmement limitées; nous n'avons aucun aliment européen et en sommes réduits au plat de riz de notre hôte, quoiqu'il continue à être très bien disposé pour moi : son riz est rarement remplacé par un couscous de sorgho à peine mangeable; toutes ces causes, accompagnées des reproches constants de Hadj Ali, qui me demande toujours pourquoi je n'ai pas voulu passer par Oualata, m'émeuvent beaucoup et je crains de tomber malade moi-même.

A Kala il n'y a presque aucune industrie; un de nos visiteurs est pourtant habile ouvrier en fer. Il fabrique surtout de petits poignards élégants avec des fourreaux de cuir; d'ordinaire, leurs lames sont ornées d'inscriptions et d'arabesques, de même que les pipes dont j'ai parlé. Leur fourneau est en bois teint en noir et garni de petits anneaux d'argent incrustés; leur boût, qui est long, est en tôle. On fume beaucoup ici, surtout un tabac indigène très fort, auquel je ne pus m'habituer. Il peut être bon, mais ces gens ne savent pas le préparer. Je constatai également ici une coutume que j'avais observée ailleurs : avant de bourrer le tabac dans la pipe, on l'enduit de beurre! J'avais vu déjà une fois, dans l'oued Draa, et sans vouloir en croire mes yeux, le cheikh Ali rouler son tabac dans du beurre et le bourrer ensuite dans sa pipe ; ce procédé donne au tabac un goût et une odeur extrêmement forts, et même répugnants, impossibles à supporter pour un étranger. Le tabac à priser n'est pas inconnu, mais je l'ai trouvé plus en usage à Timbouctou et Araouan ; c'est une poudre jaune, très énergique, que l'on conserve dans de petites boîtes élégantes en cuir.

Cependant je cherchais à poursuivre, du mieux possible, les négociations pour la continuation du voyage. D'après tout ce que j'entends, le mieux est d'aller au bourg de Goumbou, à environ six jours de marche, et là de louer de nouveaux animaux. Le 22 août le chérif me fait dire qu'il a loué quatre bœufs pour moi de quelques Foulani, qui se déclarent prêts également à m'accompagner à Goumbou ; deux jours après, ces gens retirent leurs promesses, de sorte que je suis constamment dans l'incertitude.

Un Arabe, très fin, de Kassambara, un peu au sud-ouest de Oualata, s'est montré pour nous un ami de la maison ; je me donne beaucoup de peine pour l'engager à faire avec nous le voyage de Médine sur le Sénégal ; je lui promets de fortes sommes ; il refuse, en apparence à cause de sa femme. Par contre, il réussit à nous soutirer une quantité de petits présents, en échange de renseignements et de promesses de tout genre, qui n'eurent plus tard pour nous aucune utilité.

Le 24 août Hadj Ali se sent un peu mieux et se lève ; Benitez a pu prendre, lui aussi, hier, pour la première fois depuis huit jours, un peu de nourriture ; pourtant il a le délire, et ne peut rester debout ; quand il quitte la hutte, deux hommes doivent le conduire, et il tombe d'ordinaire sur les genoux au bout de deux pas ; sa tête s'incline et il demeure sur place. C'est une triste vue que celle d'un homme aussi fort et aussi jeune en pareil état, sans que nous ayons quoi que ce soit pour le guérir. Abdoullah éveille la compassion même de nos visiteurs de Kala, mais ils n'ont rien contre une pareille maladie, qui semble être une fièvre typhoïde et dont les habitants du pays ne sont jamais atteints. Je crois que des déplacements seraient le meilleur des remèdes, pourtant il m'est impossible d'emmener un pareil malade.

Le 25 août Hadj Ali est de nouveau atteint; je ne me sens pas bien moi-même : de sorte que le petit Farachi est seul en assez bonne santé. Le chérif vient ce jour-là ; il boite fortement et se plaint beaucoup de ses rhumatismes. Le soir il nous envoie un peu de lait frais, qui nous fait beaucoup de bien. Je regrette vivement de ne pouvoir user plus souvent de cet excellent aliment; les habitants ont leurs troupeaux en dehors de la ville; quelques chèvres seulement y reviennent le soir des pâturages.

Les jours suivants se passent dans une monotonie insupportable; aucun de nous n'est bien portant, et chacun attend avidement le jour du départ. Nous avons fréquemment des pluies pendant la nuit, souvent aussi pendant le jour; du reste, nous sommes en pleine saison pluviale. Mon malaise s'accroît et j'ai des symptômes analogues à ceux d'Abdoullah : tête lourde, faiblesse dans les membres, manque d'appétit. Abdoullah s'est remis pendant les derniers jours de notre passage à Kala, au point de pouvoir se tenir debout et de faire péniblement quelques pas.

Le 28 août le chérif a définitivement conclu avec les Foulbé; ils iront avec nous jusqu'à Goumbou et nous loueront six bœufs de charge. Pour moi, je me servirai de mon excellent âne de Timbouctou, qui m'est aujourd'hui fort utile, car à son défaut j'aurais dû louer un bœuf de plus, ce qui m'eût été difficile ; j'ai eu déjà assez de peine et de dépenses à en réunir six. Il est entendu que les Foulani seront payés à Goumbou : j'achèterai là, contre quelques anneaux d'or que j'ai encore, de l'étoffe bleue qui, dans ce pays, est partout acceptée comme moyen de payement.

Je ne comprends pas pourquoi les habitants se décident si difficilement à se diriger vers l'ouest; pour aller au sud, vers Sansandig, Ségou, etc., j'aurais facilement trouvé des guides, mais je ne veux pas prendre cette direction, parce que je crains que le climat ne soit encore pire dans le voisinage du Niger. D'ailleurs le sultan Ahmadou de Ségou n'a pas une bonne réputation. Si alors j'avais su que l'expédition française de Galliéni se trouvait dans ce pays, j'aurais probablement pris cette direction; n'ayant reçu sur les événements qui se passaient à Ségou que des nouvelles tout à fait vagues, et que je devais accueillir avec une grande défiance, je préférai m'en tenir à mon premier plan, c'est-à-dire aller à Médine.

Pendant les derniers jours de mon passage à Kala, le chérif me tourmenta fort pour avoir des médicaments. J'en avais une certaine quantité, mais ils étaient généralement gâtés : il voulut pourtant avoir de tous ; je lui donnai finalement une certaine quantité de poudre de quinine, ainsi que du sulfate de soude et un grand flacon de poudre de riz, qui s'était merveilleusement conservé ; enfin il me demanda de quoi écrire. Il n'avait jamais vu de plumes de fer, et je dus lui en laisser, ainsi qu'une paire de lunettes ; bref, je lui remis tout ce dont je pouvais me passer. Il enveloppa avec soin chacun de ces objets, et écrivit pour chacun une étiquette en arabe. Il m'apporta une fois sa caisse de curiosités, où se trouvaient de l'or, de l'argent et des pierres précieuses, ainsi qu'il me le dit mystérieusement. Mais l'or et l'argent étaient de la pyrite de fer ou du minerai de plomb, et les pierres précieuses des cristaux de quartz.

Le chérif possédait une jolie pipe, qui avait depuis longtemps éveillé ma curiosité et le désir de la posséder. Elle avait la même forme que celle en usage chez nous, mais son fourneau, au lieu d'être en bois, était en pierre creusée. Quoique je ne l'aie vue que très rapidement, cette pierre me parut être de la néphrite. Le chérif y attachait un grand prix et ne voulait s'en séparer en aucun cas; son grand-père l'avait trouvée dans un voyage à travers le Sahara, du Maroc au pays d'el-Hodh. Ce serait donc l'une des rares trouvailles de néphrite que l'on connaisse en Afrique. Si j'avais pu offrir beaucoup en échange, j'aurais peut-être décidé le chérif à me la céder.

Ce chérif nous a rendu de très grands services; c'était un homme intelligent et aux aspirations élevées : malgré son éloignement du monde civilisé et sa situation dans cette petite ville bambara, il s'était fait une idée plus exacte des puissances chrétiennes que beaucoup d'Arabes et de Maures habitant à peu d'heures des grands États de l'Occident. Je dois le dire à l'avance, j'appris, après avoir quitté Kala depuis quelques semaines, que le cheikh bambara de Sokolo lui avait enlevé la plus grande partie de ses biens, et même avait voulu le chasser de la ville. Il lui reprochait son hospitalité pour un Chrétien, qui avait donné à lui cheikh des présents minimes, alors qu'il en avait fait probablement de très importants au chérif. Cette nouvelle nous fut donnée par plusieurs personnes avec une telle précision, qu'elle pourrait bien avoir quelque fondement : je serais fort peiné que, par suite de l'amitié que m'avait montrée ce chef, une telle injustice eût été commise envers lui.

Je n'ai jamais pu voir ce cheikh bambara, mais ses parents et ses fidèles vinrent plusieurs fois nous visiter. Du reste, les gens dominant à Kala paraissent ne pas être des Bambara ; beaucoup sont évidemment des Fouta, c'est-à-dire des favoris et des créatures du sultan de Ségou, qui les a placés ici. Les Fouta ont un extérieur beaucoup plus intelligent que les Bambara.

En dehors de ces derniers et des Arabes, il y a aussi une certaine quantité de ces Nègres assouanik, qui avaient jadis fondé un royaume particulier ; je reviendrai sur ce qui les concerne à propos des localités qu'ils habitent.

Tandis que, dans ses migrations, l'Arabe a pénétré profondément dans le Soudan, le Juif espagnol paraît n'avoir pas dépassé Timbouctou ; en tout cas il n'y en a aucun dans les pays bambara ; plus à l'ouest, les Juifs voyagent probablement davantage vers le sud, et, comme quelques-unes de leurs familles doivent se trouver à Oualata, il n'est pas impossible qu'elles se soient étendues jusque dans certaines villes du Hodh.

Kala n'est pas aujourd'hui un centre de commerce important ; on y vend surtout des esclaves ; peut-être envoie-t-on de là un peu de sorgho au nord, dans les pays pauvres en grains ; le riz est peu cultivé et même doit être apporté du dehors. On ne trouve à acheter ici qu'en petite quantité des noix de gourou (kola) ; l'or n'existe absolument pas : en guise de monnaies, il ne circule que des étoffes, des coquilles de cauris et du sel.

Hadj Ali est fort heureux de quitter les Bambara ; il

ne se sent pas en sûreté chez eux et demande uniquement à se rendre dans des pays où l'Islam soit la religion de tous et où chacun parle arabe, s'il est possible. Il a l'espoir qu'on y respectera sa qualité de chérif, contrairement à ce qui se passe ici.

Les adieux de notre ami le chérif de Kala sont très affectueux; il nous souhaite tout le bonheur possible et recommande plusieurs fois à nos guides foulani de s'occuper de nous; il me donne également des lettres de recommandation pour un de ses correspondants de Goumbou.

Nous n'étions pas, il est vrai, en parfait état de santé en quittant la ville bambara, mais un plus long séjour n'eût servi de rien, et je tenais toujours les déplacements fréquents pour le meilleur remède. Les pluies, nombreuses et violentes, supportées sur le chemin de Bassikounnou à Kala, le séjour dans des tentes humides sur un sol détrempé, et la marche par un pays inondé, enfin, et surtout, de mauvaise eau : toutes ces causes nous ont atteints plus ou moins profondément. Du reste la situation de Kala ne paraît pas saine, quoique la ville soit à environ 320 mètres d'altitude, fort loin du Niger, déjà sur le plateau, et non dans la zone d'inondation du fleuve; le chérif lui-même se plaint d'y être souvent malade. Le manque d'eau courante y est très sensible, et celle des dayas est corrompue par de nombreuses matières organiques en décomposition, ce qui la rend nuisible. Seuls les Nègres peuvent la supporter, parce qu'ils y sont habitués dès l'enfance.

Le 30 août nous quittons Kala-Sokolo : avant de continuer la description de notre route, je puis dire quelques mots des Bambara en général.

La ville de Kala est très ancienne, car, suivant toute

vraisemblance, c'est la même Kala qui formait jadis un petit royaume indépendant, et ensuite une des trois grandes subdivisions du royaume du Mellé, puissant pour un temps. Le plus grand roi de ce royaume, Mansa Mouça (Kounkour Mouça), monta sur le trône en 1311, et donna à son pays un développement considérable, de sorte que, suivant l'expression du vieux géographe Ahmed Baba, dont j'ai parlé, il possédait une puissance d'attaque sans mesure et sans limite. Ce roi soumit les quatre grands pays de la partie occidentale du Soudan, c'est-à-dire le Baghena, le Sagha ou Tekrour occidental, avec le Silla, et enfin Timbouctou et le Sonrhay. Politiquement, le Mellé était divisé en deux parties, nord et sud, séparées par le Niger ; au point de vue des nationalités, le Mellé formait trois grandes provinces : celles de Kala, de Bennendougou et de Sabardougou, chacune avec douze vice-rois. Celui de la province de Kala était nommé *Ouafala-ferengh*. Sous le nom de Kala on comprenait également la province et la ville de Djinnir, le long de la rive nord du fleuve, comme les villes de Saré et de Samé (Barth). Les habitants du Mellé faisaient partie du puissant peuple des Mandingo, qui ont eu une grande influence dans cette partie de l'Afrique jusqu'à ce que les Foulbé ou Foulani y arrivassent et s'y établissent de telle façon qu'on doit les regarder aujourd'hui comme le peuple le plus important du Niger moyen. Les Bambara, demeurés longtemps païens, sont des congénères du peuple mandingo. Le chef fanatique des Fouta dont j'ai parlé, Hadj Omar, soumit tous les districts bambara et s'établit fortement à Ségou, dont il fit la capitale du pays. Après sa mort, le pouvoir passa au sultan actuel, Ahmadou, l'aîné de ses fils, tandis que les deux autres, Aguib et Bechirou, lui servent de vice-rois dans les villes de Nioro (Rhab) et de Kouniakari, dont je parlerai plus tard. Si les Français réussissent à établir leur influence jusqu'à Ségou, le pays bambara est appelé à être plus en évidence que ce n'a été le cas jusqu'ici. Nous aurons l'occasion de revenir sur les Bambara en parlant de ces tentatives d'expansion et des chemins de fer projetés au Sénégal.

Les Bambara appartiennent à une peuplade nègre assez laide, et qui n'a jamais atteint un développement particulier. Ils se trouvent dans un état de démoralisation et d'abêtissement, par suite du commerce d'esclaves qu'ils font depuis de longues années ; récemment survinrent les guerres de conquêtes de Hadj Omar, qui voulut en faire des Musulmans et leur livra des combats sanglants, signalés de part et d'autre par la plus grande cruauté. L'esclavage existe encore, comme on sait, dans tous les États mahométans du nord de l'Afrique, et le pays des Bambara est celui qui fournit le plus d'esclaves. Chaque année des marchands du Maroc le parcourent pour en acheter ; les esclaves parviennent aussi dans le nord par l'intermédiaire de marchands de Timbouctou et d'Araouan.

D'un côté les Bambara sont mécontents du gouvernement d'Ahmadou à Ségou ; de l'autre, ils mettent obstacle aux tentatives des Français pour s'y établir et y organiser un meilleur état de choses. Les dernières expéditions françaises, celles de Galliéni et du colonel Derrien, ont eu beaucoup à souffrir des attaques des Bambara.

Ce sont surtout des explorateurs français qui ont visité le Ségou et les pays bambara. Mungo Park a donné le premier une relation détaillée de son voyage dans ces contrées ; puis vint en 1860 l'importante exploration de

Mage et Quintin, qui nous fit connaître le Ségou, et surtout Hadj Omar et l'aîné de ses fils, Ahmadou ; Raffanel avait visité avant Mage, vers 1840, le pays de Kaarta.

Mage fut presque obligé d'accompagner Ahmadou dans une expédition contre des tribus bambara révoltées. Plus tard Galliéni, Soleillet, Derrien et d'autres, tous plus ou moins munis de missions officielles du gouverneur du Sénégal, ont parcouru ces pays. Il est, en effet, de la plus grande importance pour cette colonie d'entrer en relations suivies avec le royaume bambara de Ségou, afin d'établir une communication entre le Sénégal et le Niger. Aujourd'hui, comme on sait, on s'en occupe très sérieusement (1884).

Tous les voyageurs qui ont vu le Ségou sont d'accord sur ce point, qu'Ahmadou ne possède pas la puissance et la considération de son père Hadj Omar et que, sinon avant sa mort, du moins aussitôt après, la domination de cette famille fouta sur les Bambara prendra fin. Ahmadou n'a pas su se ménager de partisans fidèles ; il passe également pour avare et a, dit-on, entassé d'énormes quantités d'or dans son palais. Nous avions déjà entendu raconter à Timbouctou les histoires les plus fabuleuses sur cette richesse, parée avec une véritable exagération orientale. Hadj Ali croyait ces racontars sur parole et se mettait en colère quand je déclarais exagérés ou faux tous les récits de ses amis mahométans.

Ahmadou, qui s'est donné également le titre d'*émir el-Moumenin* (commandeur des Croyants), n'est pas non plus heureux dans ses entreprises : au lieu d'un accroissement d'étendue et de puissance, son royaume supporte chaque année des déchirements intérieurs plus grands, de sorte que les anciens partisans de son père se retirent de lui. Il ne pourrait rétablir son autorité que par une grande guerre heureuse.

Le commerce du pays des Bambara est plus dans les mains des intelligents Nègres assouanik (Saninkou, etc.) que dans celles des indigènes eux-mêmes, qui ne sont que des producteurs et ne s'entendent pas à tirer parti de ce qu'ils récoltent ; de même, il s'y trouve beaucoup d'Arabes et de Maures du Hodh, surtout d'origine marocaine, qui remplacent ici les Juifs.

En somme, le gouvernement de la dynastie fouta de Ségou n'est pas un bienfait pour le pays bambara, si riche en toutes sortes de produits naturels, et l'influence des Français y serait très profitable ; mais il leur faudrait d'abord briser la puissance du fanatique Ahmadou.

CHAPITRE VIII

VOYAGE DE KALA-SOKOLO A MÉDINET-BAKOUINIT.

Départ de Kala. — Les Foulbé. — Épouvantails vivants. — Bousgueria. — Farachi. — Nara. — Nègres assouanik. — Goumbou. — Koumba de Barth. — Le cheikh de Goumbou. — Fin du Rhamadan. — Bassaro. — Présents du cheikh. — Benitez est gravement malade. — Difficultés de la marche. — Historique. — Départ pour Bakouinit. — Benitez est sur le point de mourir. — Bakouinit. — Les Fouta de Baghena. — Hadj Ali est malade. — La moisson. — Notre hôte de Bassaro. — Exactions. — Les Foulani et les Fouta. — Départ. — Le pays de Baghena. — Historique. — Les Foulbé. — Leur extension. — Leur nom. — Leur extérieur. — Foulbé purs et métis. — Les Djabar. — Migrations et conquêtes des Foulbé. — Sokoto et Gando.

Le 30 août 1880 nous quittions la ville bambara de Kala. Il m'avait été difficile de reconnaître dans ce bourg aujourd'hui négligé, avec sa nombreuse population d'esclaves, l'ancienne capitale d'une province de l'un des plus puissants empires de l'Afrique. Quel aspect doit avoir eu ce pays alors que le royaume du Mellé était encore à son apogée! Une population nombreuse, aisée et instruite pour l'époque, habitait cette région; de lointaines expéditions de guerres et de conquêtes, dirigées par des rois puissants, lui apportaient un bien-être qu'il n'a jamais revu; des terres aujourd'hui abandonnées étaient alors des champs cultivés avec soin; une industrie indépendante s'était développée; les lettrés mahométans jouissaient de la plus grande considération auprès de la cour et du peuple. Et aujourd'hui!

Ces réflexions me vinrent à l'esprit lorsque nous

quittâmes la ville, de grand matin, avec nos guides foulbé. Nous prîmes un congé cordial de notre ami le chérif; le cheik de la ville ne se fit pas voir, et un certain nombre de ses esclaves ou de ses familiers furent seuls présents à notre départ.

Parmi mes Foulbé, qui parlaient aussi l'arabe, étaient quelques hommes extrêmement beaux; un teint clair, un nez bien dessiné, de grands yeux vifs et une taille élégante distinguent tout à fait ce peuple de la hideuse population nègre; ils ont l'habitude de tresser leurs longs cheveux noirs en nombreuses boucles minces. Mais dans ces pays on ne trouve plus beaucoup de Foulbé purs; ils se sont mêlés depuis longtemps avec des Bambara et des Nègres assouanik. Nous transportions nos bagages sur cinq bœufs, qui servaient également de montures. Mes gens étaient assez bien remis pour pouvoir supporter le voyage. Benitez était cependant encore très faible.

Tandis que nous avions pris dans tout le reste de notre voyage, à partir du Maroc, la direction générale du sud, nous nous dirigions maintenant droit vers l'ouest. Notre but était la côte atlantique, la capitale de la Sénégambie, Saint-Louis, ou N'dar, comme disent les Arabes.

Nous ne connaissions pas nettement les difficultés que nous aurions à vaincre. Je savais qu'une route de caravanes existe entre les pays où nous étions et les forts des Français au Sénégal; on nous engageait unanimement à nous défier des frères d'Ahmadou qui vivent à Nioro et à Kouniakari; mes amis arabes m'avaient conseillé de chercher à éviter ces villes. En outre, il pouvait aisément m'arriver d'être retenu en ces endroits comme espion français. Je ne me laissai naturellement pas troubler par ces perspectives; s'il était possible, je tournerais ces villes; sinon, je me laisserais dépouiller par les chefs fouta : il ne pourrait m'arriver rien de plus.

Nous marchons vers l'ouest le matin du 30 août, de huit à onze heures, jusqu'au petit village de Sinjana, où se trouve une daya et où nous nous arrêtons longtemps pendant que les bœufs paissent; après une courte marche nous dressons nos tentes le soir, dans une contrée inhabitée.

Le terrain est toujours le même : très plat, couvert d'une forêt clairsemée, avec de grandes clairières pleines de hautes herbes; autour du village dont j'ai parlé se trouvent encore de vastes champs de sorgho cultivés partout avec soin : comme l'époque des moissons approche, une foule d'esclaves sont dans chaque champ, effrayant les oiseaux en poussant de grands cris et en agitant des crécelles de bois.

Les deux jours suivants, nous parcourons également une contrée complètement inhabitée, et notre nuit se passe en plein air. Là aussi nous sommes obligés d'emporter un peu d'eau, quoique de petites mares où l'on peut abreuver nos bœufs se trouvent souvent sur notre route. Nous marchons d'ordinaire de sept heures du matin jusque vers midi, et de trois à six heures. Le 1er septembre il tombe une pluie violente, de sorte qu'il nous faut demeurer longtemps sous les tentes. Comme nourriture nous avons exclusivement du riz : tous les autres aliments manquent.

Malheureusement la conduite de Hadj Ali était de nouveau telle, que nous nous trouvions dans les dispositions les plus fâcheuses. Il insultait de la manière la plus vile Benitez, à peine relevé de maladie et encore très faible, et me cherchait également querelle sur tous les sujets. Rien ne lui en donnait cependant le motif; c'était encore une explosion de méchanceté et de jalousie, aussi bien que de mécontentement, causée parce que nous n'avions pas pris le chemin qu'il avait recommandé.

Le 2 septembre nous partons de bon matin, sous un ciel très couvert : vers midi nous faisons halte pendant une heure, pour atteindre enfin, le soir, la petite ville de Bousgueria. Des champs immenses l'entourent, et, avant d'y arriver, on marche durant des heures entre de hautes plantations de maïs et de sorgho.

Bousgueria est une colonie toute nouvelle, fondée surtout par des Nègres assouanik avec une certaine quantité de familles arabes; elle date de peu d'années, quelques-uns disent quatre seulement. Un mur d'argile entoure cette petite ville; à l'intérieur sont encore plus de huttes en nattes et en paille que de maisons en terre; elle est pourtant assez importante et renferme quelques milliers d'habitants au moins. Une grande daya se trouve tout près.

La hauteur du plateau reste ici partout la même, elle est de 310 à 320 mètres; la chaleur n'est plus aussi grande ; entre midi et trois heures du soir, le soleil est cependant brûlant; nous cherchons toujours une place ombragée pour la halte, car il fait trop chaud sous les tentes.

Mes Foulani paraissent avoir rencontré ici de bons amis et ils déclarent qu'il faut nous arrêter pendant une journée, afin de permettre aux bœufs de se reposer. Cette résolution ne me plaisait guère, car l'endroit était très malsain et nous avions en même temps beaucoup à souffrir des mouches; je ne me sentais pas bien, j'avais de nouveau des étourdissements et des maux de tête ; j'aurais voulu marcher le plus vite possible, mais dans ces pays on dépend entièrement de son entourage.

Nous trouvons ici de frais épis de maïs, qui forment un supplément agréable à notre misérable nourriture : on les rôtit au feu et on les trempe un peu dans l'eau salée, ce qui donne un mets d'un goût fort agréable : on le sait bien dans certains pays de l'Europe, et surtout en Hongrie, en Galicie, etc., où des épis de maïs ainsi préparés sont même servis sur les tables.

Dans la nuit du 3 au 4 septembre il a plu violemment, et, quand nous sommes prêts à partir le lendemain matin, le ciel est encore très couvert. Nous partons quand même.

Aujourd'hui nous avons eu une triste journée : le petit Nègre de Marrakech, Farachi, est mort en route. Déjà, le dernier jour passé à Kala, il était très malade : son état n'a fait qu'empirer depuis, et pendant les derniers temps il a dû être attaché sur un des bœufs, car il ne pouvait plus se tenir debout. Il semble que nous sommes tous attaqués d'une même maladie, qui se traduit par des étourdissements, une faiblesse générale et le manque d'appétit ; Benitez a éprouvé des symptômes analogues, mais s'est un peu remis jusqu'ici. Je me sens aussi fort mal et j'éprouve le besoin de rester étendu le plus possible ; aussitôt que je veux me lever, les étourdissements me prennent et je dois rassembler toute mon énergie pour ne pas tomber. Quand j'ai pu parvenir à monter sur mon petit grison, et que notre caravane est en marche, mon état s'améliore un peu. Farachi a montré des symptômes semblables, et il a succombé aujourd'hui vers midi. Mes Foulbé, ainsi que Kaddour, le Marocain, qui est tout à fait inconsolable, enterrent le pauvre petit dans un coin écarté du bois.

Farachi, garçon laborieux et rangé, m'était devenu presque indispensable pour le service de ma tente. Nous fûmes tous profondément émus quand notre pauvre compagnon de voyage, qui avait passé avec nous les bons et les mauvais jours, et s'était toujours montré plein d'activité et de bonne volonté, dut être enterré ici dans la solitude. Nous avons tous gardé de lui un souvenir amical.

Le 5 septembre est consacré à une longue marche du matin au soir, avec une courte interruption seulement vers midi, de façon à atteindre le petit village de Nara ou de Nowara. La direction suivie est exactement celle de l'ouest, et la structure du terrain, plaine, forêt et prairie, reste toujours la même. Nara est une petite colonie de Nègres assouanik, mêlés d'Arabes du Hodh, où l'agriculture est également en honneur. Le soir nous recevons un peu de lait frais, qui est tout à fait le bienvenu pour moi, et permet un changement agréable dans la préparation du riz. Nous sommes partout très amicalement accueillis dans ces bourgs de Nègres assouanik et n'avons jamais à nous y plaindre du fanatisme.

Le jour suivant, 6 septembre, nous atteignons, après une marche de six heures, notre but immédiat, la ville de Goumbou, jusqu'où nos Foulbé ont été engagés. C'est encore le même paysage; nulle part d'élévation du sol, de colline ou de montagne; aucune eau courante, mais seulement des dayas; beaucoup de bois et de hautes herbes. Là aussi les champs s'étendent durant des heures en avant de la ville, et il est difficile de s'y retrouver, faute de chemins. Le sorgho et le maïs poussent ici en masse, avec une vigueur et une exubérance extraordinaires.

Toute notre caravane disparaît entièrement dans un de ces champs, car les tiges qui portent les épis en pleine maturité dépassent de beaucoup les cavaliers.

Nous avons encore parcouru une partie de notre voyage de retour, et nous approchons toujours de pays habités par des Européens. Aucun d'eux ne paraît avoir suivi ce chemin avant moi, et, si les noms de la plupart des endroits que j'ai vus se trouvent déjà sur les cartes, ils proviennent de nombreux renseignements recueillis par les voyageurs précédents et surtout par Barth. Pendant la route nous avons demandé à nos Foulbé de continuer à nous accompagner, moyennant un bon prix, car ce sont des hommes paisibles et laborieux : mais, à mon grand regret, ils ont refusé.

Goumbou, très grande ville, est composée de deux parties, séparées par une daya étendue et dont chacune a un cheikh particulier. Les deux quartiers sont entourés de murs et contiennent beaucoup de maisons d'argile, avec une population totale qui atteint certainement de 15 000 à 20 000 âmes ; je crois que Goumbou est plus considérable que le Timbouctou actuel.

Les maisons sont grandes et consistent en bâtiments bas donnant sur une cour. On n'y voit pas beaucoup de tentes et de huttes en paille. La population est surtout composée de Nègres assouanik fortement mêlés d'Arabes ; la langue de ces derniers est partout répandue.

Barth cite cet endroit sous le nom de Koumba, à propos de l'itinéraire de Sansandig à Kassambara, qu'il a tracé au moyen de renseignements. Il décrit ainsi la ville : « Koumba, la première ville du Baghena, est partagée par une vallée en deux quartiers différents, dont chacun a son gouverneur particulier. On tient le marché dans le ravin ou vallée qui les sépare. Les habitants sont tous

Mahométans et parlent le bambara. » Cette description, qui date d'environ 1850, doit être rectifiée sur un point : c'est que le bambara est peu parlé à Goumbou. Tous les habitants entendent l'arabe et en partie le foulbé ; ils sont certainement Mahométans, mais sans le fanatisme des Foulani.

Notre lettre de recommandation parvient au cheikh du quartier sud de Goumbou, grand Nègre assouanik très vigoureux, ainsi que son frère Bassaro, homme bienveillant et amical ; il nous reçoit très bien et nous loge dans une petite maison, à l'intérieur d'une vaste propriété.

Le soir de notre arrivée, le 6 septembre, il y a grande fête à Goumbou ; le Rhamadan est fini, et la population se livre bruyamment à la joie. Le matin suivant, les fêtes continuent, chacun est en habit de gala ; les femmes ont mis des bijoux d'or et d'argent, en partie riches et d'un travail original ; les jeunes garçons tirent des coups de fusil. Nous sommes accablés de visiteurs, qui nous questionnent sur tout. Le cheikh chez lequel nous sommes descendus est un bon homme, mais un père de famille sévère et ordonné. Il se conforme strictement à certains préceptes enseignés chez les Mahométans, d'après lesquels on doit héberger gratuitement ses hôtes pendant trois jours.

Notre hôte s'acquitte de cette obligation, mais ensuite nous devons payer toute mesure de riz ou de couscous, chaque œuf ou chaque poulet, généralement avec de l'étoffe ; je sacrifie aussi des douros, dont il me reste quelques-uns, et que je partage en quatre avec un couteau ; on n'accepte déjà plus très volontiers les cauris. Le cheikh a derrière notre maison une grande pièce pleine de riz et de sorgho ; chaque matin, il vient avec ses esclaves et mesure la quantité nécessaire aux divers ménages ; il a quatre femmes, chacune habite avec ses enfants et ses esclaves une partie séparée de la maison, et reçoit tous les jours sa ration de grain. Ce grain est pilé ensuite dans de grands mortiers en bois, et la farine ainsi obtenue est mangée d'ordinaire sous forme de couscous, préparé avec du beurre ou du lait. D'ordinaire le cheikh ne donnait pas de viande : mais, quand il faisait tuer un mouton, chaque femme en recevait sa part ; il y avait souvent des réclamations sur ce point, mais, en père de famille sévère, il ne se laissait pas aller à discuter et repoussait simplement toutes les plaintes. En somme, son ménage était fort bien ordonné ; le cheikh mangeait alternativement chez chacune de ses femmes et se faisait toujours annoncer, afin que tout fût préparé pour le recevoir. C'était un homme pieux, faisant régulièrement ses ablutions et ses prières. En général, il nous laissa en paix, et ne vint nous voir que de temps en temps pour causer quelques instants. Son frère Bassaro nous visitait plus souvent et s'occupait activement de trouver des bœufs de charge pour la continuation du voyage. Les Foulbé de Kala ne se laissèrent pas convaincre de demeurer avec nous, et repartirent pour leur pays après avoir reçu leurs cinq pièces d'étoffes ; j'avais acheté au cheikh de la cotonnade contre de l'or, car elle me faisait défaut. Il a fallu encore lui remettre des présents ; Hadj Ali a été obligé de me donner beaucoup de ses tobas brodées et de couvertures, afin que je puisse faire les cadeaux nécessaires ; nous nous sommes mis d'accord pour leur attribuer un fort bon prix, dont je lui suis naturellement redevable et que je n'ai pu acquitter qu'à mon arrivée au Sénégal. Il paraît ici extrêmement difficile d'obtenir des guides et des bœufs de charge, aussi je suis forcé d'augmenter mes présents au cheikh : je sacrifie un cafetan de drap rouge, emporté du Maroc et que j'ai pu sauver jusque-là ; ce cadeau lui plaît tellement, qu'il se donne beaucoup de peine pour nous. Une autre marque d'attention particulière de sa part est de nous envoyer chaque matin un plat de lait frais. Comme nous pouvions en outre acheter des poulets et des œufs, nous aurions vécu d'une manière assez confortable, si notre santé eût été meilleure. Quant à moi, j'étais encore assez souffrant ; Hadj Ali avait de fortes douleurs d'estomac et des accès de fièvre ; il était très inquiet et craignait de mourir. Aussi il m'accablait des plus violents reproches, parce que je l'avais persuadé de voyager dans un pays si malsain. Cependant son état n'était pas très grave, ici du moins ; l'usage de la quinine et des vomitifs l'améliorait beaucoup. Au contraire, Benitez paraissait toujours plus mal, de sorte que j'avais pour lui les plus graves appréhensions. Il passait son temps étendu dans sa hutte, et semblait avoir perdu toute connaissance ; il ne pouvait presque rien avaler. Cet homme, jadis vigoureux, était à l'état de squelette et ne pouvait se tenir assis, encore moins se lever et marcher. Un jour que j'avais pu le décider à s'asseoir près de nous pour manger, il ne lui fut pas possible de porter à sa bouche sa cuiller, et sa main retomba inerte : c'était un fort triste spectacle. En outre, la crainte d'être reconnu pour un Chrétien, ou d'être dénoncé par Hadj Ali, le poursuivait évidemment. Pendant les dix jours que nous demeurâmes à Goumbou, il ne se trouva pas mieux. Je dus songer au départ, et pourtant je ne pouvais le laisser seul ici. Cette circonstance, les hésitations provoquées pour la location des animaux, la conduite brutale et indigne d'Hadj Ali, tout cela exerçait sur moi un effet quelque peu décourageant : aussi avais-je besoin de toute mon énergie physique et morale pour me soutenir dans de telles circonstances.

J'aurais volontiers loué des guides ici, pour nous conduire directement à Médine, qui est déjà fort bien connue des habitants; nous aurions pris une route plus au sud que celle suivie jusque-là, afin de ne pas être forcés d'aller voir les frères du sultan de Ségou à Nioro et à Kouniakari. Mais nous aurions dû traverser des localités bambara, et Hadj Ali s'éleva très énergiquement contre cette pensée; il ne voulait absolument pas aller dans des pays nègres, où la langue arabe n'est comprise que de quelques cheikhs. Il nous restait encore un parti, celui d'éviter la route principale et de ne traverser pendant le voyage que des régions inhabitées, en nous éloignant des localités. Mais il aurait fallu prendre avec nous une quantité de vivres, ainsi qu'un grand nombre d'hommes, et nous aurions dû probablement faire souvent des détours : c'eût été un voyage très désagréable et très dangereux, même si nous avions eu des guides pour le faire, ce qui n'était pas le cas; je n'en trouvai même pas qui voulussent me louer des bœufs pour aller jusqu'à Médine par le chemin direct. Nous envoyâmes des gens dans le voisinage afin d'en chercher, mais en vain. Cependant ma situation devenait toujours plus désagréable; Kaddour, le serviteur marocain, tomba malade et demeura également alité; le manque de ressources, qui m'eussent permis de mener mes affaires plus énergiquement, m'était fort pénible : il ne nous resta qu'à diminuer l'étendue de notre voyage et à ne louer des hommes et des animaux que jusqu'à la ville de Bakouinit. Quoiqu'elle fût à une courte distance, je ne trouvai personne pour cela. Enfin le frère du cheikh, Bassaro, nous fut d'un grand secours en déclarant qu'il nous accompagnerait lui-même à Bakouinit; son offre fut accueillie avec une grande joie, et il se trouva aussitôt des gens pour nous louer cinq bœufs. Bakouinit n'était, disait-on, qu'à trois ou quatre jours de marche, mais les habitants craignaient le peu de sécurité de la route, ainsi que les lions, nombreux, paraît-il.

Goumbou même est encore à 300 mètres d'altitude, et la partie nord de la ville à 20 mètres environ plus haut, car le terrain va en montant à partir de la daya. Nous n'avons eu que peu de pluie pendant notre séjour; il semble que la saison pluviale soit près de sa fin, et, si nous réussissons à atteindre sans difficulté le Sénégal dans quelques semaines, il ne sera plus navigable aux vapeurs. Aussi désirais-je avancer aussi vite que possible.

Goumbou, qui est une vieille ville, date peut-être de l'époque où l'ancien royaume de Ghanata existait encore et où le pays de Baghena (aujourd'hui Bakounou) en constituait une des parties. La ville est encore importante aujourd'hui; elle est très grande et entourée d'une ceinture de champs de sorgho, qui s'étend fort loin. A certaines époques il y a ici un mouvement d'affaires, et les Arabes du Hodh y passent une ou plusieurs fois par an pour porter de la gomme à Médine ou à Bakel sur le Sénégal.

Le 16 septembre tout parut enfin prêt, mais la matinée se passa sans que nous pussions partir. Il manquait l'un des bœufs loués, et il fallut longtemps avant qu'il pût être amené. Nous prîmes enfin congé du cheikh de Goumbou, qui, en somme, nous avait amicalement accueillis et soutenus, quoiqu'il nous eût fait tout payer. Bassaro, son frère, voyageait avec nous sur son cheval; les hommes qui nous accompagnaient étaient ses esclaves.

L'état d'Abdoullah (Benitez) est toujours lamentable; pourtant il faut partir; j'emmène donc un âne à son intention, mais il peut à peine se tenir sur lui. Au bout de deux heures de marche seulement, nous faisons halte dans un petit village, afin de faire paître nos bœufs; Benitez tombe aussitôt dans un sommeil cataleptique, et c'est presque un bonheur que nous ne puissions continuer la marche ce jour-là, car un des bœufs s'est enfui et ne peut être repris qu'après des recherches qui durent des heures. Cependant il est trop tard pour pouvoir marcher encore, et nous passons la nuit ici. Les maisons en argile, même dans les petits villages, sont généralement bien bâties. La direction suivie a toujours été droit vers l'ouest.

De ce point à Bakouinit il ne m'a plus été possible de noter les noms de tous les villages. Ce fut d'abord l'état alarmant de Benitez, puis la maladie de Hadj Ali et la mienne, qui m'occupèrent à tel point que je ne pus songer à autre chose. Hadj Ali se refusa finalement à demander aux habitants les noms de quelques localités et ne me le permit point, pas plus qu'à Benitez; c'était, disait-il, trop dangereux, et cela pouvait rendre les gens défiants. Durant la route je ne pouvais faire qu'avec peine quelques observations, dont je notais ensuite la nuit, quand j'étais seul, les plus importantes. Du reste cette partie de Goumbou à Bakouinit a été l'une des plus désagréables de tout mon voyage; je n'en conserve que de tristes souvenirs.

Le 17 septembre nous partons de grand matin. Cette journée m'est restée comme la plus horrible de mon expédition : aucun des accidents qui étaient survenus jusque-là ne s'est si profondément imprimé dans ma mémoire que les événements de ce jour.

Nous marchons sans nous reposer et par la grande chaleur jusqu'à deux heures ; vers une heure nous passons près d'un petit village, malheureusement sans y faire halte. Enfin Benitez ne peut plus continuer et s'affaisse inerte, sa mine est effrayante et je m'attends à tout moment à le voir mourir. J'insiste pour que nous nous arrêtions et qu'on dresse les tentes ; nous faisons halte quelques instants ; mais, quand il s'agit de repartir, il devient évident qu'Abdoullah ne peut demeurer ni sur un des ânes, ni sur un des bœufs, ni sur le cheval de Bassaro ; il retombe constamment ; Hadj Ali demande alors tout uniment qu'on l'abandonne ici, dans le désert : « il doit mourir, après tout, et cela ne peut durer encore que quelques heures ! » Je suis indigné de cette proposition et je déclare qu'en ce cas je veux demeurer seul avec Benitez. Mais Bassaro pense aussi qu'il est nécessaire d'atteindre le soir un endroit habité : il le faut. Les esclaves qui nous accompagnent se refusent à mettre Benitez sur un des bœufs et à l'y attacher ; puis ils déclarent subitement qu'ils ne veulent pas toucher à un Chrétien mourant ! Évidemment Hadj Ali leur a dit qu'Abdoullah est Chrétien. Enfin Bassaro luimême en a pitié, et m'aide à l'attacher sur un des bœufs. C'est une triste marche que celle qui suit. Benitez est étendu inconscient sur son animal, et à tout instant j'appréhende de le voir mourir... Cependant il commence à pleuvoir et nous arrivons dans la soirée seulement, après cette marche épuisante, à un village, où nous pouvons nous arrêter. Benitez vit encore, il est vrai, mais j'ai peu d'espoir qu'il puisse passer la nuit.

Hadj Ali m'a certainement rendu de grands services

pendant mon voyage et a contribué pour une large part à son succès. Il nous a évidemment sauvés d'une mort certaine lors de la surprise des Oulad el-Alouch, et à Taroudant il a su manœuvrer habilement ; en général il a beaucoup fait pour nous, et je lui en dois de la reconnaissance. Mais sa conduite dans cette journée a complètement étouffé en moi ce sentiment. Je ne pourrai jamais lui pardonner ce qu'il a fait à Benitez.

Le village où nous passons la nuit est divisé en deux parties, dont l'une est habitée par des Assouanik et l'autre par des Arabes. Heureusement le lendemain, 18 septembre est un jour de repos : Bassaro s'occupant d'affaires, nous demeurons ici tout le jour. Benitez vit encore le lendemain matin ; il a même sa connaissance et se plaint en termes incohérents de Hadj Ali. Il ne peut encore se tenir debout, ni même assis ; mais je lui donne aujourd'hui un peu de bouillon de viande d'agneau et il le supporte.

Il fait de nouveau très chaud, mais nous avons par bonheur des pièces assez fraîches dans notre maison d'argile ; Abdoullah peut y demeurer couché tout le jour et il se remet réellement un peu. Il le doit exclusivement à Bassaro ; si Hadj Ali avait réalisé hier ses intentions et si nous avions abandonné Benitez, c'eût été mon devoir de rester seul avec lui dans le désert. Chacun prétendait qu'il mourrait, mais sa forte nature l'a sauvé.

Dans ces villages assouanik la nourriture ordinaire se compose de couscous, de sorgho et de riz ; la viande est rare, et, quand il est possible d'acheter un mouton, nous sommes toujours obligés d'en laisser une partie à nos hôtes du jour : ainsi le veut la coutume. Aussi souvent que je l'ai pu, j'ai pris des consommés de viande avec des œufs; j'en ai fait prendre aussi à Benitez : nous avons dû à ces aliments et au lait, que malheureusement nous ne pouvions toujours trouver en quantité suffisante, de nous rétablir tous deux; j'étais également peu à peu retombé malade et je souffrais encore d'étourdissements de mauvais augure.

Le 24 septembre seulement, c'est-à-dire après un voyage de huit jours, nous atteignîmes la ville de Bakouinit (Médinet-Bakouinit, par opposition au pays du même nom), tandis qu'on nous avait dit au début qu'il s'agissait de trois étapes. Le terrain n'était pas resté le même : les premiers jours nous avions traversé une grande région de forêts, avec des clairières où se trouvaient de petits villages isolés; l'altitude était toujours d'environ 320 mètres, comme à Goumbou. Puis le sol s'inclina, peu à peu il est vrai, et le 22 septembre nous arrivions à une localité qui n'avait que 180 mètres. Déjà auparavant la composition sablonneuse du sol nous avait frappés, par contraste avec l'argile des terrains précédents, qui étaient très fertiles, tandis que le sable du terrain actuel montrait une flore très pauvre. A partir de ce point le sol s'éleva de nouveau; le jour suivant, nous campâmes dans une localité située à 260 mètres d'altitude, et le 29 septembre nous atteignions Bakouinit, qui est de nouveau à 320 mètres au-dessus de la mer. Nous avions traversé une dépression large d'environ 50 ou 60 kilomètres et dirigée probablement du nord au sud, tandis que sa plus grande profondeur atteint 140 mètres. C'est une enclave de la région des sables, el-Hodh, qui a à demi le caractère d'un désert; elle s'avance vers le sud dans le pays de Baghena, fertile lui-même.

Nous rencontrions chaque soir un village en argile,

ou un douar provisoire de tentes et de huttes, où les habitants des villes s'étaient rendus pour faire la moisson : ces colonies passagères se trouvaient toujours dans le voisinage d'un grand champ de sorgho. La population était partout la même, un mélange d'Arabes et d'Assouanik, qui entendaient d'ailleurs tous la langue arabe.

Je fus désagréablement ému quand, peu avant Bakouinit, nous rencontrâmes justement quelques villages fouta. Cette population noire, aussi sauvage que fanatique et pillarde, et d'où sort Hadj Omar, célèbre avec tant de raison, paraît s'étendre déjà du pays de Kaarta à Bakounou (Baghena).

Dans la plupart des localités se trouvent des puits avec de bonne eau, et en général le pays est sain. Je me suis remis un peu, et Benitez est devenu également infiniment plus vigoureux ; il semble que la crise survenue dans cette terrible journée se soit heureusement terminée. Ces derniers jours, il a pu se tenir déjà sur un bœuf sans en tomber, et il a même un peu d'appétit, de sorte que je le crois sauvé. Il souffre surtout dans les villes ; aussitôt que nous sommes en route, invariablement son état s'améliore. Par contre, Sidi Hadj Ali tombe maintenant malade et ne peut marcher qu'avec peine : il a la mine pâle et amaigrie. Bien que n'étant pas d'une constitution plus vigoureuse que mes compagnons, et quoique me trouvant encore moins habitué qu'eux au climat du sud, j'ai pourtant mieux supporté en général le voyage. Il semble que ce soit une tout autre chose de faire par soi-même une exploration d'après une idée déterminée, pour la réalisation de laquelle on s'impose toutes les peines possibles, ou, au contraire, d'y prendre part contre rémunération.

Dans ce dernier cas il manque naturellement l'excitation morale, qui pousse un homme à ne pas désespérer, même dans les situations les plus dangereuses. Mes deux compagnons ne portaient évidemment plus aucun intérêt à l'issue du voyage et ne pensaient uniquement qu'à ses dangers et à ses fatigues.

A cette époque nous vîmes dans beaucoup d'endroits faire déjà les récoltes. Le sorgho et le maïs étaient mûrs, et la population, heureuse d'avoir une bonne moisson, travaillait assidûment dans les champs; on coupe les tiges près du pied et l'on arrache à la main les grains des épis, après les avoir fait sécher au soleil; partout dans les villages les toits en étaient couverts. Comme je l'ai dit, la farine s'obtient en écrasant le grain dans de grands mortiers de bois; le riz est également décortiqué de cette manière.

Dans la dépression sablonneuse de terrain dont j'ai parlé, la latérite apparaît par places; près de Bakouinit je vis enfin les premières roches; c'étaient des schistes argileux foncés, qui sortaient par places du sol de la plaine et faisaient partie des contreforts les plus avancés des montagnes schisteuses du sud.

Le soir du 24 septembre nous arrivions à Médinet-Bakouinit. Les Arabes, les Foulbé et les Assouanik nomment cette ville Bakouinit, et de même tout le pays porte le nom de Bakounou; je n'ai pas retrouvé l'ancienne forme de Baghena.

C'est une ville assez étendue, à peu près à moitié aussi grande que Goumbou et qui consiste également en maisons d'argile, plus délabrées pourtant que dans cette dernière ville. Une grande daya est située tout près et renferme beaucoup d'eau très claire, d'ailleurs fade et peu rafraîchissante, tandis que celle de puits, dont nous avions usé jusque-là, était extrêmement fraîche.

Nous ne descendons pas chez le cheikh Chamous, mais chez un correspondant de Bassaro, qui nous accueille très bien; cependant il ne peut mettre à notre disposition qu'une petite pièce, de sorte que nous sommes obligés de demeurer presque toujours dans la cour et même d'y dresser une tente. Pourtant il faut d'abord donner quelques présents à cet homme; Hadj Ali doit encore venir à mon aide et me prêter quelques vêtements brodés de Timbouctou. En échange, notre hôte promet de s'occuper de nous faire avoir des animaux pour aller jusqu'à Médine.

A Médinet-Bakouinit les habitants sont encore composés de ce mélange d'Arabes et d'Assouanik qui paraît être répandu dans tout le pays de Bakouinit (Baghena). Ils sont très pieux, font régulièrement leurs prières et savent presque tous lire et écrire. Cet état moral tient à ce que l'on rencontre souvent ici des Foulbé et des Fouta, deux peuples qui, bien qu'ennemis acharnés, se distinguent également par une grande piété, dégénérant souvent en véritable fanatisme. Nous devions bientôt savoir à quoi nous en tenir sur la fâcheuse influence de la population fouta.

Aussitôt que nous sommes entrés dans la ville, Benitez s'est trouvé beaucoup plus mal; il semble que la peur d'être reconnu pour Chrétien ait autant d'action sur lui que les souffrances physiques. Son état empire encore beaucoup; sa faiblesse s'accroît, il s'affaisse quand il veut se tenir debout, et sa mine est extrêmement inquiétante. Il commence à se plaindre de douleurs d'estomac, et la pensée me vient, malgré moi, qu'il souffre d'un empoisonnement. Je me souviens que Hadj Ali, à la mort du petit Farachi, a laissé échapper qu'il avait été probablement empoisonné à Kala. Je ne voulus pas examiner plus sérieusement la possibilité d'une tentative semblable contre Benitez : cette pensée était trop horrible. Nous ne pouvions rien que le laisser reposer et tenter de lui faire avaler un peu de lait, de consommé ou de bouillon de poulet ; il passa étendu inerte sur son lit toute la durée de notre séjour, qui dura près de deux semaines.

Sauf un accès de coliques extrêmement violentes, qui me surprit la nuit et me fit encore songer malgré moi au poison, je me trouvai fort bien à Bakouinit, et le seul mal dont je souffris était la faim ! Manger constamment du couscous et du riz ne suffit pas à la calmer ; ce n'est pas une alimentation nutritive : elle rassasie momentanément, mais laisse bientôt reparaître le sentiment du vide de l'estomac. Il y avait à Bakouinit beaucoup de poulets, de moutons et de chèvres, mais Hadj Ali ne me permit pas d'en acheter. « Si les habitants s'apercevaient, pensait-il, que j'avais encore de l'or, ils ne nous laisseraient pas partir avant de me l'avoir complètement soutiré. » C'était, il est vrai, une raison assez fondée ; mais nous avions tous trois besoin d'une nourriture substantielle, et avec l'aide de notre hôte nous aurions bien pu acheter un peu de viande.

Le 27 septembre, arriva un homme qui consentit à me louer des bœufs jusqu'à Médine (on dit toujours ici Moudina) ; mais il demandait huit pièces d'étoffe pour chaque animal ; une pièce de cotonnade bleue dite *guinée* représente ici au moins quatre douros (vingt francs), et à peine la moitié à Médine ; c'était encore trop cher, selon moi, pour une distance relativement courte, car j'aurais eu besoin d'au moins cinq bœufs, ce qui m'eût coûté 800 francs! Le soir, vint un autre homme, qui nous offrit des chevaux et des bœufs à cinq pièces d'étoffe par animal.

Le matin suivant on nous dit que quelques Fouta se trouvant à Bakouinit avaient interdit à tous les propriétaires d'animaux de m'en louer, de sorte que je devais m'attendre à un long arrêt. Il est étonnant que ces Fouta, qui n'ont autour de Bakouinit que deux ou trois petits villages, y aient une telle influence et puissent terroriser le pays. Tout le monde se plaint des brigandages de ces gens audacieux et arrogants, mais personne n'ose leur résister, de peur du gouverneur voisin de Nioro, le frère du sultan de Ségou.

Le 29 septembre, Bassaro, qui ne nous avait pas encore quittés, et notre hôte se rendirent dans les environs pour tenter de louer des bœufs. Quand ils revinrent le soir, ils annoncèrent que des gens se présenteraient le lendemain. Le matin suivant, Bassaro retourna à Goumbou; il nous avait rendu beaucoup de services, et Benitez surtout devait lui être fort reconnaissant. Je n'avais plus absolument rien; mais, pour ne pas le laisser partir sans un présent convenable, je lui donnai une boîte à tabac en métal blanc, qui portait mes initiales gravées. Si donc un jour quelque voyageur passe à Goumbou, il ne devra pas s'étonner d'y trouver une boîte très élégamment travaillée pour tabac de Turquie.

Bassaro et son frère le cheikh sont deux personnages de grande taille, vigoureux, d'allures un peu rudes et brutales et qui paraissent posséder une assez grande influence; les Fouta ne leur imposent pas encore; ils habitent assez loin de Kaarta et de Ségou pour que Goumbou jouisse d'une certaine indépendance. Cette ville est d'ailleurs plus aisée et plus jolie que Bakouinit, car les brigandages des Fouta ne s'étendent pas aussi loin, pas plus que les bandes pillardes des Arabes Oulad el-Alouch ne descendent autant dans le sud.

Je dis un adieu cordial à Bassaro, car il avait pris une place importante parmi le petit nombre de gens qui nous ont vraiment soutenus dans toute mon entreprise.

Le 30 septembre, en effet, quelques hommes vinrent m'offrir des bœufs à louer, mais nous ne pûmes nous entendre ; l'un d'eux, qui en a deux, consent à m'accompagner moyennant sept pièces d'étoffe ; pour le moment nous n'acceptons pas son offre.

Peu après apparaît le cheikh des Fouta des alentours de Bakouinit, un farouche coquin, universellement connu et redouté comme un voleur de grand chemin, mais auquel ici personne n'ose s'opposer ; il nous demande un grand anneau d'or en échange de la permission de quitter Bakouinit et de continuer notre route. Il n'y a pas le moindre droit, et seul le cheikh de Nioro (ou de Rhab, comme les Arabes nomment cette ville) devrait exercer de pareilles exactions, mais je ne suis pas moins obligé de lui donner un anneau pesant à peu près quatre mitkal (quatre grammes), car il nous aurait certainement attaqués avec sa bande. Ma réserve d'or se borne maintenant à deux anneaux, outre le peu qui reste à Hadj Ali, car il m'a déjà beaucoup prêté.

Le 1ᵉʳ octobre nous avons un violent orage, Benitez est très mal, et Hadj Ali commence à se trouver gravement malade ; il ne peut supporter aucune nourriture ; le Marocain Kaddour se plaint aussi de violents maux de tête, de sorte que maintenant je suis seul assez bien portant.

Je suis persuadé que nous nous remettrions bientôt tous avec une nourriture substantielle et appropriée, mais Hadj Ali persiste à prétendre qu'il serait dangereux de montrer que nous avons encore de l'argent monnayé ; et il s'exprime sous une forme si brutale, qu'il m'est impossible d'arriver à une explication plus complète ; je suis donc forcé de laisser les choses suivre leur cours, en souhaitant que la vigoureuse nature de mes compagnons leur rende la santé.

Le soir on nous dit que les gens sur lesquels nous avons compté ne partiront pas avec nous ; ce qui peut nous arriver de mieux est d'attendre ici d'un à deux mois. A ce moment il arrive des Arabes du Hodh qui portent de la gomme aux factoreries françaises du Sénégal, et je pourrai voyager commodément et sûrement avec eux. Jolie perspective ! Il faudra d'abord subir un long arrêt ici dans des circonstances fâcheuses ; puis nous ne savons si les Arabes nous permettront de les suivre ; enfin, si cette éventualité se réalise, leur route sera tout autre, située beaucoup plus au nord, et très longue.

Le 2 septembre il vient encore quelques-uns de ceux qui ont refusé hier de partir avec moi et ils se déclarent prêts à nous accompagner ; ils demandent d'avance six pièces d'étoffe. Mais je dois poser comme condition à tous que le payement n'aura lieu qu'à Médine, car je suis loin d'avoir assez de ressources pour payer ici le prix de location. Dans la ville je ne trouverai personne, parce qu'on y craint généralement les Fouta, et je serai probablement forcé de m'entendre tout d'abord avec eux. Le jour suivant, nous souffrons tous de très violentes douleurs d'intestins, occasionnées par de la viande gâtée que nous avons mangée la veille au soir ;

l'état de Hadj Ali est surtout devenu très inquiétant.

Le 4 septembre il vient encore des gens qui se déclarent prêts à se rendre avec moi à Kouniakari; mais ils réclament d'avance le prix (trente pièces d'étoffe), ce que je ne puis naturellement leur donner, et les négociations se rompent. Puis d'autres arrivent et il est convenu entre nous qu'ils me donneront deux bœufs et trois ou quatre chevaux, pour Rhab (Nioro), moyennant une pièce et demie d'étoffe par animal. Je puis encore réunir cette quantité de cotonnade, mais je tomberai ainsi entre les mains du frère du sultan Ahmadou, qui me prendra les derniers restes de mon bagage, si même il ne me retient pas prisonnier; je dois m'y attendre à peu près sûrement. Le jour suivant on nous dit que nous partirons le surlendemain avec quatre animaux de charge, pour lesquels nous devons payer six pièces d'étoffe. D'ailleurs je n'ai qu'à me résigner; sans ressources, comme je suis, je ne puis exercer aucune influence sur les résolutions de ces gens.

Le 6 septembre ont lieu nos préparatifs de départ; mais ce n'est que le jour suivant que nous pouvons réellement parcourir une partie de notre route. Le pays n'est pas sûr et nos guides sont fort inquiets. Les Fouta, cette population noire, inquiète, ambitieuse et arrogante, entreprennent constamment des expéditions contre les Foulbé fixés entre Bakouinit et Nioro, qui s'entendent naturellemennt à se défendre, en leur qualité de peuple guerrier. Il y a peu de jours seulement, quatre Foulani sont tombés dans une escarmouche, où un plus grand nombre de Fouta a également péri : ces circonstances rendent naturellement le voyage beaucoup plus difficile.

Hadj Ali emploie la journée qui précède notre départ à m'arracher un billet de 70 mitkal d'or (environ 800 francs) pour marchandises prêtées ! Il m'a en effet remis une certaine quantité de vêtements brodés et de couvertures, que j'ai dû donner en présent pendant la route ; je ne veux pas rechercher si leur valeur montait à cette somme ; en tout cas je lui donne le billet demandé.

Abdoullah est encore très malade et très faible ; je ne puis m'imaginer comment il pourra partir le lendemain ; j'espère qu'il sera un peu rétabli par la perspective de revoir bientôt des Européens. Kaddour s'est remis de nouveau ; je me sens moi-même assez bien, et nous attendons tous avidement la prochaine journée qui doit nous rapprocher du but. Il est vrai que nous avons encore devant nous l'une des plus fâcheuses parties de notre itinéraire : le voyage dans le pays de Kaarta, où les deux frères d'Ahmadou et leur bande de Fouta dominent avec une puissance illimitée et un grand arbitraire. Je basais avant tout mon espoir de pouvoir avancer rapidement sur la circonstance qu'en dehors de mon fusil je n'avais réellement plus rien qu'on pût me prendre, et je comptais que les maîtres du pays se débarrasseraient bientôt de nous, plutôt que de se voir forcés de nous nourrir. On n'oserait certainement rien de sérieux à notre détriment, car les Français du Sénégal devaient être depuis longtemps informés de l'arrivée d'un Européen : par leur intercession je sortirais rapidement des mains des Fouta, si ces derniers en venaient réellement à vouloir me retenir.

Les deux grandes villes de Goumbou et de Bakouinit appartiennent au Baghena, qui n'existe plus aujourd'hui comme État indépendant. Il formait une partie du grand royaume de Ghanata, habité par les Assouanik (Souananki, Sébé ou Ouakoré) et qui fut fondé dès la fin du III° siècle de notre ère. On prétend qu'au temps de sa splendeur il s'étendait du haut Niger, au sud de Timbouctou, jusqu'à l'océan Atlantique. A ce que suppose Barth, sa population appartenait à la race foulbé, et elle était identique au peuple nommé *Leucoæthiopes* par Ptolémée.

Ces Ouakoré furent plus tard soumis par des Mandingo ou Djouli leurs congénères, qui fondèrent sur les ruines du royaume de Ghanata un nouvel empire, plus tard très puissant, celui du Mellé. *Mellé* (libre, noble) était le nom que se donnaient les vainqueurs en face de la population subjuguée des Assouanik.

Après que le royaume du Mellé eut été plus tard anéanti par celui du Sonrhay, ce qui entraîna la mort du prince foulbé Dambadoumbi (en l'an 1500), les ruines de cet empire furent enfin détruites par les Marocains venus du nord, tandis que les Bambara les envahissaient au sud. Une longue guerre eut alors lieu pour la possession de ces pays. D'un côté combattaient les Bambara qui avaient déjà pris le Ségou avec l'alliance de quelques peuplades foulbé ; l'autre parti se composait des Marocains amenés au Soudan par Mouley Ismaïl, les Rami (Rouma ou Erma), alliés à la grande tribu arabe des Oulad el-Alouch et à une fraction de la population d'origine ouakoré ou assouanik.

A la suite de cette guerre, l'empire du Mellé fut partagé : les Bambara prirent la partie méridionale, tandis que les pays du nord-est et le Baghena revenaient aux Oulad Mebarek et aux Oulad Masouk. Mouley Ismaïl, le sultan du Maroc, remit la souveraineté du pays de Baghena à Hennoun, neveu de Mebarek, et ses successeurs ont conservé jusqu'ici une certaine autorité.

Mais les Foulbé commencèrent aussi très vite à y

jouer un grand rôle; leur influence s'accrut rapidement dans le Baghena et ils cherchèrent à en chasser les Arabes. Lorsqu'en 1820 une autre fraction des Foulbé commença une guerre de conquêtes sous le chef fanatique Lebbo et fonda le royaume de Hamd-Allahi sur le Niger, les Foulbé du Baghena furent inquiets pour leur domination et s'unirent aux Marocains. Leur résistance contre les bandes de Lebbo ne fut pas tout à fait heureuse, car il parvint à s'établir dans quelques parties du Baghena.

Depuis cette époque les différents chefs se sont disputé ce beau et fertile pays sans qu'aucun soit parvenu à y dominer entièrement. Même aujourd'hui on ne peut citer un émir ou un cheikh qui règne dans toute la contrée. En certains endroits ce sont encore les descendants de la dynastie marocaine, principalement dans la partie nord, qui jouissent de la plus grande influence; dans d'autres, et surtout vers le sud, les Foulbé et les Bambara se disputent l'autorité; depuis Hadj Omar, les Fouta y sont encore intervenus tout récemment et ils possèdent le Kaarta dans le voisinage; quelques-uns de leurs villages ont déjà été fondés auprès de Bakouinit, et la paisible population de la ville est terrorisée par eux.

Tandis que des conquérants étrangers cherchaient à s'étendre dans le Baghena, les vrais possesseurs du pays, les Assouanik, n'intervenaient pas violemment, mais savaient se plier en marchands habiles à ce que commandaient les circonstances. Il est difficile d'admettre qu'ils soient aujourd'hui en état de se réunir de nouveau, malgré leur dispersion actuelle, et de rendre indépendant leur pays natal de Baghena (présentement nommé Bakounou par les Assouanik et les Arabes). Il est vrai que le danger du côté des Fouta est le moins grand, car la souveraineté d'Ahmadou, de Ségou, ne pourra durer longtemps, et les Bambara se choisiront un chef parmi eux ou se soumettront à un Foulbé. Une autre supposition est la plus vraisemblable : les Français prendront tout le pays jusqu'au Niger. Les Foulbé sont trop puissants pour permettre

Foulani (Foulbé, Poul).

une réunion des Assouanik ; en outre il n'est pas interdit de croire que, si les Français s'établissent sérieusement à Ségou, le Kaarta et le Baghena ne pourront plus se dérober à l'influence européenne.

Le Baghena ne forme, à proprement parler, qu'une partie de la région nommée el-Hodh, qui, limitée au nord par le Sahara, est déjà dans sa moitié méridionale plus favorisée par la nature et forme un pays fertile, propre au labour et au pâturage. Il n'est donc pas étonnant que des combats aient eu lieu de tout temps pour sa possession, ce qui ne l'a pas empêché de se trouver toujours dans un état relativement très prospère; les adroits Assouanik ont su s'allier à temps aux différents partis dominants, que ce fussent les Arabes, les Foulbé ou les Bambara, de sorte que leur pays n'a pas subi les dévastations qui sont ailleurs les suites des querelles et des dissensions intérieures.

J'ai souvent mentionné déjà les Foulbé ou Foulani. Il est en effet impossible de voyager dans le Soudan sans se trouver en contact avec ce peuple. Son extension est extraordinaire. De Ouadaï dans l'est jusqu'à Saint-Louis sur l'Atlantique, on le retrouve partout, groupé en masses et formant une classe dominante, ou en communautés isolées, mais jouissant encore d'une grande influence. Tel est ce peuple sur l'origine encore incertaine duquel on a tant écrit. Timbouctou, le Niger et le lac Tchad forment à peu près la limite nord de sa région d'extension, et vers le sud il s'étend jusqu'au pays des sources du Niger et à l'Adamaoua. Il est donc réparti sur une zone compacte, de largeur variable, mais comprise en moyenne entre le 8° et le 19° degré de latitude et à peu près sur 35° de longitude. G.-A. Krause, qui s'est récemment occupé tout particulièrement de la langue et de l'histoire des Foulbé et a publié en 1883 dans l'*Ausland* quelques remarques très intéressantes sur ce sujet, dit à propos de l'extension de ce peuple : « C'est dans la Sénégambie et les pays au sud, où ils atteignent les côtes de l'océan Atlantique, qu'ils se sont le plus avancés vers l'ouest. Au Fouta-

Djallon ils forment la partie principale de la population. Plus à l'est ils possèdent sur les deux rives du Niger supérieur, au sud-ouest de Tombouctou, le royaume de Massina, et depuis près de vingt années ils se sont emparés de l'empire Bamana (Bambara) de Ségou. Les pays entre le Massina et le cours moyen du Niger nourrissent également une population foulbé. A l'est et en partie à l'ouest de ce fleuve, les deux puissants royaumes de Gando et de Sokoto sont gouvernés par des Foulbé. D'autres se sont également fixés dans le Bornou, le Ba guirmi et l'Ouadaï, mais ils n'ont pu encore y acquérir une influence politique et religieuse prépondérante. C'est au contraire dans l'Adamoua (Foumbina), des deux côtés du fleuve Binoué, qu'ils se sont avancés le plus loin vers le sud ; d'année en année ils étendent les limites de leur royaume, qui dépend du Sokoto, en poursuivant une guerre impitoyable et ininterrompue contre les Nègres païens de ces régions. Si des embarras sérieux ne viennent les arrêter, leurs expéditions victorieuses les conduiront, dans peu d'années, aussi bien au cours moyen du Congo qu'au golfe de Guinée. »

La zone d'extension des Foulbé comprend donc un espace qui équivaut presque à la quatrième partie de l'Europe, tandis que leur nombre ne peut être calculé, même approximativement.

Leur nom varie extrêmement ; les Européens, comme les peuples africains, leur en ont donné qui diffèrent de celui que les Foulbé emploient eux-mêmes. Ils se nomment Foul-bé, comme les appellent unanimement les voyageurs qui ont été en contact avec eux. La racine *foul* signifie « brun clair, rouge, orange » et se rapporte à leur couleur par rapport à celle des Nègres. *Foul-bé* est le pluriel, *Poul-o* le singulier. Krause donne une liste intéressante des noms attribués aux Foulbé par différents peuples : les Arabes les nomment Foulan, Felata (pluriel), Foulani, Felati, Foulania, Felatia; chez les Touareg ils se nomment Ifellan, Afoullan, Ifoulan, Foulan, Ifilanen et Afilan. Chez les Haoussa nous trouvons les noms de Fillani, Foullani et Bafillantchi. Chez les Mousouk ou Mousgou (au sud du Bornou) ils se nomment Maplata et Maplatakaï; chez les Kanouri du Bornou, Felata; Foula chez les Mandinka; Agaï chez les Djouma (Yorouba); Tchilmigo chez les Mossi; Kamboumana chez les Qourecha; Folani ou Foulga chez les Gourma; Bale chez les Bafout; Fato (c'est-à-dire « homme blanc ») chez les Ham; Abate chez les Djoukou, et Goï chez les Noupé; en Europe on entend fréquemment les noms de Foulbé, Pouls, Peuls, Fellata, Foulan, Fouta, etc.; Krause est d'avis que les différents peuples européens peuvent former ces mots correctement, en se servant de la racine foul ou poul; ainsi : en allemand et en italien, Ful; en français, Foul; en anglais, Fool; en hollandais, Foel, etc.; de sorte qu'en Allemagne le vrai nom de ce peuple devrait s'écrire Fulen.

Nous devons à Henri Barth les premiers et les plus exacts renseignements sur ce peuple, comme sur le Soudan en général. Il fait déjà remarquer la grande dissemblance qui existe entre le Foulan pur et le Nègre, différence qui s'étend à la couleur, à la conformation du visage et du crâne, aux cheveux, à la taille, à l'intelligence, et qui saute aux yeux. Les Foulbé purs ont une peau claire et un visage parfaitement semblable à celui des Ariens, un nez bien formé et légèrement recourbé, un front droit, des yeux vifs, des membres élégants et élancés, de longs cheveux noirs, une maigre figure ovale (on voit rarement un Foulan obèse, tandis qu'il y a beaucoup de Nègres de ce genre). J'ai eu souvent l'occasion de voir des Foulbé purs, et j'étais étonné de les trouver si rapprochés des Européens au milieu d'une hideuse population noire. Leur attitude tranquille et distinguée, leur langue aux intonations douces, imposent tout à fait ; seulement les yeux de la plupart indiquent un sombre fanatisme et une intolérance religieuse qui peut dégénérer en haine irréconciliable contre les Infidèles. Barth a jadis beaucoup souffert à Timbouctou des persécutions de ces stricts Mahométans, tandis que, heureusement, de mon temps l'influence des peu orthodoxes Touareg me protégeait contre ce danger.

Krause fait remarquer avec raison que l'on doit séparer les Foulani purs, ou rouges, des métis ou Foul noirs. Grâce à leur goût pour les voyages et les conquêtes, des mélanges entre eux et les indigènes sont inévitables. Ainsi l'on peut compter la population fouta de la Sénégambie parmi les Foulbé, et d'après cela Hadj Omar serait un Poulo ; mais il y a une distance d'un monde entre les Nègres fouta du Kaarta et les beaux habitants du Moassina. Les Foulani purs, ou rouges, ne sont pas en général très nombreux : il n'y a pas de pays ou d'État qui en soit uniquement habité, mais on les trouve toujours au milieu de la population noire et arabe.

Tout voyageur sera frappé de la haute intelligence des Foulani en comparaison des Noirs. Ils ont embrassé l'Islam de très bonne heure, et font partie de ses plus fervents sectateurs. Le Coran est étudié avec zèle chez eux, et dans chaque petite communauté se trouvent des écoles, de sorte que tout Poulo pur sait lire et écrire ; ils apprennent de préférence l'arabe, quoiqu'il y ait aussi des grammaires foulaniques, avec des lettres arabes à peine modifiées. Ils vénèrent également dans un de leurs chefs, le Poulo du Haoussa Otman-dan-Fodio, un de leurs plus grands poètes; et son fils Bello était non seulement un guerrier fameux, mais aussi l'auteur de nombreux ouvrages historiques, géographiques ou religieux. Le fils de ce dernier, Saïdou-dan-Bello, fut le premier à écrire une grammaire foulanique, sous le nom de *Nahan Foulfouldé*, pour rendre son peuple entièrement indépendant de l'arabe. Ce n'est que dans les royaumes du Sokoto et du Gando que le dialecte écrit foulanique est en usage; dans le Moassina et plus loin à l'ouest, où ne se trouvent pas en général de Foulbé purs, mais des métis, l'arabe est exclusivement employé comme langue écrite. Aujourd'hui encore, le centre de gravité de la vie intellectuelle des Foulbé se trouve sans doute à Sokoto.

Outre cette intelligence scientifique, il y a également lieu de signaler chez les Foulbé une activité extraordinaire, de l'estime pour le travail en général, de même que de la probité, en rapport avec un profond sens religieux. J'ai déjà parlé de la beauté des localités habitées par eux, du bien-être qui y règne partout à la suite d'une pratique soigneuse de la culture et de l'élevage du bétail. Ces qualités se retrouvent même chez les métis, les Foulbé noirs, qui sont bien loin d'avoir la nonchalance et l'entêtement du Nègre stupide. Dans ces peuplades métisses, l'élément foulanique domine complètement le nègre.

Il y a longtemps qu'on a commencé de traiter la question de l'origine des Foulbé, et les hypothèses les plus hardies ont été émises à ce sujet. Pour ce qui concerne la situation ethnographique de ce peuple, Friedrich Müller pourrait avoir trouvé juste, en réunissant les

Nouba[1] et les Foulani dans un groupe particulier, qu'il nomme Nouba et qu'il partage en moitiés occidentale et orientale. Il dit : « Sous l'expression de Nouba, ou plus exactement de race nouba-foulah nous comprenons un groupe de peuples qui habitent dans le nord de l'Afrique, partie au milieu des Nègres, partie à la lisière de leur pays, et qui se distinguent d'eux autant par leur complexion physique que par certaines particularités ethnologiques. Les Foulah à l'ouest, et les Nouba à l'est, peuvent passer pour leurs représentants principaux. Ces peuples ne sont ni des Nègres ni des Hamites méditerranéens, mais une race intermédiaire. Comme les Cafres, ils forment également la transition de la race noire à la race méditerranéenne et spécialement, dans ce dernier cas, au type hamitique. La différence entre eux et les Cafres consiste pourtant en ce que ceux-ci sont plus près des Nègres que des Méditerranéens : aussi bien sous le rapport physique que comme état moral, les peuples nouba-fouta se rapprochent plus des derniers que des véritables Nègres. »

G.-A. Krause a tenté de s'informer de l'origine des Foulani auprès de quelques-uns d'entre eux, mais il n'a entendu que des contes, dont le noyau historique est encore à dégager de sa poétique enveloppe.

Les Foulbé même cherchent à prouver qu'ils sont d'origine arabe. D'après eux une armée de cette nation aurait pénétré, dans le cours du VII° siècle, jusqu'au Sénégal et chez le peuple des Torodo. Un des généraux de cette armée fut laissé dans ce pays, et il épousa la fille du roi; ses enfants auraient été les ancêtres des Foulbé. Mais ce conte est répété sous la même forme dans différents pays, de sorte que la fantaisie y apparaît

---

1. Abyssiniens. (*Note du Traducteur.*)

ouvertement. Krause dit avec raison, à ce propos : « Tous les Mahométans considèrent les peuples arabes comme des élus d'Allah, au point de vue religieux; car il choisit un Arabe, Mahomet, comme son plus grand et son dernier prophète. Mais, pour prendre leur part de cet honneur, les Musulmans autres que les Arabes aiment à établir avec eux des rapports fabuleux quelconques. Ainsi les Foul rapporteraient volontiers leur origine à ce peuple. » D'après d'autres légendes les Foulbé descendraient même d'Arabes marocains, tandis que l'on crut longtemps en Europe, et qu'on y croit encore en partie, à leur origine malaise, c'est-à-dire à une migration venue de l'Extrême-Orient de l'Asie. Il faut remarquer à ce propos que la population hova de Madagascar est en relations étroites avec les Battak malais de Sumatra. Cependant il ne paraît pas nécessaire d'accepter pour les Foulbé une parenté si éloignée et d'invoquer une grande migration de l'Asie orientale, qui deviendrait indispensable pour l'expliquer : leur origine doit sans doute être cherchée dans l'Afrique même. Krause, qui s'est occupé d'une comparaison très approfondie de leur langue et des dialectes hamito-sémitiques, arrive à cette conclusion : « La langue foulique, dans sa première forme, de même que les dialectes hamito-sémitiques, et le peuple foulbé, aussi bien que les Hamito-Sémites, sont d'une seule et même origine ». Il désigne donc les Foulbé comme étant des anciens ou Proto-Hamites.

Tous les Hamites, Berbères et Touareg vivant dans l'ouest de l'Afrique sont — cela est démontré — venus de l'est. Les Touareg trouvèrent, à leur arrivée, un peuple qu'ils nommaient Djabbar ou Kel Yerou, et dont on rencontre encore les momies dans les tombes anciennes de leur pays. Krause croit pouvoir admettre que ces Djabbar sont les ancêtres des Foulbé actuels.

La question des anciens habitants du Nord-Africain, à une époque où les conditions d'existence y étaient peut-être plus favorables et où la marche de la transformation du pays en désert n'avait pas encore été portée si loin, est sans aucun doute l'un des problèmes géographiques les plus intéressants. Beaucoup de circonstances l'indiquent, et nous reviendrons plus amplement sur ce sujet dans un prochain chapitre ; le Sahara possédait jadis une *habitabilité* plus grande qu'aujourd'hui, et un temps, qui se compte seulement par milliers d'années, s'est écoulé depuis l'époque où ces contrées étaient encore habitées et arrosées par des eaux courantes, alors qu'elles sont aujourd'hui des déserts absolument stériles.

La question des Djabbar, soulevée de nouveau par Krause, mérite en tout cas d'attirer l'attention des ethnographes, et rien n'est plus regrettable que la difficulté si grande où l'on est de faire des études scientifiques complètes dans le pays habité par les Touareg. De même que nous avons tiré des tombes des îles Canaries la preuve que les Guanches disparus appartenaient aux groupes des peuples berbéro-hamitiques, de même l'étude des tombeaux des Djabbar permettrait de découvrir bien des données importantes pour l'histoire des habitants primitifs du nord de l'Afrique, et aussi pour celle de la formation du Sahara. Si le temps doit venir où les explorations étendues n'auront plus la raison d'être qu'elles ont certainement encore, et où l'on pourra se livrer à des études plus complètes, limitées à de moindres surfaces, l'histoire des habitants primitifs du nord de l'Afrique devra certainement alors passer en première ligne.

Que les Foulbé soient ou non les descendants de ces

anciens Djabbar, ils ont fait récemment de grandes migrations pour tenter de s'étendre. Ils n'avaient fondé jusque-là aucun royaume, et leur début dans la politique active date de la fin du siècle précédent. « Le commencement de ce siècle vit les Foulbé ouvrir la période de leurs grandes conquêtes. Au temps où Napoléon troublait le monde européen, détruisant d'antiques royaumes pour en créer de nouveaux, le Soudan moyen fut transformé par les Foul d'une façon non moins profonde, mais plus durable. » Un prêtre foulbé, nommé Otman-dan-Fodio, joua alors un grand rôle ; il vivait dans la province de Gobir, du pays haoussa, et commença la guerre sainte (*djibad*) contre les peuples païens de ce pays : il réussit enfin à soumettre toutes les provinces du Haoussa ; les Foulbé, victorieux, s'avancèrent loin dans l'ouest, jusqu'auprès de l'océan, et vers le sud et le sud-est. Le Bornou même fut attaqué par eux, mais la suite de leurs victoires y trouva son terme devant le cheikh Mouhamed el-Kaoulmi, le fondateur de la dynastie actuelle de ce pays. Otman-dan-Fodio prit, lui aussi, le titre d'*Emir el-Moumenin* (Commandeur des Croyants) et partagea son grand empire en deux moitiés : dans la partie occidentale il plaça son frère Abdallahi avec Gando pour résidence, tandis que son fils Bello habitait à Sokoto dans la fraction orientale. C'est depuis ce temps qu'existent les deux grands royaumes de Gando et de Sokoto, gouvernés par des Foulbé qui ont forcé la population noire indigène à embrasser l'Islam.

L'un des généraux d'Otman-dan-Fodio, nommé Lebbo (Labo), entreprit une guerre pour son compte vers le nord-ouest et du côté du Niger moyen ; il fonda là le royaume du Moassina (j'ai toujours entendu prononcer ainsi à Timbouctou, et non Massina) avec Hamd-Allahi pour capitale. Mais les Bambara, aussi bien que les Touareg, ont toujours combattu ce pays, surtout parce que les Foulbé qui l'habitaient étaient disposés à prendre possession de Timbouctou. Une lutte permanente commença entre eux et les Touareg ; lorsqu'un nouvel ennemi, personnifié par Hadj Omar, surgit, Hamd-Allahi fut détruit.

Depuis ce temps le Moassina est gouverné de Ségou, quoiqu'il soit habité par beaucoup de Foulbé purs. Comme je l'ai dit, le cheikh arabe Abadin, influent à Timbouctou, cherche à s'allier aux Foul du Moassina, soit pour protéger Timbouctou contre les Touareg, soit peut-être aussi pour devenir indépendant et arracher le Moassina au Ségou. En ce moment un parent du sultan Ahmadou est encore à Hamd-Allahi ; mais, comme la puissance du Ségou est en décadence, une modification dans la répartition des forces de ces pays paraît imminente.

Au contraire, les deux grands États foulbé de Sokoto et de Gando (Gwando) existent depuis le commencement de ce siècle et sont dans une situation prospère. Voici la liste de leurs princes :

SOKOTO.	Durée du règne.	Date de la mort.
1° Otman-dan-Fodio............	(?)	1818
2° Bello-dan-Otman............	(?)	1837
3° Atikou-dan-Otman...........	5 ans 3 mois..	1843
4° Alin Baba-dan-Bello........	17 ans.........	1860
5° Ahmadou-dan-Atikou........	7 ans..........	1866
6° Aliou Karami-dan-Bello......	11 mois........	1867
7° Ahmed-er-Refaje-dan-Otman...	5 ans..........	1872
8° Boubakr-dan-Alin...........	5 ans..........	1877
9° Moas-dan-Bello.........depuis	2 ans..........	»

Le sultan Moas, qui règne depuis 1877 [1], est âgé

---

[1]. D'après les informations de Krause en 1879.

de soixante-trois ans ; il est de couleur noire ; sa mère était une esclave du Haoussa.

GANDO.	Durée du règne.	Date de la mort.
1° Otman-dan-Fodio.............	(?)	1818
2° Abdallahi-dan-Fodio...........	(?)	1829
3° Mouhamed Ouani-dan-Abdallahi.	(?)	1835
4° Chalilou-dan-Abdallahi........	20 ans..........	1855
5° Chalirou-dan-Abdallahi........	7 ans.	1862
6° Alin-dan-Abdallahi............	5 ans.........	1867
7° Abd el-Kadiri-dan-Abdallahi....	5 ans........	1872
8° El-Moustafa-dan-Mouhamed-Ouani.....	4 ans..........	1876
9° Hanafi-dan-Chalilou...........	3 ans..	1879

Hanafi, mort aujourd'hui, était de couleur noire; sa mère était de la peuplade des Torodo.

On ne peut dire que les Foulbé aient terminé leurs conquêtes ; au contraire, ils provoqueront toujours de nouvelles révolutions dans ces pays et pénétreront surtout comme des missionnaires guerriers dans les pays noirs. Il est certain que ce sont les gens les plus intelligents de l'Afrique, avec les Arabes ; mais leur extension est regrettable, parce qu'ils gagnent à l'Islam des régions immenses. Ce n'est pas un avantage pour le Nègre barbare, et il est à déplorer, dans l'intérêt des aspirations que l'on comprend en général sous le nom de « civilisation », que cet accroissement du domaine de la religion musulmane constitue un obstacle sérieux au développement des relations avec les Européens. Pour moi il est évident que l'Islam est le plus grand ennemi de la civilisation européenne, tandis que nous devons voir, dans les États chrétiens seulement, les représentants du progrès. En outre, il est faux de prétendre que l'Islam soit une sorte de préparation au Christianisme pour le Nègre grossier, adonné à un fétichisme sauvage. Nous le voyons chez les Bambara et les autres populations noires, de même que chez les métis foulbé, les Fouta, etc. : ils n'ont pris de l'Islam que quelques pratiques extérieures, et y ont puisé surtout la haine contre les gens d'autres croyances.

Les Foulani forment un facteur politique d'un grand poids dans le nord de l'Afrique, jusqu'à l'Équateur ; et, lors du partage prochain de cette partie du monde, les nations européennes auront certainement à compter avec ce peuple. Il est brave, et combat pour une idée religieuse ; si les Européens veulent s'établir politiquement dans l'intérieur de l'Afrique, ils feront bien de s'entendre d'abord avec lui.

Mais nous devons souhaiter avant tout que les grands royaumes foulbé soient parcourus par des Européens sachant la langue de ces populations ; il y a sûrement beaucoup d'ouvrages historiques encore cachés chez elles, et les problèmes touchant leur origine seront plus facilement résolus dans le pays même, au moyen d'une comparaison critique des vieilles légendes, de l'étude des anciennes histoires de ces contrées ou de l'analyse faite avec soin de la langue foulbé d'une part et de l'autre de la structure anthropologique du peuple. Jusqu'ici ces deux écoles se tiennent avec raideur face à face : le linguiste ne reconnaît aux mensurations crâniennes qu'une faible valeur, et l'anatomiste méprise les règles grammaticales. Une marche en commun donnera seule des résultats heureux et durables.

CHAPITRE IX

DÉPART DE MÉDINET-BAKOUINIT POUR MÉDINE ET SAINT-LOUIS.

Départ de Bakouinit. — Fasala. — Les lions. — Eau courante. — Villages foulbé. — Kamedigo. — Maladies. — Rhab-Nioro. — Population fouta. — Marchands d'esclaves marocains. — Montagnes bordières. — Vallée du Sénégal. — Village arabe. — Kouniakari. — Le cheikh Bachirou. — Message de Médine. — Arrivée au Sénégal. — Les tirailleurs. — Le fort de Médine. — Siège par Hadj Omar. — Paul Holl. — Communications télégraphiques. — Départ. — Mosquitos. — Bakel. — La colonne expéditionnaire. — Le poste de Matam. — M. Lecard. — Villages de Fouta. — Vapeurs. — Les vapeurs le *Cygne* et l'*Archimède*. — Saldé. — Podor. — Dagana. — Richard Toll. — Crocodiles et pélicans. — Arrivée à Saint-Louis. — Fièvre jaune. — Mauvais port. — La barre. — Ténériffe. — Pauillac. — Quarantaine. — Arrivée à Bordeaux. — Voyage à travers l'Espagne jusqu'à Tanger.

Le 7 octobre nous quittons Bakouinit. Notre but le plus proche est le Kaarta, qui est sous la domination des Fouta, parce que le sultan de Ségou y a placé deux de ses frères comme vice-rois; une fois ce pays passé, nous n'aurons plus qu'une courte distance à parcourir jusqu'au Sénégal, si longtemps désiré, et où nous espérons trouver dans les stations militaires le calme et les soins nécessaires, après les marches, épuisantes sous tous les rapports, des derniers temps.

Nous ne pouvons partir que l'après-midi à trois heures et arrivons fort tard dans la soirée au bourg de Fasala. Il doit avoir été jadis une grande ville, car de vieilles murailles et des ruines considérables de maisons indiquent une étendue importante. Aujourd'hui ce n'est plus qu'un village habité exclusivement par des esclaves libérés, qui se sont installés dans les ruines de l'ancienne ville, et ont construit en outre une quantité de paillotes. Ils ont planté du sorgho dans les intervalles libres des maisons, mais n'ont ni moutons ni bœufs. Nous ne pouvons donc nous faire préparer qu'un repas très simple, peu approprié à mes malades. Abdoullah a dû être attaché sur son bœuf de charge, car il ne peut se tenir assis; pour qu'il n'en tombe pas, un des conducteurs doit toujours être à côté de l'animal : c'est une lente et pénible marche.

Le matin suivant, nous partons de bonne heure. Nous ne devons atteindre ce jour là aucune localité, mais nous camperons en plein air ; mes conducteurs sont un peu inquiets pour leurs animaux, car il y a ici beaucoup de lions ; nous voyons de nombreuses traces de ces animaux dans les hautes herbes ; elles sont foulées sur de grands espaces et montrent la direction qu'ils ont suivie. De onze heures à midi nous faisons halte et dressons nos tentes à six heures du soir : pendant la nuit, des feux sont entretenus et quelques hommes veillent. Le terrain traversé aujourd'hui diffère du précédent en ce que la forêt diminue d'épaisseur, et que nous avons beaucoup de belles prairies découvertes. C'est un fort gracieux paysage, et des groupes d'arbres isolés, surtout des baobabs imposants (arbres à pain de singe), épars au milieu des clairières, donnent à la contrée le caractère d'un parc.

Nous marchons encore le jour suivant, 9 octobre, dans un paysage semblable. Ce beau pays est inhabité, quoiqu'il renferme de nombreuses dayas et que le sol y soit excellent, aussi bien pour la culture que pour le pâturage. Il semble que les brigandages de Hadj Omar l'aient également dépeuplé et transformé en désert. Notre marche dure de cinq à onze heures du matin et de deux à six heures du soir.

Parmi les étangs, la grande daya Redja est surtout remarquable ; nous passons également près d'un puits, ce qui prouve que la contrée a dû certainement être habitée autrefois.

Les traces de lions redeviennent très nombreuses, mais nous n'en rencontrons pas un seul. Près d'une daya nous trouvons les hautes herbes foulées d'une manière surprenante, et mes gens prétendent qu'une famille de ces animaux y a passé la nuit ; quelques-uns d'entre nous refusent absolument de traverser cet endroit, de peur d'en rencontrer, et veulent faire un grand détour pour atteindre la localité la plus proche. Enfin je réussis à les en dissuader. Dans le terrain découvert nous remarquons de nouveau beaucoup de minerai de latérite ; pendant les dernières heures de l'après-midi nous atteignons un terrain assez accidenté, avec de petites collines hautes de 60 à 80 pieds seulement, qui dominent la plaine. Nous dressons nos tentes pour la nuit dans un endroit convenable ; il faut encore veiller, de crainte des lions. Mes malades vont aujourd'hui un peu mieux ; Benitez a pu déjà faire une grande partie de la route sans être attaché sur son bœuf ; sa mine est effrayante.

Le 10 octobre nous partons de grand matin. Bientôt le terrain change : à la place des clairières découvertes nous trouvons *un terrain rocheux et montagneux et, pour la première fois, de l'eau courante !* Cette dernière surtout est la bienvenue et nous la saluons avec joie.

C'est un petit ruisseau étroit, avec un mince filet d'eau, et non plus une daya avec son liquide stagnant ;

ce petit cours d'eau s'écoule vers le Sénégal, si longtemps désiré. Les montagnes consistent en schiste argileux foncé ; la latérite n'est pas rare à leur surface. L'altitude du terrain varie encore de 300 à 320 mètres ; la chaleur n'est pas très forte : aussi pouvons-nous marcher aisément. Je n'ai de soucis qu'au sujet de mes malades et de l'accueil qui m'est réservé à Nioro ; en outre, nous avons devant nous un pays fortement peuplé de Foulbé, et ne savons pas encore comment on nous y recevra.

Dès onze heures nous atteignons le premier village des Foulani et n'y sommes pas accueillis d'une manière hostile. Leurs villages sont très beaux. Chaque ferme est entourée d'une haie vive, et consiste en huttes d'argile rondes, au nombre de trois à six, avec un toit de chaume pointu, très solide et très épais. Ces localités sont assez étendues et bien peuplées, leurs habitants aisés et l'on voit chez eux beaucoup de chevaux, de bœufs, de moutons et de chèvres. Les champs et les villages sont également bien entretenus ; on cultive surtout le sorgho, le riz et la canne à sucre, mais on plante également déjà la noix de terre (arachide), au goût agréable ; les concombres ainsi que les courges poussent au milieu même des villages, et leurs feuilles couvrent complètement les maisons. Dans tous les cas, une de ces colonies de Foulbé fait une impression agréable ; la propreté et l'ordre ne peuvent y être niés, et l'on ne voit nulle part de mendiants misérables ou estropiés. Les Foulani se trouvent beaucoup au-dessus des diverses peuplades nègres qui les entourent. Dans tous leurs villages il existe un espace découvert, entouré de pieux, qui sert de place de prières : c'est là que se rassemblent régulièrement les hommes du lieu au moment de la prière, car les Foulbé sont très pieux. Presque tous peuvent lire et écrire l'arabe, et l'on voit fréquemment de petits garçons ou des jeunes gens studieux écrire sur une table de bois, et lire le Coran.

Les Foulbé vivant ici dans le pays de Kaarta viennent, dit-on, des districts situés plus à l'est sur le Niger ; ils n'auraient été ramenés ici comme prisonniers qu'après les expéditions de guerre et de pillage de Hadj Omar ; leurs colonies sont donc de date récente, et remontent tout au plus à quelque vingt ans. Ils doivent payer l'impôt au frère du sultan de Ségou ; comme je l'ai dit, les combats entre Fouta et Foulbé ne sont pourtant pas rares.

Nous fûmes très bien reçus dans ce premier village foulbé ; on nous donna une hutte pour la nuit et l'on pourvut à notre nourriture.

Le 11 octobre nous quittions cet endroit, pour nous rendre chez le cheikh de ce groupe de villages, qui porte le nom de Kamedigo. Dès deux heures environ nous étions dans un gros bourg, où l'on nous accueillit peu amicalement. Les habitants se montraient importuns, ils nous refusèrent une maison, et finalement nous dûmes dresser nos tentes en plein air. Enfin le cheikh crut devoir me faire une visite et m'assigner une maison : il ne se montra plus pendant le reste du jour. Le soir il envoya de la viande et du couscous, sans demander aucun présent.

Pourtant notre séjour à Kamedigo a été fort avantageux. Nous avions loué nos bœufs porteurs de Bakouinit à Nioro, qui est encore à une marche d'ici ; mais nous les renvoyâmes dès Kamedigo, car notre hôte se déclarait tout prêt à partir avec nous pour Médine dans quelques jours, avec cinq bœufs de charge. Nous acceptâmes aussitôt cette offre avantageuse, d'autant plus que notre hôte, un Foulbé intelligent, qui avait déjà été en relations avec les Européens, consentait à n'être payé qu'à Médine. Il me reconnut naturellement aussitôt pour un Européen et un Chrétien, et consentit ensuite sans difficulté à me faire crédit jusqu'à mon arrivée chez les Français. Les autres habitants du lieu restaient toujours très réservés envers nous; un Chrétien, car je passais universellement pour tel, est en exécration pour le Foulbé, dans sa stricte orthodoxie; nous eûmes pourtant des visites, mais ce fut seulement celles de jeunes gens curieux, qui se montrèrent importuns; sous ce rapport les Arabes sont plus convenables.

Le jour suivant, nos hommes de Bakouinit retournent dans leur pays; parmi eux se trouve le fils de notre hôte de cette ville, Gabou. Ils sont très heureux de n'avoir pas eu besoin d'aller jusqu'à Nioro, car ils redoutent extrêmement cette ville fouta. Notre hôte de Kamedigo essayera de nous faire tourner Nioro, mais il ne peut s'y engager. Il a du reste des affaires au Sénégal et veut remettre aux Français quelques-uns de ses esclaves, qui doivent entrer dans les tirailleurs sénégalais, corps de troupes composé surtout de Nègres libérés et qui rend de bons services.

Nous devons attendre quelques jours, ici, qu'il se soit procuré des bœufs porteurs et qu'il ait terminé ses préparatifs pour une absence de plusieurs semaines. Quant au reste, nous sommes très bien accueillis : on a mis une jolie hutte à notre disposition, nous sommes bien nourris, et enfin la population de l'endroit ne nous importune pas trop. Mais le 14 octobre tout change de nouveau : Hadj Ali et moi, nous avons des accès de fièvre;

Benitez est très souffrant et sa faiblesse incroyable, mais on peut encore le sauver; par malheur, Kaddour, lui aussi, tombe tout à coup malade, pendant la nuit, des mêmes souffrances dont ont été attaqués Benitez et Farachi; il se plaint extrêmement, sa tête est lourde, sa mine très changée, et l'un de ses bras complètement paralysé! Ce sont des perspectives peu rassurantes pour l'avenir. Les symptômes de paralysie chez Kaddour sont surtout frappants; par bonheur ils disparaissent au bout de quelques jours: il semble avoir été victime d'une attaque d'apoplexie; d'ailleurs l'ensemble de sa maladie est survenu tout à coup: quelques heures avant cet accès il était gai et se trouvait parfaitement bien.

Notre espoir de pouvoir tourner Nioro est complètement anéanti. Le 16 octobre apparaît tout à coup une troupe de douze cavaliers, bien armés, sur de beaux chevaux, qui nous apportent le salut du cheikh de Rhab (Nioro), Aguib Oulad el-Hadj Omar, et qui expriment l'attente certaine que nous irons le voir! Ce message courtois ne m'est rien moins qu'agréable; il ne peut s'ensuivre qu'un pillage complet, mais il serait tout à fait impossible de décliner cette invitation.

Si ma présence est connue à Nioro, on doit en être également informé à Kouniakari, qui n'est pas fort loin, et où vit le frère d'Aguib: par suite on la connaît à Médine, située dans le voisinage.

Le 17 octobre, en compagnie de quelques Foulbé, nous faisons route jusqu'à Nioro, ou Rhab, comme disent les Arabes. Vers midi nous arrivons dans un village fouta, où nous sommes tout à fait mal accueillis et où l'on répète avec insistance que nous devons aller à Nioro, chez le cheikh Aguib, pour y payer le droit de passage. A partir de ce point nous prenons une direction plus vers le nord-ouest, mais nous n'atteignons pas la ville et campons en plein air.

Le matin suivant, après avoir franchi un terrain difficile et rocheux, avec de nombreux cours d'eau, profondément encaissés, nous arrivons, dès dix heures, près de la ville de Nioro, entourée de murs élevés. Nous sommes forcés d'attendre d'abord longtemps au dehors, mais enfin une troupe de cavaliers nous conduit dans une maison petite et laide de la ville, qui doit me servir de logement. La population fouta, rassemblée en masses, est insolente et importune au plus haut point. Parmi elle il y a une foule de gens qui savent quelques mots de français et nous les crient constamment au nez; j'affecte de ne pas les comprendre et ne réponds qu'un peu d'arabe. Nous cherchons à nous retirer aussitôt que possible dans la maison, et fermons les portes, sous prétexte de maladies. Benitez est, il est vrai, de nouveau très mal; la crainte d'être reconnu pour un Chrétien vient encore ajouter à son malaise, et j'ai les plus sérieuses préoccupations pour lui.

Aguib habite une large kasba, entourée d'un énorme mur, construit en partie en pierres; je n'ai pu le voir lui-même; d'ailleurs je n'en ai eu nul besoin, et nos relations s'établirent par l'un de ses fidèles. Comme je l'ai dit, c'est un des frères du sultan de Ségou, Ahmadou, et l'un des fils cadets de Hadj Omar. Quoiqu'il règne ici indépendamment en quelque sorte, il est soumis complètement à Ségou pour les choses d'importance; il y a toujours ici des représentants d'Ahmadou qui le tiennent au courant de ce qui se passe à Nioro. La ville paraît être assez grande, et peuplée surtout de soldats. La population, composée en grande partie de Fouta, est au plus haut point désagréable et antipathique; depuis l'apparition de Hadj Omar ces gens sont devenus sauvages et ont une attitude impertinente et arrogante; ils portent une haine particulière aux Français, dont ils observent jalousement les progrès; mais on doit avoir rapidement deviné que je ne suis pas de cette nation, car on ne me retient pas longtemps dans la ville.

Nous étions à peine dans notre maison, que quelques hommes du cheikh Aguib arrivèrent, avec mission de fouiller nos bagages; cela se fit de la façon la plus approfondie; tous les sacs furent ouverts et vidés, ce qui mit au jour divers articles d'Europe; entre autres j'avais conservé pendant tout le voyage dans mon sac un vêtement européen très simple, de sorte que mes subterfuges de hakim osmani (médecin turc) trouvèrent ici médiocre créance. Cependant il me sembla qu'il était très indifférent à ces gens-là qu'un Chrétien ou un Mahométan passât chez eux; l'affaire principale était de trouver quelque chose dont on pût faire un présent au cheikh Aguib. On me prit donc tout simplement mon seul fusil, la carabine Mauser, qu'il daigna trouver à son goût, puis un plaid de voyage, un vêtement très bien brodé de Timbouctou, un burnous de drap appartenant à Hadj Ali; finalement nous dûmes encore donner un anneau d'or d'un certain poids, de sorte qu'il ne nous en restait plus qu'un. Hadj Ali fut particulièrement irrité qu'on nous eût pris ce fusil, que je lui avais promis en présent; mais je ne pus m'y refuser, et nous dûmes nous estimer heureux d'en être quittes ainsi. Il y a lieu de s'étonner de l'impudence avec laquelle on dépouille ici les étrangers; c'est par pure grâce qu'on leur laisse encore quelque chose.

Cependant nous reçûmes en échange notre nourriture, un peu de riz et de viande et, le jour suivant, la permission de repartir; on voulait évidemment ne pas nous nourrir longtemps, et, comme il n'y avait plus rien à tirer de nous, on nous laissa en liberté.

A Nioro nous fîmes la connaissance de quelques Marocains, originaires, je crois, de Marrakech même et que Hadj Ali nous désigna pour des chourafa. Ils revenaient d'un long voyage de commerce au Soudan, après avoir acheté de l'or et des Nègres : ils durent également payer un tribut, montant à cinq esclaves et cinquante mitkal d'or. Ces gens veulent aussi se rendre à Médine, de sorte que nous allons former une caravane nombreuse : avec eux il y a environ cent Noirs achetés depuis peu, la plupart femmes et enfants; ces Marocains, qui sont montés, se font accompagner d'une douzaine de serviteurs noirs. Il ne m'est pas du tout agréable de voyager avec ces marchands d'esclaves, tandis que Hadj Ali paraît subitement transfiguré; il a trouvé des Arabes, qui sont chourafa comme lui, et il est très heureux de cette connaissance.

Kaddour s'est rétabli; Benitez au contraire est encore très faible, cependant il peut supporter la marche à dos de bœuf, aussi j'ai un espoir fondé d'atteindre Médine en peu de temps. Nous n'avons plus à dépasser que Kouniakari; on ne peut me prendre grand'chose et je ne doute pas qu'on ne nous permette de continuer notre route.

Hier j'ai eu de nouvelles inquiétudes. Aguib a dit en effet, prétend-on, qu'il ne peut me laisser passer, et que je devrai aller d'abord trouver le sultan de Ségou, pour obtenir de lui la permission de me rendre à N'dar (Saint-Louis). Pour mon compte, le voyage ne m'eût pas été, après tout, fort désagréable, mais, en raison de l'état de mes compagnons si gravement malades, et du manque de ressources, je fus forcé de protester aussi énergiquement que possible contre ce projet, et je reçus enfin la permission de me rendre à Kouniakari. Si j'avais eu de l'argent ou des marchandises, j'aurais été forcé de me rendre auprès du sultan Ahmadou, pour m'y faire complètement dépouiller.

Il était déjà trois heures du soir quand nous quittâmes Nioro, le 19 octobre. A partir d'ici le chemin de Kouniakari se dirige vers le sud-ouest, mais nous n'atteignons aucun village et sommes obligés de camper en plein air; par bonheur il nous reste encore un peu de riz, de quoi préparer un maigre souper. Les aliments européens ont depuis longtemps disparu de notre table; il y a déjà plusieurs semaines que nous n'avons même plus de thé.

Le jour suivant, nous partons de très bon matin et dépassons dès huit heures un village foulbé, sans nous y arrêter; nous arrivons vers onze heures à un second, à l'extérieur duquel on installe le campement. Vers le soir seulement, les habitants nous invitent à entrer dans leur bourgade et à y passer la nuit : ce que nous faisons. Comme je l'ai déjà fait remarquer, ces villages foulbé produisent tous une jolie impression; leur population est laborieuse et aisée, et, à part son fanatisme religieux, elle est de relations beaucoup meilleures et bien plus courtoises que les grossiers et farouches Nègres fouta.

Nous attendons dans cet endroit l'arrivée de la caravane marocaine d'esclaves, qui apparaît le lendemain de grand matin. Nous repartons ensemble, pour faire halte au bout de deux heures seulement près d'une daya. Le pays, qui est déjà à 340 mètres d'altitude, est de nouveau très boisé, de sorte qu'il nous est difficile de frayer un chemin à nos animaux, très chargés. Vers trois heures nous repartons, pour tendre les tentes au bout d'une courte marche de deux heures seulement.

Il y a maintenant une grande animation dans notre bivouac, qui couvre une large surface. Les nombreux esclaves vont chercher de l'eau et du bois, les femmes font cuire du couscous; des feux s'allument à divers endroits; autour d'eux se groupent nos noirs compagnons, pourvus seulement des vêtements les plus indispensables. En route six hommes conduisant un grand troupeau de moutons se sont réunis à nous; nous achetons quelques-uns de leurs animaux, de sorte que nous pouvons maintenant joindre un peu de viande fraîche à notre riz si sec.

Les Marocains emportent aussi des tentes avec eux, et Hadj Ali y passe la plus grande partie de son temps avec ses compatriotes. Benitez va mieux et j'espère le mener jusqu'à Médine, où il trouvera des soins médicaux.

Le 22 octobre nous traversons de nouveau un pays inhabité, couvert de forêts touffues; nous ne faisons que des marches très courtes, de cinq à neuf heures du matin, pour nous reposer ensuite jusqu'à trois heures; d'ordinaire les tentes sont dressées avant six heures. Cette foule de femmes et d'enfants, qui vont naturellement à pied, ne peuvent supporter de longues marches; il est même tout à fait étonnant que, de ces esclaves mal nourris, complètement négligés, et en route depuis des mois, il en reste encore autant de vivants. A mon grand regret, je vois beaucoup de scènes barbares; ces malheureux sont bâtonnés quand ils ne veulent ou ne peuvent plus marcher.

Il y a beaucoup de dayas en cet endroit; la rivière que nous avons remarquée près de Nioro prend une autre direction, plus méridionale, pour s'unir ensuite au

Sénégal, tandis que nous inclinons fortement vers le sud-ouest.

Le matin suivant, nous partons à quatre heures, pour arriver vers onze heures seulement à une daya; nos animaux, fatigués et souffrant de la soif, pouvaient à peine avancer. Nous avons eu auparavant à franchir une large fondrière fort désagréable, où mon âne reste engagé, sans pouvoir avancer ni reculer, et où il s'enfonce toujours davantage; pour mon compte, je suis entré aussi profondément dans l'eau vaseuse et je ne puis être tiré de cette situation difficile qu'avec le secours de quelque vigoureux Nègre. Le passage de cette fondrière nous a pris beaucoup de temps, surtout pour la faire traverser par les bœufs. Au delà s'élève une montagne isolée, haute d'environ cent mètres; auprès d'elle est une daya avec de l'eau potable : nous y passons la nuit. La température n'est plus très élevée maintenant, et pourtant notre voyage est déjà très fatigant; nous aspirons tous aux bâtiments du Sénégal, car nous sommes las des marches à dos de chameau, d'âne, de cheval, de mulet ou de bœuf, que nous avons toutes pratiquées pendant notre long voyage.

Le 24 octobre nous marchons de quatre heures à onze heures et demie du matin; nous nous arrêtons auprès d'une petite daya pour y dresser les tentes; à notre gauche courent un certain nombre de chaînes de hauteurs, formées de schistes argileux foncés, comme je puis m'en assurer en examinant quelques cours d'eau à sec; j'observe également beaucoup de latérite en cet endroit.

La différence de température entre le jour et la nuit est très importante ici, et, quand nous nous levons le matin vers quatre heures, nous tremblons tous de froid;

j'ai souvent peine à quitter ma tente, bien chaude. Mais cette fraîcheur du matin exerce peut-être une heureuse influence sur Benitez, car il se sent insensiblement un peu mieux, quoiqu'il ait toujours très mauvaise mine et qu'il soit bien faible.

Le 25 octobre nous avons encore une longue marche, de quatre heures du matin à une heure de l'après-midi; nous sommes alors forcés de faire une halte, à cause de l'épuisement général et quoique nous n'ayons pas d'eau au bivouac. On dit qu'il y a une daya dans le voisinage : quelques hommes y sont envoyés pour abreuver les animaux et en rapporter de l'eau. Après une longue absence, ils reviennent avec plusieurs outres pleines. Kaddour est aujourd'hui de nouveau malade; il mange sans modération, et, quand les vivres sont abondants, on ne peut l'en arracher; il tient plus à la quantité qu'à la qualité de sa nourriture, et son estomac est souvent dérangé.

Nous nous trouvons toujours sur un plateau, dont la hauteur moyenne atteint 300 mètres. Malgré le manque d'eau, le pays est très boisé, mais d'ailleurs complètement désert. Les Foulani ne se sont pas avancés si loin vers le sud-ouest, et les Fouta restent volontiers dans le voisinage des lieux fortifiés de Nioro et de Kouniakari, où ils trouvent plus aisément un abri après leurs incursions. Foulbé aussi bien qu'Assouanik se plaignent amèrement de la domination de ces Fouta; à Bakouinit, où l'élément arabe est fortement représenté parmi les Assouanik, on disait très ouvertement qu'on verrait plus volontiers les Français arriver dans le Kaarta et mettre fin à la domination fouta, que de supporter plus longtemps les brigandages de ces Nègres.

Le 26 octobre nous avons encore une marche longue, mais intéressante, de quatre à onze heures du matin et de trois à six heures du soir, presque directement vers l'ouest. Au début le terrain est un peu ondulé, puis il se couvre de collines, qui se changent enfin en montagnes. Depuis que nous avons quitté la chaîne de l'Atlas, nous n'avons pas encore vu de semblables accidents de terrain. Le chemin suit des vallées profondes et étroites, dont les flancs s'élèvent à plusieurs centaines de pieds; des ravins profonds et à berges verticales, remplis de grandes masses de roches roulées, s'ouvrent de chaque côté dans les vallées principales; mais pour l'instant ils sont à sec. Vers quatre heures de l'après-midi nous descendons du bord montagneux du plateau dans la plaine; la pente est très rapide. Devant nous s'étend une large vallée plate, couverte de hautes herbes d'où sortent de loin en loin les toits pointus d'un village : c'est déjà la vallée du Sénégal.

Ces montagnes bordières consistent surtout en couches très faiblement inclinées de schiste argileux bleu, comme j'en ai observé plusieurs fois ces derniers jours; je remarque ensuite des strates de grès et de schistes disposées verticalement et tombant vers le sud; il doit même y avoir là des formations éruptives anciennes, car, parmi les cailloux roulés, je trouve souvent des échantillons d'une roche de ce genre.

Nous avons donc atteint ici le bord sud du grand plateau, qui va au nord jusqu'au Sahara; mais, comme il est couvert partout de sable et d'humus, la couche inférieure n'apparaît que sur les berges de la vallée du Sénégal. Le bord de ce plateau est divisé en une quantité de pics isolés et de chaînes montagneuses, qui s'inclinent en pentes rapides vers le sud. La différence d'altitude entre le plateau et la plaine du Sénégal dépasse cent mètres.

Arrivés dans la vallée, nous nous dirigeons vers le plus proche village et y passons la nuit.

Ce sont des nègres Assouanik, un peu mélangés d'Arabes et plutôt de Fouta, qui habitent ici dans d'assez grands villages, dont les maisons d'argile sont couvertes de toits élevés et pointus en chaume. Celui où nous sommes est dans le voisinage d'une rivière, qui coule d'ici vers le sud-ouest, dans la direction du Sénégal, et se jette non loin de Médine.

Le 27 octobre nous partons à sept heures du matin. La rivière s'est creusé dans le sol argileux un lit profond, enfermé entre des murs verticaux ; par suite notre passage est très pénible et très lent. Ce n'est qu'avec beaucoup de précautions qu'on fait descendre par chaque animal la berge escarpée et glissante et qu'on lui fait remonter ensuite la rive opposée. Enfin, lorsque toute notre nombreuse caravane a passé la rivière, nous continuons vers le sud-ouest, à travers une plaine couverte d'herbes hautes de dix à douze pieds ; c'est une marche désagréable. Les herbes se referment au-dessus de la tête des cavaliers, tant elles sont hautes et épaisses ; chacun doit emboîter exactement le pas de celui qui précède, afin de ne pas s'égarer ; il existe, il est vrai, des sentiers de piétons, faiblement tracés, mais il est difficile de les suivre. Vers dix heures et demie nous arrivons dans un village situé au milieu de vastes champs de maïs, de cannes à sucre et de sorgho. Ici la moisson n'a pas encore lieu, et même le grain est encore loin d'être mûr. Du reste la culture des champs est très régulière et fort bien entendue ; pour la première fois, je trouve ici le cotonnier en rapport ; l'arachide est cultivée également en grandes masses. Au contraire on ne voit pas beaucoup de bétail; la population paraît se livrer surtout à la culture.

La végétation est généralement riche et tout autre que sur le plateau; la température est également plus élevée; nous trouvons déjà ici le climat humide et chaud des vallées des tropiques; sur la hauteur domine l'air sec des plateaux à moitié déserts du sud du Sahara, certainement plus sain que l'atmosphère de serre chaude du pays où nous sommes. Nous remarquons des palmiers à éventail; la forêt est plus épaisse; les herbes géantes deviennent un fouillis impénétrable : bref, tout annonce une autre région. Vers midi nous faisons halte auprès d'un second village, également habité par des Assouanik; il se trouve au point où la vallée, assez étroite et limitée des deux côtés par une chaîne de montagnes, s'élargit en une vaste plaine et laisse passage à une rivière.

Nous faisons halte sur ce point, et y passons tout le jour suivant. Les Marocains le désirant, je ne puis m'y opposer, car Hadj Ali ne fait que ce qui est agréable à ses amis. Nous avons de nouveau à ce propos des discussions, dans lesquelles je traite de brigands ces marchands d'esclaves. L'irritation de Hadj Ali, en m'entendant traiter ainsi des saints, des chourafa, est sans borne; mais la colère de mon compagnon me laisse tout à fait froid, car sous peu de jours nous atteindrons les postes français.

Le 29 octobre nous reprenons la marche vers Kouniakari; nous partons à sept heures, et faisons halte dès dix heures près d'un village : à notre grand étonnement il est habité par des Arabes purs, les Oulad Chrouisi, originaires du Hodh et qui se sont fixés ici.

KOUNIAKARI.

La joie de Hadj Ali et des Marocains est grande quand ils rencontrent des compatriotes.

Nous sommes depuis un certain temps en cet endroit, quand tout à coup un cavalier se présente de la part du cheikh Bachirou afin de nous conduire à Kouniakari. Il a craint sans doute que nous ne lui échappions, pour gagner directement Médine, qui est dans son voisinage. Ces chefs fouta ont dû être toujours exactement informés, par des messagers, de la direction que je prenais; il semble que, dès mon départ de Bakouinit, j'aie été toujours surveillé et qu'on ait informé de toutes mes démarches les frères d'Ahmadou.

Kouniakari est aussi une localité importante, habitée surtout par des Fouta. A notre arrivée nous sommes conduits à la kasba : c'est un château fort, entouré de quatre hautes murailles de pierre, où nous sommes reçus par le cheikh Bachirou. On a évidemment fait de grands préparatifs pour m'imposer, et toute la force armée de l'endroit a dû être réunie.

Nous ne traversons pas moins de cinq cours; dans chacun des étroits passages qui les séparent se trouvent cinquante soldats, debout ou couchés, bien armés et chargés d'éloigner tout importun. Ces gens sont en guenilles, mais je ne doute pas qu'ils ne soient des guerriers braves et dangereux. Bachirou a déployé cette pompe pour que je pusse parler aux Français de son imposante force armée et de sa citadelle, qui est considérée comme imprenable. Enfin, après avoir dépassé les grandes cours avec leurs soldats, nous arrivons dans une dernière, plus petite, où le cheikh Bachirou, le fils du redouté Hadj Omar, est assis sur un tapis et nous souhaite la bienvenue avec un calme plein de noblesse. Il est encore jeune, a peu de barbe, le visage de couleur foncée, et porte le bonnet de linge blanc en usage ici, ainsi qu'une toba de couleur sombre. A côté de lui sont accroupis quelques fidèles. Il parle et comprend assez bien l'arabe, et ce n'est que par exception que des assistants doivent lui donner des explications. Il s'informe de notre voyage et écoute nos récits avec une indifférence feinte. Le cheikh a une expression de physionomie quelque peu altière et arrogante, et en même temps un certain éclair sombre dans les yeux, qui annonce de l'énergie et un manque de scrupules dans les moyens d'atteindre son but. Il est évident que ces Fouta constituent aujourd'hui un peuple important, et que les descendants de Hadj Omar poursuivent systématiquement l'exécution de ses plans. Ils veulent parvenir à la domination des pays situés entre le Sénégal et le Niger, comme le père de Hadj Omar l'a déjà ambitionnée; c'est à Ségou que se réunissent tous les fils de leur politique; le pays de Kaarta avec Nioro et Kouniakari est pour eux un poste avancé, qui leur sert à inquiéter les Français et à les empêcher de parvenir à Timbouctou en tournant Ségou.

L'audience ne fut pas longue, et après un quart d'heure j'étais libéré. La circonstance que nous avions été reçus par Bachirou contribua, dans tous les cas, à rendre le peuple moins importun et moins grossier dans son attitude qu'à Nioro. On nous laissa en paix et même on nous conduisit dans une grande maison, très jolie, construite en argile, et qui appartenait à un homme du nom de Ledi. Il paraissait être paisible et rangé, et me présenta un certificat attestant que Paul Soleillet, en l'année 1878, s'était arrêté à Kouniakari pendant son voyage à Ségou et avait habité chez lui.

Outre les Fouta, il y a ici beaucoup de Nègres assouanik, tandis que les Arabes sont moins nombreux. Nous passons toute la journée dans une tranquillité complète, et l'on ne nous importune pas davantage. Hadj Ali prétendant que Bachirou a réclamé des présents, je remets à mon compagnon mon dernier anneau d'or de Timbouctou, ainsi qu'un vêtement brodé. Je n'ai jamais su si ces objets étaient parvenus dans les mains du cheikh et comment ils y étaient arrivés; cela m'était d'ailleurs indifférent, le principal fut que Bachirou me fit dire que nous pourrions partir le jour suivant.

J'ai donc ainsi échappé à ces deux cheikhs redoutés, sans qu'ils m'aient trop molesté. Bachirou a été certainement informé par Aguib qu'il n'y a plus rien à prendre dans mon bagage; c'est pour ce motif qu'il renonce à le faire examiner; quant à Aguib, il n'a agi que d'après les ordres de son frère aîné de Ségou, et a dû lui envoyer au moins mon fusil. Il a mieux valu que je visite ces deux villes, au lieu de les avoir tournées, comme j'en avais d'abord eu l'intention; malgré tout on nous aurait trouvés, et nous nous eussions attiré ainsi des aventures fort désagréables.

Ce fut pourtant avec un véritable allègement que nous quittâmes, le soir du 31 octobre, Kouniakari et le pays des Fouta. Mes guides foulbé et les Marocains me félicitèrent au sujet du succès de mon voyage, car Médine n'est qu'à une courte distance, et le chemin était parfaitement sûr pour une caravane nombreuse comme la nôtre. Nous marchâmes vers le sud-ouest, pour nous arrêter après quelques heures. Dans les environs de Kouniakari sont de nombreux villages, dont les habitants fouta et assouanik s'occupent beaucoup de leurs champs. Ils cultivent le sorgho et le maïs en grandes quantités, ainsi que l'arachide, que l'on vend aux factoreries du Sénégal.

Le matin suivant, 1ᵉʳ novembre, nous partions de bonne heure. Vers midi quelques hommes vinrent au-devant de nous, porteurs d'un grand sac et de lettres destinées à un voyageur chrétien se trouvant à Kouniakari ou à Nioro. Le messager avait pour mission de nous découvrir et au besoin d'aller jusqu'à Nioro ; il fut donc étonné de nous rencontrer sitôt. Notre joie fut naturellement grande ; l'homme venait du poste militaire de Médine, et la lettre contenait les lignes suivantes :

« De la part des officiers du poste de Médine, au voyageur annoncé dans les environs, en attendant qu'ils aient le plaisir de le voir au poste. » Mais le sac avait un précieux contenu ; on en sortit : d'abord quelques bouteilles de vin, rouge et blanc, et d'autres de bière de Marseille ; puis, du pain de froment tout frais, aliment dont nous étions privés depuis longtemps ; des conserves de tout genre dans des boîtes de fer-blanc ; des fruits en bocaux, etc., etc., de sorte que même Hadj Ali ne put réprimer sa joie et que les traits pâles et maladifs de Benitez s'animèrent.

Aussitôt que nous trouvâmes un endroit favorable, nous fîmes halte, renonçant à arriver le jour même à Médine et consacrant tout notre intérêt à l'aimable envoi des officiers français. Nous dressâmes nos tentes *pour la dernière fois,* car le lendemain nous serions au fort et y dormirions dans des lits ; pour mon compte, je me débarrassai de tout mon costume arabe, qui était peu compliqué, car il consistait en une chemise, un pantalon de toile, une djellaba de laine blanche du Maroc, des pantoufles en cuir, une pièce d'étoffe blanche enroulée autour de ma tête et enfin le chapeau que le kahia de Tombouctou m'avait donné. Je mis au jour mon costume européen, mais je me trouvai extrêmement mal à mon aise dans mes bottes étroites et mes vêtements étriqués ; les Marocains et les Nègres furent extraordinairement surpris de me voir accoutré de la sorte, et mon apparition provoqua chez eux une gaieté bruyante.

Nous passâmes là une soirée agréable et je fus très heureux de voir Benitez, lui aussi, se sentir assez bien pour goûter aux friandises françaises, quoique en quantité modérée. Il avait terriblement souffert, physiquement ainsi que moralement, et n'était pas absolument hors de danger ; j'espérais, avec l'aide des médecins et d'une nourriture rationnelle, pouvoir bientôt le remettre sur pied.

Les chefs de la caravane d'esclaves ont exprimé aujourd'hui le désir de voyager avec moi de Saint-Louis au Maroc par un vapeur, tandis que leurs serviteurs et leurs esclaves suivraient la côte ; ils ne peuvent pénétrer avec ces derniers sur la rive gauche du Sénégal, car ceux-ci seraient libres aussitôt : ils sont donc forcés de s'établir quelque part dans le voisinage du fleuve. Plus tard du reste ces gens ont renoncé à leur nouveau plan et se sont rendus directement au Maroc par le désert, avec le butin qu'ils ramenaient du Soudan.

Nous partons dès trois heures dans la nuit du 1ᵉʳ au 2 novembre, et marchons rapidement à travers la vallée très boisée du fleuve. Mon âne de Tombouctou, qui m'a porté constamment jusque-là, ne peut aller plus loin et je suis forcé de me résigner pendant le dernier jour à monter sur un bœuf. Le matin, vers huit heures, nous apercevons pour la première fois les toits couverts de tuiles du fort de Médine ; mes compagnons s'approchent rayonnants de joie et me montrent le fort, situé sur une hauteur qui domine le village de l'autre côté du fleuve. Nous respirons tous plus facilement, remerciant la destinée amie qui nous a préservés de tant de dangers. Bientôt nous atteignons la haute berge du Sénégal : il forme, un peu au-dessus de Médine, à Felou, une chute écumante, et les bateaux à vapeur ne peuvent remonter plus loin. De la rive opposée se détachent alors quelques larges barques et nous reconnaissons un Européen : c'est le médecin de la marine de la station de Médine, M. Roussin, qui nous souhaite la bienvenue de la manière la plus amicale, et nous invite, au nom du commandant de place, alors légèrement malade, M. le lieutenant Pol, à descendre dans le fort français : ce que je fais naturellement avec plaisir.

Nous disons adieu aux marchands d'esclaves marocains, et nous nous laissons transporter au delà du fleuve avec le Foulbé qui nous a accompagnés depuis Kamedigo. Cet homme trouve à se loger dans le village ; tandis que des chambres nous ont été préparées dans les bâtiments du fort même ; j'y passe quelques jours agréables en compagnie de deux aimables officiers, ainsi que du médecin. Avec mon arrivée à Médine, ma véritable exploration avait atteint heureusement sa fin.

Médine et mon voyage par eau jusqu'à Saint-Louis. — A peine arrivé à Médine, je télégraphiai au gouverneur de Saint-Louis mon heureuse arrivée ; ce dernier envoya lui-même un télégramme officiel à la Société de Géographie de Paris, de sorte que l'issue favorable de mon voyage était connue en Europe avant le milieu de novembre.

Les six jours de notre passage à Médine furent pour

Chute de Felou, près de Médine (haut Sénégal). — Limite de la navigation à vapeur.

nous très agréables, sauf peut-être que Hadj Ali se sentit légèrement effacé et trop peu traité comme un « prince »; il réclamait en effet ce titre, mais il reconnut plus tard que sa prétention au sang princier n'était pas acceptée avec le sérieux nécessaire chez les Français. L'état de Benitez s'améliorait; il trouvait là du repos et des soins médicaux, et de plus il était délivré de la terreur avec laquelle dans les derniers temps il avait joué son rôle de Mahométan.

La réception et l'hospitalité que je trouvai à Médine, et plus tard aussi en d'autres endroits du Sénégal, furent extrêmement gracieuses et cordiales; la bonne alimentation, la vie calme et l'absence de ces émotions constantes qui, pendant mon voyage, à la suite des dangers menaçants de divers côtés, avaient rendu absolument impossible la conservation de notre santé, toutes ces causes eurent pour résultat de nous rendre visiblement des forces, même à Benitez. Il est vrai qu'il fallait gagner, aussi vite que possible, la côte, car ces forts situés le long de la rive gauche du Sénégal sont tous placés en des points très malsains, et un grand nombre d'hommes blancs de leurs garnisons souffrent toujours de la fièvre. Aussi sont-elles composées relativement de peu de soldats européens, mais au contraire d'un nombre considérable de tirailleurs sénégalais et de spahis. Pendant mon séjour Médine n'avait que vingt soldats blancs, dont beaucoup étaient malades; il est vrai que l'on était précisément sur le point d'entreprendre une expédition vers l'intérieur, et l'arrivée de la colonne était attendue à tout moment.

Les Français ont su se créer dans les tirailleurs sénégalais une troupe très utile et même complètement indispensable là-bas; ce sont en grande partie d'anciens esclaves, que leurs maîtres remettent aux Français. La marche suivie pour l'acceptation de ces mercenaires est la suivante. Un Foulbé, un Arabe, un Fouta quelconque, ou tout autre, a besoin d'argent et veut se débarrasser de quelques-uns de ses esclaves. Il va avec eux au poste le plus voisin; aussitôt qu'ils touchent la rive gauche du Sénégal, par cela même ils sont libres. On examine au poste les hommes ainsi présentés, et, quand ils sont reconnus aptes au service, ils peuvent s'engager comme tirailleurs pour une durée de six ans. Pendant ce temps ils reçoivent la solde, la nourriture, un uniforme et sont considérés en général comme des soldats français; en outre, au moment de leur engagement, ils reçoivent quelques centaines de francs. Cette prime n'arrive jamais dans les mains de l'ancien esclave : son maître s'en empare tout simplement. Pourtant cette *institution est excellente*. Grâce à elle les Français réunissent beaucoup d'hommes, dont on tire un bon parti et qui, aussitôt après leur temps de service, sont en état, par ce qu'ils savent de la langue et par d'autres connaissances utiles, de trouver plus tard à vivre d'une manière régulière; les administrateurs du pays obtiennent ainsi plus de résultats que les missionnaires ne cherchent à en atteindre par d'autres moyens; ils ont en outre l'avantage de se créer une bonne troupe, habituée au climat.

Le Foulbé qui nous avait suivis de Kamedigo à Médine remit, lui aussi, ses esclaves aux Français et accapara leur prime. Je l'avais engagé à m'accompagner et à me louer des bœufs de charge, mais sans pouvoir le payer d'avance. A Médine je reçus à crédit les pièces d'étoffe nécessaires; en outre je donnai à cet homme, qui nous avait rendu des services sérieux, une quantité de petits objets pris parmi les ustensiles de voyage, et dont il fut très content, de sorte que nous nous séparâmes bons amis.

Déjà pendant ma route à Nioro j'avais appris qu'une grande activité régnait à ce moment sur le Sénégal, en raison de préparatifs militaires; les marchands d'esclaves marocains qui venaient de Ségou me contèrent que les Français avaient une guerre avec les Prussiens! Quant à savoir à quoi serviraient les transports de troupes dans le haut Sénégal, ils ne pouvaient l'expliquer.

Le fort de Médine consiste en un bâtiment de pierre, fortement organisé pour la défense, placé sur la haute berge du Sénégal, et entouré de murs : dans l'espace qu'ils enferment se trouvent en outre un certain nombre de bâtiments accessoires, de baraquements pour les malades, de magasins de munitions et de vivres, etc. Ces derniers sont précisément aujourd'hui combles d'approvisionnements, car la colonne expéditionnaire doit se pourvoir ici. Le bâtiment principal, haut d'un étage, est entouré d'un passage couvert bien aéré et dont le toit est supporté par des colonnes; il ne renferme en outre que cinq ou six petites pièces pour les officiers et le médecin. La situation élevée du fort lui fait dominer un cercle assez étendu, et avec l'aide de ses canons il pourrait se défendre longtemps contre les attaques des Nègres. Au-dessous, sur le fleuve, se trouve le bourg de Médine, habité à l'origine par des Kassonké, auxquels se sont joints maintenant des gens d'autres peuplades du voisinage. Tous vivent sur un bon pied avec les Français, qui trouvent en eux des alliés contre la population fouta, toujours inquiète et hostile.

Une inscription placée sur la porte du fort de Médine

rappelle un épisode dans lequel son commandant d'alors, Paul Holl, joua un grand rôle. Le fort eut à supporter en 1857 un siège de Hadj Omar, que j'ai plusieurs fois nommé, et Paul Holl, avec sa petite troupe d'Européens, montra là une résolution, une persévérance et une habileté rares.

Hadj Omar arriva, chargé de butin, avec ses bandes fanatisées des pays bambara et du Kaarta, pour établir

Négresses du Sénégal.

chez les Fouta le centre de sa puissance. En route il dut passer près du fort de Médine. Arrogant comme il l'était, confiant dans son armée, qui comptait plus de 20 000 hommes aussi audacieux et braves qu'avides et cruels, il résolut de chercher querelle aux Français et d'attaquer d'abord Médine, que le réorganisateur du Sénégal, le général Faidherbe, avait fondée peu d'années auparavant.

La garnison du fort était très faible, mais les Français avaient de leur côté les habitants des environs immédiats, ainsi qu'une foule de fugitifs du Kaarta, comptant ensemble près de 6 000 âmes, et qui s'étaient élevé une sorte de camp retranché compris dans les lignes de défense. Tous ces gens étaient résolus à repousser avec

Ouolof du Sénégal.

les Français l'attaque de Hadj Omar et ils choisirent pour chef le cheikh kassonké Sambala.

Hadj Omar avait fanatisé ses bandes farouches, en disant que les canons si redoutés par eux ne pourraient rien contre de vrais croyants : la forteresse fut donc attaquée avec une furie extraordinaire. La garnison de Médine consistait alors en 64 hommes : 22 tirailleurs noirs,

34 laptots (Nègres et surtout Ouolof de Saint-Louis qui ont servi pendant quelques années comme matelots sur les navires de guerre français), le secrétaire du commandant, deux artilleurs blancs, trois hommes et un sergent d'infanterie de marine.

Le 20 avril 1857 eut lieu la première attaque de Hadj Omar, aussi bien contre le fort que contre les Nègres de Sambala, protégés par des retranchements en terre; malgré de violents assauts répétés, les canons français réussirent à arrêter les bandes de Hadj Omar, qui eurent même à supporter des pertes importantes.

Paul Holl avait envoyé, le jour précédent, des exprès aux forts du voisinage, surtout à Bakel, ainsi qu'au commandant d'un vapeur qui se trouvait en route pour Médine, car il n'espérait pas pouvoir résister longtemps contre une telle supériorité numérique. En effet Hadj Omar renouvela plusieurs fois ses attaques dans le cours de ce mois, mais toujours sans succès et en éprouvant de grandes pertes. Il investit alors complètement Médine, pensant avec raison que l'absence de munitions et de vivres mènerait le fort plus sûrement à sa chute qu'un assaut.

En effet on éprouva bientôt à Médine le manque de toutes ressources : les vivres s'épuisèrent, et même l'eau fit défaut, car l'investissement était si étroit que Hadj Omar avait coupé la communication entre le fort et le fleuve voisin.

Le manque de poudre était encore plus grave; Sambala demanda à diverses reprises des munitions pour ses gens, dans le but d'entreprendre une sortie ; mais Holl dut refuser sous toutes sortes de prétextes ; si Sambala avait soupçonné qu'il n'y avait plus de poudre dans le fort, lui et ses gens, perdant courage, auraient entrepris des négociations avec Hadj Omar.

La nécessité devenait chaque jour plus grande, et Holl vit que, si un secours n'arrivait bientôt, le fort succomberait à la première attaque énergique. La garnison était incapable, par suite de son épuisement, de faire le service de garde indispensable; et parmi les Nègres de Sambala beaucoup mouraient déjà de faim. Holl et le sergent Deplat résolurent, si le fort tombait aux mains de Hadj Omar, de se retirer dans le magasin à poudre et d'y mettre le feu, de façon à ne pas être pris vivants par le fanatique cheikh.

Le fort s'était ainsi défendu jusque vers la seconde moitié de juillet; au moment où la famine y était à son plus haut degré, on entendit tout à coup, le 18 juillet, des coups de canon qui annonçaient l'approche de renforts. Ceux-ci n'avaient pu arriver plus tôt à cause du niveau trop bas des eaux, et ils accouraient maintenant en grande hâte pour sauver ce point important. Cette délivrance eut lieu avec un succès complet : la sortie de la garnison et des Nègres auxiliaires de Sambala d'un côté, la canonnade dirigée de l'autre sur les troupes ennemies par les navires, produisirent d'excellents résultats, et les bandes, découragées et désillusionnées, de Hadj Omar se dispersèrent dans une fuite désordonnée pendant laquelle beaucoup furent tués; Hadj Omar lui-même n'échappa qu'avec peine.

Cette vaillante défense de Médine par Paul Holl constitue un des faits les plus importants de la conquête du Sénégal par les Français; il est tout à fait impossible de calculer ce qui serait advenu de ces pays si Hadj Omar eût pris Médine : son prestige aurait centuplé, toute la population du bassin du Sénégal se serait jointe à lui, et il aurait probablement anéanti tous les autres forts des Français en descendant la rivière. La possession de la colonie aurait donc été compromise, l'influence bienfaisante des Européens anéantie, et l'Islam eût pénétré, avec le fer et le feu, dans des pays où une puissance chrétienne a déjà fait faire de grands progrès à la civilisation de peuplades nègres intelligentes.

Après cet échec Hadj Omar ne s'attaqua plus aux Français ; il dirigea son attention sur les pays du Niger, même sur Timbouctou ; s'il ne réussit pas à conquérir l'antique royaume du Sonrhay, il parvint pourtant à une telle puissance, que l'aîné de ses fils règne encore aujourd'hui à Ségou, et que les autres résistent énergiquement à toute tentative des Français pour aller du Sénégal vers Timbouctou. Mais le nom de Holl sera lié pour toujours à la forteresse de Médine, aussi bien que celui du général Faidherbe à toute la colonie du Sénégal.

Depuis ce temps Médine a été rendue beaucoup plus forte ; les relations des postes entre eux et leurs communications avec Saint-Louis sont bien mieux assurées ; aussi des cas semblables à celui-là ne pourront se représenter. Les forts sont reliés par une ligne télégraphique, qui va jusqu'à Saint-Louis ; de mon temps il y avait d'ailleurs de Matam à Saldé une solution de continuité, parce que les Fouta de l'endroit mettaient obstacle à l'installation des poteaux télégraphiques ; mais aujourd'hui cette interruption est sans doute comblée, et l'on pourrait, si le câble sous-marin de Dakar au cap Vert existait, communiquer directement et en peu d'heures de Paris jusque très loin à l'intérieur du pays.

Malheureusement, pendant mon séjour à Médine, il ne se trouvait à ma disposition aucun bateau à vapeur, car tous les remorqueurs étaient employés au transport des troupes. Je fus donc forcé de descendre dans un petit bateau jusqu'à la première station en aval, le fort assez considérable de Bakel. Après avoir adressé des adieux amicaux à nos aimables hôtes, nous quittâmes Médine le 8 novembre dans une petite chaloupe à quatre rameurs, bien pourvue de provisions de tout genre. Nous n'étions pas, il est vrai, très commodément installés ; mais la pensée que nous allions maintenant vers la mer, que nous étions dans le voisinage de centres européens, et les progrès constants de l'état de santé de Benitez ne me laissèrent pas songer aux petits ennuis de notre navigation dans cette barque, et nous avançâmes avec les meilleures dispositions. Le soir, à six heures, nous faisons halte près d'un village, et nous passons la nuit à terre. Les deux rives et surtout la gauche sont encore accidentées par places ; le fleuve lui-même est assez large, mais ses eaux ont déjà commencé fortement à baisser, car nous approchons de la saison sèche. Une plaie fort désagréable à supporter sur le Sénégal est celle des moustiques, dont nous avions eu peu à souffrir jusque-là, mais qui apparurent alors en masses effrayantes. Par bonheur le commandant Pol m'avait donné une moustiquaire, de sorte que je pus me protéger un peu, du moins pendant la nuit.

Le jour suivant, nous eûmes encore une descente ennuyeuse dans notre lourd bateau découvert. Un petit vapeur nous rejoignit, mais son patron déclara qu'il ne pouvait nous remorquer parce qu'il avait ordre de rejoindre Bakel aussitôt que possible et que notre barque le retarderait trop. Nous continuâmes donc très lentement, et passâmes de nouveau la nuit à terre, fort tourmentés par les moustiques. Le matin du 10 novembre nous avions à peine ramé pendant une courte distance, que le même petit vapeur venait au-devant de nous. Il avait atteint Bakel et annoncé notre arrivée, de sorte que le commandant du fort l'avait renvoyé à notre rencontre dès deux heures du matin. A bord se trouvaient le docteur Colin, médecin de la station, et le télégraphiste de Bakel. C'était là une grande marque d'attention de la part des Français : ces messieurs apportaient avec eux des vivres, des boissons et des cigares, ce qui rendit agréable notre navigation jusqu'à Bakel, où nous entrions vers midi.

Ce fort, également placé sur une colline assez haute, est le plus imposant et le plus grand de tous les postes militaires du Sénégal. Un vaste bâtiment bien aéré, tout en pierre avec des corridors larges et élevés, de grandes chambres, sert d'habitation aux fonctionnaires et aux officiers ; des fortifications complètes l'entourent, et sa garnison est aussi plus importante. Mais, de même qu'à Médine, il y avait beaucoup de malades parmi les soldats européens. Le commandant civil du cercle de Bakel, qui était souffrant lui aussi, me reçut le mieux du monde, et nous passâmes quelques jours dans le fort. Par suite de la concentration du corps expéditionnaire, il y régnait une vie très active ; les munitions et les vivres devaient être tenus prêts, et les animaux de charge réunis ; le 12 novembre il arriva quelques officiers de la colonne dans une petite chaloupe à vapeur, que l'on mit ensuite à ma disposition jusqu'au poste le plus voisin.

A Bakel se trouve toute une ménagerie d'animaux sauvages indigènes, ainsi que de jolis jardins. Dans le bâtiment principal du fort se promenait en liberté un jeune lion, qui avait pour compagnon un singe ; ils se trouvaient provisoirement très bien ensemble. Mais, le premier étant assez fort, on n'a pas dû le laisser longtemps dans ces conditions.

Parmi les officiers arrivés se trouve un jeune sous-lieutenant, très souffrant de la phtisie; d'après tout ce que j'entends, il est perdu, car cette maladie suit toujours ici une marche galopante. Le docteur Colin, qui possède une belle collection d'oiseaux empaillés, m'en donne un grand nombre; il me remet aussi une lettre destinée à la Société de Géographie de Paris, à laquelle il demande un subside pour un voyage d'exploration sur la rivière la Falémé. Les Français ont élevé sur ce cours d'eau des postes militaires, qui ont été ensuite abandonnés; pourtant une société française a entrepris aujourd'hui l'exploitation des sables aurifères.

Nous quittâmes Bakel le soir du 12 novembre, et descendîmes quelque temps la rivière, avant de passer la nuit auprès d'un village. Le matin suivant, vers dix heures, nous rencontrions un grand bâtiment à vapeur chargé de troupes; une partie de la colonne suivait par voie de terre. C'était une fraction du corps expéditionnaire, commandée par le capitaine Comb[1], accompagné de six autres officiers; le capitaine Comb était alors destiné au poste de commandant de Médine. Il me déclara qu'il avait absolument besoin de mon vapeur et que j'aurais à me faire porter jusqu'au premier fort par un bateau à rames ! Il mit en revanche quatre laptots à ma disposition. Par suite je demeurai le jour et la nuit en cet endroit, où je fis dresser une tente pour attendre une occasion favorable de continuer ma route.

---

1. Sans doute Combes. (*Note du Traducteur*.)

Les troupes rencontrées par nous étaient composées surtout de tirailleurs sénégalais ; sur le petit nombre de soldats européens de la colonne, il y en avait déjà beaucoup de malades. Cette expédition devait se rendre à Kita, au-dessus du poste fortifié de Bafoulabé. Il me fut désagréable d'être obligé de renoncer à mon vapeur, mais je compris parfaitement la nécessité de cette réquisition dans les circonstances présentes.

La nuit, tandis que nous demeurions en cet endroit, il passa un deuxième grand vapeur chargé de soldats; comme je l'appris plus tard, M. Soleillet, le voyageur bien connu, se trouvait à bord ; il avait l'intention de se diriger de Médine vers l'intérieur. Ce voyage n'eut aucun résultat; des difficultés avec le gouverneur et les officiers de la colonie allèrent si loin, que M. Soleillet fut invité officiellement à se retirer.

Nous avons attendu au passage une grande chaloupe à voile, chargée de gomme et d'arachide, et qui se dirige vers Saint-Louis; elle remorque notre petit bateau. Il est vrai que nous avançons très lentement et que le séjour à bord est désagréable. Le capitaine Comb m'a donné des provisions, ainsi que des lettres pour Saint-Louis et une lettre d'introduction pour le poste de Matam.

Le 15 de grand matin nous faisons voile lentement vers l'aval, mais nous nous arrêtons dès dix heures, et l'équipage demeure dans un village jusqu'à deux heures. Un grand vapeur nous croise; il est plein de soldats et remonte le fleuve; après avoir débarqué son chargement, il redescend au bout de quelques heures seulement, mais sans s'arrêter. Sur notre table frugale apparaît maintenant presque chaque jour du poisson, aliment dont nous avons été longtemps privés; un grand poisson, ressemblant au silure, est très abondant. D'autres, beaucoup plus petits et à peine longs de trois pouces, que l'on prend en masses énormes, sont aussi fort bons.

Durant la nuit nous avons avancé à quelque distance, de sorte que le 16 novembre, à dix heures du matin, nous atteignons le poste de Matam. Il consiste en un petit bâtiment en pierre, de construction particulière, mais très solide; à l'étage supérieur sont pour les officiers deux chambres, incommodes et manquant absolument de confort. En ce moment il n'y a ici que quatre Européens et environ une douzaine de tirailleurs; un sergent fait fonctions de commandant de place. Nous sommes bien accueillis et l'on nous offre l'hospitalité que comportent les circonstances.

Toute l'installation est un peu primitive, et le poste semble ne pas être considéré comme bien important, puisqu'il n'y a même pas d'officier.

J'ai remarqué dans chaque fort que les soldats sont bien nourris et reçoivent surtout un vin rouge tout à fait excellent; cette alimentation fort rationnelle concourt à la conservation de leur santé et de leurs forces.

Le village de Matam consiste en deux quartiers, dont l'un appartenant aux Français et l'autre indépendant. En général l'autorité française ne s'étend pas beaucoup au delà du rayon des postes, qui servent en premier lieu à protéger la navigation sur le Sénégal et les marchands qui opèrent dans les terres. Il existe déjà en réalité dans la colonie un courant commercial tout à fait régulier, et, à l'exception de quelques villages fouta, personne n'inquiète les négociants européens.

Près du poste de Matam on a planté deux bananiers, les premiers que j'aie vus dans mon voyage, mais ils n'ont pas encore porté de fruits. Nous passons la nuit au fort, attendant en vain l'arrivée du vapeur promis. Il ne nous reste plus qu'à descendre le fleuve en ramant, le soir du 17 novembre à quatre heures, dans notre petite chaloupe, qui ne tient pas fort bien l'eau, de manière à atteindre le poste le plus voisin, celui de Saldé.

J'appris à Matam que le botaniste français Lecard se trouvait dans l'intérieur du pays, au sud du poste. C'est ce voyageur qui a découvert la plante nommée *Vigne du Soudan*; je ne l'ai jamais rencontrée. On sait qu'il est mort peu après, au moment où l'on songeait à faire des essais avec les semences qu'il avait rapportées; je ne connais pas leurs résultats. Lecard demanda, lors de son retour de l'intérieur à Saint-Louis, 20 francs pour chaque graine; mais ce prix exagéré amena des difficultés entre lui et le gouverneur; c'était en effet aux frais du gouvernement et en sa qualité d'horticulteur soldé qu'il avait fait son voyage, de sorte qu'il était tenu de livrer le résultat de ses recherches sans dédommagement. Ainsi que je l'ai dit, il mourut sur ces entrefaites, et le reste de ses collections botaniques fut plus tard vendu à Bordeaux.

Nous quittâmes donc Matam dans le petit bateau que j'avais depuis Bakel, avec trois laptots comme rameurs, de sorte que nous n'avancions que lentement : c'est une partie du fleuve particulièrement désagréable que celle entre Matam et Saldé; il n'y habite que des Fouta, qui, en leur qualité de Mahométans très fanatiques, sont toujours en rébellion contre les Français. Il m'aurait été agréable d'avoir avec moi dans ces endroits un vapeur ou au moins quelques Européens. Nous passâmes la nuit dans un endroit inhabité, mais sans pouvoir dormir, tant les moustiques étaient insupportables.

Même les indigènes, qui sont pourtant faits à bien des plaies de ce genre, dorment à certaines époques en dehors de leurs villages, sur de hauts échafaudages au-dessous desquels brûle un feu lent qui chasse les moustiques. J'avais déjà trouvé cette coutume en usage dans des villages assouanik, et tout d'abord le but de ces grands échafaudages m'avait paru problématique. Je connais différents points des côtes occidentales de l'Afrique, mais nulle part cette plaie des moustiques ne m'a paru aussi insupportable qu'ici.

Le 18 novembre nous continuâmes dans notre petit bateau cet ennuyeux voyage à la rame, à travers le pays fouta. Nous arrivâmes à un gros village, où j'aurais volontiers fait arrêter pour acheter un mouton ; mais les laptots avaient peur de cette population, et ils firent force de rames. J'achetai dans une deuxième localité quelques poissons, et j'eus de nouveau occasion d'observer l'importunité et l'insolence de ces Fouta. Ils vinrent en masse avec des fusils et des piques, insultant les Chrétiens, de sorte que Hadj Ali trouva nécessaire de rééditer la vieille histoire du médecin turc. Je fus heureux quand je me trouvai assis dans ma barque et que j'eus derrière moi cette farouche compagnie. Les Fouta sont partout les mêmes : une bande fanatique, sauvage, pillarde ; le principal devoir des Français doit être de les soumettre le plus tôt possible. Ce sont les brigandages de Hadj Omar qui ont rendu cette population aussi farouche.

Le 19 novembre nous rencontrâmes le grand vapeur le *Cygne*, capitaine Martin, ayant à bord l'état-major de la colonne, parmi lequel était le chef des travaux topographiques, le colonel Derrien, bien connu depuis. Le vapeur s'arrêta : on demanda qui j'étais, et, lorsqu'on entendit mon nom, je fus aussitôt invité à me rendre à bord. Je passai là une demi-heure agréable, dans un cercle d'aimables officiers, au milieu desquels se trouvait un beau-frère de M. de Lesseps. J'appris également une bonne nouvelle : c'est que le gouverneur de Saint-Louis m'avait envoyé un vapeur, qui se trouvait à Saldé; on ne s'attendait pas à ce que je descendisse si vite le fleuve.

Nous continuâmes à ramer lentement tout le jour, en suivant le fil de l'eau, et, après une nuit passée sans sommeil à cause des moustiques, nous reprîmes notre descente le matin du 20 novembre. Nous avions enfin derrière nous les villages fouta, et devions arriver bientôt à Saldé, où le grand vapeur nous attendait. Mais nous étions depuis peu en chemin, que l'*Archimède* arrivait au-devant de nous. Ce bateau, entièrement vide, était spécialement destiné à me conduire à Saint-Louis. La réception qu'on me fit à bord fut excellente.

Nous pûmes nous y installer commodément; maintenant, nos peines étaient complètement passées. Il y eut encore, il est vrai, une scène désagréable au sujet de Hadj Ali; le commandant du navire, qui ne pouvait agir que d'après ses ordres, ne considérait que moi comme le chef de l'expédition, et il avait mission de me traiter en officier supérieur; je pris donc seul mes repas avec le commandant, comme c'est l'habitude sur les vaisseaux de guerre; mes gens durent au contraire vivre avec les sergents, les caporaux, etc. Benitez trouva la chose toute naturelle, mais Hadj Ali s'écria à diverses reprises : « Je suis prince » et ne put être réduit au silence que par une injonction fort énergique.

Le commandant me fit alors une communication réjouissante : sur la demande du ministère des Affaires étrangères de Berlin, transmise par l'ambassade d'Allemagne à Paris, le gouverneur du Sénégal avait été informé officiellement de mon arrivée et invité à me donner tous les secours et tout l'appui nécessaires ; par là je vis que mes lettres envoyées d'Araouan étaient arrivées en Europe, car c'est de ce point que j'avais écrit à la Société Africaine de Berlin, en la priant de faire des démarches pour moi.

Nous ne fîmes qu'un très court arrêt à Saldé. Le chef de toute l'expédition du haut Sénégal était là, malade de la fièvre, ayant près de lui le médecin en chef. Le commandant civil de Saldé était alors M. Holl, le fils du Paul Holl que le siège de Médine a rendu célèbre.

Le 21 novembre, à quatre heures de l'après-midi, nous atteignions le grand et important poste de Podor, où l'on prit du charbon. Il se trouvait là beaucoup de négociants de Saint-Louis, qui achetaient des produits du pays. Podor possède un grand bâtiment de pierre, spacieux, bien fortifié et une garnison assez forte ; de beaux jardins et de grandes et belles chambres paraissent y rendre la vie supportable, mais la chaleur est terrible et le climat malsain ; je m'aperçus du premier inconvénient pendant les quelques heures que j'y passai.

A Podor les bords du fleuve sont déjà peu élevés, et des deux côtés s'étendent des plaines immenses ; vers le sud elles se fondent dans les pays fertiles, au climat humide et chaud, de l'intérieur du Sénégal ; vers le nord ce sont au contraire des plaines ressemblant à des déserts, et que parcourent différentes tribus arabes indépendantes, Trarza, Douaïch, etc. : à certaines époques de l'année elles viennent dans le voisinage du poste pour vendre de la gomme.

Podor, avec son grand fort, les jolies maisons des

négociants aisés et ses jardins, produit une impression agréable ; mais il est malsain, comme tous les autres postes situés sur le Sénégal.

Quand l'*Archimède* eut pris du charbon, nous continuâmes notre route. Vers onze heures du soir nous nous arrêtions peu de temps au poste de Daganar, et à trois heures du matin nous jetions l'ancre à Richard-Toll (*toll* signifie « jardin »), l'un des plus anciens postes et qui se distingue par ses jolis jardins ; nous y demeurâmes jusqu'au matin.

Le 22 novembre au soir nous entrions enfin dans Saint-Louis, le chef-lieu du Sénégal.

Pendant les derniers jours j'avais été surpris du grand nombre de crocodiles dans le fleuve ; du bateau on en voyait une foule étendus sur la rive, et ils disparaissaient rapides comme l'éclair quand une balle les avait frappés. L'un d'eux traversa même très tranquillement le Sénégal devant nous, avec un gros poisson dans la gueule. Il y a aussi des hippopotames, mais ils sont peu nombreux. Je fus également surpris de voir, en un point où le fleuve s'élargit, une quantité innombrable de pélicans. L'eau en était littéralement couverte et, quand le vapeur s'approchait en faisant fuir une partie de ces milliers d'oiseaux, il se produisait un bruit analogue à celui d'un coup de tonnerre lointain. Mes gens, qui ne les avaient pas vus, sautèrent d'effroi sur le pont en entendant ce bruit formidable. La faune de ces pays est très riche, et a été particulièrement étudiée par des naturalistes français : les nombreux postes où sont stationnés des médecins permettent d'obtenir facilement des collections zoologiques et botaniques venant du Sénégal ; en temps de paix, ces médecins ont peu à faire, et leur seule distraction est de réunir des objets d'histoire naturelle.

Mon arrivée à Saint-Louis mettait un terme définitif à mon deuxième voyage en Afrique. Le 22 décembre 1879 j'avais quitté les côtes de la Méditerranée à Tanger, et, exactement onze mois après, le 23 novembre 1880, j'apercevais de Saint-Louis les flots de l'océan Atlantique. Pendant ce séjour en Afrique j'ai parcouru près de 5000 kilomètres, pour me rendre des rivages tempérés de la Méditerranée, par-dessus les montagnes neigeuses de l'Atlas, dans les plaines brûlantes du Sahara. Et de là il m'était réservé d'atteindre la ville du Niger si souvent désirée et si rarement aperçue, Timbouctou, à laquelle on a donné les noms d' « Athènes africaine », de « Reine des déserts », et d'autres encore. Reçu amicalement, hébergé d'une façon très gracieuse dans cette ville, j'en partis après les adieux les plus cordiaux, et pus réussir à traverser les grandes plaines, ayant à demi le caractère de déserts, situées entre le Sahara et le Soudan. Après avoir surmonté beaucoup de difficultés sérieuses, j'atteignis la vallée du Sénégal et pénétrai ainsi dans la partie tropicale de l'Afrique. J'ai certainement été très heureux dans mon entreprise, et je dois beaucoup à une destinée amie, qui m'a permis d'exécuter un voyage devant lequel les meilleurs et les plus forts ont souvent échoué. Ce fut donc avec une satisfaction légitime et une joie évidente que je saluai la large surface de l'Atlantique, les grandes maisons blanches de Saint-Louis et les tours de la cathédrale.

Je donnerai dans les chapitres suivants quelques considérations sur Saint-Louis et la colonie française du Sénégal en général, ainsi que sur les tentatives d'expansion qui s'y produisent aujourd'hui ; ici je me bornerai à raconter en peu de mots mon retour en Europe et la rentrée de mes Marocains dans leur pays.

Nous dûmes passer à Saint-Louis près de six semaines, attendant une occasion pour notre voyage de retour. La fièvre jaune empêchait le bateau-poste de toucher à Dakar, de sorte qu'il ne nous aurait même pas été possible d'atteindre ce point. J'acceptai donc volontiers la proposition, qui me fut faite par les représentants de la maison Maurel et Prom, de Bordeaux, de m'embarquer sur l'un de leurs vapeurs. Le plus convenable me parut être le *Richelieu*, qui devait quitter Saint-Louis le 1ᵉʳ janvier. Je pris de bonne heure mes billets de passage, craignant de voir le bateau fortement assiégé, ce qui fut le cas en effet. Le prix du transport s'éleva pour moi, Hadj Ali et Benitez à 1200 francs, et à 200 pour Kaddour. J'avais formé le plan de descendre à Ténériffe et d'y attendre un vapeur allant à Mogador, pour m'en retourner à Tanger sur le même navire; si cette combinaison ne réussissait pas, je pourrais aller de Ténériffe à Cadix avec le bateau-poste, qui fait ce trajet deux fois par mois.

Le port de Saint-Louis offre un accès difficile : il est séparé de la mer proprement dite par une barre de sable, aussi des bâtiments d'un faible tirant d'eau peuvent seuls y pénétrer; les bateaux-poste anglais et français font escale à Dakar, d'où de petits bâtiments portent à Saint-Louis les passagers et le courrier; et quand cela n'est pas possible, comme il arrive quelquefois, passagers et courrier sont transportés à dos de chameau par le Cayor.

Notre *Richelieu* n'était qu'à demi chargé : aussi passâmes-nous assez bien la barre et ses brisants, grâce au secours de pilotes lamaneurs, mais avec un fort roulis et en talonnant un peu dans le sable. En même temps que nous, sortaient deux petits bâtiments, le *Tamesi* et le schooner la *Perdrix*, dont notre navire devait prendre le chargement (de la gomme et des arachides) en dehors de la barre. Cette manœuvre dura six jours !

A bord nous sommes onze passagers, dont un médecin de la marine, malade, et qui retourne en Europe, un ingénieur des ponts et chaussées, un ingénieur des mines, qui dirige, au nom de la société française dont j'ai parlé, les laveries d'or de la Falémé, puis une femme avec un petit enfant. Parmi les passagers du pont sont une vingtaine de soldats français, d'infanterie de marine ou de spahis, qui ont dû être également renvoyés en France pour raisons de santé. On dit qu'à Bordeaux nous aurons à subir une quarantaine de quinze jours, déduction faite du trajet.

Mon Marocain Kaddour est un peu malade, et Benitez, qui s'était parfaitement remis à Saint-Louis, souffre légèrement de la fièvre. Les passagers jouent aux cartes ou pêchent; un canot arrive le 6 janvier de Saint-Louis et m'apporte des lettres et des journaux; parmi ces derniers se trouve la *Illustrirte Zeitung* de Leipzig, avec un article sur mon voyage. Vers midi un des soldats du bord meurt d'un accès pernicieux; je ne crois pas que ce soit la fièvre jaune. On dit qu'il a été atteint à la suite d'une insolation contractée en dormant au soleil. Ce cas éveille à bord quelques inquiétudes, car on y redoute l'apparition de la fièvre jaune, qui règne encore à Saint-Louis. Le soir même, nous en avons fini avec le chargement de la cargaison, et nous partons enfin, en route pour la patrie !

L'air frais de la mer remet bien vite mes deux malades; au contraire le médecin de la marine est très mal. Le 10 janvier à midi nous jetons l'ancre devant Santa-Cruz de Ténériffe; la mer est fort agitée, le temps froid et désagréable. Le pic et une grande partie de l'île sont enveloppés de brouillards, de sorte que nous n'en pouvons rien voir. Quand la barque de la Santé arrive, on nous met immédiatement en quarantaine, et personne ne peut quitter le navire. J'envoyai par le premier bateau charbonnier qui nous quitta une lettre au consul d'Allemagne en le priant d'obtenir mon débarquement. Je pouvais évidemment subir une quarantaine à terre. Le consul arriva bientôt dans une petite barque et, se tenant à portée de voix, déclara que mon désir était impossible à réaliser. « Les Espagnols sont fort stricts en pareil cas », dit-il ; comme nous venions d'un endroit où la fièvre jaune est endémique, on avait repoussé catégoriquement ma demande. « Du reste, aux îles Canaries il n'y a, ajouta-t-il, aucun lazaret pour recevoir les gens en quarantaine. » Il me restait donc à aller à Bordeaux, au lieu de Mogador, et à me rendre ensuite avec mes gens à Tanger, à travers toute l'Espagne, pour les y payer définitivement. Cela augmentait les frais de voyage dans de très grandes proportions.

Après avoir pris du charbon, des vivres et de l'eau, nous quittions Ténériffe le 11 janvier, vers trois heures. La mer était encore très mauvaise, et les jours suivants elle le devint de plus en plus, de sorte que le bâtiment roulait effroyablement. Le 14, à midi, nous passions au large de Lisbonne ; le vent, que nous avions debout, rendait la marche très lente. Le 15 et le 16 janvier le temps fut un peu plus calme, mais nous eûmes beaucoup de pluie ; le lendemain, et surtout le 18 janvier, la mer redevint extrêmement mauvaise. La direction du bâtiment dut être changée (il fut mis sous le vent), et nous demeurâmes en place le jour et la nuit. Cette manœuvre avait été dangereuse et ne se fit qu'avec des oscillations effrayantes. Nous nous trouvions alors à quelques milles seulement de la barre qui est à l'entrée de la Gironde, et nous avions espéré de nous trouver déjà dans le fleuve dès le 18 janvier. La nuit suivante, qui fut effroyable, vers quatre heures, le capitaine risqua de continuer la route. Le temps s'améliora un peu vers midi; nous pûmes distinguer la ligne des côtes. A trois heures arriva un pilote, qui nous fit franchir la barre, de sorte que nous nous trouvâmes dans des eaux tranquilles. Bientôt nous atteignions la gracieuse petite ville de Pauillac; mais nous ne pûmes continuer jusqu'à Bordeaux, et il fallut nous arrêter dans le lazaret, pour y subir la quarantaine. Cet établissement consiste en un certain nombre de bâtiments séparés par des murs et placés au milieu d'un grand parc. Tous les passagers furent complètement isolés dans une maison où quelques employés demeurèrent avec nous. Le prix de la pension s'élève à neuf francs par tête et par jour; la nourriture y est excellente, ainsi que la tenue des chambres. Avant d'y pénétrer, nous avions eu à supporter une fumigation pour nous et nos effets dans un bâtiment particulier.

Le temps était très froid, et la neige couvrait les célèbres coteaux à vignes du Médoc, de sorte qu'il fallut faire grand feu dans nos chambres. Dès le 22 janvier nous étions libérés; nous nous rendions à la station du chemin de fer de Pauillac et de là à Bordeaux, où j'étais reçu le même soir par le consul d'Allemagne, Winter, et par quelques membres de la Société de Géographie bordelaise.

Je renvoyai à Tanger Benitez et Kaddour par Marseille et la mer; pour mon compte je me rendis au même point avec Hadj Ali par l'Espagne jusqu'à Cadix et ensuite par bateau; nous arrivâmes à peu près en même temps. A

Cadix il me fallut demeurer quelques jours par suite d'un fort refroidissement; Séville étant inondée pendant notre voyage en Espagne, nous dûmes y passer une journée dans notre compartiment de chemin de fer.

Un accueil extrêmement cordial nous était réservé à Tanger, de la part des représentants de toutes les puissances européennes, et surtout du ministre résident d'Allemagne et du consul d'Autriche; les quelques semaines que je passai là dans la maison hospitalière du ministre sont parmi mes plus agréables souvenirs.

Il fallut enfin me séparer de mes amis de Tanger, et je repris lentement mon voyage de retour par l'Espagne et la France; à Madrid, Bordeaux, Marseille, Montpellier, Lyon et Paris eurent lieu des séances extraordinaires des sociétés de Géographie, où il me fut donné de pouvoir faire un compte rendu succinct de mon voyage. En avril 1881 j'arrivai à Berlin, et en mai je rentrais à Vienne, après une absence de vingt mois.

CHAPITRE X

LES COLONIES FRANÇAISES DU SÉNÉGAL.

Séjour à Saint-Louis. — Mauvais port. — Fièvre jaune. — La ville de Saint-Louis. — Conduites d'eau. — Fête de Noël. — La colonie du Sénégal. — Son étendue. — Les rivières. — Le climat. — La population. — Historique. — Traités avec les indigènes. — Agriculture, commerce et industrie. — Les chemins de fer du Soudan et le Transsaharien.

Mon séjour à Saint-Louis, chef-lieu du Sénégal, que nous avions atteint le 22 novembre 1880, se prolongea, contre ma volonté, pendant près de six semaines. Le gouverneur d'alors, Brière de l'Isle, avait mis à ma disposition une jolie maison, tandis que mes trois compagnons étaient hébergés dans un hôtel. Nous nous y réunissions pour prendre nos repas en commun. Je fis entrer plus tard Benitez à l'hôpital, pour qu'il y reçût les soins convenables ; il y passa douze journées et se sentit rétabli. On y paye 10 francs par jour, et l'installation intérieure, l'alimentation, etc., répondent à ce prix.

J'eus moi-même, pendant mon séjour à Saint-Louis, quelques accès de fièvre, mais qui disparurent bientôt. La réception que me réservaient le gouverneur et les habitants fut très honorifique. La « population civile » organisa un banquet, auquel prirent part une grande partie des notables de l'endroit; j'y donnai un court résumé de mon voyage. De même je communiquai au gouverneur Brière de l'Isle un rapport sur ses résultats; ils éveillaient un intérêt d'autant plus grand que l'expédition de Galliéni se trouvait encore à ce moment dans l'intérieur, et que depuis longtemps il n'était parvenu aucune nouvelle la concernant. Il est vrai que je ne pouvais donner rien de nouveau à son sujet, car pendant mon voyage il n'avait circulé à ma portée que des bruits très vagues sur son séjour à Ségou. Mais, durant mon séjour, des lettres et des cartes de lui parvinrent à Saint-Louis, et, peu de mois après, toute sa mission était de retour.

Je reçus également en avance, du gouverneur, de la manière la plus obligeante, les sommes nécessaires pour faire honneur à mes engagements et payer les frais de mon séjour et du retour dans mon pays.

Comme je l'ai dit, je ne pus quitter Saint-Louis suivant mon désir, parce que la fièvre jaune avait éclaté parmi les troupes. Les communications ordinaires entre l'Europe et le Sénégal s'établissent au moyen de la ligne de l'Amérique du Sud des Messageries maritimes, dont les bâtiments vont de Bordeaux à Dakar; ou au moyen des bateaux-poste de Liverpool, qui desservent régulièrement les places de l'Afrique occidentale; et touchent également à Dakar. Il est très fâcheux que ces navires ne puissent arriver directement à Saint-Louis, car les passagers sont forcés de faire, à partir de Dakar, un voyage de vingt-quatre heures dans un petit vapeur côtier. Il arrive également que la mer est si mauvaise que ce bâtiment ne peut naviguer : alors les voyageurs doivent entreprendre un voyage de trois jours à dos de chameau, à travers le Cayor, pour atteindre Saint-Louis. L'embouchure du Sénégal, sur ce dernier point, est fermée par une barre de sable, traversée de canaux étroits, changeant fréquemment de position et qui ne permettent le passage qu'aux bâtiments d'un faible tirant

Rue Nationale à Saint-Louis.

d'eau. Cette barre ne peut pas toujours être franchie, et il arrive assez souvent qu'un grand nombre de navires doivent attendre des jours et même des semaines, en deçà comme au delà de l'embouchure, avant de pouvoir continuer leur route. La mer est très mauvaise dans ces parages et le ressac très violent; les chenaux se déplacent souvent, de sorte que seuls des pilotes qui les sondent constamment, et sont placés là spécialement à cet effet, peuvent faire entrer et sortir les bâtiments. Le tirant d'eau de ceux-ci doit être faible; aussi ne charge-t-on qu'à moitié les navires sortants, avant de leur faire passer la barre, tandis que les grands bâtiments à voile, qui arrivent à pleine cargaison, sont allégés au dehors.

Sur le palais du gouvernement est hissé chaque matin un pavillon qui indique l'état de la barre. Le rouge annonce : barre bonne et franchissable ; le bleu : mauvaise barre, chenal ensablé et ressac violent. Les guetteurs de la tour du palais observent avec des longues-vues les signaux faits par les pilotes.

Il est incompréhensible qu'un centre commercial de l'importance de Saint-Louis puisse résister à des circonstances aussi défavorables, et se maintienne dans la situation acquise.

Le Sénégal, ce grand fleuve, qui offre un chemin commode pour gagner les riches pays de l'intérieur, est du plus haut intérêt au point de vue du commerce, de sorte que les négociants supportent les incommodités et les frais qu'entraîne le séjour de Saint-Louis, plutôt que de se fixer à Gorée ou à Dakar, beaucoup mieux partagées comme ports. D'après cela, on comprendra combien une voie ferrée de Dakar à Saint-Louis aurait d'importance pour transporter rapidement dans cette dernière ville les passagers, marchandises et lettres.

Quand la fièvre jaune éclate à Saint-Louis, les vapeurs anglais et français cessent de prendre des passagers à Dakar, pour ne pas être mis plus tard en quarantaine; dans les derniers temps je ne pus même pas quitter Saint-Louis, car on isole la ville du monde extérieur, afin d'empêcher la contagion.

Pendant mon séjour dans la capitale du Sénégal, la fièvre jaune y éclata, uniquement parmi les troupes, qui évacuèrent bientôt la ville et furent dispersées sous des tentes à une certaine distance. La maladie avait pris naissance dans une caserne située au milieu de la ville, et qui est considérée depuis longtemps comme un foyer épidémique; le mal apparut d'abord chez les spahis sénégalais, qui vivent avec très peu de régularité et sont fort enclins aux excès de tout genre. La population a demandé à plusieurs reprises, mais en vain, que les casernes fussent bâties en dehors de la ville. Du reste, l'épidémie de 1880 ne fut pas de beaucoup aussi grave que celle survenue deux années auparavant. A cette époque elle fut extrêmement meurtrière pour la population de Saint-Louis, comme pour celle de Dakar, de Gorée et de Rufisque; en 1878, au Sénégal, il mourut de la fièvre jaune vingt-deux médecins militaires : c'est un nombre tout à fait extraordinaire, si l'on tient compte de celui des médecins répartis dans les divers postes et qui ne devait pas dépasser de beaucoup trente. En ce moment on élève dans le cimetière de Saint-Louis un monument à ceux qui sont tombés victimes de leur devoir en cette circonstance.

Parmi les habitants qui résistent le mieux à la fièvre jaune sont les mulâtres et les métis immigrés des Indes occidentales.

Saint-Louis est situé sur une île de sable, entre deux

bras du Sénégal, et n'est séparé de la mer que par une longue et étroite lisière, nommée Langue de Barbarie.

La ville est bâtie régulièrement; elle possède de larges rues et des maisons à toit plat, à galeries et à terrasse. Sa position militaire est favorable en ce que des navires ennemis pourraient difficilement franchir la barre; par contre, elle serait aisément bombardée du dehors. Sa situation insulaire la met d'ailleurs à l'abri des attaques des indigènes. Deux ponts de pilotis réunissent la ville à la Langue de Barbarie, et un beau pont de bateaux, long de 600 mètres, la met en communication avec la rive gauche du Sénégal.

Le centre de Saint-Louis est occupé par le palais du gouvernement, élevé sur l'emplacement du fort primitif : c'est un très beau bâtiment, avec de grands corridors bien aérés, par où l'on arrive dans les bureaux auxquels se relie la jolie installation privée du gouverneur. Autour de ce bâtiment se groupent les quartiers européens, tandis que les indigènes sont établis à l'extérieur. La ville compte environ 16 000 habitants. Les monuments remarquables sont : l'église catholique, la grande mosquée, le palais de justice, les casernes d'infanterie et d'artillerie, les quartiers de la cavalerie et du train, les hôpitaux militaire et civil et le bâtiment de la direction d'artillerie.

Sur la Langue de Barbarie se trouvent deux villages, Guet N'dar et N'dar-Toute (N'dar est le nom de Saint-Louis pour les indigènes; chez les Arabes et même à Timbouctou on parle de N'dar, et les noms de Saint-Louis et du Sénégal sont inconnus); la première localité, très importante, est habitée presque exclusivement par des pêcheurs, qui pourvoient la ville d'excellents poissons de mer; dans N'dar-Toute se trouvent des jardins et de petites villas européennes, où l'on va, pendant la saison chaude, chercher la fraîcheur et prendre des bains.

Les deux villages de Bouëtville et de Sor, sur l'île de Sor, sont habités par des négociants indigènes, en relations avec les nombreuses caravanes arrivant de l'intérieur. Sur les dunes, et partout où cela est possible, se trouvent des jardins ou des plantations d'arbres fruitiers, qui prouvent que l'on pourrait faire quelque chose des environs sablonneux de la capitale, en apparence si stériles. A Saint-Louis même un jardin, petit il est vrai, mais charmant, est disposé en promenade publique ; on y trouve une foule de plantes des tropiques. La longue allée de palmiers qui conduit au delà des ponts jusqu'à la mer est très aimée également : les flots s'y brisent sur la plage sablonneuse avec un bruit de tonnerre. De tous côtés se trouvent diverses allées de dattiers, dont quelques-unes remontent au temps du général Faidherbe.

Saint-Louis possède aussi peu de puits que les villes de Dakar et de Gorée. Pendant la saison sèche on s'y alimente au moyen de citernes qui contiennent de l'eau de pluie, ou de bateaux-citernes, qui remontent le fleuve et sont remplis en des points où l'influence de la salicité de la mer ne se fait plus sentir. On a également creusé des puits sur les rives sablonneuses du fleuve, d'où l'on tire de l'eau filtrée par les sables et presque sans saveur salée. Pendant la saison des pluies celle du fleuve est douce jusqu'à son embouchure.

Pour suppléer à ce manque d'eau, on a déjà étudié divers projets. A la pointe nord de l'île on a même creusé un puits artésien, mais qui n'a donné que de l'eau saumâtre. Un des gouverneurs précédents, Pinet-Laprade, avait fait

Pont sur le Sénégal à Saint-Louis.

étudier l'établissement d'un aqueduc, mais c'est d'aujourd'hui seulement que ce projet semble entrer dans la réalité. Le conseil général a voté en 1879 une somme de 1 600 000 francs pour l'alimentation de la ville en eau potable. On la puisera à environ 12 kilomètres de Saint-

Arabe de Saint-Louis.

Louis, au moyen de machines à vapeur, qui la conduiront dans un château d'eau situé à 90 mètres d'altitude, et de là, par des conduites en fonte, jusqu'à la ville.

La majorité de la population indigène est mahométane ; la mosquée est assez vaste. Les Arabes qui se trouvent dans la ville ont coutume de donner des fantasias sur une grande place. Tout près de là sont les paillotes de la petite colonie bambara, tandis que les Ouolof habitent exclusivement des maisons en pierre.

Saint-Louis possède une imprimerie du gouvernement, qui publie le *Moniteur du Sénégal*, journal officiel paraissant deux fois par semaine, et l'*Annuaire du Sénégal et des dépendances*.

Peu avant mon arrivée, le Cercle (Casino) avait été ouvert de nouveau, après avoir été dissous deux fois par le gouverneur. Il a été fondé par une réunion de négociants, de fonctionnaires et d'officiers, qui ont organisé un restaurant et des salles de jeu ; tout étranger respectable y peut être aisément admis. L'harmonie entre la population civile et le gouverneur ne paraissait pas très grande pendant mon séjour.

Les négociants établis à Saint-Louis sont exclusivement Français : il n'y a ni Anglais ni Allemands à la tête d'une affaire indépendante. Quelques Allemands vivent ici comme employés ou représentants de maisons françaises.

La fête de Noël fut très intéressante. La population noire chrétienne a l'habitude de faire de grandes processions à cette époque ; elle fabrique toutes sortes d'objets en papier coloré, bâtiments, maisons, etc., que l'on éclaire à l'intérieur et que l'on promène au milieu des chants et de la musique. On stationne d'abord devant le palais du gouverneur, puis on parcourt toutes les rues en s'arrêtant à chaque maison ; de chaque côté de la procession suivent des gens avec de grandes bourses, où l'on jette de l'argent. Les objets promenés, éclairés magnifiquement, sont souvent faits avec une grande habileté ; je vis des navires de quelques mètres de long, avec tout leur attirail, de grandes maisons, ou des églises hautes de deux mètres, éclairées à l'intérieur et que ces gens promenaient avec précaution dans les rues. C'est un spectacle bienvenu pour la jeunesse noire, et, pendant les soirées où l'on fait ces processions, les rues sont remplies de gens qui arrêtent la circulation. La somme recueillie, généralement assez importante, est divisée entre les membres de la cérémonie ; le gouverneur a l'habitude d'y contribuer pour une forte part.

Dans la jolie maison qui m'avait été donnée se trouvait à cette époque un prisonnier, un marabout fouta. Il habitait une des pièces du rez-de-chaussée, et y était laissé en liberté, mais ne devait pas la quitter ; un agent de police noir y logeait également avec sa famille. Les Fouta d'entre Matam et Saldé créent constamment toutes sortes de difficultés aux Français, qui envoient souvent contre eux des bâtiments de guerre. Auprès de l'un de leurs villages, on avait attiré sur un navire cet homme influent et l'on était reparti avec lui.

Il est très important de pousser les lignes télégraphiques plus loin dans l'intérieur : tandis que tous les autres postes étaient, lors de mon passage, reliés entre eux par cette voie, l'intervalle situé entre Matam et Saldé demeurait encore sans communication de ce genre, de sorte que les dépêches devaient y être portées par des messagers.

Les Fouta se sont déclarés jusqu'ici opposés à la pose des fils télégraphiques, et l'on n'a pu rien faire pour vaincre cette résistance. Cette difficulté aura certainement été levée depuis l'envoi de tant de troupes dans le haut Sénégal : les relations des forts entre eux et avec le gouverneur de Saint-Louis auront paru d'une nécessité plus urgente.

Étendue de la colonie. — Le Sénégal et ses dépendances comprennent plusieurs points de la rive gauche du fleuve, les côtes et une petite fraction du pays nommé Sénégambie, c'est-à-dire situé entre le Sénégal et la Gambie, et s'étendent vers le sud, le long du littoral, sur une partie des territoires entre Sainte-Marie de Bathurst et Sierra Leone. La côte d'Afrique est très basse et longée de nombreux bancs de sable, où viennent se briser les flots de l'océan Atlantique; à l'embouchure des fleuves se sont donc formées des barres, qui ne peuvent être franchies que par les temps tranquilles, avec des pilotes connaissant les lieux, et exactement au courant du déplacement des sables. Les parties orientales de la colonie sont au contraire montagneuses, et du Fouta Djalon s'étendent dans l'intérieur de nombreux contreforts, qui courent vers le nord et l'ouest. L'aspect du pays situé entre le Sénégal et la Gambie est triste et désolé, sauf ces montagnes. Ce sont généralement des régions sablonneuses, avec une végétation rare et chétive, qui ne rappelle pas le moins du monde la flore des pays subtropicaux. Néanmoins le sol est fertile, et la population, qui n'est pas très dense, pourrait en cultiver davantage, et en échanger les produits contre des articles européens, si elle n'était détournée de cette mise en culture par des querelles trop fréquentes.

Ce n'est qu'au sud de la Gambie, près de la rivière de Casamance, que le pays prend le caractère commun à tous ceux placés sous cette latitude. Les rivières les plus importantes sont :

1° Le Sénégal, l'un des plus grands fleuves de l'Afrique occidentale après le Niger, est formé de la réunion des rivières Bakhoy et Bafing, près du poste militaire de Bafoulabé. A son embouchure se trouve, entre deux

Paysage près de Saint-Louis.

de ses bras, sur un banc de sable, la capitale de la colonie, Saint-Louis, qui est, après Saint-Paul de Loanda, la plus grande et la plus belle des villes de l'Afrique occidentale.

Une population variée habite le bassin de ce fleuve; sur ses deux rives, dans son cours supérieur, se trouvent les Bambara, les Sarakollé, les Toucouleur et les Foulbé ; sur la rive droite des parties moyenne et inférieure habitent les Maures, et sur la rive gauche les Toucouleur, les Foulbé et les Ouolof. Les grandes régions ont des noms particuliers, et parmi elles on distingue les pays suivants : sur la rive droite le Gouidimaka, le Djomboko, le Kaarta et le Fouladougou : sur la rive gauche, le Oualo, le Dimar, le Toro, le Fouta, le Damga, le Gouoyé, le Boumbdou, le Kaméra, le Bambouk, le Biania Kadougou. Quelques-uns de ces pays appartiennent à la France, d'autres sont protégés par elle, et le reste entièrement indépendant. Les deux plus importants parmi les affluents, très peu nombreux, du Sénégal sont la Falémé au sud et le Kouniakari au nord. Pour assurer l'influence française sur le fleuve, on a élevé les forts suivants le long de sa rive gauche; Richard-Toll, Dagana, Podor, Aéré, Saldé, Matam, Bakel, Médine, Bafoulabé (et plus loin Kita).

2° La rivière de Saloum sort d'une grande plaine inondée en temps de pluie, arrose le pays du même nom, et a trois bouches principales. Elle traverse les parties méridionales du Siné, du Gouilor et du Bar. A environ soixante milles marins dans l'intérieur se trouve sur sa rive droite le fort de Kaolack.

3° La rivière de Gambie appartient aux Anglais.

4° La Casamance, dont les sources n'ont pas encore été complètement explorées, coule à travers un beau pays, couvert d'une végétation magnifique; dans son cours supérieur se trouve, sur la rive droite, le poste de Sédin ; dans une île du cours inférieur, celui de Carabane; entre ces deux postes, et sur la rive gauche, est la colonie portugaise de Ziginchor.

5° Les rivières de Cachéo, rio Guéba, rio Grande et Casini sont en dehors des possessions françaises; les Portugais y ont quelques établissements.

6° Le rio Nuñez vient des montagnes du Fouta Djalon, traverse le pays des Landouman, des Nalous et des Baga et se jette dans la mer un peu au nord du cap Verga. Le poste fortifié de Boké, sur la rive gauche, garde les nombreuses factoreries françaises élevées sur les deux rives de la rivière. Dans le voisinage de son embouchure se trouve le poste de douane, très bien situé, de Victoria.

7° Le rio Pongo coule à travers le pays des Sousou et des Baga et se jette dans la mer au cap Verga, par plusieurs bras. Non loin de son embouchure principale est le poste de douane française de Boffa.

8° La rivière Mellacorée, qui arrose le pays des Sousou et des Mandingo, se jette un peu au nord de Freetown. Un poste français, Benty, est sur la rive gauche, non loin de l'embouchure. Les habitants du pays sont sous le protectorat de la France.

Entre le Sénégal et la Gambie se trouvent les pays du Cayor, du Baol, du Siné, du Rip (Bardibou), du Niani, d'Oulé, de Dentilia, habités par les Ouolof, les Sérer et les Foulbé.

La colonie du Sénégal et dépendances est partagée en deux arrondissements : celui de Saint-Louis et celui de Dakar-Gorée. Chacun d'eux est divisé en cercles, dont l'administration est confiée aux commandants des postes militaires, sous la direction supérieure du gouverneur de Saint-Louis.

Le climat ne peut être considéré comme favorable aux Européens. Il y a au Sénégal deux saisons différentes, séparées nettement l'une de l'autre. La première, qui va de décembre au commencement de mai, est sèche, froide et serait agréable dans les ports, où les relations commerciales sont le plus actives, si les vents chauds de l'est ne soufflaient pendant une grande partie du jour, de sorte que souvent, vers midi, la chaleur est de 20 degrés plus forte que le matin.

Au reste, la température est très variable dans cette saison. On peut dire que celle du matin et du soir est d'environ 11 degrés centigrades; vers midi, le thermomètre monte jusqu'à 23 ou 25 degrés à l'ombre, et 35 à 36 degrés au soleil. Quand soufflent les vents brûlants de l'est, le thermomètre atteint même 40 degrés à l'ombre.

Cette saison n'est pas malsaine, en général, pour les Européens, mais elle est suivie par celle des pluies, si dangereuse. A l'intérieur la saison sèche est agréable durant trois mois seulement; puis vient une période de très fortes chaleurs, pendant laquelle, pour les Européens, le climat est aussi malsain qu'en hiver. Durant six mois il ne tombe pas une goutte de pluie; le Sénégal offre alors un triste aspect. Ce qu'on nomme l'hiver, c'est-à-dire le temps des pluies, commence à la fin de mai, ou au commencement de juin, et dure jusqu'aux derniers jours de novembre. Dans les quatre mois placés au milieu de cette saison surviennent des orages et des tornados aussi fréquents que violents. Ces conditions climatologiques s'étendent non seulement à la région des côtes, mais aussi profondément dans l'intérieur du continent, sous ces latitudes. De la mi-juillet en octobre j'observai beaucoup d'orages très violents pendant mon voyage de Timbouctou au Sénégal. Durant tout ce temps le thermomètre demeura entre 27 et 30 degrés à l'ombre et vers 40 degrés au soleil.

Au début de l'époque des pluies, à la fin de mai, ou au commencement de juin, les vents changent de direction, le Sénégal et la Gambie grossissent beaucoup et très vite. Le Sénégal, qui, pendant la saison sèche, est une rivière sans importance, se change alors tout à coup en un grand fleuve aux eaux abondantes; par places, dans les endroits où des rochers rétrécissent son cours, il forme des rapides; il déborde même sur certains points : les plus grands navires peuvent le remonter.

Les endroits où le fleuve s'élargit beaucoup, comme le Cayar et le Panié-Foul, et qui, en été, deviennent de simples fondrières, sont alors de véritables lacs, sur lesquels de grands vapeurs peuvent naviguer. La crue s'observe même à Saint-Louis, et dans la ville elle s'élève à environ un mètre; l'eau du Sénégal, qui est salée durant la saison sèche, devient alors potable, car les flots de l'Océan sont refoulés par le courant. Ce régime des fleuves exerce certainement une influence sur la santé de la colonie. A la suite du retrait des cours d'eau en été, il reste de larges mares boueuses, où des matières organiques se décomposent en produisant toutes sortes de maladies.

Les premières fortes pluies apparaissent ordinairement au milieu de juillet, puis deviennent plus fréquentes et se terminent en août pour revenir en septembre. En octobre elles sont plus rares et cessent peu à peu complètement. Cette saison, où les pluies diminuent et où les eaux se retirent pour laisser derrière elles des marais, est la

Quartier nègre à Saint-Louis.

pire de l'année; c'est alors que se développent surtout les miasmes qui produisent la malaria (la fièvre de marais), cette plaie de toute la côte occidentale d'Afrique, du Sénégal au Benguela.

La Sénégambie a quelque chose de plus, sous ce rapport, que les autres colonies de l'Afrique occidentale : c'est la fièvre jaune. Nulle part on ne l'observe dans cette partie de l'Afrique, sauf peut-être des cas isolés; là au contraire, à Saint-Louis, à Dakar, à Gorée, elle s'est presque établie à demeure, et à peu près chaque année elle y fait des victimes. Souvent même elle prend le caractère d'épidémies effroyables, comme en 1878 ou, pendant mon séjour, en 1880. La fièvre jaune a certainement été introduite des Indes Occidentales. Beaucoup de fonctionnaires, d'officiers, etc., du Sénégal sont originaires des possessions des Français aux Antilles et, d'après l'expérience, ils supportent mieux le climat. Ils sont même indemnes de la fièvre jaune jusqu'à un certain point.

Population. — Sur le cours moyen et inférieur du Sénégal, et le long de la rive droite seulement, habitent, comme je l'ai dit, des peuplades maures, surtout les Trarza, les Brakna et les Douaïch; le Sénégal forme donc en quelque sorte une limite très nette entre la Mauritanie, avec sa population arabo-berbère, et la Nigritie, avec ses Noirs. Les Maures mènent une vie nomade; ils sont guerriers, et assez souvent les Français ont dû diriger des opérations contre eux; en outre ils sont cruels, avides et fourbes.

Par suite de traités, à l'exécution desquels les Français tiennent strictement la main, ces trois grandes tribus habitent uniquement la rive droite du Sénégal et ne peuvent pénétrer sur l'autre qu'en des points déterminés et à certaines saisons, pour y vendre de la gomme. Il a fallu de longs combats avant que les Français réussissent à faire respecter ces stipulations.

Parmi la population noire du Sénégal, les races les plus importantes sont les Foulbé, les Toucouleur, les Mandingo, les Sarakollé, les Ouolof, les Sérer, les Djola et les Bambara. Cette division actuellement en usage des

Négresse Ouolof de Saint-Louis.

populations de ces pays ne repose pas sur des principes ethnographiques, et n'est conservée, en quelque sorte, que pour l'administration. Les Foulbé habitent surtout les districts de Fouta, Damga, Boumdou et Fouta Djalon. Les Malinké et les Solinké (Mandingue et Sarakpollé) ont le type nègre plus accusé et habitent surtout la région montagneuse des sources du Sénégal, du Niger et de la

Gambie. Les Malinké n'ont pas embrassé l'Islam, ou ne le pratiquent que *pro forma* : ce sont des marchands très habiles et très fins, qui ont dans leurs mains le district aurifère du Bambouk ; les Sarakpollé, au contraire, sont de stricts Mahométans.

Ouolof de Saint-Louis.

Les Ouolof et les Sérer, qui habitent le Cayor, les districts de Oualo, de Djolof et une grande partie du Baol et du Siné, sont parmi les plus grands et les plus beaux de tous les peuples nègres de l'Afrique. C'est une population douce en général, un peu vaine et apathique, mais qui est cependant très brave à l'occasion ; ils sont cultivateurs et pêcheurs, et vivent en bons rapports avec les Français. A Saint-Louis et aux environs un très grand nombre ont embrassé le Christianisme.

Les Djola forment une population noire distincte ; ils habitent les environs de la Guéba et se distinguent essentiellement des autres Nègres par la conformation, la couleur, la langue, les mœurs et les usages. Ils ont des traits grossiers, un nez large, de grosses lèvres et un ventre proéminent. Ils mangent de la viande de chien, sont adonnés au fétichisme et se tatouent. Leurs enterrements sont tout particuliers : le mort est exposé pendant un jour dans sa hutte, et ses parents et amis, après avoir déploré sa perte, demandent au défunt les motifs qui lui ont fait quitter ce monde. Après avoir attendu inutilement sa réponse, ils s'écrient qu'il est inutile de le plaindre, car il a maintenant une vie beaucoup plus heureuse que sur terre, et des fêtes commencent pour durer plusieurs jours.

Enfin, la population bambara est importante pour le Sénégal, parce qu'elle y transporte de l'ivoire et d'autres produits naturels des riches pays de l'intérieur ; une partie a embrassé l'Islam, mais uniquement par force ; de même les Malinké se dérobent autant que possible à cette religion, tandis que les Sérer ont rapidement accepté les préceptes de Mahomet. Les habitants du Cayor, des pays de Siné et de Baol sont des croyants, en tant qu'ils admettent tout ce qu'enseigne le Coran ; au contraire ils ne se conforment pas à certaines de ses défenses, particulièrement en ce qui concerne les boissons spiritueuses.

La religion chrétienne n'a obtenu de succès qu'à Saint-Louis, Gorée et Dakar, mais ils ne sont pas très importants. Le clergé est sous la direction d'un préfet apostolique et comprend cinq cures : la capitale, Gorée, Dakar, Rufisque et Joal. En outre il y a des écoles dirigées par des Sœurs de Saint-Joseph de Cluny et de l'Immaculée-Conception ; ces religieuses s'occupent aussi du soin des malades.

Les succès obtenus par le clergé sont sans importance, comme il ne peut en être autrement dans des pays où le Mahométisme domine à ce point et surtout quand des missionnaires de différentes confessions viennent s'y fixer ; la stricte unité de l'Islam doit avoir sur les indigènes une influence beaucoup plus grande que la diversité des sectes chrétiennes, qui ne vivent pas toujours dans les meilleurs termes.

Quant à ce qui concerne la population du Sénégal, E. Fallot (*Bulletin de la Société de Géographie de Marseille*, 1883) donne les chiffres suivants :

		Report.........	273 980
La ville de Saint-Louis..	15 980	Natiaga...............	3 000
Banlieue...............	22 738	Vallée du Bakoy entre Ba-	
Oualo.................	10 976	foulabé et Baoulé.....	3 200
Richard-Toll..........	335	Fouladougou..........	10 000
Dagana...............	2 009	Pays de Kita..........	10 000
Dimar................	5 864	Gangaran.............	10 000
Podor.................	1 361	Beledougou...........	15 000
Toro..................	32 700	Manding..............	20 000
Lao...................	20 170	Bambouk..............	»
Islabé.................	10 650	Bondou...............	10 000
Fouta indépendants....	81 450	Fouta Djalon..........	600 000
Matam et ses environs...	508	Cayor.................	300 000
Damga................	32 050	Dakar et Cap-Vert.....	6 887
Bakel et ses environs....	2 302	Gorée.................	3 243
Guoyé................	7 500	Rufisque et sa banlieue..	7 794
Médine...............	487	Diander...............	20 108
Kaméra...............	12 000	Baol..................	»
Kasso.................	10 000	Portudal et Joal.......	5 000
Logo..................	5 000	Siné et Saloum........	»
A reporter.....	273 980	A reporter....	1 298 212

Report....	1 298 212	*Report*........	1 300 586
Sedhiou..............	1 827	Rio Nuñez............	»
Carabane.............	547	Rio Pongo...........	30 253
Casamance...........	»	Mellacorée...........	»
A *reporter*...	1 300 586	Total............	1 330 839

Il va sans dire que ces chiffres ne sont qu'approximatifs ; la plupart de ces pays ont été visités rarement et très rapidement par des voyageurs européens, qui ne donnent leurs évaluations que d'après l'impression produite sur eux par la répartition et la densité de la population. Dans les villes et dans les ports, au contraire, un dénombrement a été ordonné, et les chiffres qui en résultent sont plus près de la vérité.

En général, les diverses peuplades du Sénégal sont intelligentes et peu éloignées d'entretenir des rapports avec les Européens ; mais c'est le plus petit nombre qui consentent à se regarder comme sujets français. Sous ce rapport il n'y a que les Ouolof habitant aux environs de Saint-Louis qui soient réellement soumis ; au contraire, les Fouta, les Bambara et les Foulbé sont des alliés incertains, et une partie d'entre eux sont même franchement hostiles. L'abîme qui existe entre l'Islam et la civilisation apparaît ici dans tout son jour. Les Français auront encore à livrer maint combat à la population guerrière de ces pays, avant qu'ils puissent avoir la possession incontestée du Sénégal, et il est aisé de comprendre qu'à Paris les députés se lassent de toujours voter de nouvelles sommes au bénéfice des colonies de l'Afrique Occidentale. Les fonds enfouis dans des entreprises de ce genre ne donnent de revenus que très tard, et n'en rapportent souvent pas ; mais on ne doit pas partir de ce point de vue pour apprécier une politique coloniale. Il s'agit autant d'obtenir ou de conserver une situation influente dans le commerce international, que d'accomplir les devoirs moraux d'un grand peuple en répandant activement la civilisation européenne. Malgré cette phrase si souvent entendue : « la France ne s'entend pas à coloniser », ce pays a beaucoup fait déjà en Afrique, et l'on ne peut que souhaiter de voir marcher vers leur réalisation les grands projets qu'il a au sujet du Sénégal.

Historique. — Un aperçu chronologique de la colonie du Sénégal, d'après l'*Annuaire* qui paraît à Saint-Louis, peut trouver place ici.

Vers 1360. Découverte du Sénégal par les Dieppois.

Vers 1446. Les Portugais s'établissent sur les rives du Sénégal.

1455. Construction d'un fort portugais à Arguin.

1626. Formation de la Compagnie Normande ou Association des marchands de Dieppe et de Rouen.

1638. Le 5 février, les Hollandais s'emparent du fort d'Arguin.

1664. La Compagnie des Indes Occidentales, créée par un édit du Roi, achète tous ses établissements à la Compagnie Normande.

1672. Un édit du 9 avril force la Compagnie des Indes Occidentales à vendre tous ses établissements et privilèges à une nouvelle société qui, par lettres patentes du roi, du mois de juin 1679, prit le titre de Compagnie d'Afrique, et obtint le privilège de négocier exclusivement depuis le cap Blanc jusqu'au cap de Bonne-Espérance.

1677. Les Français enlèvent de vive force aux Hollandais l'île de Gorée et les comptoirs de Rufisque, de Portudal et de Joal. Le traité de Nimègue (10 août 1678) les confirme dans cette possession.

1681. La Compagnie d'Afrique, ruinée par les pertes

éprouvées durant la guerre contre les Hollandais, se voit réduite à céder tous ses droits et possessions à une nouvelle Compagnie, formée sous le nom de Compagnie du Sénégal, côte de Guinée et d'Afrique. Par arrêts du roi en date des 12 septembre 1684 et 6 janvier 1685, l'étendue de sa concession fut limitée entre le cap Blanc et Sierra Leone, et elle prit dès lors le nom de Compagnie du Sénégal.

1694. La Compagnie du Sénégal est obligée de vendre à une nouvelle Compagnie tous ses privilèges et toutes ses possessions.

Celle-ci, formée sous le nom de Compagnie royale du Sénégal, cap Nord et côte d'Afrique, reçoit ses lettres patentes, en mars 1696, qui fixent la durée de son privilège à trente ans.

1699. Construction du fort Saint-Jopseph, près de Dramané (Kaméra), enlevé en 1701 par les eaux, rebâti, puis brûlé le 23 décembre 1702 par les naturels révoltés.

1709. La Compagnie royale du Sénégal, cap Nord et côte d'Afrique, accablée de dettes et de procès, est forcée par l'autorité royale de céder tous ses privilèges à la Compagnie du Sénégal. La vente est approuvée par un arrêt du Conseil d'État en date du 18 mars, et la nouvelle Compagnie reçoit ses lettres patentes le 30 juillet.

1713. Le fort Saint-Joseph est reconstruit à Makhana.

1715. Construction du fort Saint-Pierre de Kaïnoura sur la rive gauche de la Falémé, affluent méridional du Sénégal.

1717. Cession de Portendic aux Français par les Maures du Sénégal; la convention signée à la Haye, le 13 janvier 1727, confirma les Français dans cette possession.

1718. Par acte de vente passé le 15 décembre 1718 et

approuvé par un arrêt du Conseil d'État du 10 janvier 1719, la Compagnie des Indes achète de la **Compagnie du Sénégal** tous ses droits, concessions, privilèges, établissements, forts et comptoirs. Le roi déclara en sa faveur ce privilège perpétuel et y comprit les côtes situées entre Sierra Leone et le cap de Bonne-Espérance, dont la concession avait été faite en 1685 à la Compagnie de Guinée.

1721. Les Hollandais fondent un établissement à Portendic.

1723. Les Maures, maîtres de Portendic, en font cession à M. Brue, directeur général de la Compagnie du Sénégal. Ce fort est abandonné.

1724. Les Français s'emparent du fort d'Arguin occupé par les Hollandais.

1743. Construction du fort de Podor, sur la pointe occidentale de l'île à Morphil.

1758. Prise du Sénégal et de Gorée par les Anglais.

1763, 1765, 1787. Gorée est restituée aux Français; cette île est désormais administrée par des gouverneurs nommés par le roi. En 1763, 1765, 1787, cession à la France du cap Vert et des terres voisines, depuis la Pointe des Mamelles jusqu'au cap Bernard, avec les villages de Dakar et de Siné, par le damel (souverain) du Cayor.

1779. Le duc de Lauzun s'empare de vive force de Saint-Louis, dans la nuit du 29 janvier.

1783. Le traité de paix du 3 septembre entre la France et l'Angleterre reconnaît les droits de la France à la possession du Sénégal. Depuis cette époque le Sénégal est administré par des gouverneurs nommés par le roi.

1784. Le roi accorde pour neuf années à la Compagnie de la Guyane le privilège exclusif de la traite de la gomme.

En 1785 ce privilège fut cédé à une association de négociants qui prit le titre de Compagnie de la Gomme, et plus tard celui de Compagnie du Sénégal.

1800. L'île de Gorée tombe entre les mains des Anglais.

1809. Les Anglais s'emparent de Saint-Louis le 14 juillet.

1814. Le traité de Paris, du 30 mai, restitue aux Français tous les établissements qu'ils possédaient au 1ᵉʳ janvier 1792 sur la côte occidentale d'Afrique.

1817. Reprise de possession effective du Sénégal par le colonel Schmaltz, le 25 janvier.

1819. Le 8 mai, le commandant passe un traité avec le brack (roi) et les principaux chefs du Oualo, par lequel ceux-ci, moyennant des coutumes[1] annuelles, cèdent aux Français en toute propriété et à toujours les îles et terres du Oualo qu'on voudra cultiver.

1820. Construction du fort de Bakel, sur la rive gauche du Sénégal, dans le Gadiaga.

1821. Construction du poste de Dagana.

1822. Essais de colonisation et de culture tentés au Sénégal. Mise en exécution de l'ordonnance royale du 7 janvier, portant organisation de l'administration judiciaire au Sénégal.

1824. Application du Code pénal dans la colonie du Sénégal.

1828. Établissement de la Société commerciale de Galam et du Oualo (Akolof).

1830. Abandon des essais de colonisation et de culture tentés au Sénégal.

1831. Promulgation de la loi du 4 mars 1831, concernant la répression de la traite des noirs.

---

1. Présents. (*Note du Traducteur.*)

1833. Organisation de la milice au Sénégal. Promulgation de la loi du 24 avril 1833 concernant le régime législatif des colonies.

1840. Promulgation de l'ordonnance royale du 7 septembre 1840 sur le Gouvernement du Sénégal et dépendances.

1842. Construction du fort de Mérinaghen sur les bords du lac de Guier (Panié-Foul).

1843. Construction du fort de Lampsar, sur le marigot de Kassakh (sans importance).

1845. Construction du fort de Sénoudébou, sur la rive gauche de la Falémé (sur l'emplacement de l'ancien fort Saint-Pierre).

1848. Promulgation des décrets du 27 avril portant abolition de l'esclavage et suppression des conseils coloniaux.

1854. Reconstruction du fort de Podor. Création de centres fixes de commerce à Podor et à Dagana.

1855. Construction du fort de Médine. Fondation de la banque du Sénégal, de l'imprimerie du Gouvernement et du *Journal officiel de la colonie*.

1856. Annexion à la colonie du pays de Oualo, des villages de Dagana, de Bakel et de Sénoudébou, des îles de Thionq et de N'diago.

1857. Renonciation par les Anglais au droit de commerce, sous voile, depuis l'embouchure de la rivière Saint-Jean jusqu'à Portendic, en échange de la factorerie d'Albreda, qui leur est cédée par les Français.

Création du bataillon de tirailleurs sénégalais.

Construction du fort de Matam, dans le Fouta Damga.

1858. Annexion à la colonie des villages de Gaé, Réfo, Bokol et de divers territoires aux environs de Saint-Louis.

Essais d'exploitation des mines d'or du Bambouk, à Kéniéba.

Traités de paix déterminant les bases de nos nouvelles relations avec les Maures Trarza, Brakna et Douaïch.

Traité de paix consacrant : 1° des cessions de territoires de la part des chefs noirs du haut pays, entre autres de la rive gauche du fleuve, depuis Bakel jusqu'à la Falémé; 2° le droit de créer des établissements sur tout le parcours de cette dernière rivière.

1859. Construction du fort de Saldé (Tébékou). — Occupation de Rufisque, Joal et Kaolakh. Démembrement du Fouta en trois États indépendants : Damga, Fouta et Toro. — Annexion du Dimar à la colonie.

1860. Soumission à la France de la Basse-Casamance jusqu'à Zighinchor. Voyages d'exploration dans les contrées voisines par Vincent, Mage, Pascal, Lambert, Bourel, Azan, Alioun Sal, Bou el-Moghdad, Braouézec.

Le Toro et le Damga sont mis sous la protection de la France.

Traité de paix avec el-Hadj Omar, déterminant les limites entre ses États et les pays placés sous la sauvegarde de la France; ces derniers sont : moitié (nord) du Bambouk, moitié (rive gauche) du Khasso, Bondou, Kaméra, Guoy, Guidi-Makha, Damga, Fouta, Toro, Dimar, Oualo, Cayor, Djolof, Baol, Siné, Saloum et les possessions dépendant de Gorée.

1861. Traité de paix avec le Cayor, consacrant la cession à la France du Diander, de Gandiole, du Gangouné et de toute la côte.

1862. Établissement d'une ligne de télégraphie électrique entre Saint-Louis et Gorée.

1863. Création d'un port à Dakar.

1864. Annexion à la colonie du N'diambour et du Saniokhor. — Établissement d'un phare de première classe au Cap-Vert.

1865. Construction d'un pont de bateaux sur le grand bras du fleuve, entre Saint-Louis et Bouëtville. — Annexion à la colonie des provinces centrales du Cayor. — Traités passés avec les chefs du rio Nuñez plaçant cette rivière sous le protectorat de la France.

1866. Construction des postes de Boké, N'diagne et d'Aéré. — Traités passés avec les chefs du rio Pongo et de la Mellacorée, plaçant ces rivières sous le protectorat de la France. — Établissement de deux feux de quatrième ordre, l'un sur le cap Manuel, l'autre sur la pointe des Almadies.

1867. Construction des postes de Talem, Khaoulou, Keur-Mandoumbé-Khary; de Benty, dans la Mellacorée; d'une geôle, de la direction et des ateliers du port, et des ateliers de la direction d'artillerie à Dakar.

Construction d'une ligne télégraphique entre Saint-Louis et N'diagne.

1868. Construction d'une ligne télégraphique entre Saint-Louis et Dagana; du pont de Diaoudoun; des camps de Lampsar, de Gandiole et du cap Manuel; d'une caserne de cavalerie et du magasin de la marine à Dakar[1].

1869. Création d'une direction de l'intérieur au Sénégal.

1870. Création des chambres de commerce à Saint-Louis et à Gorée.

1871. La colonie du Sénégal envoie un représentant

---

1. Ces deux alinéas ont été omis dans l'édition allemande. (*Note du Traducteur.*)

à l'Assemblée nationale. Promulgation au Sénégal du décret abolissant la contrainte par corps.

1872. Création de conseils municipaux à Saint-Louis et à Gorée. — Organisation de ces villes en communes.

1873. Suppression du contrôle colonial au Sénégal.

1874. Construction du poste de Mouït, d'une poudrière du commerce à Saint-Louis et d'un lazaret au cap Manuel.

1875. Transfèrement à Dakar des services publics du deuxième arrondissement de la colonie.

1876. Entrée de la colonie du Sénégal dans l'Union générale des postes.

1877. Construction et achèvement de la ligne télégraphique de Dagana à Podor. — Promulgation du Code pénal.

1878. Gorée et Dakar sont reliés par la télégraphie aérienne. — Études des projets de conduite d'eau du marigot de Khassak et du chemin de fer reliant la capitale à Dakar. — Voyage d'exploration de Soleillet dans les contrées voisines.

1879. Création d'un conseil général au Sénégal. — Construction d'un poste à Bafoulabé sur le haut Sénégal.

Depuis 1879 jusqu'à ce jour il a été fait des efforts extraordinaires pour le progrès de la colonie, tant à l'extérieur qu'à l'intérieur. La mission Galliéni, envoyée à Ségou, ainsi que les expéditions suivantes, dirigées par le colonel Derrien, ont exploré exactement le pays situé entre le Niger et le Sénégal; on a fondé des postes jusqu'au delà de Bafoulabé; on a posé des fils télégraphiques, et même commencé la construction d'une voie ferrée. La politique suivie à l'égard des souverains du Cayor a été énergique : ils s'opposaient à la construction absolument urgente d'un chemin de fer de Dakar à Saint-Louis ; cette voie doit être bientôt livrée à la circulation[1]; on a également beaucoup fait pour l'administration intérieure, et Saint-Louis a considérablement gagné : c'est aujourd'hui une ville où l'on peut vivre aussi bien que dans une cité européenne. On y trouve, comme en Europe, hôtels, cafés, clubs, francs-maçons, hôpitaux, écoles, églises, jardins publics, et il règne un confort tout moderne dans ses maisons. Quand l'installation des conduites d'eau sera terminée, l'état sanitaire s'améliorera sans doute, car on pourra s'occuper davantage de la propreté des rues ; il est vrai que la fièvre jaune paraît être devenue endémique à Saint-Louis et qu'il faudra longtemps pour l'en faire disparaître. La difficulté si gênante des communications, qui résulte du peu de facilité d'accès du port, sera tournée par l'établissement du chemin de fer de Dakar ; plusieurs grands ponts permettent les relations avec les localités des environs, et pendant la majeure partie de l'année les vapeurs remontent le fleuve jusque fort avant dans l'intérieur. Dans la population règne, comme partout en général chez les Français, une vie politique très active, et l'on croit que la ville ainsi que la colonie se développeraient encore plus vite si des gouverneurs civils remplaçaient l'administration militaire. Je ne puis décider si le Sénégal est mûr pour ce changement ; en tout cas une colonie voisine d'une population indigène belliqueuse doit être soumise à une administration militaire, avant de pouvoir être gouvernée comme la mère patrie.

Le traité qui suit peut donner une idée de la manière dont les Français concluent des traités avec les indigènes.

---

1. Ce chemin de fer est déjà ouvert depuis quelque temps. (*Note du Traducteur.*)

TRAITÉ AVEC LE FOUTA [1].

Gloire à Dieu, Maître des Mondes, créateur de tout ce qui existe dans les cieux et sur la terre!

Au nom du Gouvernement Français,

Entre nous, G. Brière de l'Isle, colonel d'infanterie de marine, commandeur de la Légion d'honneur, gouverneur du Sénégal et dépendances, représenté par M. le lieutenant-colonel d'infanterie de marine Reybaud, chevalier de la Légion d'honneur, commandant supérieur des troupes, d'une part, et les différents chefs du Fouta, tous électeurs de l'almamy, d'autre part, a été conclu :

Art. 1ᵉʳ. — Le Fouta, prenant la ferme résolution de vivre en paix avec les Français, s'engage à observer religieusement les traités du 15 août 1859, du 10 août 1853 et du 5 novembre 1864, ainsi que les modifications qui vont y être apportées par la stipulation suivante :

Art. 2. — Le pays du Lao, commandé actuellement par Ibra-Almamy, qui s'étend depuis Ouandé et Koïlel dans l'ouest, jusqu'à M'boumba dans l'est, ainsi que le pays des Irlabés, commandé actuellement par Ismaïla, comprenant les villages de Oualla, Vacétaki, N'gouye, Saldé, Peté, désirant rester, à l'avenir, en dehors de toutes les agitations politiques, si nombreuses dans le Fouta, les chefs du Fouta reconnaissant solennellement un fait déjà accompli en réalité depuis plusieurs années, celui de la séparation de ces deux pays du reste du Fouta.

Art. 3. — Le Lao et l'Irlabé, formant chacun un État

---

1. En français dans l'original. (*Note du Traducteur.*)

indépendant, se placent sous la protection de la France, dans les mêmes conditions que le Toro.

Art. 4. — Les chefs du Fouta s'engagent solennellement à ne plus élever désormais aucune prétention sur les pays placés sous la protection de la France, tant par le présent traité que par les traités antérieurs, ces prétentions ne pouvant avoir d'autre résultat que de troubler les relations amicales avec les Français et de nuire à la prospérité du pays.

Art. 5. — Les chefs du Fouta s'engagent à empêcher toute incursion de leurs sujets et des gens auxquels ils donnent hospitalité dans le Djoloff, pays placé sous le protectorat de la France. De son côté, le Bourba-Djoloff s'engage à ne rien entreprendre contre le Fouta et à ne pas permettre le passage dans son pays aux Peul venant du Cayor ou d'autres lieux pour aller faire (*sic*) des villages dans le Fouta.

Fait et signé en double expédition, à Galoya, le 24 octobre 1877.

Signé : P. REYBAUD.

(Suivent les signatures d'Abdoul-Boubakar et des autres chefs du Fouta.)

Ont signé comme témoins :

MM. J. GAILLARD, lieutenant de vaisseau, commandant l'*Archimède*.
RÉMY, capitaine d'infanterie de marine, directeur des affaires politiques, *p. i.*
HAMAT-N'DIAYE-AN, cadi à Saint-Louis.
HOURY, lieutenant d'infanterie de marine.

Agriculture, commerce et industrie. — A mesure que cessent les guerres entre les peuples du Sénégal, ainsi qu'entre eux et les Français, les terres cultivées gagnent en étendue. Partant du point de vue, très juste, que les produits naturels, comme l'ivoire, la gomme, etc., viendront peu à peu en moindre quantité sur le marché, le gouvernement voit dans la culture du sol et dans les plantations l'un des facteurs les plus importants du développement de la colonie. Il a donc fondé à Saint-Louis, le 29 décembre 1874, une société d'exploitation, destinée à servir d'intermédiaire pour la culture des terrains par les indigènes. On a réparti des semences variées, qui paraissent de nature à prospérer dans ces pays, et une école d'arboriculture vient d'être fondée. Le coton et les arachides sont déjà cultivés, en même temps que le maïs et le sorgho, dans les pays du haut Sénégal, le Kaarta, etc., et de nombreuses plantes utiles pourraient l'être également. Dans le cours inférieur du Sénégal, l'agriculture est insignifiante; on lui préfère le commerce, plus aisé, mais moins solide, et les indigènes achètent même leurs aliments contre de l'argent monnayé. La culture de l'arachide serait particulièrement importante; on la récolte déjà en grandes masses, mais cette plante utile demande si peu de peine et son produit est si considérable qu'elle ne peut être assez cultivée.

Le mouvement industriel n'est pas considérable parmi les habitants de la vallée du Sénégal; il semble qu'ils aient une sorte de mépris pour tous les travaux manuels et qu'ils tiennent pour la seule occupation digne d'un homme, de prendre part à des querelles ou de perdre leur temps à des débats sans but. L'institution de l'esclavage, telle qu'elle est autorisée chez les Mahométans, et la coutume qu'ont les femmes de faire tous les travaux concernant le ménage, entraînent cette conséquence, que les hommes se sont habitués à une vie oisive et qu'ils regardent tout travail comme humiliant.

Les seules fabriques, si l'on peut s'exprimer ainsi, de tout le pays sont les tuileries et les fours à chaux dans le voisinage de Saint-Louis et de Dakar : le sol argileux et la masse de coquilles d'huîtres que l'on trouve aux environs de Saint-Louis permettent une production facile de tuiles et de chaux.

Comme gens de métier, il y a dans les villes des menuisiers, des maçons, des calfats, des tisserands et des forgerons. On y trouve également des orfèvres fort habiles, et leurs produits, fabriqués avec des outils très primitifs, ont une certaine originalité et indiquent un goût fin.

Le tissage est exclusivement pratiqué par les Noirs : ils sont assis, à quinze ou vingt, sous des nattes et travaillent à des bandes étroites de cotonnade, ayant environ deux mètres de long et que l'on coud ensemble pour faire les tobas bleues en usage là-bas.

Le Sénégal possède, dans les pays de Bambouk et de Tambaoura, des terrains aurifères, jadis exploités par le gouvernement et abandonnés ensuite à cause du climat très malsain des environs du poste de Kéniéba, qui y avait été élevé. L'or se trouve disséminé à l'état de pépites dans des sables d'alluvion, ainsi qu'en filons dans le quartz et l'argile schisteuse. Pendant la saison sèche les Noirs creusent des trous profonds de 7 à 8 mètres, et les femmes lavent la terre qui en est retirée, d'une façon très simple, avec des calebasses, ce qui rend le produit très minime et fait perdre beaucoup d'or. Comme je l'ai déjà remarqué, Saint-Louis possède une industrie d'orfèvrerie très développée; les Noirs ont des modèles pleins d'originalité ; des anneaux, des papillons, des croix, des étoiles, des élytres d'insecte enchâssés, des pendants d'oreilles, des amulettes, etc., traités généralement à la manière du filigrane, peuvent être achetés là en grandes quantités. Ces objets sont vendus au poids; on compte le gramme d'or à 14 ou 15 francs, et l'on ajoute comme prix de façon 25 pour 100 de la valeur du métal.

On dit qu'aux environs de Bakel il existe du mercure à l'état natif, en gouttelettes; les indigènes les rassemblent dans de petits trous coniques, à parois fortement inclinées; on trouve de même, dans les montagnes du haut Sénégal, des minerais d'argent et de plomb; mais il ne faut pas songer à une exploitation minière de ces produits du sol. Les ouvriers européens ne peuvent absolument faire aucun travail pénible sous ce climat, et les indigènes sont trop maladroits et trop paresseux pour se livrer à des travaux aussi difficiles; il faudrait introduire des Chinois dans ces pays, mais on ne peut y penser non plus, parce que l'influence française est encore très faible en beaucoup d'endroits.

La principale richesse du Sénégal est et restera le commerce; en effet les chiffres de l'exportation et de l'importation sont déjà très favorables.

J'emprunte à l'article dont j'ai parlé plus haut quelques données qui montrent de la façon la plus évidente l'essor de la colonie.

Le commerce avec la mère patrie seule s'est élevé :

		Importation.			Exportation.	
En 1855	à	7 870 349	francs	et à	6 564 409	francs.
1859	—	12 639 497	—	—	9 527 867	—
1863	—	18 643 897	—	—	14 499 793	—
1869	—	18 135 563	—	—	17 209 364	—
1876	—	12 759 479	—	—	14 121 340	—
1878	—	12 463 030	—	—	15 959 940	—
1880	—	16 487 870	—	—	25 319 398	—
1881	—	20 291 630	—	—	19 161 292	—

En 1881 l'ensemble du commerce entre le Sénégal et la France seule représentait donc une valeur de 39 452 922 francs ; si l'on y ajoute la valeur des échanges avec les autres pays, qui montait les années précédentes à environ 8 millions, on peut dire qu'en ce moment le mouvement commercial du Sénégal représente, en chiffres ronds, un déplacement annuel de 48 millions de francs.

Quant à ce qui concerne les produits naturels exportés du Sénégal, les deux plus importants sont la gomme produite par différents genres d'acacias, ainsi que les noix de terre (en français *arachide*, en anglais *ground-nuts*, *Arachis hypogæa*). Le premier produit était encore le principal il y a quelques années, mais aujourd'hui c'est l'arachide qui atteint la plus grande valeur et qui en atteindra une plus considérable.

L'exportation de la gomme a été :

En 1863....	de 1 676 378 kilogr..	valant	2 346 929	francs.
1876....	— 2 486 305 —	—	3 141 997	—
1880....	— 3 969 035 —	—	5 278 816	—
1881....	— 2 350 296 —	—	2 700 037	—

Au contraire, le commerce de l'arachide, ce produit végétal à peine connu des botanistes il y a quarante ans, s'est rapidement accru.

L'exportation de l'arachide a été :

En 1851....	de (?)	valant	2 489 470	francs.
1855....	— (?) —	—	1 997 216	—
1859....	— 8 629 664 —	—	2 243 712	—
1863....	— 9 037 349 —	—	6 778 012	—
1876....	— 23 984 941 —	—	6 503 037	—
1880....	— 52 816 040 —	—	13 204 010	—
1881....	— 59 970 115 —	—	14 991 034	—

On voit par ces tableaux que cet article a subi une

dépréciation en rapport avec l'augmentation des quantités exportées.

L'arachide va presque exclusivement dans de grandes fabriques de Bordeaux et de Marseille, où l'on en fait de l'« huile d'olive ». Ce fruit est très oléagineux ; son produit a un bon goût, et, quand il est bien préparé, il est difficile de le distinguer de la véritable huile d'olive ; on sait que cette dernière n'est fabriquée qu'en quantités fort insuffisantes, et, comme on en fait usage partout où habitent des Européens, on admettra facilement qu'une proportion considérable provienne de l'arachide.

Les deux petits noyaux qui la renferment se trouvent dans une écorce jaune sale, un peu oléagineuse et qui est employée pour la nourriture des bestiaux ; à Saint-Louis on me dit que la valeur de ces écorces couvrait déjà les frais de transport de l'arachide.

Parmi les autres articles d'exportation, il faut citer : le caoutchouc (exporté en 1880 pour la valeur de 138 000 fr.); les plumes d'ornement (en 1880, 288 000 francs); l'or (1880, 36 000 francs); la graine de lin (1880, 27 000 francs); les peaux (1881, 135 000 francs); les poissons conservés (1881, 171 000 francs). On exporte peu de grains, et le commerce du riz, du coton, de l'indigo, du cacao, du café, du bois de construction, de l'ébène, des bois de teinture, etc., est sans importance jusqu'ici : ce sont là des articles qui proviennent tous des riches pays de l'intérieur, ou qui pourraient y être cultivés. Le commerce d'oiseaux vivants, et surtout d'une petite espèce de pinson qu'on trouve souvent chez nous comme oiseau d'appartement, est également assez productif pour Saint-Louis.

Il est évident qu'avec un état politique tranquille, et après l'installation de voies de communication convenables, ces diverses branches de commerce seront susceptibles d'une extension considérable.

En ce qui concerne l'importation, presque tous les articles européens y sont représentés, mais en première ligne l'étoffe dite « guinée », cotonnade bleue qui est importée en masses tout à fait énormes. A l'origine elle venait des colonies françaises de l'Inde; aujourd'hui elle est surtout fabriquée en Belgique ou en Angleterre, de qualités très différentes, plus mauvaises les unes que les autres, et dont l'apprêt très fort doit dissimuler la transparence. Les étoffes fabriquées par les indigènes sont infiniment meilleures, mais plus chères. Cette guinée sert de monnaie au Sénégal et dans une partie du Soudan; une pièce représente une certaine valeur, qui varie selon l'éloignement de la côte.

Dans les villes du Sénégal, les monnaies françaises servent naturellement à la circulation monétaire; à l'intérieur, en même temps que la guinée, le sel, les coquilles de cauris et l'or non monnayé sont employés comme moyen de payement.

Le commerce du Sénégal prendra un essor imprévu si les Français réussissent à exécuter les deux voies ferrées projetées. C'est d'abord la ligne de Dakar à Saint-Louis par le Cayor, puis le chemin de fer du Sénégal au Niger, de Bafoulabé à Kita et à Bamakou. Comme le Sénégal est navigable au moins pendant une grande partie de l'année, les marchandises pourraient ainsi être transportées du navire, par chemin de fer, par le fleuve, puis de nouveau par voie ferrée jusqu'à Ségou sur le Niger, d'où des vapeurs les répandraient au loin dans le Soudan; et, inversement, les produits de l'Afrique intérieure parviendraient rapidement et à bas prix jusqu'à la mer.

Les questions qu'il faut examiner à propos de la construction de ces voies ferrées se rattachent à l'état politique des régions intéressées, aux difficultés techniques à vaincre, et enfin aux produits éventuels de la ligne considérée. D'après mon impression, toutes ces questions peuvent être résolues au Sénégal d'une manière favorable à l'entreprise.

Quoique la domination française ne s'étende pas, pour le moment, beaucoup au delà des postes militaires, la majorité des peuplades du pays est déjà trop habituée aux Français et trop bien convaincue des avantages à retirer de relations commerciales directes avec les Européens, pour opposer des difficultés sérieuses aux projets de voie ferrée. L'esprit de lucre, fortement enraciné chez les peuples du Sénégal, leur fera rapidement comprendre les avantages infinis de relations plus promptes, d'autant plus que le gain à en retirer sera surtout pour eux et que les Français ne peuvent en aucune manière pressurer la population indigène. Des reproches semblables à ceux que l'on a adressés aux Anglais pour leur manière de traiter les Hindous ne pourraient être justifiés vis-à-vis des Français, en raison de la pauvreté de la population du Sénégal par elle-même. Il est naturel que le commerce français profite des nouvelles voies ferrées en première ligne, mais la population indigène prendrait également sa part des avantages précieux résultant de communications régulières et rapides. Cette considération l'éclairerait bientôt.

Il est vrai qu'il faudra encore combattre, surtout avec les gens du Fouta et avec les partisans bambara d'Ahmadou-Ségou, chez lesquels interviennent, en même temps que des convoitises de domination, d'autres motifs se rapportant à la religion; mais, à la fin, la grande masse du peuple se débarrassera d'un autocrate, qui a si peu fait pour le développement des pays placés sous sa domination et qui ne peut maintenir son autorité que par sa cruauté et des brigandages de toute nature. Ce serait un grand avantage pour les Français si l'un de leurs gouverneurs, ou de leurs chefs d'expédition, parvenait à conclure une alliance avec les Bambara et à mettre fin à la mauvaise administration du traître Ahmadou et de sa bande fanatique de Fouta.

Si les circonstances politiques ne sont pas défavorables à l'établissement de nouvelles routes de commerce, et spécialement d'une voie ferrée, les difficultés techniques ne paraissent pas non plus devoir être trop grandes. La navigation du Sénégal est assez active et le deviendrait davantage si l'on parvenait, par quelques travaux de régularisation, à obtenir la possibilité de naviguer toute l'année jusqu'à Médine; cela ne semble être également qu'une question d'argent : le pays situé entre le Sénégal et le Niger, spécialement de Médine à Bafoulabé, à Kita et à Bamakou, était jusqu'ici peu connu. L'expédition Desbordes a emmené avec elle un détachement topographique, pour faire des études exactes du terrain. Leurs résultats paraissent avoir été favorables, car on a commencé la construction de la voie ferrée, et la locomotive circule déjà sur une portion de railway qui n'est pas insignifiante[1]. La ligne de partage des eaux entre les deux fleuves n'est pas formée de hautes montagnes, mais de collines aisées à franchir. Au contraire, la région paraît peu habitée et semble même être déserte par places, à la suite des

---

1. On sait que les travaux de cette voie ferrée, à peine commencés, ont été interrompus par suite d'un vote des Chambres. (*Note du Traducteur.*)

dévastations de Hadj Omar. Mon itinéraire me conduisit au nord de cette route à travers des régions peuplées et bien cultivées ; la construction d'un chemin de fer y provoquerait certainement bien vite la formation de nouveaux centres habités.

Les difficultés de terrain pour le chemin de fer de Dakar à Saint-Louis par le Cayor paraissent être encore moindres. Cette voie ferrée est déjà fort avancée dans sa construction et ne tardera pas à être entièrement ouverte. Le député du Sénégal obtiendra, il faut l'espérer, malgré les mauvaises dispositions de la Chambre, les crédits encore nécessaires pour terminer d'une manière satisfaisante cet important travail de civilisation. Naturellement il faudra renoncer pendant des années à obtenir des revenus des chemins de fer du Soudan, mais cet état de choses est également destiné à s'améliorer si le commerce gagne considérablement en activité, ce qui est inévitable. En ce moment les maisons de commerce françaises envoient leurs agents passer plusieurs mois sur le fleuve afin d'acheter les produits apportés par les Arabes ou les Nègres, qui viennent souvent de fort loin. Mais les circonstances seraient tout autres si les articles européens pouvaient être transportés rapidement et sûrement à Ségou. Les traitants y entreraient en contact immédiat avec les habitants du Soudan central, dont la richesse est grande, avec les gens du Haoussa et des autres contrées voisines. Un grand pas serait fait ainsi pour la pénétration d'une partie très étendue de l'Afrique intérieure.

De ce qui précède il résulte qu'au Sénégal les conditions politiques, techniques, aussi bien qu'économiques, des projets de voies ferrées ne sont pas défavorables. Il est vrai que ces considérations optimistes sont soumises à un facteur, qui n'a pas été pesé jusqu'ici, et n'a même rien à faire directement avec les voies ferrées elles-mêmes, mais qui intéresse au contraire ceux appelés à les bâtir et à les utiliser : c'est le climat. Les pays des bassins du Sénégal et de la Gambie font partie des régions les plus malsaines de l'Afrique. Non seulement les Européens qui y vivent ont à souffrir des fièvres de malaria, mais la fièvre jaune elle-même y a pris droit de cité, quoiqu'on ne la connaisse pas dans la majeure partie des régions de l'Afrique occidentale. Mais on sait par expérience que le pire climat du monde n'est pas à même de faire déserter une place favorablement située pour des entreprises commerciales ; de nouveaux Européens arriveront toujours pour mettre à profit les avantages qu'elle présente ; on peut s'en assurer dans un très grand nombre de villes de l'Afrique et de l'Asie. L'esprit commercial, le goût de la spéculation, le besoin d'acquérir, sont trop puissants chez l'homme pour qu'il se laisse effrayer par un danger qui est en somme le plus grand de tous. Au Sénégal, en particulier, on s'assurera la coopération d'une population qui n'est pas inintelligente, et les voies ferrées en construction, celles du Cayor et du Sénégal au Niger, donneront des résultats dont on ne peut encore mesurer l'importance. On doit souhaiter que les Français consacrent leur ambition et leurs forces à ces œuvres civilisatrices au plus haut point ; il ne faut pas juger uniquement de semblables entreprises au point de vue de leur revenu éventuel, quoique des avantages sérieux en doivent résulter sûrement tôt ou tard.

Le chemin de fer que l'on a nommé le Transsaharien a certains rapports avec ce railway du Soudan. D'après les projets en discussion, cette voie ferrée partirait du sud de l'Algérie, toucherait probablement les groupes d'oasis, importants et fortement peuplés, de Figuig et du Tafilalet [1] ainsi que ceux du Touat, et se dirigerait vers Timbouctou à travers tout le Sahara occidental. A Timbouctou, ou dans le port de Kabara, les vapeurs du Niger prendraient les produits européens et les apporteraient dans l'intérieur de l'Afrique. Comme le Niger entre Timbouctou, Kabara et Ségou est, suivant toute vraisemblance, navigable pour les petits vapeurs au moins, on obtiendrait de cette façon, en se servant de la voie ferrée du Soudan, une circulation directe entre l'Algérie et le Sénégal. C'est certainement une grande idée, mais dont l'exécution est encore exposée à rencontrer de très sérieux obstacles.

Les postes français d'Algérie s'avancent, il est vrai, déjà assez loin vers le sud, mais l'influence du gouvernement est très limitée dans ces régions; il existe même dans le nord de l'Algérie, où habitent de nombreux Européens, un grand parti mécontent de l'administration française, comme les derniers soulèvements l'ont démontré. Quand même il serait loisible d'établir les travaux préliminaires de la voie ferrée future en Algérie jusqu'à la latitude d'el-Goléa, cette possibilité s'arrêterait là. Vers le sud se trouve l'important groupe des oasis du Touat, et vers l'ouest celui, aussi considérable, du Tafilalet; deux régions dont il faudra certainement tenir compte, pour l'établissement d'un chemin de fer, à cause de leur nombreuse population et de leur commerce actif. Mais ces deux groupes d'oasis ont été visités jusqu'ici par un très petit nombre d'Européens,

---

1. Cette assertion paraît erronée : parmi les cinq projets de voie ferrée étudiés par la Commission supérieure du Transsaharien, aucun ne touchait ces oasis. (*Note du Traducteur.*)

et un voyage dans leur direction est encore parmi les entreprises les plus dangereuses. Le Tafilalet, qui appartient du reste nominalement au Maroc, est le séjour de beaucoup de chourafa fanatiques, toujours disposés à exciter la population contre les Infidèles. Quoique Fez, si facile à atteindre, soit uni à ces oasis par une route relativement bonne et souvent suivie des caravanes, jusqu'ici un seul voyageur, que ses connaissances scientifiques y rendaient propre, Gerhard Rohlfs, a pu y arriver par cette voie.

Le Touat, ce vaste groupe d'oasis qui est habité surtout par une famille de Touareg[1], toujours particulièrement hostile aux Chrétiens, est pour ainsi dire encore plus dangereux pour les Français. De même que pour le Tafilalet, peu d'Européens l'ont visité et ils y ont supporté des jours difficiles. A diverses reprises les Français ont, il est vrai, conclu des traités avec les habitants de ces contrées, mais que valent ces conventions pour des hommes sans foi ni loi, surtout avec des gens d'autres croyances! La célèbre Mlle Tinné, entre autres, a été victime de leur fanatisme, alors qu'elle avait résolu d'exécuter son entreprise sur la foi d'un traité entre les Français et les Touareg. Si donc il est déjà extrêmement difficile pour des voyageurs isolés d'atteindre le Touat, combien plus d'obstacles trouverait une colonne d'ingénieurs européens, de soldats, etc., chargée d'entreprendre les études du terrain et d'obtenir les mesures exactes, indispensables pour l'établissement des voies ferrées! La première condition à réaliser serait donc que les Français se rendissent com-

---

1. Assertion non fondée : le Touat est habité presque uniquement par des tribus arabes ou berbères. Les Touareg n'y vont que par occasions. (*Note du Traducteur.*)

plètement les maîtres du sud algérien et du Touat ; mais, comme on le voit maintenant, les Arabes d'Algérie saisissant toute occasion favorable de se révolter, il sera probablement nécessaire, pour des travaux de colonisation de ce genre, de procéder autrement que jusqu'ici. Si l'on réussissait à incorporer le Touat dans les possessions françaises, cela ne suffirait en aucun cas pour faire de la traversée du Sahara une entreprise sûre, même jusqu'à un certain point. De tous côtés menacent des difficultés : à l'ouest, dans les groupes d'oasis de Figuig et du Tafilalet, se trouvent les Arabes et les Berbères fanatiques du Maroc méridional ; à l'est le Fezzan, placé sous la domination turque et renfermant d'importantes places de commerce ; c'est là du reste qu'un arrangement favorable aux Français serait le plus aisément conclu. Au sud se dresse le pays montagneux, presque complètement inconnu, du Ahaggar, dont les habitants, à peu près exclusivement Touareg, se sont jusqu'ici gardés avec le plus grand succès des intrus européens et qui prépareraient aux entreprises françaises la résistance la plus sérieuse. Ces gens sont en effet les instigateurs et les complices du massacre, si profondément regrettable, de l'expédition Flatters. Soumettre ces divers groupes de Touareg, qui circulent dans le Sahara ou qui s'y sont plus ou moins fixés, constituerait déjà une tâche difficile pour les Français : les Turcs seraient plus à même d'accomplir quelque chose de semblable.

D'après cela on reconnaît que l'état politique du nord de l'Afrique est de telle nature qu'il doit faire regarder le projet d'un Transsaharien tout au moins comme prématuré. Si les Français ou quelque autre nation européenne réussissaient à soumettre ce mélange de peuples qui habitent le nord et le nord-ouest de l'Afrique, ou à s'en faire des amis, la question serait alors résolue au point de vue politique.

Lorsqu'on demanda aux Chambres françaises, et qu'on en obtint, des sommes assez importantes pour les travaux préliminaires du chemin de fer du désert, on n'était certainement pas assez au courant des rapports des Français avec la population mahométane du nord de l'Afrique, ou bien on saisit l'idée du Transsaharien avec un optimisme incompréhensible. De France même, on a déjà dirigé de nombreuses tentatives pour atteindre Tombouctou : maint vaillant explorateur, enthousiasmé pour sa tentative, y perdit la vie, ou dut y renoncer le cœur gros ; mais sa qualité même de Français lui avait certainement été plus nuisible qu'utile. Les indigènes de ces pays savent parfaitement qu'ils ont surtout à craindre de la part des Français des empiétements sur leur indépendance. Il faudrait que l'on fût bien convaincu en France que la population du Nord-Africain est encore aujourd'hui complètement hostile à ses nouveaux maîtres et qu'elle ne se courbe qu'impatiemment sous leur joug. Cette disposition est fort à regretter, car, d'après moi, on ne peut que souhaiter, dans l'intérêt de la civilisation, de voir les beaux pays riverains de la Méditerranée, si négligés sous la domination de l'Islam, prospérer entre les mains d'une puissance européenne. Espérons qu'après les révoltes sans nombre, les massacres de Chrétiens, etc., les Français sauront prendre maintenant une voie plus sûre pour se faire des amis de la population arabe, ou, s'ils ne le peuvent la rendre du moins incapable de nuire.

Les questions techniques soulevées par le Transsaharien me paraissent aussi défavorables que les circonstances politiques.

Quoique en général on soit maintenant mieux au courant qu'il y a dix ans de la constitution du sol dans le Sahara, bien qu'on sache aussi qu'il ne forme pas du tout une plaine uniforme, mais un plateau d'une structure très variée, les études spéciales du terrain offriraient encore des difficultés considérables pour le tracé d'une voie ferrée. Le manque d'eau, ou plus exactement sa répartition défavorable, les nombreux oueds profondément découpés, et surtout les immenses régions de dunes constitueraient des obstacles, qui, en somme, s'ils ne sont pas absolument invincibles dans l'état actuel de nos connaissances techniques, seraient pourtant extrêmement difficiles à vaincre.

Bien que les grands massifs de dunes (areg, iguidi) soient fixes en général, il y a à l'intérieur de ces chaînes de montagnes de sable, souvent très longues et très larges, des modifications dans la configuration des crêtes et dans la position des collines isolées, qui permettraient à peine d'établir une voie solide. On serait donc obligé d'éviter les masses de sable mouvant et de chercher à utiliser uniquement le sous-sol fixe, sans pouvoir empêcher les dunes de changer fréquemment de position, de grandeur et de forme sous l'action des vents. Ces deux facteurs, le temps et l'argent, suffiraient peut-être à écarter cet obstacle, mais on doit être à peu près certain que, si l'on voulait en venir réellement à la construction d'une voie, on trouverait encore de nombreuses difficultés, qu'on ne peut ni prévoir ni contrôler à l'avance.

Si les circonstances politiques et les questions techniques ne sont pas particulièrement à souhait pour la construction d'un Transsaharien, le problème économique qu'elle soulève ne paraît pas non plus très encourageant. Il pourrait bien se faire que pendant des années il ne doive pas être question d'une rémunération de l'énorme capital de premier établissement : dans les conditions actuelles du commerce au Sahara et à Timbouctou, les frais annuels d'entretien de la voie seraient même bien loin de pouvoir être couverts. En traitant du commerce à Timbouctou, nous avons vu qu'en général l'exportation y est minime et que le commerce des esclaves forme une des branches principales de recettes. Tout ce qui s'en exporte annuellement en or, en ivoire, en gomme et en plumes d'autruche tiendrait aisément sans doute dans quelques trains de chemin de fer. D'un autre côté, on sait par expérience que, partout où sont construites des voies ferrées, le commerce et la circulation augmentent, souvent dans des proportions importantes. L'importation s'accroîtrait de même sûrement, car il y a au Soudan des produits naturels qu'on abandonne sur place comme sans valeur, parce qu'ils ne compensent pas le prix du transport à dos de chameau (il suffit de citer les peaux); en tout cas, il s'écoulera bien du temps avant qu'une modification heureuse soit apportée à cet état de choses.

Les conditions de l'importation des marchandises par un chemin de fer saharien seraient un peu plus favorables que celles de l'exportation. Si l'on admet, suivant une appréciation très optimiste, qu'annuellement il arrive à Timbouctou 50 000 charges de chameaux, mais dont la moitié seulement viennent du nord, c'est-à-dire de la direction du chemin de fer projeté, et si l'on tient compte que chaque chameau porte trois cents livres, on peut calculer combien de trains de chemins de fer seraient nécessaires pour le transport de ces marchandises. Il ne faudrait pas compter sur une circulation de voyageurs un peu active ; de même qu'on ne pourrait transporter par voie ferrée les esclaves venant du Soudan et se rendant dans les pays du Nord-Africain.

On voit donc par ce court exposé qu'autant tout le projet du Transsaharien est encore incertain et nuageux, autant les chemins de fer commencés déjà au Sénégal paraissent sainement conçus et pleins d'avenir. Nos idées sur les grandes entreprises que nous venons de nommer peuvent se résumer ainsi qu'il suit :

Pour ce qui concerne le chemin de fer du Sahara : 1° les difficultés techniques ne sont pas invincibles avec l'aide du temps et de l'argent ; 2° il ne pourrait être question pendant bien des années d'une rémunération du capital de construction ; 3° l'état politique du nord de l'Afrique est tel, qu'en ce moment on ne pourrait même pas procéder aux travaux préliminaires les plus sommaires pour l'établissement d'une voie ferrée à travers le désert.

En ce qui concerne les chemins de fer du Soudan : 1° les difficultés techniques ne paraissent pas considérables, abstraction faite du climat malsain ; 2° les relations des côtes avec l'intérieur pourraient augmenter à tel point, que les frais, d'ailleurs assez peu importants, de l'installation d'une voie ferrée ne devraient certainement point être considérés comme un capital perdu ; 3° les circonstances politiques ne sont pas défavorables aux Français et seraient complètement rassurantes s'ils arrivaient à briser d'une façon quelconque l'influence fâcheuse du sultan de Ségou et de sa bande fouta.

CHAPITRE XI

LE SAHARA ÉTAIT JADIS HABITABLE.

Nature du Sahara. — Hamada. — Es-sérir. — Dunes. — El-Eglab. — El-Meraïa. — El-Azaouad. — Zone de transition. — Anciens écrivains au sujet du Nord-Africain. — Nombreux lits de rivière. — Grands mammifères du nord de l'Afrique. — Les étangs à crocodiles de Bary. — Chameaux et chevaux. — Constructions égyptiennes. — Pétroglyphes. — Age de pierre dans le Nord-Africain. — Cause de la formation des déserts. — Humboldt et Peschel. — Vents régnants. — Changement de climat. — Effets du déboisement. — Production des sables. — La mer Saharienne.

Les derniers voyageurs qui ont parcouru le nord de l'Afrique ont fait connaître de nombreux détails sur la constitution du Sahara, et pourtant on rencontre très fréquemment les idées anciennement répandues d'après lesquelles ce désert doit être considéré comme une plaine immense couverte de sables. On parle encore de la prétendue mer desséchée du Sahara, et l'on se figure probablement toute cette énorme surface comme un ancien lit d'océan, quoique l'on sache bien qu'une mer, ou un bras de mer, qui serait desséchée par des moyens naturels ou artificiels, ne pourrait mettre au jour un terrain exclusivement sablonneux. Dans les chapitres précédents j'ai déjà fait remarquer à diverses reprises, et l'on peut s'en assurer en étudiant les altitudes de tous les itinéraires que je donne, que le Sahara occidental est non une plaine, mais un plateau situé en moyenne à plus de 200 mètres au-dessus du niveau de la Méditerranée ; on a souvent établi ce fait pour les autres parties du Sahara. De même, sa prétendue uniformité n'existe pas, comme on doit l'avoir remarqué en lisant le récit de mon voyage. Lorsqu'on a franchi la puissante chaîne de l'Atlas qui s'étend du sud-ouest au nord-est, on arrive d'abord sur la Hamada (désert de pierres), répartie sur une large zone dans la direction de l'ouest à l'est. Le versant sud de l'Atlas est très escarpé, et la transition de la région des montagnes au plateau tout à fait subite. Cette Hamada, qui a environ 400 mètres d'altitude, consiste en une plaine uniforme constituée surtout par du calcaire bleu foncé; la surface presque horizontale de ses couches est sans végétation et sans eau, et l'on ne trouve les végétaux ligneux et de petite taille qui servent à la nourriture des chameaux, que là où apparaît le sable, ou bien dans les lits de rivières desséchés. Les masses rocheuses du Sahara appartiennent pour la plus grande partie aux formations du calcaire carbonifère, comme le prouvent beaucoup de fossiles laissés à nu par les intempéries, et appartenant surtout aux genres des Producti et des Spirifères, ou des Encrinides. Par places le voyageur rencontre une région nommée *es-sérir* par les Arabes : plaine horizontale, couverte de millions de petites pierres, cailloux roulés pour la plupart et appartenant aux différentes variétés de quartz: silex, agate, jaspe, roche cornée, etc., et de rognons de minerai de fer. Ces cailloux roulés, ainsi que les fossiles couvrant la plaine, ont une surface remarquablement polie; c'est un effet du frottement des petits grains de quartz constituant le sable du désert, qui sont mis en mouvement par le vent.

Une marche de quatre à cinq jours dans la Hamada mène le voyageur dans une petite oasis, celle de Tendouf, bourgade qui ne date que de vingt ans environ, mais qui a déjà atteint une certaine importance. De jolies maisons, des jardins et de l'eau en abondance font de cette oasis un agréable lieu de repos, surtout parce que la population, qui appartient aux tribus des Maribda et des Tazzerkant, n'est pas mal disposée pour les étrangers. De là partent annuellement plusieurs grandes caravanes; les habitants possèdent beaucoup de chameaux, qu'ils louent aux négociants, ou qui leur servent à transporter vers le sud des marchandises pour le compte de ces derniers. La véritable Hamada ne s'étend que peu au sud de Tendouf et se perd alors dans une masse colossale de dunes, la région de l'Iguidi (en arabe, Areg). Cette Iguidi consiste en une série de longues chaînes de montagnes, avec des pics de quelques centaines de pieds, et formées uniquement de fin sable mouvant de quartz. De loin on croit avoir devant soi des hauteurs étendues, aux formes pittoresques.

Les dunes vont en général du sud-ouest au nordest, s'élèvent lentement en venant du nord-ouest et tombent presque à pic du côté opposé à la direction dominante des vents. Leur passage est pénible pour les caravanes, car les animaux chargés s'enfoncent de plusieurs pieds dans le sable pur et fluide; la chaleur est également très forte dans cette région d'Areg, qui est au nombre des plus désagréables du désert, d'autant plus que ces chaînes de collines changent constamment de contours et souvent même de place, de sorte que les guides s'y trompent fréquemment. Au contraire, l'eau n'y est pas rare sous le sable, et il existe par suite un peu de végétation, quoiqu'elle soit chétive. Le monde animal y est lui-même représenté, et de petits troupeaux de gazelles et d'antilopes courent çà et là.

Après avoir passé cette région de dunes, on traverse de nouveau un terrain tantôt rocheux, tantôt sablonneux, jusqu'à ce qu'on atteigne, au bout de peu de jours, le pays d'el-Eglab, où se dressent des montagnes et des chaînes de granit et de roche porphyrique. Ces hauteurs apparaissent à la limite sud des grands plateaux paléozoïques (carbonifères et dévoniens) qui constituent la partie nord du Sahara occidental ; plus au sud je rencontrai de nouveau ces couches, riches en pétrifications.

Le pays change alors fréquemment d'aspect : on franchit une plaine de sable, puis une région pierreuse ; de temps en temps se montrent de petites étendues d'areg : on passe beaucoup de lits de rivières desséchées, dont quelques-unes sont considérables, et qui toutes se dirigent de l'est à l'ouest : le caractère de cet ensemble n'est pas du tout aussi uniforme qu'on s'y attendrait.

On arrive alors dans la large vallée de l'oued Teli et auprès de la petite ville de Taoudeni, célèbre et importante pour ses vastes salines, qui sont exploitées de temps immémorial. Des milliers de charges de chameaux en partent tous les ans pour Timbouctou.

La région de Taoudeni est intéressante ; tandis que le Sahara formait jusque-là un plateau de 250 à 300 mètres d'altitude, il s'abaisse à 150 mètres, mais en demeurant toujours au-dessus du niveau de la mer, de sorte qu'il ne peut être question d'une dépression absolue dans cette partie du désert. Au sud de Taoudeni, à partir de l'oued Teli et de l'oued Djouf, le terrain se relève ; les plaines de pierre et de sable alternent avec de petites régions d'areg, et même des chaînes de collines en quartzite. Après avoir franchi une étendue stérile, garnie de blocs de pierre, et nommée el-Djmia, on arrive à une autre grande plaine, entièrement couverte d'alfa, et qui porte le nom d'el-Meraïa (le Miroir). Ce pays va jusqu'à la grande région d'Areg, qui commence peu avant la ville d'Araouan et s'étend encore à un jour de marche vers le sud. La situation de cette ville est affreuse; elle est placée au milieu d'une masse gigantesque de dunes, où l'on ne voit pas la moindre trace de végétation, quoique l'eau y soit abondante; car les vents chauds du sud, qui règnent dans cette région, ne laissent croître aucun végétal, et les nombreux chameaux qui s'y rencontrent doivent être menés à des milles de distance, avant de trouver du fourrage. A un jour au sud d'Araouan commence la grande forêt de mimosas, el-Azaouad, qui s'étend encore bien au delà de Timbouctou.

Cette forêt va également au loin vers l'est, car d'autres voyageurs en citent une pareille au sud de Mourzouq, sous la même latitude; elle établit la jonction du désert, pauvre en animaux et en végétaux, avec le Soudan. A mesure qu'on avance dans cette direction, apparaissent, parmi les mimosas résineux isolés, d'autres plantes plus vigoureuses; le monde animal devient plus riche; çà et là se trouvent ce que l'on nomme des dayas, c'est-à-dire des étangs : on rencontre de nombreux Arabes nomades, avec de grands troupeaux, jusqu'à ce qu'on atteigne le bourg de Bassikounnou, la première localité fixe, qui se trouve déjà dans le Soudan, comme le démontrent l'apparition du puissant baobab, des luxuriantes Euphorbiacées, etc., de même que celle de la latérite, formation ferrugineuse caractéristique des tropiques.

Nous avons vu dans les pages précédentes que le Sahara n'est pas du tout une grande plaine couverte de sable, mais un plateau de structure très variée, parcouru de nombreux lits de rivières desséchées, et sillonné de beaucoup de montagnes, avec des régions de dunes et des plaines d'alfa, de la hamada et des déserts de sable : bref, nous avons traité la question : Qu'est-ce que le Sahara? et nous arrivons maintenant à la discussion de celle-ci : Qu'était-ce que le Sahara?

Il a été déjà dit plusieurs fois, dans le cours de ce récit, que nous possédons une foule de témoignages historiques et physiques prouvant que la constitution du désert était jadis tout autre, et que l'espace de temps pendant lequel des modifications aussi profondes ont eu lieu est, selon toute vraisemblance, relativement très court. Nous tirons d'abord ces témoignages des anciens auteurs qui ont décrit les pays du nord de l'Afrique, et, en outre, de la conformation actuelle du Sahara ou de l'absence des êtres organisés, qui y ont sûrement vécu autrefois.

On doit d'abord faire ressortir ce fait, que le désert est parcouru de nombreux lits de rivières, dont la plus grande partie sont aujourd'hui desséchées. Avec leurs berges à pic, ces oueds se découpent partout très nettement dans le terrain, de sorte qu'on en peut établir sûrement la largeur et la direction. Ce sont exclusivement des vallées creusées par des eaux courantes : ce qui prouve que le Sahara doit avoir été jadis un pays abondamment arrosé. L'origine de ces nombreux cours d'eau, souvent larges et profonds, doit être ancienne, et remonte peut-être à une période contemporaine des temps diluviens; mais leur dessèchement complet et leur ensablement paraissent dater à peine de quelques milliers d'années.

Les oueds mêmes prennent surtout leur source dans les pays de montagnes et de hauts plateaux du

Sahara central, d'où les eaux s'écoulaient au nord et au nord-est vers la Méditerranée, au sud dans le Niger (et le lac Tchad), et à l'ouest vers l'océan Atlantique; sur la rive gauche du Nil on voit également des oueds desséchés : ce puissant fleuve, qui se distingue par le petit nombre de ses affluents, devait autrefois en avoir du côté des déserts libyens.

Le Sahara a été trop peu étudié pour que l'on connaisse le cours exact de ses nombreux oueds, même d'une manière approximative; mais leur existence est certaine; si l'on admet que les divers lits de rivières larges et profonds que j'ai traversés en coupant le désert occidental du nord au sud, aient été pleins d'eau autrefois, comme il est probable (car ce sont, je l'ai dit, exclusivement des vallées d'érosion, qui n'ont rien à faire avec les phénomènes purement géologiques), le Sahara occidental devait être alors une région riche en végétation et en animaux, soumise à des pluies régulières, et habitée par une population s'occupant d'agriculture et d'élevage.

Ce qui s'applique au Sahara occidental est également vrai pour le reste de ces solitudes immenses, dont la composition est partout la même et dont les parties ne diffèrent qu'au point de vue de leur étendue. Vers l'est, la « transformation en désert » exerce des effets beaucoup plus intenses, de sorte que nous voyons dans la Libye le maximum de surfaces de sables, le plus grand manque d'eau et la plus faible densité de population, tandis qu'à l'ouest les circonstances sont moins défavorables.

Les anciens auteurs nous font connaître que le nord de l'Afrique était jadis habité par de grands mammifères, qui depuis longtemps n'y ont plus trouvé de conditions normales d'existence. Les Carthaginois employaient les éléphants d'Afrique à la guerre : ce qui prouve que cet animal est susceptible de dressage comme celui de l'Inde, et que dans le nord de la Tunisie il y avait jadis une plus grande abondance d'eau, avec une vie végétale plus active. D'ailleurs, dans l'antiquité, les côtes sud de la Méditerranée étaient célèbres pour leur grande fertilité. L'hippopotame et le crocodile sont cités comme habitant alors les rivières qui se jettent dans cette mer, ainsi que l'oued Draa; aujourd'hui ce dernier grand fleuve ne roule plus d'eau que dans son cours supérieur, tandis que ses parties moyenne et inférieure forment de larges plaines argilo-sablonneuses où l'on cultive des champs d'orge; ce n'est que dans les années particulièrement pluvieuses qu'un faible courant d'eau atteint l'océan Atlantique. Nous savons par de Bary, mort malheureusement trop tôt, qu'aujourd'hui encore, au milieu du Sahara, il existe des étangs, qui sont peut-être les restes d'anciens fleuves et contiennent des crocodiles. Tout cela indique naturellement que les oueds aujourd'hui ensablés étaient jadis remplis d'eau.

Le chameau, maintenant indispensable pour la traversée du Sahara, n'existait pas encore dans le nord de l'Afrique au début de l'ère chrétienne ; il y a été introduit d'Asie par l'Égypte. Il paraît même être arrivé tard seulement dans cette contrée, car il n'est représenté nulle part sur les monuments égyptiens, et l'on n'aurait certainement pas laissé de côté un animal si caractéristique, alors que tous les autres genres d'animaux ont servi de modèles. Et pourtant les anciens écrivains racontent que, de tout temps, des relations se sont établies entre les habitants du nord de l'Afrique et ceux du sud :

les Garamantes entreprenaient avec leurs chevaux des voyages et des expéditions vers le midi.

Il est vrai qu'on mentionne déjà à cette époque des régions pauvres en eau. Actuellement une grande troupe de chevaux ne pourrait traverser nulle part le Sahara, car il faudrait prendre pour chacun de ces animaux plusieurs charges de chameau en eau et en fourrage.

Les constructions colossales des anciens Égyptiens, aujourd'hui au milieu du désert, ont été sans doute, à l'origine, élevées dans des endroits accessibles, et où des hommes pouvaient vivre aisément : nous devons donc en conclure que la vallée du Nil a jadis été beaucoup plus large.

Des ruines nombreuses et étendues situées dans le sud de l'Algérie, de nos jours complètement transformé en désert, prouvent que jadis il y a eu là une civilisation florissante.

Les preuves que nous venons de citer démontrent donc que, même dans des temps historiques, il y a deux ou quatre mille ans (cela ne change rien au point actuel où en sont nos connaissances au sujet de l'âge de la race humaine), certaines parties du Sahara étaient riches en eaux et habitables, et que depuis cette époque les circonstances se sont modifiées au préjudice des pays en question.

En beaucoup de points de la terre on trouve ce que l'on nomme des « pétroglyphes », c'est-à-dire des dessins et des représentations d'objets tracés sur la pierre ; elles sont particulièrement nombreuses dans le Sud-Américain, mais il y en a également dans le nord et le sud de l'Afrique. Ces pétroglyphes ont été regardés, par la plupart des voyageurs, comme des signes d'écriture provenant d'un peuple primitif, et les hypothèses ethnographiques les plus osées ont été établies sur cette supposition. Maintenant on sait que la majorité de ces dessins ont une origine moins noble et que généralement, du moins dans le nord de l'Afrique, ils ne constituent que le résultat du désœuvrement des bergers, ou peut-être aussi des indications relatives aux chemins et des signes rappelant des souvenirs quelconques. J'ai trouvé des dessins semblables au sud du Maroc, dans les montagnes dites de l'Anti-Atlas, et l'on me dit qu'ils provenaient de bergers. Mardochai ben Serour les avait déjà vus et en avait envoyé des reproductions à la Société de Géographie de Paris. Elles sont précieuses en ce qu'elles montrent des figures d'animaux qui ne vivent pas et ne peuvent plus vivre dans ces pays, l'éléphant, le crocodile, la girafe. On peut donc les ranger parmi les témoignages attestant les modifications de la structure physique des contrées en question; les habitants d'autrefois connaissaient donc des animaux qui ne trouvent plus ici les conditions nécessaires à leur existence et qui se trouvaient peut-être déjà à l'état de raretés dans les rochers calcaires de l'Atlas.

Enfin, pour remonter encore plus haut, il nous faut encore attirer l'attention du lecteur sur l'âge de la pierre. L'Afrique a eu une période de ce genre aussi bien que l'Europe, et les trouvailles faites en Égypte, en Algérie, sur la côte d'Or, sur celle des Somalis, dans le Mozambique, et surtout au Cap, sont des preuves tout à fait indéniables de son existence. Dernièrement on a rencontré des outils de l'âge de la pierre très loin dans le désert : Gerhard Rohlfs en a recueilli près de Koufara, et moi près de Taoudeni. Les outils que j'ai trouvés là sont en pierre verte dure, d'un beau travail et d'un poli parfait ; ils ressemblent tout à fait à ceux rencontrés en Europe. Il est tout à fait improbable que des gens encore dépourvus de la connaissance des métaux et réduits à se servir de pierres en guise d'outils aient habité un désert où les conditions d'existence sont aussi extraordinairement défavorables ; ils auront vécu au contraire dans les pays fertiles et boisés qui constituaient certainement jadis le Sahara. Cette région livrerait sûrement encore maint document de l'histoire primitive de l'homme, si les difficultés de son exploration n'étaient aussi grandes ; je n'entends point par là celles qui proviennent du climat, car elles se laissent tourner et modifier jusqu'à un certain point, mais uniquement celles causées par la population et qui ont pour origine son avidité plutôt que son fanatisme religieux : elle rend impossibles les explorations scientifiques des Européens.

J'ai résumé dans les lignes précédentes les circonstances démontrant, à mon avis du moins, que le Sahara était jadis habitable et qu'encore au début de l'ère chrétienne, certaines de ses parties offraient sous ce rapport des conditions meilleures que celles d'aujourd'hui. Une question s'impose alors : Quelles sont les causes qui ont provoqué une modification si grande dans la structure physique de régions aussi étendues ? Comment expliquer la sécheresse de l'air et la petite quantité de pluies dans le Sahara ?

On sait que Humboldt a fait remarquer que les vents alizés du nord-est venant de l'intérieur de l'Asie exerçaient une action desséchante ; Peschel, saisissant cette idée avec enthousiasme, a prétendu s'en servir uniquement pour expliquer la transformation en désert d'une grande partie de l'Asie et de l'Afrique. Mais il faut remarquer que, dans le nord de cette dernière contrée, les vents du nord-est sont très rares. Presque tous les voyageurs ne mentionnent dans le Sahara septentrional que les courants atmosphériques du nord et du nord-ouest : dans le Sahara occidental je n'ai observé, jusqu'avant dans le sud, que des vents frais et agréables du nord-ouest, et ce fut plus tard seulement qu'apparurent les courants brûlants venus du Soudan. Mes compagnons, dont plusieurs avaient souvent entrepris le voyage d'Araouan et de Timbouctou et cela aux époques de l'année les plus diverses, y ont toujours remarqué des vents du nord-ouest, c'est-à-dire provenant de l'océan Atlantique. On doit donc regarder les vents alizés comme n'étant pas, à eux seuls, les causes de la formation des déserts, quoiqu'on ne puisse nier qu'ils exercent une certaine influence.

On entend souvent les mots de « changement de climat ». Mais il est difficile de dire ce que l'on comprend par là et quelle peut en être la cause. Ces mots n'ont aucune signification précise, d'autant plus que l'on ne devrait les employer que pour des faits survenus dans l'intervalle des périodes géologiques et non pour des phénomènes qui doivent remonter seulement à quelques milliers d'années. Introduire une action cosmique comme raison de ces changements sera toujours incertain : au lieu de faire intervenir des hypothèses cherchées bien loin, il conviendrait plutôt de tenter d'expliquer de la façon la plus simple possible les phénomènes étudiés.

Des vents desséchants peuvent avoir joué un rôle dans la transformation en désert d'une grande partie de l'Afrique ; mais je voudrais aussi, en étudiant cette question, attirer l'attention sur certaines circonstances qui expliquent peut-être bien des faits d'une manière fort simple.

Comme je l'ai dit plus haut, des montagnes et des plateaux du Sahara central sortent des rivières nombreuses et puissantes, d'ailleurs desséchées aujourd'hui, qui prennent les directions les plus différentes. C'était donc la région des sources d'une foule de courants d'eau. Il est tout à fait improbable qu'un terrain d'où coulaient tant de rivières n'ait pas possédé une végétation luxuriante. Nous sommes donc obligés d'admettre que ces montagnes du Sahara central ont été jadis fortement boisées ou tout au moins couvertes d'une grande quantité de végétaux herbacés; sans cette circonstance on ne pourrait expliquer une circulation d'eau régulière comme elle existe et comme elle a existé sur toute la terre. Il doit même y avoir eu des pluies très violentes dans cette région de sources, car les rivières s'y sont creusé des lits larges et profonds, c'est-à-dire qu'elles ont dû rouler d'énormes masses d'eau, ce qui n'est possible que dans les contrées boisées : d'autre part, la longueur du cours de ces rivières prouve elle-même de nouveau la croissance de végétaux dans les régions parcourues.

Nous connaissons, il est vrai, très peu la région centrale du Sahara; mais, autant que nous pouvons le savoir, il n'y existe pas aujourd'hui de végétation riche et puissante ; des cours d'eau permanents, de peu d'importance, s'y trouvent encore, mais les grands oueds sont desséchés et ensablés. La végétation des montagnes a disparu, dans la suite des milliers d'années, peut-être en partie à cause d'un déboisement artificiel. Les conséquences de cette disparition doivent être les suivantes : d'abord une grande irrégularité dans la circulation de l'eau, une diminution des pluies, la disparition de la couche d'humus, une décomposition plus complète des roches, la diminution du volume d'eau dans les rivières, qui ont fini par atteindre l'état où nous les voyons aujourd'hui. Les grandes masses de sables (grès et quartzite désagrégés) ne sont plus entraînées à la mer, car le volume d'eau courante ne suffit plus à cette tâche, et elles demeurent dans les lits jusqu'à ce qu'enfin la diminution du débit soit si grande, que la majeure partie des rivières deviennent des oueds desséchés. Du reste, aujourd'hui on trouve encore assez souvent un peu d'eau sous le sable de ces oueds : les étangs à crocodiles rencontrés dans le Sahara et dont j'ai parlé déjà ne sont probablement que les restes les plus profonds des grandes rivières d'autrefois.

Nous avons vu dans beaucoup d'endroits ce que les destructions de forêts peuvent produire, en Algérie, en Espagne, en Istrie, etc.; et je puis très bien m'imaginer qu'un déboisement, artificiel ou naturel, prolongé pendant un temps fort long, de la région des sources des montagnes du Sahara central ait pu produire des modifications extraordinaires dans la structure physique. Ce déboisement ne devrait donc pas être négligé dans la discussion des causes de la formation des déserts.

On parle toujours de l'ancienne mer du Sahara. Si l'on emploie le mot « ancienne » dans le sens géologique, on a parfaitement raison ; aux temps des formations carbonifères, dévoniennes, crétacées et probablement aussi tertiaires, il y a eu des mers réparties par places, mais l'épaisseur de sable qui couvre aujourd'hui une grande partie du désert n'a rien de commun avec le lit d'un ancien océan et provient simplement de montagnes de grès ou de quartzite détruites par les agents atmosphériques. Ce sable est réuni en grandes masses dans les vallées des rivières, ou groupé en dunes par les vents régnants, et vient généralement des lits de rivières, d'où il est enlevé par le vent et dispersé au loin. En tout cas, il est inadmissible de voir dans ces surfaces le fond d'une ancienne mer.

La majorité des rivières de l'Afrique occidentale qui se jettent encore maintenant dans l'Atlantique au sud du Sahara, roulent des masses de sables considérables ; j'ai observé ce phénomène, en proportions tout à fait surprenantes, dans l'Ogooué, où, en temps de sécheresse, des bancs extrêmement longs et hauts de plusieurs mètres surgissent de l'eau. De même les embouchures de ces rivières, celles de l'Ogooué et du Congo par exemple, ne laissent que d'étroits passages, praticables pour les navires, entre les puissantes masses de sable qui y sont entassées. La raison de cette accumulation est la suivante : toutes les rivières doivent rompre la lisière très riche en quartzite des montagnes schisteuses de l'Afrique occidentale : ces passages forment généralement un angle droit avec la direction de la chaîne, d'où résultent des terrasses, des chutes d'eau et des rapides ; les débris de quartzite entraînés sont réduits en grains de sable dans la suite de leur longue course et parviennent enfin sous cette forme et en masses immenses jusqu'à l'océan Atlantique.

Si, par exemple, les gigantesques forêts de la région des sources de l'Ogooué et de ses affluents étaient détruites d'une manière quelconque, je puis très bien m'imaginer qu'en admettant pour ce phénomène la durée et l'intensité nécessaires, il puisse se produire, dans les pays situés entre l'équateur et le Congo, des conditions semblables à celles que nous voyons au nord de l'Afrique dans le Sahara, ainsi qu'au sud dans le désert de Kalahari.

Vers ces derniers temps on a tenté, surtout du côté des Français, de fertiliser le désert, et le fonçage de nombreux puits artésiens en Algérie est certainement le meilleur moyen pour conquérir de nouveaux terrains de culture à la population arabe pauvre. En tout cas un travail semblable, qui s'opère sans bruit, mais avec des progrès constants, est plus important et plus utile que l'idée, encore trop répandue, de mettre sous l'eau une partie des chotts d'Algérie et de Tunisie. En supposant que les mesures prises soient exactes, nous admettons qu'il soit techniquement possible de creuser à partir de la Méditerranée un canal allant vers les chotts, mais nous ne pouvons nous convaincre que l'utilité d'un pareil travail soit en proportion avec les moyens à mettre en œuvre : et nous laissons ici de côté la crainte de voir ainsi créer un grand marais salé, qui rendrait le climat encore plus malsain.

Nous avons traité précédemment de l'autre grand projet des Français relatif au désert, le Transsaharien.

CHAPITRE XII

CONCLUSIONS.

La découverte de nouvelles régions et l'exploration de celles qui sont déjà connues se succèdent aujourd'hui avec une vitesse extraordinaire en Afrique, et des voyageurs de toutes les nations civilisées y prennent part. Les causes qui avaient fait progresser si lentement jusqu'ici les découvertes géographiques tiennent aux difficultés propres du pays et à la barbarie de ses habitants.

Le climat, mortel presque sur tous les points, le manque de voies navigables et de chemins, les forêts épaisses des vallées, la large zone difficilement franchissable du Sahara, qui sépare les terres tempérées de l'Afrique méditerranéenne de la partie tropicale du continent, tous ces obstacles ont autant d'importance que la résistance d'une sauvage population noire, adonnée à un grossier fétichisme. Mais nous en trouvons de semblables dans d'autres parties de la terre. Les déserts de l'intérieur de l'Asie et de l'Australie valent le Sahara; les Nyam-Nyam du Nil supérieur ou les Fan de l'Ogooué sont beaucoup moins dangereux que les anthropophages de la Nouvelle-Guinée, et le climat de ce pays ou des îles de la Sonde est aussi meurtrier que celui des côtes orientale et occidentale de l'Afrique. Mais il intervient dans cette contrée un autre facteur, qui pèse lourdement dans la balance : c'est l'Islam. Tout voyageur chrétien dans le nord de l'Afrique doit lutter, non seulement contre le climat et une population pillarde, mais aussi contre cette forme religieuse : plus d'explorateurs ont échoué dans cette tâche que devant les autres circonstances défavorables rencontrées par eux. Il est aisé de comprendre qu'un voyageur tué par les Touareg uniquement parce qu'il est Chrétien, excite un intérêt beaucoup plus général qu'un autre succombant à la fièvre des tropiques : comme le nombre de ceux qui sont victimes du fanatisme mahométan n'est pas du tout sans importance, les voyageurs qui se rendent dans ces pays sont accompagnés, outre les sympathies générales du monde civilisé, de celles qui sont spéciales aux Chrétiens.

Il est vrai que presque toutes les religions montrent une tendance à devenir universelles, et que seuls leurs moyens diffèrent pour y arriver : mais aucune n'a cherché à atteindre ce but avec aussi peu de scrupules que l'Islam. C'est la seule forme religieuse qui, d'après ses adeptes, ait le privilège des grâces du Seigneur : aucune autre ne peut être regardée comme la valant ; en outre, partout où l'Islam trouve accès dans la population, le pays doit aussitôt tomber en la possession de ses belliqueux missionnaires.

L'Islam aspire à la domination du monde, et fut deux fois sur le point de l'atteindre, une fois au VIIIe siècle, l'autre au XVIe. Il fut alors repoussé au delà des Pyrénées et du Danube ; et aujourd'hui, depuis le commencement de ce siècle, il ne traîne plus, du moins en Europe, qu'une existence misérable et de pur apparat. Certes les sectateurs de Mahomet s'étendent puissamment en Afrique et dans l'Inde, mais les grossières peuplades noires de l'intérieur de l'Afrique, qui ont peine à balbutier leur « Allah kebir », ne seront certainement pas pour l'Islam d'aussi vigoureux combattants que les Arabes et les Turcs. Cette religion ne pourra donc jamais devenir un danger ; la menace de déployer « l'étendard vert du Prophète » et celle de « déclarer la guerre sainte » ont perdu leur importance, et c'est tout au plus si elles pourraient produire en Asie ou en Afrique un arrêt provisoire dans le développement général de ces contrées.

L'Islam a quelque chose d'imposant en apparence quand il reste dans toute sa grandeur et sa pureté : mais, aussitôt qu'il se laisse entraîner à une concession quelconque en face de nos idées modernes, il devient une caricature ridicule. Par principe, il doit se maintenir complètement indépendant de notre civilisation ; il ne veut ni ne peut l'accepter, et c'est de ce point de vue que partent les Mahométans, que ce soient des Arabes ou des Turcs, des Berbères ou des Nègres, pour s'opposer à l'intrusion d'émissaires de l'Occident. Les vrais Croyants s'en rendent compte : une fois le peuple plus au courant des idées européennes, il mettra fin au rôle de l'Islam ; un système de religion aussi immuable, aussi routinier, aussi complètement opposé à tout progrès, ne peut exister que quand on le laisse complètement intact : pour le musulman pieux il ne doit y avoir rien de plus sur terre que le Coran et ses commentateurs. La conséquence de ce principe est, en Afrique comme dans une partie de l'Asie, l'intolérance religieuse, qui s'affirme souvent de la manière la plus grossière chez le bas peuple et dont les pionniers des sciences européennes ont à souffrir en première ligne. A ce fanatisme se trouve liée une cupidité illimitée, existant au fond du caractère de tous les Orientaux et qui est généralement encore plus grande que l'intolérance religieuse : la religion lui sert souvent de prétexte pour couvrir des vols, des meurtres et des assassinats systématiques.

Les nombreux Européens qui visitent aujourd'hui en touristes l'Orient proprement dit rapportent souvent une fausse idée de l'Islam et des Mahométans. Ils voyagent sous la protection de l'Europe et ne voient que le côté, évidemment intéressant pour l'étranger, de la vie musulmane. Les figures calmes et dignes des Arabes ou des Turcs leur imposent alors que les Croyants se rendent à l'appel du mouezzin pour se prosterner devant Allah dans la poussière de la mosquée. Mais ils ignorent que l'on demande dans ces prières l'extermination des Infidèles : les Croyants qui se sont particulièrement distingués dans les combats pour l'unique et sainte religion de Mahomet en espèrent des joies inexprimables. Ils sont en effet attendus au Paradis, dans des jardins remplis de fleurs, au bord de sources fraîches, remplies d'eau excellente, par des houris éternellement vierges, aux regards chastement baissés, belles comme des rubis et des perles, à la taille élancée et aux grands yeux noirs !

Cette prédilection pour les Mahométans n'est pas le fait des touristes de passage seuls, mais aussi de beaucoup de négociants, qui déclarent commercer plus volontiers avec les Turcs et les Arabes qu'avec les Chrétiens fixés en Orient. On ne peut dissimuler que ces derniers, à la suite de leur oppression pendant des siècles, ont perdu ce sentiment du droit, qui doit être regardé comme la base d'un commerce honorable. En raison de la maladresse et de la brutalité avec lesquelles les Osmanlis ont régné dans le sud-est de l'Europe et ont opprimé les habitants chrétiens, il s'est développé une réaction qui a poussé au plus haut point la finesse et la ruse déployées par eux pour la protection de leurs biens; quelque chose de semblable ne se perd qu'au bout de générations, quand le sentiment de la sécurité a pris de nouveau le dessus.

L'Islam élève directement ses Croyants à la fourberie et au mensonge en face des Infidèles : tous ceux qui ont eu longtemps affaire avec les Mahométans se plaindront certainement avec amertume de leurs mensonges et de leur manque de foi; les exceptions sont assez rares pour confirmer la règle.

Beaucoup de faits prouvent que l'on n'est pas trop sévère en accusant les Musulmans de goût pour le pillage et d'intolérance religieuse. Il suffit de parcourir la liste des victimes qui ont succombé, dans ces dernières cinquante ou soixante années, depuis le début des explorations modernes de l'Afrique, à la cupidité et au fanatisme des habitants du nord de ces contrées :

Le major anglais Gordon Laing, tué en 1826 entre Timbouctou et Araouan;

L'Anglais Davidson, tué en 1836 entre Tendouf et el-Arib;

Le meurtre de Vogel et plus tard celui de Beurmann aux frontières du Ouadaï;

Mlle Tinné, Hollandaise, tuée en 1869 dans l'oued Aberdjoudj, entre Moürzouq et Rhat;

Les voyageurs français Dorneaux-Duperré et Joubert, tués en 1872 à quatre jours de marche au sud-est de Rhadamès;

Bouchart, Paulmier et Ménoret, tués en 1875 à Metlili, sur le chemin du Touat;

Les deux guides indigènes du voyageur Largeau, tués en 1876 sur le chemin de Rhat;

Le meurtre du peintre autrichien Ladein en 1880 au Maroc;

Le Juif brûlé vif à Fez, capitale du Maroc, pendant mon

séjour dans cette ville, en janvier de la même année ;

L'attaque de la mission Galliéni, envoyée à Ségou, par les Nègres musulmans du Bambara en 1881 ;

Le massacre terrible d'une partie des membres de l'expédition Flatters, la même année ;

Le meurtre de trois missionnaires algériens, le P. Richard et ses compagnons, près de Rhadamès, en décembre de cette année ;

Charles Soller, tué également en 1881 sur le chott Debaïa dans l'oued Draa ;

La destruction de la mission italienne Giulietti sur le chemin d'Assab-Bai au Qalima ;

L'assassinat du voyageur autrichien docteur Langer par les Arabes (en Asie) ;

L'emprisonnement de Barth à Timbouctou et celui de Nachtigal près de Toubou ;

La blessure presque mortelle reçue par Gerhard Rohlfs en 1864 ;

Le pillage de l'expédition de Rohlfs vers Koufrah, en 1879, par des gens de la secte des es-Senoussi ;

Le pillage de Soleillet sur le chemin du Sénégal à l'Adrar en 1879 ;

L'attaque dirigée sur moi et mon escorte par les Oulad el-Alouch près de Timbouctou ; le massacre projeté de mon expédition par Sidi Housséin dans Ilerh, et l'attaque de ma maison à Taroudant, en 1880 [1].

Les soulèvements récents en Algérie, en Tunisie et en

---

1. A cette liste funèbre il faut ajouter l'assassinat par des Oulad Bouhamou du malheureux lieutenant Palat en mars 1886, à trois jours au nord d'In-çalah. Cet officier, tout jeune et brillamment doué, avait entrepris la traversée du Sahara, de Géryville à Timbouctou, par le Touat. Il croyait pouvoir compter sur l'appui des chefs des Oulad Sidi-Cheikh-ech-Cheraga, la plus puissante tribu du Sud-Oranais, mais fut assassiné par les guides mêmes qu'il en avait reçus. (*Note du Traducteur.*)

Égypte ont été fréquemment signalés par des actes de férocité contre des gens d'autres croyances. L'assassinat de centaines de pacifiques colons espagnols par les bandes de Bou-Amema en Algérie et les massacres d'Alexandrie démontrent que des destructions d'Infidèles comme il y en eut autrefois en Syrie ne sont pas des événements impossibles aujourd'hui. La manière dont, une des années précédentes, le savant professeur Palmer et ses compagnons Charrington et le capitaine Gill avaient été assassinés dans la presqu'île du Sinaï prouvait une cruauté bestiale de la part des hordes arabes de l'endroit. Et que signifie le dernier soulèvement du Mahdi, le faux Prophète, dans le Soudan égyptien, sinon une nouvelle tentative de l'Islam pour se défendre contre la civilisation moderne et, par suite, contre sa propre chute? Ce serait un grand malheur pour l'Égypte, qui a déjà accepté beaucoup des progrès de l'Occident, si ce soulèvement prenait plus d'importance et ne devait pas être bientôt étouffé; car sous les drapeaux du Mahdi se groupent les éléments rebelles qui avaient mis toutes leurs espérances dans l'affaire d'Alexandrie et qui ont été déçus par l'intervention aussi rapide qu'énergique des Anglais. Il existe déjà sur le Nil supérieur un haut degré de civilisation, et il serait triste qu'un fou ou un imposteur, fanatique et avide de butin, détruisît tout ce qui a été fait dans ces pays depuis les dernières années par l'activité de voyageurs, de missionnaires, de fonctionnaires chrétiens, parmi lesquels les Allemands et les Autrichiens jouent un rôle prépondérant et qui y ont épuisé leurs meilleures forces.

Ce n'est point là une liste complète des victimes de l'avidité et de l'intolérance musulmanes, et l'on ne doit prévoir pour une époque prochaine aucune amélioration de cet état de choses; ce qui le prouve le mieux, c'est qu'un vulgaire artisan ait pu réussir à se donner en peu de temps l'auréole d'un Prophète, en groupant autour de lui une armée : c'est ainsi que le Mahdi a conquis le Darfour et le Kordofan, deux grandes provinces de l'Egypte. Dans tous les événements survenus jusqu'aux derniers pillages exécutés par lui, apparaît ce fait, que la cupidité a joué un rôle au moins aussi grand que les motifs religieux ; même dans certains cas le pillage était le but principal, et l'Islam servait uniquement de prétexte. Le faux prophète du Soudan, qui représenterait volontiers son entreprise comme une guerre de religion, a usé de sa conquête d'Obéid, la riche capitale du Kordofan, de la manière qu'ont seuls coutume d'employer les bandes de coupeurs de route et de brigands ; il paraît aussi que son avidité amènera plus tôt sa chute que les victoires des troupes égyptiennes, car on dit que parmi ses partisans il existe un esprit de mécontentement provoqué par le partage d'un riche butin.

Il y a certainement beaucoup de gens qui déclarent injustes les progrès des Européens en face des peuples indigènes ou immigrés des autres parties du monde. D'après leurs théories, on devrait laisser ces peuplades à l'innocence idyllique qu'elles doivent à la nature, ne point leur faire connaître les besoins de notre civilisation, et surtout ne pas prendre leur pays. Le progrès, qui marche à pas tranquilles et réguliers, s'inquiète peu d'une politique sentimentale de cette espèce ; celui qui tente de résister à ses lois générales doit succomber devant lui : les États mahométans de la Méditerranée sont dans ce cas. L'Europe civilisée ne peut voir périr avec indifférence, sous le régime théocratique de l'Islam, des régions aussi favorisées, où s'était développée, il y a des milliers d'années, une civilisation si admirable. Il est incompréhensible qu'il existe encore là un État auquel, jusque fort avant dans notre siècle, les grandes puissances européennes payaient tribut (le Maroc), et où encore aujourd'hui les représentants des nations étrangères habitent non la résidence impériale, mais une ville éloignée de la côte : un pays qui s'est surtout plus complètement dérobé à toute influence étrangère que la Chine et la Corée. Le temps présent verra certainement l'écroulement de cet état de choses vermoulu sur les côtes de l'Afrique méditerranéenne : heureuses les nations qui sauront à propos s'assurer une grande influence dans ces pays si riches. L'Angleterre et la France sont, à ce qu'il semble, en première ligne pour remplir la belle et haute mission d'introduire notre civilisation moderne dans l'une des régions les plus bénies de la terre ; l'Italie et l'Espagne font également, depuis peu, des efforts pour entrer en ligne de compte. La première croit avoir des droits sur la Tripolitaine, mais elle cherche provisoirement à s'établir en Abyssinie et sur les côtes de la mer Rouge ; l'Espagne a, elle aussi, les yeux fixés sur le Maroc ; seule la jalousie entre la France, l'Angleterre et l'Espagne a maintenu jusqu'ici l'indépendance de cet empire.

Nous devons encore une fois faire ressortir la tendance en général hostile à tout progrès de l'Islam, car nous y voyons une des causes principales qui rendent si extraordinairement incomplètes nos connaissances d'une grande partie du continent africain. Dans les circonstances actuelles, les puissances chrétiennes représentent la civilisation et le progrès ; l'Islam est au contraire identique à la stagnation et à la barbarie. Ce n'est que lorsqu'on sera parvenu à rompre l'influence fatale de cette religion que l'exploration scientifique des contrées africaines ne sera plus accompagnée de ces accidents et de ces dangers nombreux et impossibles à prévoir, sur lesquels, encore aujourd'hui, viennent souvent échouer l'enthousiasme le plus grand et le dévouement le plus complet.

Si je suis arrivé, en dépit de ces circonstances défavorables, dont l'existence est indéniable, à atteindre le but que je m'étais assigné, c'est que diverses causes sont intervenues pour moi. Je ne veux point donner une importance considérable au fait que j'ai pu passer pour un Mahométan et un médecin turc; il s'agissait seulement là de tromper la grande masse du peuple; car la partie intelligente s'aperçut bientôt que j'étais Européen et Chrétien. Sans aucun doute, mon compagnon Hadj Ali Boutaleb a été pour moi d'une utilité essentielle, en sachant se donner l'auréole d'un grand chérif; sa parenté avec le défunt émir Abd el-Kader, ainsi que sa connaissance des idées et des habitudes musulmanes, ont également contribué à nous faire échapper aux dangers contre lesquels s'étaient brisés tous mes devanciers. Une autre circonstance me fut certainement utile. Les habitants du nord de l'Afrique connaissent très bien les projets d'expansion des Français, ainsi que le goût naturel des Anglais pour les annexions : le fait, rapidement connu, que je n'appartenais à aucune de ces nations, a contribué à l'accueil qui m'a été réservé par les diverses personnalités dirigeantes. On attribuait à mon voyage moins d'importance politique qu'il n'est ordinaire pour les Européens, et l'on me considérait souvent comme un voyageur inoffensif et curieux de s'instruire. En outre, la simplicité de mon attirail, auquel j'étais condamné par le manque de ressources, me fut certainement utile pour atteindre mon but[1] : l'attitude aussi

---

1. Mon voyage a coûté en tout environ 25 000 marks (31 250 francs). Mais il y est compris le prix de l'équipement apporté d'Europe, le

peu prétentieuse que possible du voyageur envers les indigènes contribue certainement à assurer son succès. Je n'ai eu aucune occasion, et tout naturellement je l'ai encore moins cherchée, de faire usage de mes armes, quoique bien souvent j'aie pu entendre un *kelb el-kafiru* (chien d'infidèle). On doit laisser passer ces insultes sans y prêter attention, car il serait certainement mal à propos de saisir immédiatement son revolver.

Peut-être enfin mon voyage a-t-il contribué à rendre plus facile l'accès de Timbouctou, surtout en partant du Sénégal, et à combler les vides, encore nombreux, dans nos connaissances relatives à ces pays.

Un fait caractéristique pour notre époque est que les voyages ayant un but purement scientifique deviennent toujours plus rares, et que presque toutes les nouvelles entreprises de ce genre ont un fond politique ou pratique. Les voyages des Allemands conservent en général le premier caractère, tandis que ceux des Français, des Anglais et récemment des Italiens et des Espagnols sont surtout de nature politique. Certes il serait tout à fait superflu de rappeler que mon voyage avait un but exclusivement scientifique, si, bientôt après mon retour en France, des voix ne s'étaient élevées pour me désigner, même dans les journaux, comme un *éclaireur d'une grande armée prussienne* [1], en signalant l'entrée de soldats allemands en Algérie et en me mettant même en corrélation avec les derniers soulèvements qui s'y sont produits! Mon compagnon Hadj Ali n'a pu lui-même se

---

payement des gages considérables de Hadj Ali et de Benitez, ainsi que des divers serviteurs (ensemble près de 10 000 francs), les dépenses de mon long séjour à Saint-Louis, celles de mon voyage à Bordeaux et à travers l'Espagne jusqu'à Tanger avec trois compagnons.

1. En français dans l'original. (*Note du Traducteur.*)

refuser le plaisir de faire remarquer, devant la Société de Géographie de Constantine, combien toute mon ambition avait été de m'informer des choses militaires dans les pays traversés, et cette assertion ridicule a suffi pour que les *chauvins* français fissent remarquer de nouveau les dangers de mon entreprise pour la France!

L'accueil extrêmement gracieux que j'ai partout reçu à mon retour chez les Français, aussi bien au Sénégal que dans leur mère patrie, est en contradiction complète avec ce que je viens de citer, et je puis admettre sûrement que l'absurdité de ces attaques a été reconnue par la partie intelligente et libre de préjugés de ce peuple, qui m'est d'ailleurs si sympathique.

FIN DU SECOND ET DERNIER VOLUME.

INDEX ALPHABÉTIQUE

A

Abadin el-Bakay, II, 131.
Abdallah ben Ali, I, 48.
— Zenati, I, 2.
Abdallahi, II, 274.
Abd el-Kader, I, 98, 323 ; II, 34, 408.
— — Djilali (Secte des), I, 254 ; II, 34.
Abd el-Malek, sultan, I, 121.
Abdoul Kerim, I, 225.
— — d'Araouan, II, 103.
Abdoullah (Benitez), I, 184.
Abou Thabet Amer, I, 70.
Absalom Benkao, caïd, I, 212.
Acacia Arabica, I, 340.
— gummifera, I, 340.
— (L') au Maroc, I, 339.
Achantis, II, 157.
Achmid, I, 277.
Achra, fête musulmane, I, 112.
Adamaoua, II, 266.
Adar, puits, II, 191.
Adouafil, oasis, II, 24.
Adoul, Notaires, au Maroc, I, 407.
Adrar, II, 404.
Aéré, II, 343.
Agadir ben Sela, I, 291.
— Igouir, I, 369.
— (Le port d'), I, 369, 378.
— près d'Ilerh, II, 3.
Agbed Emhor, I, 133.
Aghrou Ikelân, II, 11.

Agib (ou Aguib) Oulad el-Hadj Omar, II, 234, 284.
Aglaou, I, 303.
Agmat, ville romaine, I, 280.
Agriculture marocaine, I, 436.
Aguilar (Alfonso de), I, 122.
Ahaggar, II, 378.
Ahmadou, sultan de Ségou, II, 220, 234, 372.
Ahmed Baba, II, 169.
— Diban, I, 148.
— el-Bakay, II, 132.
Aïd el-Kebir, I, 416.
— el-Maoulad, I, 416.
Aïn Ali ben Ghiza, I, 131.
— beni Mhamid, II, 70.
— Berka, II, 53.
— Dalia, I, 105.
— el-Chaïl, I, 148.
— el-Guirar, I, 129.
— el-Tet, I, 239.
— Lefrad (Elfrad), I, 133.
— Mouça, I, 303.
— Simala, I, 92.
— Souar, I, 126.
— Toutou, I, 182.
Aït Adrim, I, 332.
— Amer, I, 332.
— Ba Aouran, I, 363.
— Boukou, I, 332.
— Bou Lesa, I, 332.
— Bou Taïb, I, 332.
— Brahmin, tribu, II, 8, 17.
— Iguaz, I, 333.

INDEX ALPHABÉTIQUE.

Aït Lougan, I, 332, 345.
— Melek, I, 332.
— Mesan, I, 345.
— Midik, I, 345.
— Mouça, I, 303, 332.
— Ouadrim, I, 345.
— Sali, I, 293.
— Sebam, II, 9.
— Tatta, II, 19.
— Yasa el-Garani, I, 332.
A'kil, II, 171.
Akka, I, 99; II, 2, 6.
Alaméda de Gibraltar, I, 4.
Albreda, factorerie, II, 359.
Alcooliques (Les Mauresques usent de boissons), I, 156.
Aldana, I, 124.
Alerce, arbre, I, 338.
Alexandrie, (Massacres d'), II, 405.
Alfa, II, 84.
Algésiras (Baie d'), I, 3, 379.
Ali (Cheikh), II, 6, 14.
Alioun Sal, II, 109, 190, 360.
Allemands (Les) au Maroc, I, 29, 454.
Alliance israélite universelle, I, 162, 456.
Almadies (Pointe des), II, 361.
Altitudes du Sahara, II, 76, 383.
Amalâh, Amalât, I, 404, 409.
Amarzig, I, 387.
Ambassades au Maroc, I, 189.
Ambassadeur du sultan à Taroudant, I, 322.
Ambrizette, II, 159.
Amhamid de Tizgui, II, 6.
— Farachi, I, 287.
Amicis (Edmondo de), I, 400.
Amil (Les) I, 411.
Amin, I, 411.
— el-Oumana, I, 415.
Ammiacum, I, 339.
Ammoniaque (Gomme), I, 339.
Ammon (Temple d') I, 339.
Amoul Graguim, II, 68.
Amr-el-Cherif, I, 405.

Amsmiz, I, 50.
— la Kasbah, I, 291.
Andalousi, II, 131.
Andjira (Pays d'), I, 63, 93, 382.
Anglais (Les) à Tanger, I, 26.
— (Instructeurs), I, 141.
— (Le ministre) au Maroc, I, 26, 452.
— (Politique des), I, 26, 452.
Anina, puits, II, 52.
Anjou (L'), vapeur, I, 362.
Anti-Atlas, I, 306, 317; II, 4.
Antonin, empereur, I, 206.
Arabes, I, 389.
Arabie Pétrée, I, 205.
Arachide, I, 448; II, 369.
Araouan, II, 85, 90, 110.
Arar (Arbre d'), I, 337.
Arc-en-ciel dans le désert, II, 66.
Archimède (L'), vapeur, I, XI; II, 318.
Architecture marocaine, I, 444.
Areg (El-), II, 52.
— As-Edrim, II, 83.
— el-Achmer, II, 71.
— el-Chech, II, 68.
— el-Chiban, II, 78.
— el-Fadnia, II, 71.
— el-Nfech, II, 82.
Argan I, 301.
— (Arbre d'), I, 334.
Argania sideroxylon, I, 334.
Arguin, II, 355.
Armée marocaine, I, 428.
Arrharasini, famille de Tétouan, I, 71.
Arseila, ville, I, 107.
Arterat, II, 94.
Artésiens (Puits) au Sahara, II, 398.
Artillerie marocaine, I, 433.
Arts et sciences au Maroc, I, 458.
Asaba, II, 109.
As-Edrim, II, 83.
Askar el-Radim, I, 432.
Askia, roi de Timbouctou, II, 171.
— Mouça, II, 171.

Askiar, I, 431.
Aslef, région, II, 68.
Asmir, oued et pays, I, 89.
Assab-Baï, II, 404.
Assassinat d'un employé espagnol de la Santé, I, 79.
Asserguin, I, 392.
Assouanik (Nègres), II, 237, 262, 264.
Aswet (Alfa), II, 84.
Atlas (Chaîne de l'), I, 316.
— (Voyage dans l'), I, 299.
Ausland, II, 266.
Autriche (L') au Maroc, I, 30.
Aveiro (Duc d'), I, 124.
Ayadah, ceux qui portent des vœux de bonheur, I, 417.
Azaka (Oued Noun), I, 368.
Azan, II, 360.
Azaouad (El-), forêt, II, 112.
Azimour, I, 366.

B

Baba Ahmed, II, 133.
Bacha Djodar, II, 172.
Bachirou, II, 295.
Bab el-Bouchloud, I, 148.
— bou Djeloud, I, 147.
— ech-Chamis, I, 329.
— ed-Dokanah, I, 281.
— el-Aïlahn, I, 280.
— el-Chmis, I, 280.
— el-Debbagh, I, 280.
— el-Djedid, I, 147.
— el-Djouka, I, 208.
— el-Fetouh, I, 147.
— el-Habis, I, 147.
— el-Hadid, I, 147.
— el-Hammam, I, 280.
— el-Kasba, à Taroudant, I, 329.
— el-Mahrouk, I, 147.
— el-Mandeb (Détroit de), I, 2.
— el-Oua, II, 84.
— el-Tobihl, I, 281.

Bab-er-Roumi, I, 281.
— es-Soudan, I, 367.
— Ezorgan, I, 329.
— Oulad-ben-Nouna, I, 329.
— Sidi-Fardjidah, I, 147.
— Targount, I, 329.
Bafing, rivière, II, 340.
Bafoulabé, II, 314, 340.
Baga (Pays des), II, 344.
Bagdad, I, 254.
Baghena (Bakounou), II, 234, 244.
Baguindi, II, 150.
Bahariah, I, 434.
Bakel, II, 311.
Bakhoy, rivière, II, 340.
Bakouinit, II, 248, 253.
Bakounou (Baghena), II, 255.
Balanites Ægyptiacus, II, 148.
Ball, géologue, I, 318.
Bamakou, II, 373.
Bambara, pays, II, 121, 404.
— population, II, 217, 234.
Bambouk, II, 174.
Baobab isolé, II, 215.
Baol, II, 351.
Bar, II, 343.
Barbeyrac-Saint-Maurice (De), I, XI.
Barka, I, 190.
Barre de la Gironde, II, 325.
— de Rabat-Selâ, I, 221.
— du Sénégal, II, 322, 328.
Barth (Henri), II, 95, 122, 404.
Bary (De), II, 390.
Basalte (Montagnes de), I, 257.
Basra (Ruines romaines), I, 127.
Bassaro, II, 245, 251.
Bassikounnou, II, 110, 200.
Bastion de Fez, I, 168.
Bataille de Kasr el-Kebir, I, 121.
Battak de Sumatra, II, 272.
Bazars de Fez, I, 167.
Beaumier, consul de France à Mogador, I, 373.
Bechirou, fils de Hadj-Omar, II, 234.

Beït el-Mal, trésorerie, I, 426.
Bélem, cloître, I, 125.
Belgique (Représentant de la) au Maroc, I, 29.
Bello, II, 270, 274.
Ben Abdeltif, I, 64.
— Hedoua, I, 148.
— Kiran, I, 148.
Benghasi, I, 190.
Beni Hessêm (Tribu des), I, 212, 410.
— Mada'an, I, 80.
— Mouhammed, II, 27.
— Sbih, II, 26.
Benkour, II, 182.
Bennendougou, II, 234.
Benty, fort, II, 344.
Berabich, tribu, II, 94.
Berbéro-hamitique (Population), II, 272.
Berbères, I, 387.
Beurmann, II, 403.
Biania Kadougou, II, 343.
Bibaouan, I, 293, 304.
Binzel, I, 56.
Bir Adar, II, 191.
— Amoul Graguim, II, 69.
— Anina, II, 52.
— Arousaï, II, 114.
— Bouguentou, II, 190.
— Bousriba, II, 192.
— Eglif, II, 68.
— el-Abbas, II, 54.
— el-Araïch, I, 133.
— el-Arneb, II, 190.
— Inalahi, II, 114.
— Mobila, II, 114.
— Mtemna bou-chebia, II, 67, 69.
— Ounan, II, 81.
— Soulima, II, 190.
— Tanouhant, II, 114.
— Tarmanant, II, 68.
— Tsagouba, II, 114.
— Tsantelhaï, II, 114.
— Touïl, II, 192.
Bismarck (Nouvelles de), I, 95.

Blasco de Garay, I, 368.
Bochari, I, 428.
Bœufs porteurs, II, 209.
Boffa, II, 344.
Bois pour la propreté des dents, II, 31.
Boke (Fort) sur le rio Nuñez, II, 344.
Bokol, II, 359.
Boman (Montes de), I, 94.
Bombylius, I, 339.
Bondou, II, 360.
Bordeaux, II, 325.
Borgnis-Desbordes, colonel, I, XI.
Bornou (Sultan de), I, 163.
— (Pays), I, 164.
Botanique (Exploration) de l'Atlas, I, 315.
Boumdou, II, 343.
Bou-Amema, II, 405.
Bouasa ben Hassan, I, 218.
Boubaker, II, 193.
Boubefka, rhatani, II, 102.
Bouchart, II, 403.
Bouchbia, II, 112.
Boudara, près de Tétouan, I, 81.
Bou el-Moghdad, II, 360.
Bouëtville, II, 334, 361.
Bouguentou, II, 190.
Bouita, source, I, 246.
Boukassar, II, 113.
Boulanga, II, 166.
Bourba-Djoloff, II, 365.
Bourel (Enseigne de vaisseau), II, 109, 360.
Bous el-Ham, I, 217.
Bousgueria, II, 241.
Brakna, tribu, II, 109, 349.
Braouézec, II, 360.
Brauer, conseil d'Allemagne à Mogador, I, X.
Brière de l'Isle, général, I, XI; II, 327.
Brue, II, 357.

C

Cachéo, rivière, II, 344.

INDEX ALPHABÉTIQUE.

Cadi el-Amalâh, I, 406.
— el-Djmemmah, I, 406.
— el-Kabilâh, I, 406.
Cadix, I, 2, 326.
Cafés volants, I, 107, 167.
Caillé (René), II, 120.
Cailloux roulés à Marrakech, I, 257, 313.
— dans le désert, II, 31, 49, 63.
Calcaires (Formations), I, 177; II, 33, 73.
Caligula, I, 16.
Callitris quadrivalvis, I, 337.
Calpe (Mons), I, 2.
Canaries (Iles), I, 336, 365, 368; II, 273, 324.
Cap Bernard, II, 357.
— Blanc, II, 355.
— Bon, I, 317.
— Djoubi, I, 361.
— Malabata, I. 94.
— Manuel, II, 361.
— Marari, I, 82.
— Martin, I, 72.
— Negro, I, 82.
— Noun, I, 316.
— Sidi-el-Hadj-Mbarek, I, 318.
— Spartel, I, 51.
— Trafalgar, I, 59.
— Verga, II, 344.
— Vert, II, 361.
Carabane, fort, II, 344.
Carbalho (Don Diego de), I, 123.
Carbonate de chaux, I, 172.
Carbonifères (Formations), I, 78, II, 51.
Carthaginois, II, 390.
Casablanca, I, 117.
Casamance (Rivière), II, 340, 343.
Caspienne, I, 3.
Castellanos (Manuel, Pablo), I, 121.
Catherine de Bragance, I, 18.
Cavernes d'Hercule, I, 51.
— de Tétouan, I, 84.

Cauri (kaouri), II, 162.
Cayar, II, 346.
Cayor, II, 328, 344.
— (Chemin de fer du), II, 362.
Cercle de Saint-Louis, II, 338.
Ceuta, I, 17, 88.
Chalsem Sidna-Sliman, I, 451.
Chameaux (Achat de), à Marrakech, I, 277.
— — au mougar de Sidi-Hécham, I, 352.
— — à Tendouf, II, 40.
— — à Tizgui, II, 22.
— (Dos de), I, 305.
— impropres aux voyages dans l'Atlas, I, 277.
— inconnus jadis dans le nord de l'Afrique, II, 390.
— loués à Araouan, II, 107.
— loués à Timbouctou, II, 142.
Chalif, I, 397.
Chalif el-Moslemin, II, 171.
Chalifa, II, 171, 411.
Chaneïa, II, 112.
Chaouia, I, 239.
Chaouwiah, I, 410.
Charbilyin, I, 148.
Charles II d'Angleterre, I, 18.
Charrington, II, 405.
Châtiments (Les) au Maroc, I, 407.
Chavanne, I, 316.
Chelch, I, 388.
Chelouh, I, 214, 292, 387.
Chemacha, I, 129.
Chera, I, 403.
Cheragra, I, 151.
Cherchel, I, 16.
Chérif de Kala, II, 224, 231.
Cherifl, village, I, 128.
Chichaouan, I, 86.
Chrétiens au Maroc (Les), I, 385.
— (Églises des), I, 38.
Chtif, famille de Tétouan, I, 71.
Chtouga, I, 307, 332, 342.
Chwoumha, I, 67.
Cimetière à Fez, I, 175.

Citronnier (Bois de), I, 338.
Claustration des femmes au Maroc, II, 152.
Climat de Gibraltar, I, 6.
— — Kasr el-Kebir, I, 115.
— — Tanger, I, 44.
— du Maroc, I, 373.
— du Sénégal, II, 345.
— (Modifications du) pour le Sahara, II, 395.
Cœlopeltis insignitus, I, 333.
Colin, docteur, I; ix; II, 312.
Combes (Comb), II, 313.
Commerce du Maroc, I, 445.
Commerciales (Routes) du Soudan.
— (Stations) sur la côte atlantique du Maroc, I, 361.
Conglomérat, I, 107, 126, 135, 172, 176.
Congo, II, 122, 397.
Conring, I, 121.
Consul américain de Casablanca, I, 217.
Consuls (Les) au Maroc, I, 404.
Cordoue (Mosquée de), I, 338.
— (Chalifs de), I, 397.
Corruption de l'administration au Maroc, I, 413.
Couscous (Préparation du), I, 242.
Crétacées (Formations), I, 298.
Cristobal Benitez, I, x, 80, 251.
Crocodiles du Sahara, II, 390.
— du Sénégal, II, 320.
Cygne (Le), vapeur, II, 317.
Cyprœa annulus, I, 163.
— moneta, II, 162.

D

Dâ' airât, amendes, I, 418.
Dachmau, cheikh de l'oued Noun I, 350.
Daït Marabaf, II, 70.
Dajib, cheikh, I, 138.
Dakar, II, 322, 328, 374.

Dambadoumbi, II, 263.
Damga, II, 343.
Darabala, I, 81.
Darakimacht, I, 294.
Dar el-Beida (Casablanca), I, 217, 392.
— — port, I, 379.
— es-Sultan, I, 300.
Darb el-Cheikh, I, 148.
— el-Ma Abd errahman, I, 148.
— el-Michmich, II, 148.
— el-Remman, I, 148.
— el-Taouïl, I, 148.
Darbouisef, près de Tétouan, I, 81.
Dattes du Tafilalet, I, 25.
Dattiers (Forêt de), près de Marrakech, I, 257.
Davidson, II, 403.
Daya, II, 117.
Daya el-Ghiran, II, 187.
— Kantoura, II, 211.
— Rejda, II, 280.
Dayas de Timbouctou, II, 127.
Debaïa, chott, II, 404.
Déboisement de l'Atlas, I, 314.
— du Sahara, II, 395.
Déjeuner solennel à Fez, I, 168.
Demnet, I, 340.
Dentilia, II, 344.
Dépenses du Maroc, I, 423.
Deplat, sergent, II, 308.
Derrien, II, 236, 317, 362.
Desbordes, II, 373.
Descente dans la vallée du Sénégal, II, 292.
Dette publique marocaine, I, 426.
Développement du Sénégal, II, 368.
Diander, II, 360.
Diaoudoun, II, 361.
Diar er-Rab, I, 234.
Dieppois, II, 355.
Dileb, tribu, II, 190.
Dimar, II, 343.
Djabbar ou Kel Yerou, II, 272.
Djaoui, II, 99.
Djebel Aïaschin, I, 317.

Djebel Baoui, II, 11.
— Dabajout, II, 11.
— el-Akdar, I, 190.
— el-Kebir, I, 12.
— el-Tarik, I. 1.
— Habib, I, 107.
— Idall-Taltas, II, 11.
— Mouça, I, 4, 92.
— Mouley-Bousta, I, 131.
— Nakous, II, 56.
— Oum ech-Chrad, II, 181.
— Taskalewin, II, 11.
— Tissi, I, 300.
— Zatout, I, 89.
Djeich, machazniyah, I, 430.
Djellaba, I, 33.
Djema el-Fna, I, 261.
— el-Kebira, II, 150.
Djenni, II, 121.
Djerb el-Aït, II, 66.
Djerboul, I, 191.
Djeziah, impôt sur les Juifs, I, 421.
Djibad, II, 274.
Djilet, II, 180.
Djinguereber, mosquée, II, 150.
Djinnir, II, 234.
Djirwan, tribu, I, 201.
Djola, II, 350.
Djolof, II, 350.
Djomboko, II, 343.
Djouf el-Bir, II, 50.
Djouli, II, 263.
Dniester (Ravins du), analogues à ceux près de Meknès, I, 181.
Dolomite, I, 68.
Domaines du sultan, I, 411.
Domitien, empereur, I, 206.
Doréma, ombellifère, I, 339.
Dorneaux-Duperré, II, 403.
Douachel, II, 49.
Douaïch, II, 109, 319, 349.
Douanes marocaines, I, 412.
Dourchan, II, 145.
Dragonnier, I, 20.
Dramané, II, 356.

Draoui, II, 26.
Drummond Hay (Sir), I, x.
Dunes d'Araouan, II, 84.
— de l'Iguidi, I, 54, 380.
Duveyrier, II, 12.
Dynastie marocaine, I, 197, 374.

E

Eau courante dans le désert, II, 66.
— potable à Saint-Louis, II, 337.
Echrarda, tribu, I, 209.
Echzam, I, 148.
Edouard Heckel, II, 158.
Edris, I, 165.
— ben Edris, I, 146.
Edrisi, I, 176.
Eg-Fandagoumou, sultan des Touareg Imochagh, II, 131, 178.
Egypte, II, 405.
Egyptiens, II, 391.
Ehrenberg, II, 57.
El-Aâdouyin, I, 147.
— Adou, I, 148.
— Andalouss, I, 148.
— Araïch, I, 122, 449.
— Arib, II, 403.
— Askar, I, 431.
— Assad, I, 148.
— Azaouad, II, 88, 387.
— Azéida, II, 184.
— Bakay, II, 95.
— Bdna, II, 28.
— Berabich, II, 135.
— Bochari, I, 428.
— Charbilyin, I, 148.
— Chech, II, 68.
— Chlod, I, 111, 129.
— Debaïa, II, 25.
— Djmia, II, 83, 386.
— Douachel, II, 49.
— Eglab, II, 62, 386.
— Fehal (Niger), II, 182.
— Filali, I, 130.
— Gharb, I, 208, 379.
— Gharbia, I, 111, 129, 210.

El-Goléa, II, 376.
— Habisi, I, 129.
— Hadj Mouhamed Bennis, I, 147.
— Harkah, I, 434.
— Hodh, II, 109.
— Kahal, II, 131.
— Kamtyin, I, 147.
— Kasba, I, 148.
— Keddan, I, 148.
— Kofaïfat, I, 333.
— Ksima, I, 332.
— Lâbi, I, 148.
— Maàsem, I, 81.
— Marschan, I, 32.
— Meraïa, II, 84.
— Mesegouina, I, 332.
— Meskoudi, I, 147.
— Monte (Djebel el-Kebir), I, 43.
— Moudjimma, I, 132.
— Mouezzim, mosquée, I, 284.
— Mouksi, II, 72.
— Nasra, II, 145.
— Oudeïa, tribu, I, 178.
— Outed, I, 108.
— Saffi, II, 72.
— Sajat, I, 148.
— Sidi Mouhamed el-Bagdadi, I, 147.
— Sour-Sour, I, 129.
— Tobdjiyah, I, 433.
— Yesi, cheikh, I, 129.
— Zizi, I, 148.
Elbounin, I, 67.
Elfrad. (Voyez Lefrad.)
Elœoselinum, I, 339.
Emanuel, roi de Portugal, I, 17, 366.
Émeute à Taroudant, I, 320.
Emhor, II, 106.
Emigration au Maroc, I, 455.
Émir el-Moumenin, II, 236.
Emnisiah, I, 307.
Emrorah, I, 67.
Encrinides, II, 384.

Éocène (Terrain), I, 12, 52.
Ergagéda, II, 134.
Erosion (Curieuses formes d'), II, 29.
— (Débris d') dans l'Atlas, I, 313.
— (Vallées d') dans le Sahara, II, 389.
Er-Rami, II, 131.
Erridma, II, 113.
Éruptives (Formations), I, 257; II, 3, 292.
Es-Sadirk, II, 184.
— Senoussi, I, 190, 254; II, 404
— Serir, II, 30, 384.
— Sflat, II, 51.
Eskakna, II, 145.
Eskir, I, 148.
Esouabha, I, 67.
Espagnols (Les) au Maroc, I, 27, 385, 453.
Essalah, foundaq, I, 329.
Essouaket ben-Safi, I, 148.
Eucalyptus, I, 61.
Euphorbe, I, 339.
Euphorbia resinifera, I, 340.
Euphorbiacées tropicales, I, 340; II, 210.
Euphorbium, I, 340.
Euphorbus, I, 141.
Européens à Fez, I, 141.
— (Relations des) avec le Maroc, I, 396.
Exécution barbare à Tétouan, I, 79.
Exercices des soldats marocains, I, 107.
Exfoliation du calcaire en forme de coupes, I, 177, 289.
Exploration de l'Afrique (L') et l'Islam, II, 389.
Exportation de bœufs à Tanger, I, 37.
— de Rabat-Selà, I, 228.
— de Timbouctou, II, 155.
— au Maroc, I, 446.

F

Fables sur le Désert, II, 200.
Faddoul el-Bour, I, 148.
Fâhs, tribu, I, 67, 106.
Faidherbe, général, II, 306.
Faïences mauresques, I, 166.
Faki Mahmoud, II, 149.
Falémé, rivière, II, 313.
Fallot, II, 353.
Famine au Maroc, I, 33, 196.
Fan, II, 399.
Fanatisme des habitants de Meknès, I, 190.
Fantasias à Marrakech, I, 269.
Farabougou, II, 210, 216.
Farachi, I, 355, II, 242.
Fara-Fara, II, 158.
Fasala, II, 278.
Faschouk, I, 339.
Fata Morgana, II, 86.
F'dala, port, I, 236.
Felou, chute, près de Médine, II, 300.
Femmes (Les) marocaines, I, 151.
— (Costume des) marocaines, I, 91, 109, 152, 249, 267.
Fernando (Don), I, 17.
Fer oligiste (Minerai de), I, 313.
Ferrugineuse (Source), I, 126.
Fête de l'Agneau à Tétouan, I, 83.
— de la naissance du Prophète, I, 265.
— du mariage du roi d'Espagne, à Tétouan, I, 87.
— à Goumbou, II, 245.
— à Marrakech, I, 265.
Fez (Arrivée à), I, 133.
— (Commerce et industrie de), I, 163.
— el-Bali, I, 145.
— el-Djedid, I, 145.
Fezzan, II, 378.
Fièvre jaune à Saint-Louis, II, 330.
— au Sénégal, II, 349.
Fièvres à Kasr el-Kebir, I, 116.

Figuig, II, 376.
Filali, I, 197, 374.
Finances marocaines, I, 415.
Flatters, II, 378, 404.
Flous, I, 105.
Flysch, I, 52, 65.
Forestière (Richesse) du Maroc, I, 438.
Forêt d'argans, I, 308.
Foscari, I, 124.
Fouki, I, 367.
Fouladougou, II, 343.
Foulania, I, 188.
Foulani, Foulbé, I, 355; II, 173, 266.
Foum el-Hossan, I, 207; II, 8, 10.
Foundaq el-Yahoud, I, 148.
Fouta, II, 173, 316, 364.
— Damga, II, 359.
— Djalon, II, 267, 344.
Français (Les) au Maroc, I, 28, 452.
— instructeurs, I, 226.
Franciscains au Maroc, I, 38.
Freetown, II, 344.
Fretum Gaditanum, I, 2.
Friedrich Müller, II, 271.
Fritsch (Von), I, 279.
Frost, consul d'Angleterre à Rabat, I, 225.

G

Gaba, ruines romaines, I, 310.
Gabou, II, 283.
Gada, ville romaine, I, 348.
Gadès, I, 2.
Gadiaga, II, 358.
Gaé, II, 359.
Gaillard, II, 365.
Galam, II, 358.
Gallieni, II, 231, 236, 362, 404.
Galoya, II, 365.
Gambie (Rivière de la), II, 340.
Gandiole, II, 360.
Gando, II, 274.
Gangouné, II, 360.
Garamantes, II, 391.

Garcinia Kola, II, 161.
Garde noire, I, 198.
Gatell, voyageur, I, 330.
Gelée, près de Fez, I, 179.
Genitra, I, 218.
Géologie de l'Atlas, I, 312.
Geroum, I, 343.
Géryville, II, 404.
Ghanata, II, 249, 262.
Gharb, II, 9.
Ghetto à Tétouan, I, 71.
Gibraltar, I, 1.
— (Commerce et industrie), I, 6.
Gill, capitaine, II, 405.
Giralda de Séville, I, 228.
Giulietti, II, 404.
Glaciers de l'Atlas, I, 313.
Glaoui, I, 304.
Glycirrhiza, II, 28.
Gnaim Tourmos, II, 94.
Gobir, II, 274.
Gogo, II, 170.
Gomme ammoniaque, I, 339.
— arabique, I, 339; II, 369.
Gorée, II, 334, 355.
Gouertquessem (Agadir), I, 366.
Gouidimaka, II, 343.
Gouilor, II, 343.
Gouirlan, I, 392.
Goumbou, II, 225, 243.
Goumiah, I, 332.
Gouoyé, II, 343.
Gouro, II, 158.
Gouvernement du Maroc, I, 397, 401.
Grœberg von Hemsoë, I, 424.
Granit dans le Sahara, II, 63.
Grant à Rabat, I, 226.
Grégoire XIII, pape, I, 122.
Grès, I, 54, 66, 107, 207.
— rouge, I, 82, 299, 314; II, 73.
Griot, II, 226.
Guanches, II, 273.
Guernis, I, 148.
Guet N'dar, II, 333.
Guidimakha, II, 360.
Guier (Lac), Panié-Foul, II, 359.

Guinée, cotonnade, II, 156, 371.
Gumpert, I, 59.
Guoy, II, 360.

H

Habisi (El-), I, 129.
Habitabilité antérieure du Sahara, II, 383.
Hachaouas, II, 114.
Hachich (Kif), I, 230, 420.
Had el-Gharbia, I, 108.
Hadiyah, présents, I, 416.
Hadja, fille du cheikh Hadj Abdoullah, I, 234.
Hadj Abd el-Kerim Bericha, I, 415.
— Abd es-Salem, I, 31, 130.
— Abdoullah, I, 232.
— Ali Boutaleb, I, x, 84; II, 193, 231, 408.
— Bechir, II, 163.
— el-Ghaliel Arfaoui, I, 148.
— Hassan, II, 35, 79.
— Mouhamed, I, 148, 287.
— — Bennis, I, 148.
— Omar, II, 173, 306, 360.
— — assiège Médino, II, 306.
Hadjera Cherifa, I, 133.
Hadjib el-Mazâm, I, 402.
Ha Ha, tribu, I, 311.
Had Tekkourt, I, 129.
Hakim er Roumi, I, 254.
— Omar ben Ali, I, 291.
Hamada, II, 16, 30, 384.
— Aïn Berka, II, 49.
— el-Touman, II, 81.
Hamat-N'diaÿe-An, II, 365.
Hamdallahi, II, 175, 264.
Hamid ben Chefi, I, 247.
— es-Serara, I, 209.
— Salas, I, 64, 69.
Hamou bou Djelaba, II, 65.
Hanafi, II, 276.
Haoumat, quartiers, I, 416.
Haoussa, tribu, I, 88; II, 270.
Hasel Gebirge, I, 172.

Hassan, I, 397.
— tour, I, 228.
Hassani, I, 397.
Hasseini, II, 112.
Hässner, I, x, 105.
Hennoun, II, 263.
Héraclès, I, 2.
Hercule (Colonnes d'), I, 2.
Herriz, tribu, I, 241.
Hertz, II, 163.
Holl, Paul, II, 306.
Hommages des tribus à Marrakech, I, 266.
Hooker, I, 292, 315, 334, 339.
Hôpital de Saint-Louis, II, 327.
— de Tanger, I, 38.
Hornblende, II, 62.
Hortus Cliffortianus, I, 336.
Höst, I, 304,
Houry, II, 365.
Hova, II, 272.
Howara, tribu, I, 308, 323, 333, 341.
Huile d'argan, I, 335.
Humboldt, II, 57.

I

Ibn Batouta, I, 2, 146; II, 170.
Ibn Djenoun, I, 176.
Ibn Djiloul, I, 227, 352, 355.
Ibra-Almamy, II, 364.
Icht, I, 354; II, 6.
Ida Aougueran, I, 345.
— Boussian, I, 346.
— Garan, I, 332.
— Menon, I, 344.
— Oulad Bouzea, I, 332.
Idenan, II, 169.
Idrar en-Drann (L'Atlas), I, 316, 374.
Idrides, dynastie, I, 130, 197.
Iguidi, II, 53, 385.
Iguila, tribu, II, 184.
Ilerh, I, 347; II, 1.
Imedidderen, II, 169.
Imintjanout, I, 293.

Importations au Maroc, I, 445.
In-çalah, II, 404.
Industrie marocaine, I, 442.
Inga biglobosa, II, 161.
Inscription à F'dala, I, 238.
— à Fez, I, 165.
— à Volubilis, I, 206.
Instruction publique au Maroc, I, 455.
Irlabé, I, 364.
Irrigations (Canaux d') au Maroc, I, 253.
Is, tribu, II, 145.
Ischt, II, 9.
Islam, II, 399.
— ses progrès en Afrique, II, 400.
— (L') et l'exploration de l'Afrique, II, 402.
Italie (Ministre d') au Maroc, I, 29.
Itanali, II, 145.
Itinéraires de Timbouctou au Sénégal, II, 140.

J

Jackson, James Grey, I, 207, 305, 339.
Jakob Azogue, I, 64.
Jean II, II, 171.
— III, I, 121.
Joachimsson, I, X.
Joal, II, 353.
Jomard, II, 121.
Jongleurs, I, 333.
Jouaïb, I, 92.
Joubert, II, 403.
Juba II, roi de Mauritanie, I, 340.
Juif brûlé vif à Fez, I, 161.
Juifs espagnols, I, 390, 392.
— (Cimetière des) à Tétouan, I, 77.
— (Rivière des), I, 43.
Juives (Costume des), I, 159.
Julian (Comte), I, 60.
Justice marocaine, 406.

INDEX ALPHABÉTIQUE.

K

Kaarta, II, 173.
Kabara, II, 121, 138.
Kabilât, I, 406, 410.
Kabyles, I, 389.
Kaddour, I, 287, 345.
Kadji, II, 114.
Kafla el-Kebir, II, 21.
Kahia de Timbouctou, II, 131.
Kakondy, II, 121.
Kala (Province), II, 234.
Kala Sokolo, II, 206, 220.
Kalahari, II, 397.
Kalansar, II, 180.
Kallalim, village, I, 88.
Kal-lalim, tour, I, 84.
Kamedigo, II, 282.
Kaméra, II, 343.
Kanikra, I, 81.
Kanoun, I, 403.
Kaolack, fort sur le Saloum, II, 343.
Kaolin, I, 257.
Kara'ta, I, 113.
Karrenfelder, I, 92.
Kasba du caïd Kandja, I, 93.
— Douarani, I, 296.
— el-Hemera, I, 236.
— Kelaa, I, 252.
— de Nioro, II, 285.
— Mensouria, I, 236.
— Meskin, I, 246.
— Ouled sidi ben Tanit, I, 246.
— de Rechid, I, 241.
— Seksaoua, I, 296.
— Sereret ek-Krofel, I, 236.
— de Tanger, I, 23.
— de Taroudant, I, 319.
— Temenet, II, 8.
— Temlalat, I, 255.
— Tmera, I, 232.
Kasr el-Faraoun, I, 200.
— el-Kebir, I, 111, 115.
— er-Roumi, I, 207, 300, 348.
— Faraoun, I, 205.

Kassakh, II, 359.
Kassambara, II, 228.
Kazneh el-Faraoun, I, 203.
Kéniéba, II, 363.
Kerb el-Anina, II, 53.
— el-Biad, II, 52.
— en-Neggar, II, 51.
Kerim, II, 203.
Keur-Mandoumbé-Khary, II, 361.
Khaoulou, II, 360.
Khassak, II, 362.
Khasso, II, 360.
Kif, I, 230, 420.
Kita, II, 314, 343.
Kitan, I, 77.
Klöden, I, 383.
Koïlel, II, 364.
Kola (Noix de), II, 157.
Konga, pays, I, 344.
Konza, I, 332.
Kordofan, II, 406.
Koufara, II, 392.
Koufrah, II, 404.
Koumba, II, 244.
Kouniakari, II, 235, 294.
Kounkour Mouça, II, 169.
Kounta (Kountza), II, 134.
Kourban Beïram, I, 416.
Koutiel el-Madan, I, 218.
Koutoubia à Marrakech, I, 257.
Krause, docteur, II, 266.
Ksâr, I, 111.
Ksôr, I, 29.
Ksor Djedid, I, 392.
Ktaoua, II, 26.

L

Laayoun, I, 47.
Ladein, I, 49, 227; II, 403.
Laing, Gordon, major, II, 95, 120, 403.
Lalla Yedo, I, 216.
Lambert, I, 260, 360.
Lampsar, II, 359.
Landouman, II, 344.

Langer, docteur, II, 404.
Langue de Barbarie, II, 333.
Lao, II, 364.
Larache (el-Araïch), I, 122, 449.
Largeau, II, 403.
Latérite, II, 198, 255, 280, 290.
Lazaret de Pauillac, II, 324.
Lebbo, II, 264.
Leblid, I, 148.
Lecard, botaniste, II, 316.
Ledi, II, 296.
Lefrad, II, 133.
Lehyayin, I, 147.
Lekouass, I, 148.
Lemprière, William, I, 305.
Leo Africanus, I, 334.
Lépreux (Colonie de), à Marrakech, I, 458.
Lesseps (De), II, 318.
Lettres (Poste aux) de Tanger à Rabat, I, 37.
Leucoœthiopes, II, 263.
Levante (Vent d'est), I, 3.
Lièges (Chênes-) du Mamora, I, 217.
Linné, I, 336.
Lions de l'Azaouad, I, 114.
Lisbonne, II, 324.
Litham, II, 127.
Livingstone, II, 122.
Ljamba, I, 232.
Lœss, I, 129.
Loualaba, II, 122.
Loyola, I, 125.
Lxor, I, 113.

M

Ma'aden, II, 17.
Mabrouk, II, 94.
Macacus Inuus, I, 5.
Machazini, I, 64.
Machaznyiah, I, 411.
Machra er-Remla, I, 216.
Mackenzie, I, 361.
Madère, I, 336.
Ma-dougou, II, 152.

Madrid (Conférence de), I, 386.
Mage, II, 236, 360.
Maghreb el-Aksa, I, 28, 372.
Maghrebin (Dialecte), I, 386.
Maharis, II, 2.
Mahdi, II, 405.
Mahmoud Bacha, II, 172.
Makhana, II, 356.
Maladies d'yeux dans le désert, II, 136.
Malaga, I, 89.
Maldives, II, 163.
Malinké, II, 350.
Maltzan (Baron de), I, 279.
Mamelouk (Le) (Abd el-Malek), I, 122.
Mammifères (Grands) dans le Sahara, II, 389.
Mamora (Forêt de), I, 217.
Mamoum, II, 94.
Mandingo, II, 172, 263.
Mandingue, II, 350.
Mansa Mouça, II, 234.
Mansour, sultan, I, 284.
Manuscrits à Timbouctou, II, 152.
Maoula Abd er-Rhâman, I, 431.
Maoula-Yacoub, I, 147.
Marabout fouta à Saint-Louis, II, 339.
Marbre, I, 251.
Marcha, I, 17.
Marchands d'esclaves marocains, II, 287.
Mardochai ben Serour, I, 99; II, 2.
Mariages arabes à Tétouan, I, 74.
— à Timbouctou, II, 139.
— juifs, I, 84.
Maribda tribu, I, 354; II, 9.
Marine marocaine, I, 449.
Maroc (Le), I, 370.
Marrakech, I, 199.
— el-Hamra, I, 258.
Martin, capitaine, II, 317.
Massacres des Chrétiens en Égypte, I, 47.
Matam, fort au Sénégal, II, 314.
Mathews, consul américain, I, 361.

Maurel et Prom, II, 325.
Maures, I, 149, 390; II, 349.
Mauritania Cæsariensis, I, 16.
— Tingitana, I, 16.
Mauritanie, I, 16.
Mazagan, I, 237.
M'boumba, II, 364.
Mebarek, II, 263.
Mechra er-Remal, I, 181.
Médecins à Tanger, I, 38.
Médicale (Consultation), I, 247.
Médine (Moudina), II, 257, 300.
Medinet-Bakouinit, II, 253.
Méditerranée, I, 3.
Medjad, II, 4.
Medouna, I, 239.
Meknès, I, 147, 176.
Melkart (Colonnes de), I, 2.
Mellacorée, rivière, II, 344.
Mellah de Fez, I, 157.
— de Meknès, I, 187.
— de Marrakech, I, 264.
— de Taroudant, I, 319.
— de Tétouan, I, 71.
Mellé, empire, II, 169, 234.
Ménoret, II, 403.
Mer intérieure, II, 398.
Mercure, II, 368.
Mérinaghen, II, 359.
Mérinides, dynastie, I, 70.
Meskoudi, I, 148.
Metlili, oasis, II, 403.
Meulières (Pierres), I, 52.
M'ghaïr, village, I, 129.
M'ghazan, I, 111.
Miknâs ou Miknâsa, I, 185.
Militaires (Postes) au Sénégal, II, 315.
Miltzin, I, 374.
Mimon, I, 276.
Minerais de l'Atlas, I, 313.
— dans le Mamora, I, 218.
— près d'Ilerh, I, 441.
— au Sénégal, II, 368.
Minéraux utiles au Maroc, I, 440.
Mitkal, II, 98.

Moas, II, 275.
Moassina, II, 127, 274.
Mogador, I, 262, 337, 373, 378.
Mohammed, II, 36.
— el-Filali, I, 406.
Moine mendiant de la Mecque, I, 220.
Monnaies marocaines, I, 450.
Monopoles au Maroc, I, 420.
Mons Calpe, I, 2.
Montagnes du Sahara, I, 63, 386.
— bordières du Sénégal, II, 292.
Mont de Moïse (voir Djebel Mouça),
Mont des Cloches, II, 56.
Mont des Singes, I, 4.
Monte (Le), I, 12, 43.
Montefiore (Sir Moses), I, 282.
Montes de Boman, I, 94.
Morphil (Ile à), II.
Mo-Si, II, 170.
Mosquée (Grande) de Fez, I, 165.
— el-Koutoubia, I, 284.
— el-Mouezzim, I, 284.
— de Rabat, I, 228.
Mosquées (Revenus des), I, 421.
— (Défense d'entrer dans les), I, 41.
Mouça Tarif ben Malek, I, 60.
Mouchila, II, 145.
Mouflons, I, 247.
Mougar, I, 350.
Mouhamed, II, 15.
— Abou Bakr, II, 171.
— Betar, I, 148.
— chérif, II, 5.
— el-Abd, I, 121.
— Kaleï, I, 64.
— Kandja, I, 93.
— Nasr, II, 171.
— el-Kaoulmi, II, 274.
— er-Rami, II, 131.
Mouhammed, sultan, I, 367.
— es-Senoussi, I, 190.
Mouït, poste, II, 362.
Moukaddim, I, 416.
Mouley el-Abbas (Mouley-Abbas), II, 15, 399.

INDEX ALPHABÉTIQUE.

Mouley Achmid, I, 287; II, 5.
— (Maoula) Ali, I, 259, 397.
— Ali, I, 287, 341, 429; II, 15.
— Chérif, I, 397.
— Hamed el-Mansour, II, 172.
— Hamid, II, 172.
— Hassan, I, 196, 397.
— Kassim, II, 138.
— Idris Akbar, I, 190.
— Idris Zerone.
— Ismaïl, I, 196, 367; II, 263, 397, 428.
— Rechid, I, 397.
— Yakoub, I, 172.
Moulouyah (La), I, 375.
Mouna, I, 96.
Mourzouq, II, 403.
Msid Belal, II, 151.
Mtemna, II, 67.
Mtouga, tribu, I, 298, 322.
Mungo Park, II, 123, 235.
Musique marocaine, I, 169.
Mzoudi (Caïd de), I, 294.

N

Nabatéens, I, 205.
Nachtigal, II, 404.
Nahan Foulfoudé, II, 270.
Naïbah, I, 427.
Nalous, II, 344.
Nana, ville, II, 198.
Napoléon Joly, I, 48.
Nara (Nowara), II, 243.
Nasr eddin, I, 225.
Nassau (Guillaume de), I, 122.
Nazir, I, 421.
N'dar, Saint-Louis, II, 141.
N'dar Toute, II, 333.
N'diagne, II, 361.
N'diago, II, 359.
N'diambour, II, 360.
Nègres esclaves au Maroc, I, 394.
Néo-tertiaires (Formations), II, 30.
Nezzim Serour, I, 99.

Nfys, rivière, I, 49.
N'gouye, II, 364.
Niani, II, 344.
Niger, II, 148.
Niks, octrois, I, 419.
Nimègue (Traité de), II, 355.
Nioro (Rhab), II, 235, 284.
Nisari, cheikh, II, 204.
Notaires au Maroc. (Voyez Adoul.
Nouba, II, 271.
Nouvelle-Guinée, II, 399.
Nummulites éocènes, I, 12, 180.
Nyam-Nyam, II, 399.

O

Obéid, II, 406.
Oenge Djebel, I, 305.
Ogooué, I, 232; II, 397.
Ogoulmin, I, 350, 361.
Okar, II, 71.
Omar, cheikh, II, 163.
— Maklouf, I, 148.
— el-Haouass, I, 148.
Or (L') à Timbouctou, II, 155.
Orages à Araouan, II, 101.
Orange (Prince d'), I, 122.
Orangers, I, 245.
Ostrœa, I, 172.
Otman dan Fodio, II, 270.
Ouadaï, II, 266, 403.
Ouadras, I, 67, 467.
Ouafala-ferengh, II, 234.
Ouakil (Consuls), I, 423.
Ouakoré, II, 12, 262.
Oualata, II, 109, 188.
Oualla, II, 364.
Oualo, II, 343.
Ouandé, II, 364.
Ouasra, II, 182.
Ouazzan, I, 129.
— (Chérif de), I, 31.
Ouchr, I, 417.
Oudeïa (El-), tribu, I, 178.
Oudhar, près de Tétouan, I, 81.
Oued Aberdjondj, II, 403.

INDEX ALPHABÉTIQUE.

Oued Afansa, I, 296.
— Agras, I, 69.
— Amira, I, 332.
— Amrah, I, 69.
— Asaka (Noun), II, 7.
— Asif el-Mel, I, 294.
— Bacha, I, 289.
— Benkour, II, 182.
— Bogara, I, 345.
— Bour, I, 200.
— Bousfeka, I, 69.
— Bouznik, I, 236.
— Charoub, I, 69.
— Cherat, I, 236.
— Chibaka, I, 368.
— Dfel, I, 67.
— Djitarin, I, 309, 342.
— Draa, I, 99, 326, 348 ; II, 8, 24, 404.
— el-Abid, I, 250.
— el-Adjen, I, 178.
— el-Bet, I, 212.
— el-Bouregreg, I, 224.
— el-Djouf, II, 78.
— el-Fez, I, 136, 142.
— el-Fouarad, I, 218.
— el-Hat, II, 51.
— el-Kous, I, 113.
— el-Lil, I, 88.
— el-Mel, I, 294.
— el-Melha, I, 132.
— el-Ndja, I, 178.
— el-Ouergha, I, 131.
— el-Ouslin, I, 182.
— em-Mehedouma, I, 181.
— er-Raba, I, 236.
— er-Rouman, I, 238.
— er-Rour, I, 113.
— Emrorah, I, 67.
— Figuig, I, 376.
— Guimguima, I, 200.
— Guir, I, 376.
— Hachouf, I, 107.
— Hadjar, II, 84.
— Haouwera, II, 37.
— Ikem, I, 292.

Oued Malah, I, 376.
— Merkala, II, 28.
— Mersa, I, 69.
— M'ghazan, I, 113.
— Mouça, I, 205.
— Moughaga, I, 106.
— Nabada, I, 129.
— Nflflch, I, 236.
— Nfys, I, 291.
— Noun, I, 317, 348, 360.
— Oudeni, II, 7.
— Raz, I, 325, 345.
— Rdat, I, 129.
— Rdoum, I, 200, 210.
— Sechara, I, 200.
— Sfouy, I, 362.
— Sidi Ibrahim, 191.
— Sined, I, 67.
— Souani, I, 67.
— Sous, I, 342 ; II, 66.
— — (Danseurs de l'), I, 97, 275.
— — (Pays de), I, 332.
— Tatraa, II, 49.
— Tazzeroult, II, 3.
— Teli, II, 72.
— Temenet, II, 8.
— Oudeni, II, 7.
— Oumerbia, I, 250.
— Zahroun, I, 200.
— Ziz, I, 376.
Oujda, I, 130, 147, 226, 384.
Oulad Arrou, I, 333.
— Bat, II, 145.
— Bouhamou, II, 404.
— bou Hanta, II, 145.
— Chelouf, I, 333.
— Chrouisi, II, 294.
— Dhou-Asra, II, 11.
— Draa, II, 77.
— Dris, II, 94.
— el-Alouch, II, 144, 192, 404.
— el-Hemmal, II, 134.
— el-Mouça, I, 111.
— el-Ouafl, II, 134.
— Hafeïa, I, 343.

Oulad Karroum, I, 333.
— Masouk, II, 263.
— Mebarek, II, 263.
— Saïd, I, 333.
— Saïd er-Roumla, I, 344.
— Sechara, I, 200.
— Sed, I, 341.
— Sidi Cheikh-ech-Cheraga, II, 404.
— Sidi-el-Mouktar, II, 123.
— Sidi Ibrahim, I, 91.
— Sidi Mouchtar, II, 134.
— Taïsna, I, 333.
Oulé, II, 344.
Ouled Aïssa, I, 131.
— Djemma, I, 132.
— el-Hadj, I, 147.
— Hadad, I, 113.
— Selema, I, 131.
— Sidi ben-Tanit, I, 246.
— Sidi Boksiba, I, 113.
Oum-el-Achar, II, 23.
Oumana, I, 411.
Ourimmandés, II, 138.
Overweg, II, 123.

P

Pain biscuité, I, 277.
Palat, lieutenant, II, 404.
Paléozoïques (Formations), II, 24, 386.
Palmer (Professeur), II, 405.
Palmiers nains, I, 88.
Panet, I, 361.
Panié-Foul, II, 346.
Pascal, II, 360.
Pauillac, II, 325.
Paul Imbert, II, 120.
Paulmier, II, 403.
Pecorsi, II, 135.
Pecten, I, 172.
Pélicans du Sénégal, II, 320.
Péninsule Arabique, I, 200.
Perdrix, schooner, II, 323.
Perez (Don José Alvarez), I, 360.

Personnel au départ de Marrakech, I, 286.
Peschel, II, 393.
Pété, II, 364.
Petermann's Mittheilungen, I, 383.
Petra, I, 205.
Pétroglyphes, II, 11, 391.
Phare du cap Spartel, I, 56.
Pharousiens, I, 17.
Phéniciens, I, 16.
Pierre (Age de la), au Sahara, II, 392.
Pietsch, Ludwig, I, 141, 180.
Pillage à Nioro, I, 286.
Pinet-Laprade, II, 334.
Pirates de Selâ, I, 222.
— du Rif, I, 449.
Pline, I, 5.
Podolie, I, 181.
Podor, fort du Sénégal, II, 319.
Pointe des Mamelles, II, 357.
Pol, lieutenant, I, X; II, 300.
Politique (État) du nord de l'Afrique, I, 26.
Population de Bakouinit, II, 255.
— de Fez, I, 149.
— de Goumbou, II, 244.
— de Kala Sokolo, II, 221.
— du Maroc, I, 380.
— de Marrakech, I, 283.
— du Sénégal, II, 353.
— de Tanger, I, 32.
— de Taroudant, I, 330.
— de Tétouan, I, 70.
Porphyre, I, 317.
Port de Rabat-Selâ, I, 221.
— de Saint-Louis, II, 322, 328.
Portendic, II, 356.
Porto-Novo, II, 158.
Ports du Maroc, I, 378.
Portudal, II, 355.
Portugal (Le) au Maroc, I, 29.
— au Sénégal, II, 355.
Poudre (Fabrique de) à Taroudant, I, 330.
Pourpre à Selâ, I, 222.

Présents (Renvoi de mes) par Sidi Housséin, I, 357.
Prisons au Maroc, I, 408.
Producti, II, 384.
Proto-Hamites, II, 272.
Pseudo-Sébastiens, I, 125.
Pyrite de cuivre, I, 312.
— de fer, I, 172.

Q

Qalima, II, 404.
Quarantaine à Pauillac, II, 325.
Quartz, II, 51, 384.
Quartzite, II, 65, 386.
Quintin, II, 234.

R

Rabat, I, 132, 221.
Raffanel, II, 236.
Raïs, II, 95.
Raïsannah (Marché de), I, 112.
Rami (Rouma ou Erma), II, 263.
Rango, II, 205.
Ras el-Djenenat, I, 147.
— el-Ma, près de Fez, I, 142, 178.
— près du Niger, II, 144, 188.
Rauchwacke, I, 68.
Ravins pittoresques près de Meknès, I, 179.
Razilly, II, 120.
Rdat, I, 129.
Recettes du Maroc, I, 422.
Réfo, II, 359.
Rein et von Fritsch, I, 279.
Religieuses (Fondations) au Maroc, I, 421.
Rémy, II, 365.
René Caillé, II, 120.
Représentants de l'Europe au Maroc (Les), I, 26.
Révolte dans les montagnes de Tétouan, I, 80.

Revue à Marrakech, I, 265.
Reybaud, II, 364.
Rhadamès, II, 167, 403, 404.
Rhamadan à Bassikounnou, II, 202.
Rhamnus pentaphylus, I, 334.
— siculus, I, 334.
Rhat, II, 403.
Rhatani, II, 94.
Rhegar, II, 145.
Riadh Zittoun, I, 281.
Richard (Le P.), II, 404.
Richard Toll, fort du Sénégal, II, 320.
Richardson, II, 123.
Richelieu, vapeur, II, 322.
Rif, I, 4, 318.
Riflote, ancien Vandale, I, 16.
Rio-Asmir, I, 89.
— Casini, II, 344.
— Grande, II, 344.
— Guéba, II, 344.
— Nuñez, II, 344.
— Pongo, II, 344.
Rip (Bardibou), II, 344.
Rissani, I, 392.
Rivières (Lits) du Sahara, II, 388.
Rock People, I, 4.
Roderic, roi, I, 60.
Rohlfs (Gerhard), I, 129, 383; II, 377, 404.
Rotl, II, 164.
Rouge (Eau colorée en), I, 131.
Roumi, I, 385.
Rouss (Plaques de sel), II, 157.
Roussin (Docteur), I, xi; II, 300.
Rouwafah, I, 388.
Rufisque, II, 355.
Ruines romaines, I, 111, 348.
— — de l'Atlas, I, 300.
— — de Basra, I, 127.
— — de Kasr el-Faraoun, I, 200.
— — de Kasr el-Kebir, I, 119.
— — de Tanger, I, 18.
— — de Tizgui, I, 348; II, 13.

INDEX ALPHABÉTIQUE.

S

Sa, dynastie, II, 169.
Sabardougou, II, 234.
Sables (Envahissement par les), II, 396.
Sables sonores, II, 55.
Saffi, I, 366.
Safr, I, 147.
Sagha (Tekrour occidental), II, 234.
Sahara (Le), II, 382.
— (Mer du), II, 382, 396.
Saïd, tribu, II, 94.
Saïdou dan Bello, II, 270.
Saint-Joseph, fort, II, 356.
Saint-Louis (N'dar), II, 239, 320, 331, 363.
Sainte-Marie de Bathurst, II, 340.
Saint-Pierre de Kaïnoura, II, 356.
Saldé (Tébékou), fort du Sénégal, II, 316, 318, 360.
Salines, I, 130, 170.
Saloum, rivière, II, 343.
Sambala, II, 306.
Samé, II, 234.
Samoum, II, 99.
Samra, I, 147.
San Roque, baie, I, 8.
Sandaraque (Arbre à), I, 337.
Sanegoungou, II, 150.
Sanguereber, II, 150.
Saninkou, II, 237.
Saniokhor, II, 360.
Sankoré, II, 150.
Sansandig, II, 216.
Santa Cruz (Agadir), I, 366.
Santa Cruz de Ténériffe, II, 324.
— — de Marpequeña, I, 367.
— — (Marquis de), I, 70.
Sapota, I, 336.
Sarakaïna, II, 150.
Sarakollé, II, 343, 350.
Sarakpollé, II, 350.
Saré, II, 234.

Schiste argileux, I, 88, 172; II, 22, 255, 290.
— cristallin, II, 3.
— (Montagnes de), II, 280.
Schmaltz, colonel, II, 358.
Schmidl (Docteur), I, x, 64.
Schott, consul d'Allemagne à Gibraltar, I, x.
Schweinfurth, II, 56, 159.
Sébastien, roi de Portugal, I, 29.
Sebbah, tribu, I, 232.
Sébé, II, 262.
Sebou, fleuve, I, 131, 132, 375.
Sedan, II, 172.
Sédin, fort, II, 344.
Ségou, II, 174, 235, 404.
Sékah Oual-Ouchr, I, 417.
Sel Arbi Kardi, I, 113.
Selà, I, 219.
Sénégal, fleuve, II, 340, 344.
— climat, II, 344.
— colonie, II, 340.
— agriculture, commerce e industrie, II, 365.
— étendue, II, 340.
— historique, II, 355.
— population, II, 343, 349.
Senoudébou, II, 359.
Sérer, II, 350.
Serir, II, 17.
Séville, II, 326.
Sfouy, rivière, I, 363.
Sideroxylon aspinosum, I, 334.
— de Linné, I, 336.
— Mermulana, I, 336.
Sidi Abd el-Asyz, I, 281.
— Ahmed el-Bakay, II, 123.
— Ahmhamid bel Harib, II, 90.
— Ayech, douar, I, 247.
— Bargach, I, 31.
— Binzel, I, 56.
— el-Bami, II, 151.
— el-Hadj-Mbarek, I, 318.
— Guedar, I, 212.
— Hadj Ali Boutaleb, I, 98.
— Hadj Mouhammed, II, 150.

INDEX ALPHABÉTIQUE.

Sidi Hamed ben Mouça.
— — Hécham, I, 168, 322.
— — (Pays de), I, 345, II, 21.
— — Housséin, I, 349, 357; II, 1, 21.
— — Ibrahim des Chtouga, I, 342.
— — Kasem, kasba, I, 208.
— — Mouhamed, I, 287; II, 79, 114.
— — — ben Hamid, I, 210.
— — — — Djiloul, I, 287.
— — — — Mouça, I, 334.
— — — Bargach, I, 80.
— — — el-Bagdadi, I, 148.
— — — el-Bakay, II, 132, 173.
— — Mouça ben Achmed, I, 401.
— — Mouhamed Mouça Sered, I, 128.
— — Mouhamed Omar, I, 140.
— — — Saïd, I, 209.
— — — Saïd ben Meza, I, 345.
— — — Sechan, I, 246.
— — — Sliman, I, 170.
— — — Soliman, I, 424.
— — Mouktar, II, 132.
— — Yahia, II, 151.
— — Yousouf ben Tachfin, I, 280.
— — Zaouia, I, 210.
Sieda, tribu, I, 236.
Sierra Bullones, I, 89.
— Leone, II, 121, 159, 340.
— Nevada, I, 313.
Siga, II, 158.
Silex (Rognons de), I, 126.
Silla, II, 234.
Sinaï (Presqu'île du), II, 56, 405.
Siné, II, 343.
Singes en Europe, I, 5.
Sinjana, II, 240.
Si-Senoùssi, I, 190.
Si-Sliman, I, 267.
Sliman, sultan, I, 207.
Smoud, I, 148.
Société Africaine d'Allemagne, I, IX.
Soko Chmis Tizkin, I, 293.
— el-Atarin, I, 282.
— el-Chmis, I, 281.

Soko de Marrakech, I, 264.
— de Rabat, I, 229.
— de Smata, I, 282.
— de Tanger, I, 42.
— Oulad Sed, I, 341.
Sokolo, II, 205.
Solde des fonctionnaires marocains, I, 413.
Soleillet, II, 236, 296, 314, 404.
Solinké, II, 350.
Soller, II, 404.
Sonde (Iles de la), II, 399.
Sonni Ali, II, 171.
Sonrhay, II, 169.
Sor, II, 333.
Sorgho (Premiers champs de), II, 216.
Sorghum saccharatum, II, 202.
— vulgare, II, 201.
Souchrah, I, 430.
Soudan (Chemins de fer du), II, 371.
— (Vigne du), II, 316.
Souk el-Khamis, I, 148.
Soulima, II, 190.
Sour-Sour, I, 129.
Sousi, I, 277.
Sousou, II, 344.
Spartel (Excursion au cap), I, 51, 55.
Spirifères, II, 384.
Spondylus, I, 172.
Stanley, II, 122.
Sterculia (Cola) acuminata, II, 158.
Sterling (Sir Thomas), I, 122.
Syphilis (La) au Maroc, I, 383.
Système d'isolement du Maroc, I, 25.

T

Tabac à Kala Sokolo, II, 227.
— à Timbouctou, II, 167.
Taboubekirt, I, 392.
Tachouot, II, 145.
Tadjakant, II, 38.

INDEX ALPHABÉTIQUE.

Tafilalet, I, 51, 99, 198, 392, 426; II, 376.
— (Chérif du), II, 15.
Tagant, II, 109.
Tahakimet, II, 180.
Talfi, village, I, 67.
Talem, II, 361.
Tamagrout, II, 26.
Tambaoura, II, 366.
Tamesi, bâtiment, II, 323.
Tamesloht, zaouia, I, 289.
Tandja, I, 16.
Tanger, I, 11; II, 326.
— (Commerce et industrie de), I, 73.
Taoudeni, II, 72.
Tapis de Rabat, I, 224, 443.
Targui, II, 88.
Tarich es-Soudan, II, 169.
Tarifa, I, 60.
Tarik ben Zyad, I, 1, 60.
Taroudant, I, 298, 310, 319, 328, 341.
Taskala, II, 11.
Tasodi, I, 216.
Taza, I, 147.
Tazzerkant, tribu, I, 352.
Tazzeroult, tribu, I, 359.
Tchad, II, 389.
Teghasa, II, 157.
Tekna, I, 364; II, 19, 23.
Télégraphe au Sénégal, II, 310, 339.
Tell Algérien, I, 317.
Temenelt, I, 353, 356.
Temenet, II, 4.
Tendouf, I, 354; II, 33.
Ténériffe, II, 322.
Tensift (Oued), I, 337.
Ternetta, II, 26.
Terrain neutre près de Gibraltar, I, 8.
Tésa, I, 384.
Thagat, I, 69.
Thalberg (Comte de), I, 122.
Thé (Préparation du) au Maroc, I, 75.

Thionq, II, 359.
Thuya, I, 338.
Tichteit-Embeba, II, 187.
Tietgen, I, X, 105.
Timbouctou, la ville, II, 116, 124.
— commerce et industrie, II, 154.
— état politique, II, 168.
— historique, II, 168.
Timé, II, 121.
Tingis, I, 16.
Tinné (Mlle), II, 377, 403.
Tino-Ouro, II, 158.
Tirailleurs sénégalais, II, 303.
Tissot, I, 380.
Titli, I, 332.
Tizgui, II, 7.
— Ida Selam, II, 9
Tlemcen, I, 147.
Tletza, Soko, I, 112.
Tobdjiyah, I, 433.
Togat, II, 134.
Tora, I, 403.
Toro, II, 343.
Torodo, II, 270.
Touachi, II, 145.
Touareg, II, 377.
— Hogar, II, 135.
— Imochagh, II, 131.
Touat, II, 376, 403.
Toubou, II, 404.
Toucouleur, II, 343.
Toumboutou Koy, II, 171.
Tourmos, II, 182.
Trafalgar, I, 59.
Transsaharien (Chemin de fer), II, 375.
Trarza, II, 82, 121, 319, 349.
Trent Care, I, 384.
Trésors du sultan à Meknès, I, 197, 425.
Trois-Palmiers (Les), II, 54.
Tsami ben Souïna, I, 108.
Tsentsouhoum, II, 112.
Tsirâs, I, 430.

Tuf calcaire, II, 73.
Tzlata Cheragha, I, 132.

U

Ulrich Jasper Seelzen, II, 56.
Usages marocains pour les repas, I, 76.

V

Vacétaki, II, 364.
Vallées du Sahara, II, 389.
— longitudinales de l'Atlas, I, 255.
Vandales, I, 388.
Vents chauds à Araouan, II, 96.
Versailles marocain, I, 176.
Vêtements des Marocains, I, 34, 149.
Victoire (Mont de la), I, 2.
Victoria, poste de douane, II, 344.
Vieux Fez (Fez el-Bali), I, 145.
Vieux Tanger, I, 19.
Vigne du Soudan, II, 316.
Vincent, II, 360.
Vipera arietans, I, 333.
Vogel, II, 122, 403.
Vol à Taroudant, I, 326.
Vol au préjudice d'un membre de la légation française, I, 209.
Volcanique (Région) près de Marrakech, I, 257.
Volubilis, I, 201.

W

Weber, ministre d'Allemagne à Tanger, I, x, 20.
Wenzel, I, 56.
William Codrington (Sir), I, 5.
Winter, consul d'Allemagne à Bordeaux, II, 325.

Y

Yambo, I, 397.
Yataz, II, 145.
Youbou, II, 150.
Youbou-Kaïna, II, 150.
Youssouf, Tunisien, II, 143.

Z

Zalmadi, village, I, 81.
Zamenis hippocrepis, I, 333.
Zanzibar, II, 163.
Zaouia el-Hadhar, I, 281.
— d'Ilerh, I, 349.
— de Marrakech, I, 271.
— de Meknès, I, 273.
— Mouley Idris Akbar, I, 200.
— Sidi-bel-Abbès, I, 285.
— Sidi Hamed ben Mouça, I, 350.
Zarhoun, I, 147, 208.
Zazourout, I, 81.
Zettat (Caïd), I, 245.
Zichinchor, II, 344.
Znetsa, tribu, I, 236.
Zone neutre près de Ceuta, I, 89.

FIN DE L'INDEX ALPHABÉTIQUE.

TABLE DES GRAVURES

	Pages.
Vue de Foum el-Hassan	10
Formes d'érosion du plateau d'el-Bdna	29
Profil à travers la hamada et l'oued Merkala	30
Oasis de Tendouf	38
Instruments de pierre trouvés à Taoudeni	76
Maisons d'Araouan	92
Maisons d'Araouan	93
Araouan, dans la région des grandes dunes	96
Timbouctou, vue prise du nord	122
Fenêtre d'une maison de Timbouctou	125
Nègre bambara	222
Négresse bambara et son enfant	223
Foulani (Foulbé, Peul)	265
Chute de Felou près de Médine (haut Sénégal). — Limite de la navigation à vapeur	301
Femmes du Sénégal	306
Ouolofs du Sénégal	307
Rue Nationale à Saint-Louis	329
Pont sur le Sénégal à Saint-Louis	335
Arabe de Saint-Louis	337
Paysage près de Saint-Louis	341
Quartier Nègre à Saint-Louis	347
Négresse Ouolof de Saint-Louis	350
Ouolof de Saint-Louis	351

FIN DE LA TABLE DES GRAVURES.

TABLE DES MATIÈRES

CHAPITRE PREMIER

VOYAGE A FOUM EL-HASSAN, A L'OUED DRAA ET A TENDOUF.

Départ d'Ilerh. — Les chameaux. — Agadir. — Nouveau guide. — Pays dangereux. — Amhamid. — Oued Oudeni. — Coupeurs de route. — Source sulfureuse. — Oued Temenet. — Arrivée à Tizgui. — Pétroglyphes. — Ruines romaines. — Le cheikh Ali. — Départ de mes serviteurs et des chourafa. — Lettres de Sidi Housséin. — Départ de l'oued Draa. — Oum el-Achar. — Lit de l'oued Draa. — Pays de l'oued Draa. — Les habitants. — Oued Merkala. — Formes d'érosion. — Hamada. — Chacals. — Pluies violentes. — Le chérif de Tendouf. — Hadj Hassan. — Le guide Mohammed. — La ville de Tendouf. — Les habitants. — Kafla el-Kebir. — Préparatifs pour le voyage du désert. — Bivouac.. 1

CHAPITRE II

VOYAGE DE TENDOUF A ARAOUAN.

Départ de Tendouf. — Hamada Aïn-Berka. — Douachel. — Djouf el-Bir. — Kreb en-Neggar. — Fossiles du calcaire carbonifère. — Es-Sflat. — Oued el-Hat. — Formes d'érosions. — Iguidi. — Sable sonore. — Mont des Cloches. — Dunes. — El-Eglab. — Traces de chameaux. — Pluie. — Oued el-Djouf. — Bir Tarmarant. — Areg. — Oued Teli. — Sel gemme. — Taoudeni. — Ruines de murs antiques. — Outils de pierre. — Grande chaleur. — Oued el-Djouf. — Hadj Hassan. — Hamada-el-Touman. — Bir Ounan. — El-Djmia. — Bab el-Oua. — El-Meraïa. — Arrivée à Araouan................................... 48

CHAPITRE III

ARAOUAN ET VOYAGE A TIMBOUCTOU.

Position d'Araouan. — Puits. — Maisons. — Habitants. — Zébus. — Berabich. — Chérif. — Major Laing. — Importance d'Araouan. — Impôts. — Ouragans de sable, djaoui, samoum. — Manque de végétation. — Maladies. — Vente des chameaux. — Prétentions des Tazzerkant. — Émeute. — Malaise. — Envoi de lettres. — Le guide Mohammed. — Outils de pierre. — Alioun Sal à Araouan. — Mardochai. — Départ d'Araouan. — El-Azaouad. — Bouchbia. — Chaneïa. — Hasseini. — Boukassar. — Kadji. — Traces de lions. — Disparition de Sidi Mouhamed. — Premier aspect de Timbouctou........................ 90

CHAPITRE IV

SÉJOUR A TIMBOUCTOU.

Timbouctou est difficile à atteindre. — Paul Imbert. — Le major Laing. — Caillé. — Barth. — Mon arrivée à Timbouctou. — Ma maison. — Visites. — Repas. — Bien-être. — Nombreux oiseaux. — Lézards. — Chevaux. — Autruches. — Personnages influents. — Er-Rami. — Le kahia. — Abadin. — Arbre généalogique. — Influence des Foulbé. — Tribu des Kountza. — Berabich. — Hogar. — Eg-Fandagoumou. — Touareg. — Port de Kabara. — Situation de Hadj Ali. — Mariages. — Routes à suivre. — Chameaux loués aux Tourmos. — Orage. — Achat d'un âne. — Préparatifs de départ. — Environs de Timbouctou. — Nouvelles d'Europe..... 119

CHAPITRE V

SÉJOUR A TIMBOUCTOU (fin).

Situation de la ville. — Climat malsain. — Manque d'arbres aux environs. — Orages et ouragans. — Eau potable. — Mode de construction de la ville. — Nombre des habitants. — Quartiers. — Mosquées. — Écoles. — Population. — Affaires commerciales. — Objets en cuir de Oualata. — Il n'y a pas d'industrie à Timbouctou. — L'or. — Vêtements brodés. — Sel. — Noix de kola. — Coquilles de cauris. — Marchandises mises en vente. — Marchandises européennes. — Exportation. — Avenir du commerce. — Résumé historique........................ 147

CHAPITRE VI

VOYAGE DE TIMBOUCTOU A BASSIKOUNNOU.

Départ de Timbouctou. — Adieux solennels. — Eg-Fandagoumou. — El-Azaouad. — Dayas. — Ouragans et orages. — Benkour. — Les Tourmos. — Les nomades. — Le cheikh es-Sadirk. — Eau malsaine. — Ouragan. — Ras el-Ma. — Tribu des Dileb. — Surprise par les Oulad el-Alouch. — Le cheikh Boubaker. — La latérite. — Les champs de sorgho. — Bassikounnou. —

Retour des Tourmos. — Culture. — Le Rhamadan. — Le cheikh foulbé Nisari. — Malaise. — Bœufs. — Rango. — Résistance de Hadj Ali... 176

CHAPITRE VII

VOYAGE DE BASSIKOUNNOU A KALA-SOKOLO.

Départ de Bassikounnou. — Bœufs de selle et de bât. — Euphorbiacées. — Temps pluvieux. — Le baobab. — Farabougou. — Inondation. — Benitez tombe malade. — Kala-Sokolo. — Ahmadou-Ségou. — Le chérif de Kala. — L'empire des Bambara. — Curiosité du chérif. — Coquilles de cauris. — Maladies. — Les chanteurs. — Avidité des Bambara. — Industrie. — Le tabac. — Benitez est gravement malade. — Les guides foulbé. — Les curiosités du chérif. — Vengeance du cheikh. — Absence de Juifs espagnols. — Départ. — Climat malsain. — Historique de Kala. — Remarques sur Ahmadou-Ségou et les Nègres bambara.. 209

CHAPITRE VIII

VOYAGE DE KALA-SOKOLO A MÉDINET-BAKOUINIT.

Départ de Kala. — Les Foulbé. — Épouvantails vivants. — Bousgueria. — Farachi. — Nara. — Nègres assouanik. — Goumbou. — Koumba de Barth. — Le cheikh de Goumbou. — Fin du Rhamadan. — Bassaro. — Présents du cheikh. — Benitez est gravement malade. — Difficultés de la marche. — Historique. — Départ pour Bakouinit. — Benitez est sur le point de mourir. — Bakouinit. — Les Fouta de Baghena. — Hadj Ali est malade. — La moisson. — Notre hôte de Bassaro. — Exactions. — Les Foulani et les Fouta. — Départ. — Le pays de Baghena. — Historique. — Les Foulbé. — Leur extension. — Leur nom. — Leur extérieur. — Foulbé purs et métis. — Les Djabbar. — Migrations et conquêtes des Foulbé. — Sokoto et Gando............ 238

CHAPITRE IX

DÉPART DE MÉDINET BAKOUINIT POUR MÉDINE ET SAINT-LOUIS.

Départ de Bakouinit. — Fasala. — Les lions. — Eau courante. — Villages foulbé. — Kamedigo. — Maladies. — Rhab-Nioro. — Population fouta. — Marchands d'esclaves marocains. — Montagnes bordières. — Vallée du Sénégal. — Village arabe. — Kouniakari. — Le cheikh Bachirou. — Message de Médine. — Arrivée au Sénégal. — Les tirailleurs. — Le fort de Médine. — Siège par Hadj Omar. — Paul Holl. — Communications télégraphiques. — Départ. — Mosquitos. — Bakel. — La colonne expéditionnaire. — Le poste de Matam. — M. Lecard. — Villages de Fouta. — Vapeurs. — Les vapeurs *le Cygne* et *l'Archimède*. — Saldé. — Podor. — Dagana. — Richard Toll. — Crocodiles et pélicans. — Arrivée à Saint-Louis. — Fièvre jaune. — Mauvais port. — La barre. — Ténériffe. — Pauillac. — Quarantaine. — Arrivée à Bordeaux. — Voyage à travers l'Espagne jusqu'à Tanger.................................... 278

CHAPITRE X

LES COLONIES FRANÇAISES DU SÉNÉGAL.

Séjour à Saint-Louis. — Mauvais port. — Fièvre jaune. — La ville de Saint-Louis. — Conduites d'eau. — Fête de Noël. — La colonie du Sénégal. — Son étendue. — Les rivières. — Le climat. — La population. — Historique. — Traités avec les indigènes. — Agriculture, commerce et industrie. — Les chemins de fer du Soudan et le Transsaharien...................... 327

CHAPITRE XI

LE SAHARA ÉTAIT JADIS HABITABLE.

Nature du Sahara. — Hamadá. — Es-Serir. — Dunes. — El-Eglab. — El-Meraïa. — El-Azaouad. — Zone de transition. — Anciens écrivains au sujet du Nord-Africain. — Nombreux lits de *rivière*. — Grands mammifères du nord de l'Afrique. — Les étangs à crocodiles de Bary. — Chameaux et chevaux. — Constructions égyptiennes. — Pétroglyphes. — Age de pierre dans le Nord-Africain. — Cause de la formation des déserts. — Humboldt et Peschel. — Vents régnants. — Changement de climat. — Effets du déboisement. — Production des sables. — La mer Saharienne... 383

CHAPITRE XII

Conclusions... 390

Index alphabétique.. 411
Table des gravures 433

FIN DE LA TABLE DES MATIÈRES.

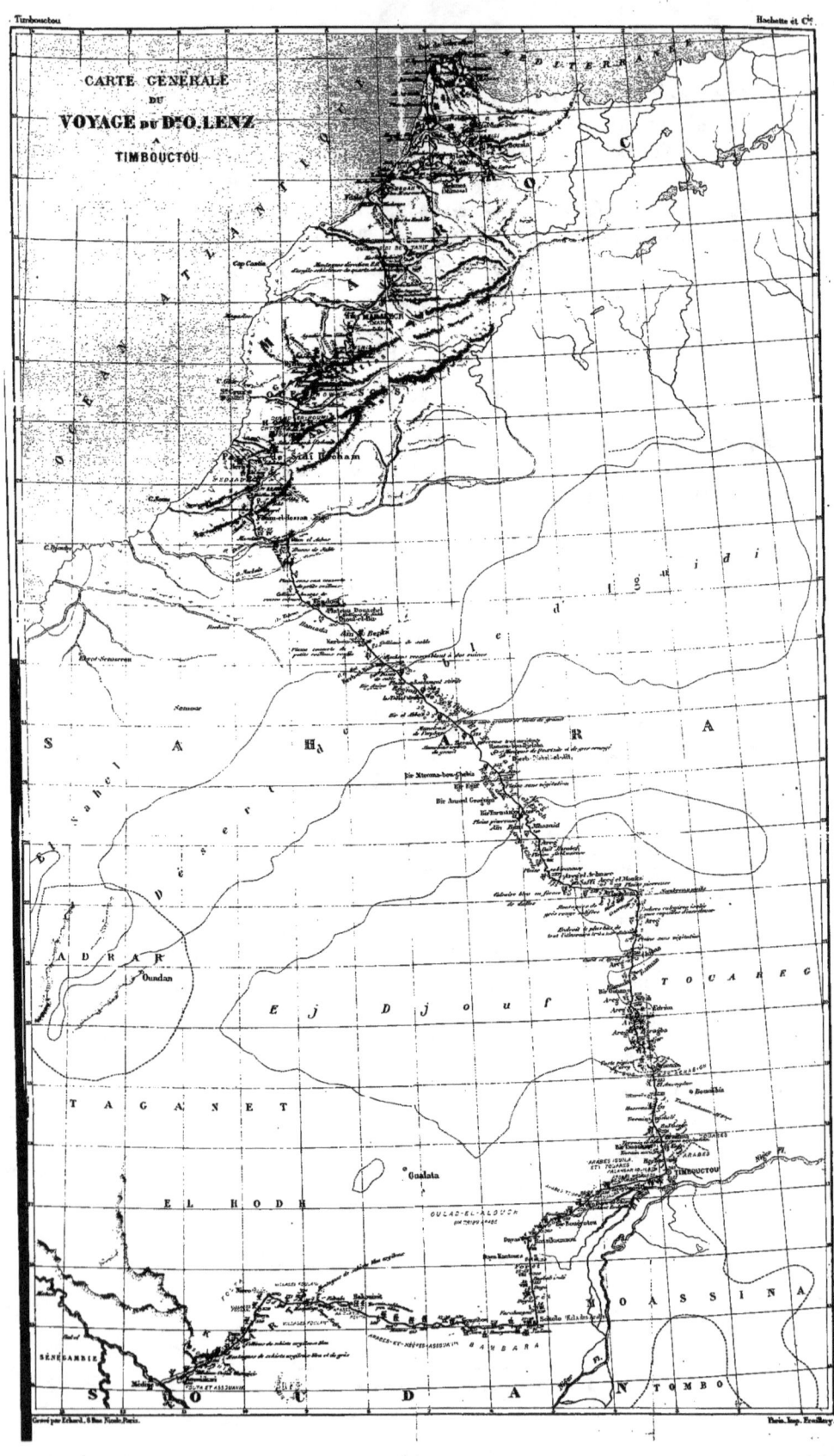

www.ingramcontent.com/pod-product-compliance
Lightning Source LLC
Chambersburg PA
CBHW071103230426
43666CB00009B/1808